KAS

광고지성총서

02

한국의 광고산업과 광고제도

김봉철 · 이수범 · 신인섭 · 윤석태 · 전영범
최지혜 · 김상준 · 조재영 · 조병량 · 박원기 공저

THE ADVERTISING INDUSTRY AND SYSTEMS OF KOREA

학지사

발간사

광고지성의 향연

지난 1989년 10월 14일, 한국광고학회 창립총회를 개최한 이후 2019년에 접어들어 학회 창립 30주년을 맞이했습니다. 사람으로 치면 서른 살입니다. 그동안 한국광고학회는 한국 사회에서 광고의 중요성을 환기하는 데 크게 기여했습니다. 지나온 날들의 성과는 분명 눈부셨지만, 미디어 환경이 급변함에 따라 광고와 광고학은 잠시 멈칫거리고 있습니다. 창의성, 인공지능, 블록체인이 인류의 미래를 결정한다는 전환기에 서서, 이제 우리는 광고의 새로운 방향을 모색해야 합니다. 이런 상황에서 한국광고학회 30주년을 기념하는 『광고지성총서』는 광고학계와 광고업계에 새로운 방향성을 제시할 것으로 기대됩니다.

이 총서는 '체인지(Change, 체력, 인화, 지성)'의 가치를 지향하는 제24대 한국광고학회에서 야심 차게 준비한 기획물입니다. 이 총서를 통해 한국광고학회의 체력(體力)을 증진하고, 회원들 사이의 인화(人和)를 촉진하며, 광고지성(知性)이 나아갈 새로운 좌표를 찾기를 기대합니다. 일찍이 플라톤은 『향연(饗宴)』에서 좋은 것(아름다운 것)을 소유하려는 욕망을 에로스라고 정의하고, 정신적인 출산을 추구하는 것도 에로스의 뜻이자 아름다움의 이상향에 도달하는 길이라고 설명했습니다. 정신의 자식을 분만하는 과정에서 105명의 필자가 자주 산통(産痛)을 느끼며 광고의 오늘과 내일을 고민했다는 점에서, 이 총서는 모름지기 집단지성의 플랫폼이자 광고지성의 향연이라 할 수 있습니다.

제1권『한국 광고학연구 30년과 전망』(편집책임 한상필)에서는 한국광고학회의 창립 30주년을 맞이해 지난 30년 동안의 학회 활동을 분석하고 광고학 연구의 발자취를 돌아보았습니다. 제2권『한국의 광고산업과 광고제도』(편집책임 김봉철)에서는 광고산업을 구성하는 단위들이 어떻게 발달해 왔고 어떤 기능을 해 왔는지 체계적으로 분석하고 정리했습니다. 제3권『광고와 사회 그리고 광고비평』(편집책임 이희복)에서는 급변하는 환경에서도 결코 변하지 않는 광고와 사회에 대한 본질을 비평적 관점에서 탐구했습니다. 제4권『소비자심리와 광고 PR 마케팅』(편집책임 이병관)에서는 소비자심리학의 여러 개념을 알기 쉽게 설명하고 광고와 PR 및 마케팅 현장에 적용하는 방안을 제시했습니다. 제5권『광고와 마케팅의 새로운 세계』(편집책임 나준희)에서는 마케팅에서 광고가 어떻게 작동해야 하는지에 대한 이론적 기반을 제시함으로써 광고 활용의 새로운 세계를 모색했습니다.

제6권『디지털 시대의 광고 크리에이티브』(편집책임 윤일기)에서는 디지털 융합 시대에 적합한 광고 크리에이티브의 새로운 차원을 살펴보고 실무적으로 유용한 지침을 제안했습니다. 제7권『광고 미디어의 현재와 미래』(편집책임 박현수)에서는 급변하는 미디어 환경을 살펴보고 광고와 미디어가 나아갈 미래의 방향과 시각을 전망했습니다. 제8권『스마트 광고 기술을 넘어서』(편집책임 김현정)에서는 우리 시대의 스마트 광고 기술에 대해 살펴보고 기술이 광고의 미래를 어떻게 바꿀 것인지를 여러 각도에서 조망했습니다. 제9권『빅데이터의 분석방법과 활용』(편집책임 정원준)에서는 학술적 · 실무적인 사례를 바탕으로 광고와 PR 영역에서 두루 활용할 수 있는 다양한 빅데이터 분석방법에 대해 설명했습니다. 제10권『광고 지성과 철학의 지평선』(편집책임 강승구)에서는 광고의 개념과 본질을 철학적으로 분석함으로써 광고지성의 가치를 환기하는 동시에 광고철학의 가능성을 탐색했습니다.

상당한 비용이 들어가는 10권의 총서가 출판되기까지 정신적으로 그리고 재정적으로 여러분의 도움을 받았습니다. 한국언론진흥재단의 민병욱 이사장님, 제일기획의 유정근 대표님, 이노션의 안건희 대표님, HS애드의 정성수 대표님, 대홍기획의 홍성현 대표님, TBWA의 이수원 대표님, 나스미디어의 정기호 대표님, 메조미디어의 이성학 대표님께 감사드립니다. 이분들의 후원이 없었다면 『광고지성총서』는 결코 세상에 나오지 못했을 것입니다. 이 지면을 빌려 다시 한 번 감사드립니다. 한국광고학회 회원들은 이 총서가 출판되기까지 도와주신 분들에 대한 고마움을 앞으로도 오래오래 기억할 것입니다.

광고지성을 모색하느라 수고하신 105명의 필자는 우리에게 새로운 비전과 깊은 통찰력을 제시하셨습니다. 갈수록 어려워지는 출판 여건에도 불구하고 10권의 책을 기꺼이 출판해 주신 학지사의 김진환 사장님과 최임배 부사장님께 감사드립니다. 편집부 관계자들께서는 난삽한 원고를 손보고 책의 구성을 갖추어 정말 빛나는 총서로 만들어 주셨습니다. 총서를 기획하던 첫 순간부터 끝마무리까지 수고하신 연구이사 김현정 교수님과 편집책임을 맡은 10명의 교수님께도 고마운 마음을 전합니다. 아인슈타인은 "지성의 참된 모습은 지식이 아닌 상상력에서 드러난다."라고 했습니다. 독자 여러분께서는 이 책을 통해 지식만을 얻지 마시고 상상력을 확장하시기를 바랍니다. 우리가 진정으로 추구해야 할 것은 지식보다 상상력이기 때문입니다. 바로 이 점이 『광고지성총서』를 기획하던 순간에 떠올랐던 저의 처음 생각이었습니다.

2019년 12월 5일

한국광고학회 제24대 회장 김병희 삼가 적음

머리말

한국에서 근대적 광고가 시작된 지 130년이 넘는다. 그동안 국내 광고는 급성장을 하여 산업 규모가 세계 선진국 수준이다. 따라서 이 시점에서 한국의 광고산업은 어떠한 과정을 거쳐 성장해 왔으며 구조적 특성은 무엇인가 그리고 한국 광고산업을 구성하는 제 단위는 어떻게 구성되어 있으며 광고 제도의 특성은 무엇인가 등을 체계적이고 종합적으로 정리할 필요성이 제기된다. 사실 한국의 광고산업 구조와 광고제도는 다른 나라와는 다른 독특한 특성을 가진 것도 사실이다. 이러한 특성을 이해하는 것이 바로 한국 광고산업의 성장을 도모하는 지름길이다.

이러한 배경에서 기획한 『한국의 광고산업과 광고제도』는 광고산업의 구조와 특성, 미국 · 일본 등이 한국의 광고산업에 미친 영향, 영상광고의 제작 역사, 미디어렙과 정부광고의 변천, 광고 관련 단체들의 현황과 기능, 광고 심의 및 규제의 현황과 제 문제, 북한의 광고산업 현황, 광고시장 개방과 다국적 광고회사 등 국내 광고산업과 광고제도 전반에 대해 10명의 전문가가 종합적으로 다루고 있다. 이 책을 통해 우리나라에서 근대적 광고가 처음 시작된 시점부터 현재에 이르기까지 국내 광고산업의 구조와 제도 변화과정을 상세히 경험하게 될 것이다.

이 책은 총 10장으로 구성되어 있다. 먼저, 제1장 '광고산업의 구조와 특성'(이수범)에서는 광고산업의 개념과 범위, 광고산업 현황, 광고산업의 주요 행위자 등을 자세히 설명하고 있다. 이어서 광고산업의 특성으로 광고산업이 경기에 민감하고, 지식기반형 고부가가치 산업이며, 다른 산업들에 비해 규제가 심한 산업임을 설명하고 있다.

제2장 '한국 근현대 광고와 미국과 일본의 영향'(신인섭)에서는 1876년 강화도 조약 체결 이후 일본과 미국 등이 우리나라와 교류를 시작하면서 우리나라 광고에 미친 영향을 살피고 있다. 구한말 개화기, 일제강점기, 해방 이후의 세 시기로 나누어 기술한 이 장을 읽고 나면 우리나라 광고의 발달사는 물론, 미국과 일본이 우리나라 광고산업 발전에 어떠한 영향을 미쳤는지도 이해하게 될 것이다.

제3장 '연표로 보는 영상제작의 역사'(윤석태)에서는 여러 전문가의 조언과 자료를 종합해서 우리나라의 영상제작의 역사를 연표로 정리하였다. 영화산업의 태동기부터 오늘날 1인 미디어 시대에 이르기까지 우리나라 광고영상의 변천을 연대순으로 정리한 이 연표는 영상제작의 역사를 살펴보는 데도 도움이 될 것이다.

제4장 '광고와 미디어렙의 변천'(전영범)에서는 광고거래과정에서 중요한 역할을 담당하는 미디어렙에 대한 내용을 담고 있다. 1981년 출범한 공영 미디어렙인 한국방송광고진흥공사(KOBACO)의 태동과정과 변천과정 등을 자세하게 다루고 있다. 또한 미디어렙이 경쟁 체제로 바뀐 이후 미디어렙의 기능과 역할 변화 등에 대해서도 다루고 있다.

제5장 '정부광고의 변천'(최지혜)에서는 언론진흥재단이 정부광고를 대행하게 된 배경과 역사적 변천과정, 정부광고 관련 법령 체계 등을 설명하고 있다. 아울러 국내에서 정부광고가 얼마나 집행되고 있는지 그 규모와 매체의 변화 등도 살피고 있으며, 정부광고의 발전을 위한 개선 방안 등도 제시하고 있다.

제6장 '광고 관련 단체의 기능'(김상준)에서는 국내 광고단체 설립의 필요성, 광고단체의 역할과 기능, 광고단체의 설립과 발전과정 등을 서술하고 있다. 이어서 우리나라의 주요 광고단체의 현황을 일목요연하게 정리해 놓았다. 그뿐만 아니라 향후 우리나라 광고단체의 발전을 위한 제언까지 제시하고 있다.

제7장 '광고심의 제도의 현재와 미래'(조재영)에서는 광고심의 대상 및 관련 법률

등을 살피고, 광고주장 내용의 진실성 판단, 광고주장 표현의 윤리성 판단 등을 자세히 설명하고 있다. 이어 최근 광고심의 제도가 어떻게 변하고 있는가도 살펴보고 있으며, 광고심의가 갖고 있는 문제점과 개선 방안 등을 담고 있다.

제8장 '광고규제의 이론 및 현황과 과제'(조병량)에서는 광고규제의 이론적 배경, 목적과 유형, 현황, 문제점과 과제 등을 자세히 설명하고 있다. 이 장을 읽고 나면 광고규제에 대한 다양한 지식을 습득할 수 있으며, 어떻게 하면 합리적인 규제를 할 수 있을까 등에 대한 진지한 고민을 할 수 있게 될 것이다.

제9장 '북한의 광고 현황과 향후 과제'(박원기)에서는 북한의 광고를 다루고 있다. 2018년 4월 27일 판문점에서 남북 정상회담이 열리고, 2018년 6월 싱가포르, 2019년 2월 하노이 등에서 북미 정상회담 등이 열리면서 남북관계가 급속히 변하고 있다. 이 시점에서 북한의 광고 현황은 어떤지 그리고 남북교류 확대 시 광고산업의 과제는 무엇인지를 살펴보고 있다.

마지막으로 제10장 '광고시장 개방과 다국적 광고회사'(김봉철)에서는 국내 광고시장 개방의 배경, 광고시장 개방에 따른 광고시장의 지각 변동, 다국적 광고회사의 형성과 해외 진출 전략 등을 다루고 있다. 1990년대에 광고시장이 개방된 이후 우리나라 광고시장 구조가 어떻게 변했는지 쉽게 이해할 수 있도록 정리되어 있다.

이 책은 우리나라 광고산업의 구조와 제도적 특성 등을 이해하는 데 큰 도움이 될 것이다. 더 나아가 이 책은 광고산업의 과거, 현재, 미래를 함께 조명했다는 점에서 그 의미가 더 크다고 하겠다. 특히 북한의 광고산업을 이해할 수 있는 장을 담았다는 것은 이 책이 얼마나 미래 지향적인지를 단적으로 보여 주는 예라 할 수 있다.

최첨단 광고 기술이 지배하는 시대에 산업 구조나 제도를 논한다는 것 자체가 구시대적이라고 생각할 수도 있다. 그러나 산업 구조나 제도의 특성을 제대로 이해하지 못한 상태에서의 최첨단 디지털 기술은 사상누각에 불과할 수 있다. 광고의 산업적 위상을 바로 세우고 제도를 바로잡을 때 비로소 최첨단 기술도 빛을 발할 수 있는 것이다.

이 책은 10명의 전문가가 각 장을 나누어 집필하였다. 따라서 각 장의 논의에 있어 깊이와 넓이가 일관되지 못하고 필자에 따라 다를 수 있다. 또한 집필 형식도 각 장에 따라 약간 차이가 나서 독자들에게 혼란을 줄 수도 있다. 그러나 이것이 바로 이 책의 또 다른 맛이 아닌가 생각한다. 모쪼록『한국의 광고산업과 광고제도』가 광고 실무진들에게도 도움이 되고, 광고를 전공하는 학자나 학생들에게도 풍부한 지식을 심어 주는 자양분이 되기를 기대해 본다.

2019월 12월

필자들을 대표하여 김봉철 적음

차례

제1장

광고산업의 구조와 특성

이수범(인천대학교 신문방송학과 교수)

1. 광고산업의 구조
2. 광고산업의 특성

◈◇◈

광고산업은 다른 산업에 비해 경기 변동에 민감하며 매체 환경에 따라 빠르게 변화한다. 또한 광고산업은 지식기반의 고부가가치 산업으로 산업 형태가 유기적이며 타 산업에 미치는 파급력이 큰 산업이다. 한편, 광고는 각종 매체를 통해 사회 저변에 미치는 영향이 큰 산업이라는 특성 때문에 정부의 직간접적인 규제가 많은 산업이기도 하다. 광고산업은 특정 환경이나 구성원의 독립적인 변화와 발전보다 경기 상황과 매체 환경, 산업 구성원의 상황에 따라 서로 밀접하게 성장해 왔다. 따라서 광고산업을 이해하기 위해서는 전체 산업 구조에서의 역할 그리고 광고산업을 구성하는 주요 행위자를 이해할 필요가 있다. 이 장에서는 광고산업의 개괄적 검토와 더불어 주요 행위자의 역할 및 광고산업의 특성을 살펴보고자 한다.

1. 광고산업의 구조

산업은 동일한 생산물을 생산하는 기업의 집합 또는 제조 방식이 유사한 상품을 생산하는 기업의 집합이다. 오늘날 대부분의 산업은 타 산업과 밀접한 관계를 맺고 있다. 특정 제품의 생산을 위해서 원재료뿐만 아니라 다른 산업의 생산품도 투입되기 때문이다. 그렇기 때문에 특정 시장이나 산업의 개념을 정의하고 범위를 규정하기 위해 논리적 기준을 설정하는 것은 매우 어려운 일이다. 이는 광고산업에도 동일하게 적용된다. 광고산업의 구조는 매우 복잡하고 광범위하며, 다른 산업과 밀접한 관계를 맺고 있기 때문이다.

광고는 상품이나 서비스를 판매하기 위한 커뮤니케이션 수단의 일종으로 국가 경쟁력, 경제, 언론, 문화 등 전 영역에 걸쳐 중요한 역할과 의미를 지니며, 나아가 정치 및 공공 정책의 수립에도 강력한 영향력을 행사하기 때문에 이미지 개선을 위한 수단으로도 활용된다(이수범, 변상규, 박남기, 2009, pp. 15-16). 따라서 한 국가의 광고산업 규모와 발전 정도는 해당 국가의 산업 구조와 연결되어 그 국가의 경제 발전 단계를 유추할 수 있게 한다. 즉, 선진국에서는 전문화된 '정보산업' 또는 '서비스업'으로 간주하고 주요 전략산업으로서 국가 경쟁력 제고 차원에서 집중 육성하는 산업이라 할 수 있다(오세성, 2012, pp. 4-5).

1) 광고산업의 개념과 범위

광고산업의 개념을 정의하기에 앞서 광고의 개념을 먼저 짚고 넘어갈 필요가 있다. 광고의 정의는 학자와 학회의 관점에 따라 조금씩 다르게 규정되고 있으나 광고가 설득 커뮤니케이션이라는 측면은 누구나 공감하는 부분이다. 그리고 여러 정의를 종합해 볼 때, 광고의 정의를 구성하는 주요 키워드는 '광고주' '매체' '메시지' '설득 커뮤니케이션'이다.

광고의 정의를 구성하는 주요 키워드는 광고산업을 정의하는 주요 키워드로 활용될 수 있다. 광고산업은 "광고라는 재화를 생산하고 분배하는 과정에 참여하는 모든 기업과 이들 기업에서 수행하는 제반 활동"으로, 재화는 메시지, 참여 기업은 광고주, 매체사, 제작 서비스를 제공하는 기업 등이라 할 수 있으며 이들이 수행하는 제반 활동은 곧 설득 커뮤니케이션의 과정이라 할 수 있다(김병희, 2019).

광고산업은 광고라는 재화를 생산하여 분배 및 소비하는 과정에서 광고주, 광고대행사, 매체사, 광고회사와 수직적 거래관계를 형성하는 광고물 제작업체들로 구성된 복합적인 산업이다(Bolen, 1983, p. 110). 통계청의 「제10차 한국표준산업분류」에서는 광고산업이 **광고업**(713)으로 분류되어 있으며, "고객인 광고주를 대신하여 각종 매체에 대한 광고 기획 및 대행, 광고물 작성 대리, 옥외광고 대리, 대중광고매체를 대리한 광고 권유 및 유인, 광고물 및 견본의 배부, 광고용 공간 및 시설 임대 등의 광고 관련 업무를 수행하는 산업 활동"으로 정의하고 있다(통계청, 2017).

산업분류의 기능적 측면에서 광고산업은 여타의 산업을 지원하는 전문서비스업에 해당하며, 「한국표준산업분류」에서 광고업은 광고 대행업과 기타 광고업으로 구분된다.

그러나 광고업에 대한 통계청의 분류 체계는 생산 위주의 산업 체계에서 이루어졌기 때문에 광고산업의 현황을 온전히 반영하지 못한다는 한계가 있다(오세성, 2012). 이에 오세성(2005)은 광고산업을 전문 업종별로 분류해야 한다고 주장하며 가치사슬에 입각하여 새롭게 광고산업의 분류 범위를 제안하였다.

표 1-1 「한국표준산업분류」에 따른 광고업 세부 분류 및 정의

세분류	세세분류	정의
광고 대행업	광고 대행업	광고주를 대리하여 광고에 관련된 시장 조사 및 광고 기획, 광고물 제작, 매체 선택, 매체와의 광고 계약, 광고물을 라디오, TV, 인터넷, 정기 간행물, 신문 등의 광고매체에 광고하는 업무를 총괄적으로 대행하는 산업 활동을 말한다. 이 사업체는 광고주와의 포괄적인 계약으로 광고 대행 업무를 수행하며 이에 관련된 특정 업무를 자체 인력 또는 다른 업체에 의뢰하여 수행할 수 있다.
기타 광고업	옥외 및 전시 광고업	인쇄, 그림 또는 전자적 방식 등의 전시 광고물을 기획 · 제작하여 옥내 · 외 간판 또는 차량, 상점 등 전시 공간에 전시 구조물을 게시하는 산업 활동을 말한다. 광고용 설치물(광고탑 등)을 임대하는 활동도 포함한다.
	광고매체 판매업	광고매체(TV, 신문 등) 소유자를 대리하여 광고 시간 또는 지면을 판매하거나 광고매체로부터 광고 시간 또는 지면을 구입하여 광고대행사 또는 광고주에게 직접 재판매하는 산업 활동을 말한다.
	광고물 문안, 도안, 설계 등 작성업	광고주 또는 광고 대행업체와의 계약에 의하여 각종 광고물의 광고 문안 및 도안 작성, 광고물의 설계, 방송 광고물 제작을 위한 시나리오 작성 등 광고에 관련된 광고물의 작성을 전문적으로 대리하는 산업 활동을 말한다.
	그 외 기타 광고 관련 서비스업	그 외 기타 광고 관련 서비스를 수행하는 산업 활동을 말한다. 〈예시〉 • 광고물 배포/광고용 명함, 인사장, 초대장 견본 배부 대리 • 우편 광고물 배포/광고용품 배포 대리

가치사슬은 포터(Porter, 1985)에 의해 정립된 후 산업 구조를 설명하는 데 폭넓게 적용되는 이론적 틀로서 기업 활동에서 부가가치가 생성되는 과정을 의미하는 것으로 부가가치 창출에 직간접적으로 관련된 일련의 활동이나 기능, 과정의 연계를 의미한다. 이 이론에 따르면 특정 산업에서 생산하는 제품이나 서비스가 구매자의 욕구를 만족시키는 것에 대하여 구매자가 기꺼이 지불하고자 하는 대가를 가치(value)라고 하며, 이러한 가치를 창출하기 위해서 특정 산업에서 이루어지는 다양한 활동을 기술적 · 경제적으로 구분할 수 있도록 일련의 과정(process)으로 나눈 것을 가치활동이라 부른다(오세성, 2009). 가치사슬 측면에서 광고업을 분류할 경우 생산, 유통, 서비스만을 광고산업의 범위로 규정할 수도 있으며 그 범위를 확장하여 인프라산업까지를 포함한 광고업으로 정의할 수도 있다(오세성, 2005).

오세성(2012)은 이러한 가치사슬 단계별 구분을 통해 [그림 1-1]과 같이 광고산업을 생산, 유통, 서비스, 인프라의 네 그룹으로 분류하였다.

제1그룹은 광고제작을 담당하는 그룹으로 CM, 영상 등과 같이 광고를 직접 제작하는 업종을 말한다. 제2그룹은 인프라에 해당하는 영역으로 인쇄, 제판, 광고사진 스튜디오 등과 같이 제작에 필요한 각종 장비를 제공한다. 제3그룹은 광고 대행업으

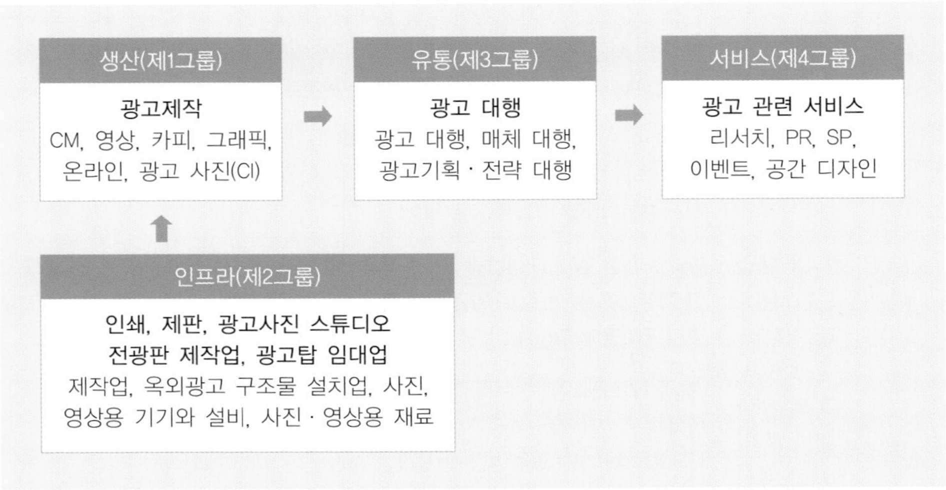

[그림 1-1] 광고산업의 가치사슬 모델

로 광고 대행, 매체 대행, 광고기획이나 전략 대행을 담당한다. 제4그룹은 광고 관련 서비스를 말하는데 리서치, PR, 이벤트, 공간 디자인 같은 서비스를 제공하는 업체를 포함한다.

광고산업 통계조사를 위한 문화체육관광부(2018, p. 7)의 업종 정의에서는 〈표 1-2〉와 같이 광고산업을 6개 산업 및 16개 세부산업으로 분류하고 있으나 광고제작업에 인쇄광고제작업, 영상광고제작업, 광고사진 스튜디오만을 포함하며, 온라인광

표 1-2 문화체육관광부의 분류에 따른 광고산업 업종별 정의

구분		업종별 정의
광고 대행업	종합광고 대행	광고물을 광고매체에 광고하는 업무를 총괄 대행하는 사업체로 광고주와의 포괄적인 계약으로 광고 대행 업무를 수행하며 이와 관련한 특정 업무를 자체인력이나 다른 업체에 의뢰하여 수행하는 사업체
	광고매체 대행	광고주나 광고대행사를 대신하여 광고지면이나 광고시간을 구입하는 업무를 수행하는 사업체
광고제작업	인쇄광고제작업	신문, 잡지 등 각종 인쇄광고물을 제작하는 사업체
	영상광고제작업	방송, 영화, 동영상 클립 등 영상광고물을 제작하는 사업체
	광고사진 스튜디오	광고를 목적으로 제작된 사진 촬영, 신문, 잡지, 포스터 광고 촬영 및 카탈로그 촬영을 하는 사업체
광고전문 서비스업	브랜드 컨설팅	CI, BI, 패키지를 포함하는 기업이나 브랜드의 상징 등을 제작하는 사업체
	마케팅조사	마케팅 활동의 기획, 수정 및 평가를 위해 내외부 정보를 수집하여 분석하는 사업체
	PR (Public Relations)	조직이나 개인이 그들의 제품 또는 서비스에 대한 공중의 이해와 호감을 얻고자 행하는 여러 가지 활동의 업무(홍보, PR, 행사기획, 홍보물 제작 등)를 전문으로 행하는 사업체
	SP (Sales Promotion)	판매를 촉진하는 직접적인 광고를 대행하는 사업체 (매체에 하는 광고가 아님)
	전시 및 행사 대행업	각종 전시회 및 행사를 기획 · 조직하는 산업 활동 전시장 행사와 관련된 전반적인 책임을 맡아 종합적으로 구성 · 연출하는 사업체도 포함

인쇄업	인쇄	각종 광고용 인쇄물을 인쇄하는 사업체(광고물 인쇄업)
온라인 광고 대행업	온라인 종합광고 대행	광고주를 대신해서 온라인 광고물을 기획하고 제작하며, 제작된 광고물을 전달하기 위해 매체와 접촉하여 집행하는 것을 전문으로 하는 사업체. 온라인광고는 노출형, 검색형 등이 있음
	온라인 광고제작 대행	각종 온라인 광고물을 제작하는 사업체
	온라인 광고매체 대행	광고주나 광고대행사를 대신하여 온라인 광고지면을 구입하는 업무를 하는 사업체
옥외 광고 대행업	옥외종합광고 대행	인쇄, 그림 또는 전자적 방식 등의 전시광고물을 기획 · 제작하여 옥내외 간판 또는 차량, 상점 등 전시공간에 전시구조물을 게시하는 사업체
	옥외광고제작 대행	인쇄, 그림 또는 전자적 방식 등의 전시광고물을 기획 · 제작하는 사업체

고 대행업의 온라인 광고제작 대행과 옥외광고 대행업의 옥외광고제작 대행은 광고제작의 영역임에도 불구하고 별도로 분류하고 있다.

2) 광고산업의 현황

우리나라의 **광고산업**은 1900년대 우리나라에서 최초로 광고가 시작된 이래로 지속적인 성장을 거듭하여, 1970년대 이후 비약적인 발전을 이룬 산업화와 컬러 TV 방송의 시작으로 한층 더 성장하기에 이르렀다. 특히 광고산업은 1980년 이후 한국 경제의 급격한 성장기를 맞아 국내 총 광고비 규모도 급상승하게 되었다. 어떤 나라든 대부분 국가 경제가 성장을 하게 되면 소비자들의 소비도 촉진되어 증가하므로 기업들은 투자 규모를 늘리게 되고, 특히 마케팅 비용을 늘리는 경향이 뚜렷하게 나타난다. 이러한 마케팅 비용에서 큰 비중을 차지하는 것이 바로 광고라고 할 수 있다(이수범, 2010, p. 16). 이러한 비약적인 성장으로 광고산업은 고용 증가율, 매출 증가율이 타 서비스 산업의 평균 증가율을 크게 상회하는 성장산업이 되었으며(재정

경제부, 2006, p. 180), 경제적으로도 높은 산업연관효과로 제조업 수출 및 국가 브랜드 제고에 중요한 역할을 담당하기에 이르렀다. 이는 광고산업의 문화적인 성격과 산업적 특성이 결합해 브랜드 커뮤니케이션으로서의 중요성이 더욱 커졌기 때문이다(이희복, 2014, p. 95).

그러나 전 세계적으로 지속되는 장기 경제 불황과 더불어 미디어와 소비자의 변화 등이 광고산업에도 영향을 미쳤으며, 우리나라 역시 2009년 외환위기 이후 저성장 시대에 돌입하였다. 광고산업은 한 나라의 경제 상황과 밀접한 관련이 있기 때문에 광고산업의 현황을 파악하기 위해서는 우리나라의 GDP와 **총 광고비**를 함께 살펴볼 필요가 있다(〈표 1-3〉 참조).

표 1-3 총 광고비 성장률과 GDP 내 광고비 점유율(2008~2019년)

연도	총 광고비 (단위: 백만 원)	전년 대비 총 광고비 성장률	GDP (단위: 억 원)	GDP 내 광고비 점유율	경제 성장률
2008년	7,797,096	-2.4%	10,264,518	0.76%	2.8%
2009년	7,383,143	-5.3%	10,650,368	0.69%	0.7%
2010년	8,620,724	16.8%	11,732,749	0.73%	6.5%
2011년	9,560,620	10.9%	12,351,605	0.77%	3.7%
2012년	10,526,081	10.1%	13,774,567	0.76%	2.3%
2013년	10,795,890	2.6%	14,294,454	0.76%	2.9%
2014년	11,167,748	3.4%	14,860,793	0.75%	3.3%
2015년	11,790,634	5.6%	15,641,239	0.77%	2.8%
2016년	12,162,657	3.2%	16,417,860	0.74%	2.9%
2017년	12,854,822	5.7%	17,303,985	0.74%	3.1%
2018년	13,683,609	6.4%	17,771,193	0.77%	2.7%
2019년	14,337,886	4.8%	18,251,015	0.79%	2.7%

* 2018년, 2019년 수치는 추정치임.
출처: 과학기술정보통신부, 한국방송광고진흥공사(2018).

총 광고비 성장률과 GDP 내 광고비 점유율, 경제 성장률 간의 관계를 파악한 과학기술정보통신부와 한국방송광고진흥공사의 「2018 방송통신광고비 조사」에 따르면, 2011년 이후 GDP 내 광고비 점유율이 조금씩 감소한 것으로 나타났다. 하지만 2018년부터 GDP 내 광고비 점유율이 반등할 것으로 예측되었다. 2018년 총 광고비는 13조 6,836억 원으로 지난해보다 6.4%p 성장한 것으로 드러났으며, 2019년에는 성장률이 소폭 감소하기는 하나, 2018년에 비해 4.8%p 증가할 것으로 전망되었다. 이러한 조사결과는 광고산업의 미래를 긍정적으로 바라볼 수 있게 해 준다.

〈표 1-4〉는 2017년부터 2019년까지 각 매체별 국내 광고비와 전년 대비 증가율을 정리한 것이다.[1] 이 결과에 따르면 국내 광고매체 중 방송, 인쇄, 온라인, 옥외광고로 이루어진 매체사의 광고 매출액은 2018년 11조 7,020억 원으로 2017년 11조 1,847억 원 대비 4.6%p 증가하였으며, 2019년 광고시장은 2018년 매출액과 비교하여 5.7%p 상승한 12조 3,699억 원에 달할 것으로 전망되고 있다. 2019년 방송광고의 매출액은 전년 대비 3.1%p 증가한 4조 854억 원에 이를 것으로 예상되고 있으며, 방송매체 시장 전체로는 2018년보다 성장할 것으로 추정되고 있다. 그럼에도 불구하고 방송광고의 감소세는 케이블/종편과 위성 TV를 제외하면 줄어드는 추세이다. 인쇄매체도 방송광고의 감소세와 마찬가지로 올해 신문과 잡지의 광고비는 각각 0.3%p, 5.9%p 감소할 것으로 전망되어 전체 인쇄매체의 광고 매출액은 1.3%p 감소할 것으로 예상되고 있다. 반면, 옥외광고시장은 2019년 1조 700억 원으로 2018년 대비 6.0%p 증가할 것으로 내다보고 있다(제일기획, 2019).

1 총 광고비 성장률과 GDP 내 광고비 점유율의 자료는 과학기술정보통신부와 한국방송광고진흥공사의 「2018 방송통신광고비 조사」를 기반으로 하지만 국내 매체별 광고비 현황은 제일기획의 『2018 광고연감』 자료를 기반으로 하고 있기 때문에 자료 출처에 따른 수치상의 차이가 존재한다.

표 1-4 국내 매체별 광고비 현황

구분	매체	광고비(억)			성장률(%)		구성비(%)	
		'17년	'18년	'19년(E)	'18년	'19년(E)	'18년	'19년(E)
방송	지상파 TV	15,313	14,425	14,700	-5.8	1.9	12.3	11.9
	라디오	2,777	2,503	2,480	-9.9	-0.9	2.1	2.0
	케이블/종편	18,455	19,632	20,524	6.4	4.5	16.8	16.6
	IPTV	994	1,163	1,307	17.0	12.4	1.0	1.1
	위성 TV/DMB/SO	2,003	1,913	1,843	-4.5	-3.7	1.6	1.5
	방송 계	39,542	39,636	40,854	-0.2	3.1	33.9	33.0
인쇄	신문	14,370	14,294	14,250	-0.5	-0.3	12.2	11.5
	잡지	3,437	3,082	2,900	-10.3	-5.9	2.6	2.3
	인쇄 계	17,807	17,376	17,150	-2.4	-1.3	14.8	13.8
디지털	PC	16,245	15,924	15,660	-2.0	-1.7	13.6	12.6
	모바일	22,157	28,001	33,260	26.4	18.7	23.9	26.9
	디지털 계	38,402	43,935	48,920	14.4	11.3	37.5	39.5
OOH	옥외	3,392	3,255	3,400	-4.0	4.5	2.8	2.7
	극장	2,280	2,213	2,300	-2.9	3.9	1.9	1.9
	교통	4,352	4,874	5,000	12.0	2.6	4.3	4.0
	OOH 계	10,024	10,342	10,700	3.2	3.5	8.8	8.7
제작		6,072	5,731	6,075	-5.6	6.0	4.9	4.9
총계		111,847	117,020	123,699	4.6	5.7	100.0	100.0

* 2019년은 추정치임.
출처: 제일기획(2019).

2018년 기준 국내 광고매체 매출액 중 모바일이 전체의 23.9%로 가장 높은 비중을 차지하고 있으며, 그다음이 케이블/종편 16.8%, PC 13.6%, 지상파 TV 12.3%,

신문 12.2% 등의 순으로 나타났다. 지상파 TV의 2018년 매출액은 1조 4,425억 원으로 2017년 1조 5,313억 원 대비 5.8%p의 비교적 큰 폭의 감소세를 보였다. 지상파 TV의 경우 케이블/종편의 2018년 광고비가 1조 9,632억 원으로 2017년 1조 8,455억 원과 비교할 때 6.4%p 성장한 것과는 대조를 보인 것으로 집계되었다(제일기획, 2019).

3) 광고산업의 주요 행위자

광고 하나가 탄생하기까지는 다양한 사람이나 조직이 개입한다. 그러나 광고가 기획되고 탄생하기까지의 과정에서 구체적으로 어떤 조직과 집단이 관여하게 되는지 모르는 경우가 많다. 대체로 광고산업은 **광고주**(advertiser), **광고대행사**(advertising agency), **매체사**(media), 특수 서비스 등을 제공하는 공급업자(suppliers)의 네 가지 유형의 구성원이 주축이 된다(김봉현, 김태용, 박현수, 신강균, 2011, pp. 50-78; 심성욱, 전종우, 고한준, 2018, pp. 55-56; 안광호, 이유재, 유창조, 2014, pp. 48-49).

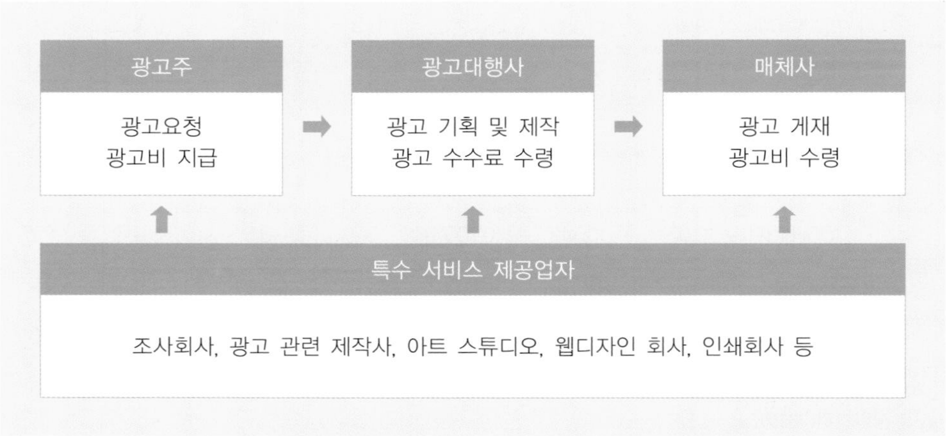

[그림 1-2] 광고산업의 주요 행위자 거래관계

(1) 광고주

광고주는 광고를 행사하는 주체이며, 광고산업을 구성하는 가장 핵심적인 주체이다. 광고주는 자신들의 상품 또는 서비스를 판매하기 위해 광고대행사에 광고제작을 의뢰하고 최종 광고물을 결정하는 당사자이다.

국내 광고산업의 변천사는 광고주의 변천사와 같은 맥락으로 살펴볼 수 있다. 1960년대까지 국내 광고산업의 대표적인 광고주는 제약업계였다. 동아제약을 비롯하여 한일약품, 한독약품, 유한양행, 종근당, 영진약품, 일동제약, 한국화이자 등이 1960년대의 10대 광고주였다. 당시 제약업계는 광고의 집행과 더불어 광고 관련 업무에 직접 관여하기 위해 'PR 구락부'를 신설하여 운영하였다.

1970년대는 화장품과 식료품 관련 업계의 약진이 두드러졌다. 이 시기에는 본격적으로 판매의 개념을 마케팅으로 인식하면서 영업을 기업 활동에 포함시켰고, 이를 바탕으로 광고 활동을 적극적으로 추진하기에 이르렀다. 당시의 주요 10대 광고주로는 태평양화학을 중심으로 한국화장품, 롯데제과, 제일제당, 럭키, 해태제과 등이 있다.

1980년대는 컬러 TV의 등장, 1986년 서울 아시안게임과 1988년 서울올림픽과 같은 메가 이벤트의 영향으로 국내 내수 시장이 괄목할 만한 성장을 이루었고 우리나라의 경제는 비약적인 발전을 하였다. 이와 함께 광고산업도 급격한 성장세를 보였는데, 이는 당시 컬러 TV의 등장을 통해 주요 광고주로 성장한 전자회사 간 시장 경쟁으로 본격화되었다. 또한 국내 내수 시장의 신장으로 스포츠 및 레저의 비중이 커지면서 자동차 시장의 내수 경쟁 역시 치열해져 자동차 관련 기업 또한 주요 광고주로 급부상하였다.

1990년대부터는 유 · 무선 통신 기술이 발전하면서 국내 산업은 전자 및 통신 관련 분야로 그 중심이 이동되었다. 이에 전자 및 통신 산업의 기업들이 높은 광고비를 지출하면서 한국통신, 한솔 및 LG통신 등이 주요 광고주로 등장하였다. 1990년대 말부터 등장한 인터넷 광고에서도 전자 및 통신 관련 기업이 주요 광고주로서 막대한 광고비를 지출하였다.

2000년대에 들어서도 삼성전자, SK텔레콤, LG전자, KT 등이 광고산업의 큰손으로 여전히 활동하고 있다. 특히 삼성전자의 모바일 약진으로 세계 시장에서도 대표적인 광고주로 급부상하였다.

(2) 광고대행사

광고대행사는 광고주와 긴밀한 협력관계를 유지하며 광고주를 대신하여 광고제작과 관련한 업무를 기획하고 실행하는 등 광고 업무 전반에 관여하는 실질적인 활동 주체이다. 광고대행사는 광고주와 관련이 없는 개별적인 독립 형태의 광고대행사와 광고주의 계열회사로서 존재하는 광고대행사로 구분된다. 광고대행사는 광고주의 업무를 대행하면서 광고주로부터 제작 수수료와 함께 매체 수수료를 받아 사업을 영위한다. 계열사 내 광고대행사는 모기업의 충분한 지원으로 안정적이고 일관된 광고 업무를 수행할 수 있으며 광고비 수수료가 외부로 빠져나가지 않는다는 장점이 있다. 그러나 시장이나 소비자에 대한 객관적이고 독립적인 시각을 갖는 데는 한계가 있으며, 독립 광고대행사에 비해 다양한 광고주를 접하기 어렵기에 광고제작 업무나

표 1-5 광고대행사의 종류

구분	담당 업무
종합광고대행사	광고주의 광고를 기획 · 제작함과 동시에 광고를 잠재고객들에게 전달할 매체를 선택하고 구매하는 역할을 모두 담당
크리에이티브 부티크	10~20명의 소수로 구성되며, 크리에이티브 기능(크리에이티브 콘셉트 개발 및 종합광고대행사의 하청 업무 형태로 광고물 제작 등)만을 전문적으로 담당
미디어 구매전문 대행사	매체 기획과 구매 부분만을 전문적으로 대행하는 회사로 소규모 크리에이티브 부티크가 성장함으로써 함께 발달
프로모션 대행사	광고주의 BTL 관련 업무를 주로 처리하는 회사로 이벤트회사, 판촉회사, 전시회사 등이 포함
온라인 광고대행사	인터넷을 비롯한 뉴미디어 광고를 전문적으로 대행하는 회사로 2000년대 이후 급속한 ICT 발달과 IMC 등의 확산에 의해 등장

환경 변화에 유연하게 대처하기 어렵다는 단점이 있다. 우리나라는 이 중 독립 형태의 광고대행사의 비중이 높은 편이다.

광고대행사는 광고주뿐만 아니라 광고제작에 참여하는 외주 전문 업체를 관리하는 역할도 수행한다. 또한 다양한 매체의 지면과 시간을 기획하고 구매하는 서비스도 제공한다. 매체사가 광고주에게 직접적으로 업무 진행을 요구하는 경우도 있으나 통상적으로는 광고대행사와 매체사가 실질적인 업무를 진행하며, 광고대행사는 매체사로부터 매체 집행에 따른 매체 수수료를 지급받는다.

광고대행사는 그 형태에 따라 종합광고대행사, 크리에이티브 부티크, 미디어 구매전문 대행사, 프로모션 대행사, 온라인 광고대행사로 구분할 수 있다(공정거래위원회, 한국공정거래조정원, 2013). 광고대행사의 주요 업무는 광고주에게 서비스를 제공한다는 측면에서 어카운트 서비스, 종합적인 마케팅 서비스, 크리에이티브 서비스, 매체계획 수립을 통한 집행, 프로모션 서비스 등이 있다.

(3) 미디어렙

우리나라의 대표적인 미디어렙은 한국방송광고진흥공사(KOBACO)를 들 수 있다. 한국방송광고진흥공사는 TV나 라디오 같은 지상파 방송사업자의 방송광고 영업을 대행하는 기관이다. 미디어렙의 광고 대행 체제는 방송사가 일방적으로 광고요금을 올리는 행위와 광고를 얻기 위해 광고주에게 압력을 가하는 행위, 반대로 광고주가 광고를 빌미로 하여 방송사에 영향을 끼치는 행위를 사전에 방지하는 안전망 역할을 한다.

미디어렙의 수익 구조는 광고주에게 위 · 수탁받은 방송 광고비를 광고대행사가 광고주를 대신하여 매체사에게 지불하면 매체사는 광고 영업 대행의 대가로 대행 수탁료를 미디어렙에 지불하는 형식이다. 수탁료의 일부는 광고대행사에 대행 수수료로 전달된다. 즉, 광고대행사는 한국방송광고진흥공사로부터 광고 수탁액에 따라서 차등 지급되는 대행 수수료를 받는 것이다. 이 외에도 한국방송광고진흥공사의 경우 방송통신위원회가 위탁하는 방송발전기금의 징수나 관리 그리고 방송광고 진흥을 위한 조사나 연구, 예비 광고인을 위한 광고교육 등을 주요 업무로 하고 있다.

당초 우리나라의 미디어렙은 한국방송광고공사(한국방송광고진흥공사의 전신)의 독점 형태였으나, 한국방송광고공사의 독점적 지상파 방송광고 판매 대행에 대해 2008년 헌법재판소가 헌법불합치 판결을 내린 것을 계기로 해소되었다. 이후 2012년 2월 일공영 다민영 미디어렙 체제를 핵심으로 하는 「방송광고 판매대행 등에 관한 법률안(미디어렙 법안)」이 국회를 통과하였고, 같은 해 5월 한국방송광고공사가 폐지된 후 방송통신위원회 소속의 한국방송광고진흥공사가 새롭게 출범하였다. 독점 대행 체제가 해소된 이후 2012년 8월 민영 미디어렙인 미디어 크리에이티브가 탄생하였으며, 이후 지상파 방송광고는 한국방송광고진흥공사가 MBC와 KBS를, 미디어 크리에이티브가 SBS를 담당하고 있다. 한편, 2011년 출범한 종합편성채널들이 2012년부터 본격적으로 방송을 시작하면서 이들도 의무적으로 미디어렙을 통해 광고 영업을 해야 했기 때문에 방송매체의 미디어렙 6개가 운영되기에 이르렀다.

(4) 매체사

매체는 미디어 채널을 의미한다. 광고주가 소비자들에게 메시지를 효과적으로 전달하기 위하여 제작된 광고물을 널리 알리기 위해 사용하는 도구와 같다. 이런 의미에서 매체사는 매체의 집행을 보다 효율적으로 진행하기 위해 존재하는 회사이다. 매체사는 완성된 광고물을 소비자에게 전달하는 역할을 하며, 이 과정에서 광고주가 매체사에게 지급하는 비용은 전체 광고비의 대부분을 차지한다. 1990년대까지만 해도 지상파 TV, 신문, 라디오, 잡지와 같은 ATL(Above The Line) 매체에 대한 활용이 높았으나, 이후 옥외광고매체나 케이블 TV, 뉴미디어가 등장하면서 BTL(Below The Line) 매체를 활용한 광고 집행이 증가하였다. 최근 디지털화와 시장세분화의 가속화 등으로 인해 전통적인 매스미디어로 대변되는 ATL 매체의 영향력이 감소하고, 쌍방향적이고 오프라인상에서 상호작용할 수 있는 BTL 매체의 사용이 활발해지고 있다.

(5) 특수 서비스 제공업자

광고산업에서 특수 서비스 제공업자는 조사회사, 광고 관련 제작사, 아트 스튜디오, 웹디자인 회사, 인쇄회사 등이 대표적이다(김봉현 외, 2011, pp. 77-78). 이들 업체는 광고를 제작하고 매체에 광고를 게재하는 과정에서 광고주, 광고대행사, 매체사 등에 협력하는 역할을 한다.

조사회사는 광고 관련 전략 수립에 필요한 기초 데이터를 제공하거나 광고효과를 평가하기 위한 시장 자료를 수집하고 소비자 인식 등을 분석하여 광고주나 광고대행사의 의사결정을 보조하는 역할을 수행한다.

광고 관련 제작사는 광고나 홍보 영상을 전문적으로 제작하는 독립 제작사를 일컫는다. 광고 관련 제작사는 광고대행사로부터 광고제작의 대행을 의뢰받아 광고만을 전문적으로 제작한다. 이 외에도 인쇄광고물 제작사, 옥외광고 제작사, 이벤트 및 SP 전문회사, 인터넷 광고 제작사 등도 제작 관련 제공업자에 포함된다.

아트 스튜디오는 광고를 제작하기 위한 삽화나 일러스트레이션을 디자인하고 제작하는 일을 수행한다. 또한 광고대행사의 그래픽 아트 관련 부서의 일을 지원하거나 규모가 작은 광고대행사를 위해 제작을 대행하기도 한다.

(6) 광고산업 주요 행위자 간 거래관계

광고산업의 주체인 **광고주**와 **광고대행사**는 상호 간의 신뢰와 계약에 의해 광고 업무를 진행하며 매체사와 특수 서비스 업체들의 협력을 바탕으로 다양한 광고 업무를 수행한다. 이들의 구체적인 거래관계에 대한 과정을 설명하면 다음과 같다(심성욱 외, 2018, pp. 55-56; 안광호 외, 2014, pp. 48-49).

첫째, 광고주는 광고대행사에게 광고제작을 비롯하여 광고 관련 업무의 종합 대행을 의뢰하고 광고회사는 의뢰받는 대행 서비스를 제공한다. 이 과정에서 광고주는 광고대행사에 서비스를 제공받는 데 소요되는 경비와 기획료를 지불한다. 여기서 기획료는 광고대행사의 제작 비용에 추가된 일정 비율의 서비스 요금을 말한다.

둘째, 광고대행사는 광고제작을 완료한 후 매체사에게 광고의 집행을 의뢰하며,

매체사는 이를 특정 프로그램이나 지면에 집행한다. 즉, 광고대행사는 광고주를 대신하여 매체 집행을 대행하는 것이다. 이때 매체는 미디어 채널을 말하고 매체사는 매체의 집행을 보다 효율적으로 이끌어 나가는 역할을 하기 위해 존재한다. 이 과정에서 광고주는 광고대행사에 매체 비용을 지불하고 같은 금액의 매체 사용료를 지불

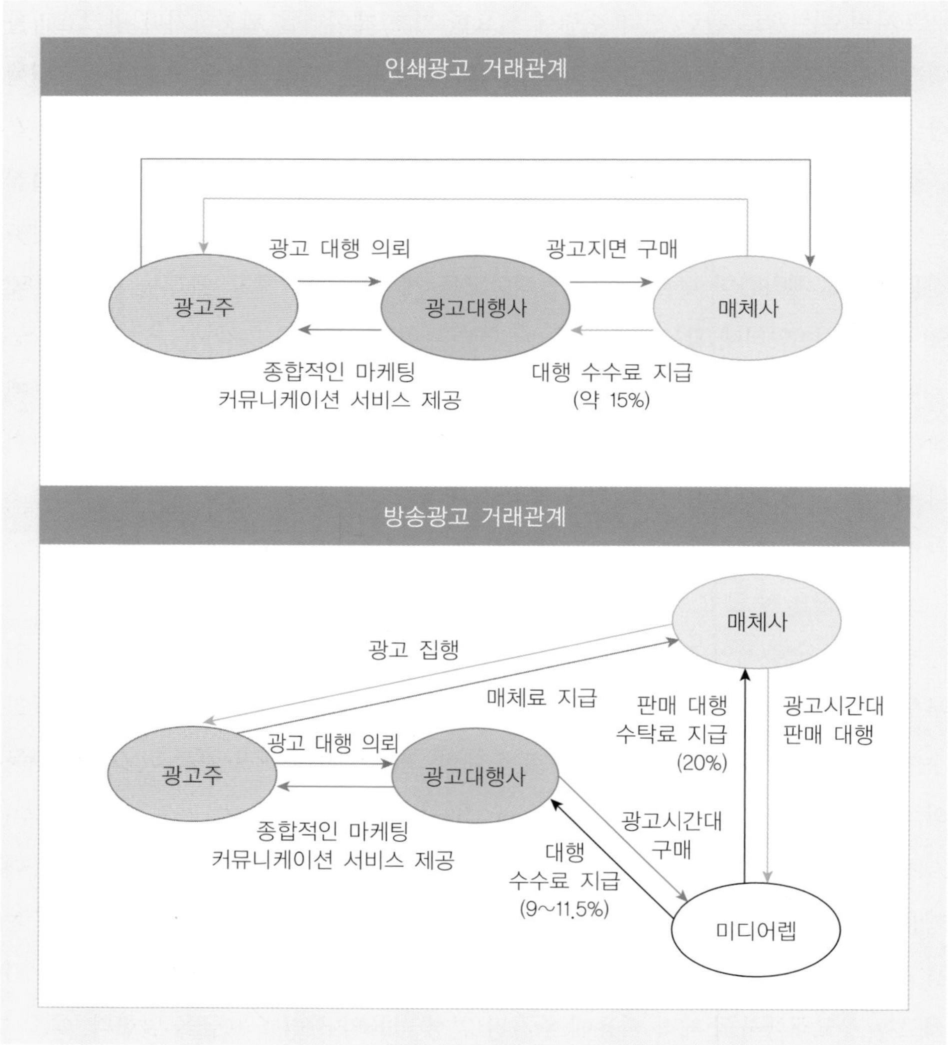

[그림 1-3] 인쇄광고와 방송광고의 주요 행위자 간 거래관계

하게 된다. 반면, 매체사는 광고산업의 주요 행위자 간의 거래관계에 관한 서비스를 제공한 광고대행사에 매체료의 일부를 매체 수수료로 지불함으로써 각 기관 간의 거래가 종료된다. 이때 매체사에 지불하는 일반적인 수수료는 총 광고비의 15% 정도이다.

셋째, 광고주와 광고대행사, 매체사 간의 거래관계는 인쇄광고에도 적용되지만 방송광고의 경우 미디어렙이 개입되기 때문에 거래관계가 좀 더 복잡해진다([그림 1-3] 참조). 광고주가 대행사에 광고제작, 매체 구매, 효과 분석 등의 업무를 의뢰하면 광고대행사는 인쇄광고를 집행하기 위한 지면을 매체사에 의뢰하지만, 방송과 온라인 광고를 집행하기 위한 시간대 및 공간은 미디어렙에서 구매하게 된다. 이 과정에서 미디어렙은 매체사로부터 매체 판매에 따른 수탁 수수료를 받으며, 대행사는 매체사 또는 미디어렙으로부터 매체 대행에 따른 **대행 수수료**를 받는다. 이때 대행 수수료는 9~11.5% 수준으로 책정된다.

2. 광고산업의 특성

1) 경기변동에 민감한 산업

광고산업은 서비스산업 중 성장 속도가 빠르고 제조업이나 서비스업 및 미디어산업 등과 강한 연관성을 가지면서 파급효과가 큰 산업 중 하나이다. 그러나 광고주인 기업의 입장에서 경제 불황에 따라 비용 절감 시 우선적으로 광고비 지출을 절감하려는 경향이 있기 때문에 광고산업은 경기 상황과 계절적 요인 등에 영향을 받는 산업이기도 하다. 더욱이 광고산업에 직접적으로 영향을 미치는 것은 민간소비지출 부문으로 이는 광고가 해당 재화와 서비스의 소비 영역에서 발생하는 것이며, 이에 따라 GDP 총량보다 소비지출변동(성장률)에 민감하게 영향을 받게 된다(공정거래위원회, 한국공정거래조정원, 2013, p. 6).

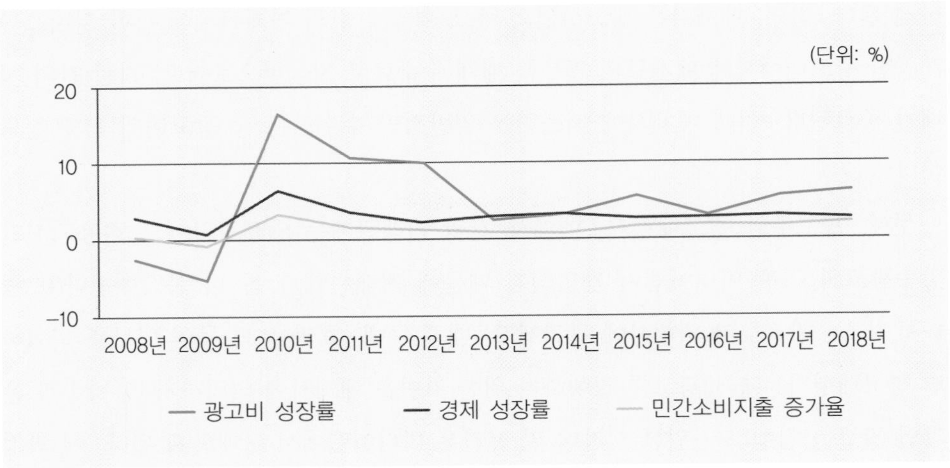

[그림 1-4] 경기변동과 광고 성장률 변동 추이

* 성장률 자료는 과학기술정보통신부, 한국방송광고진흥공사(2018)의 「2018 방송통신광고비 조사」, 민간소비지출 증가율은 한국은행의 1인당 실질 민간소비지출액에서 참고하여 재구성함.

[그림 1-4]의 경기변동과 광고 성장률 변동 추이를 살펴보면 전년 대비 성장률의 등락세가 비슷한 패턴을 보이는 것을 알 수 있다. 또한 광고비와 민간소비지출 성장률의 변화 양상은 유사한 데 반하여 변동성의 크기는 광고비가 민간소비지출보다 더 크게 나타난다. 즉, 민간소비지출의 변동을 광고지출 변동의 선행 요인으로 볼 수 있으며, 민간소비지출의 증가는 국내 광고산업을 확대하고 견인하는 긍정적인 역할을 할 수 있을 것으로 보인다(공정거래위원회, 한국공정거래조정원, 2013, pp. 6-7).

우리나라의 불안정한 경기는 구조적 성격이 강하며, 향후 10년간 '불안정한 저성장 경로(unstable, low growth path)'를 따를 것으로 예상된다. 따라서 경기에 민감한 광고산업의 특성상 향후 국내 광고시장은 급속한 성장이 힘들 것으로 전망된다.

광고산업은 경기의 영향 이외에도 타 산업을 지원하는 **서비스산업**의 성격을 띠고 있기 때문에 타 산업의 변동 역시 광고비 지출에 영향을 줄 수 있다. [그림 1-5]의 산업별 경제 활동 성장률 추이를 살펴보면 최근 10년간 주요 산업의 성장률 변동성이 높은 것을 알 수 있다.

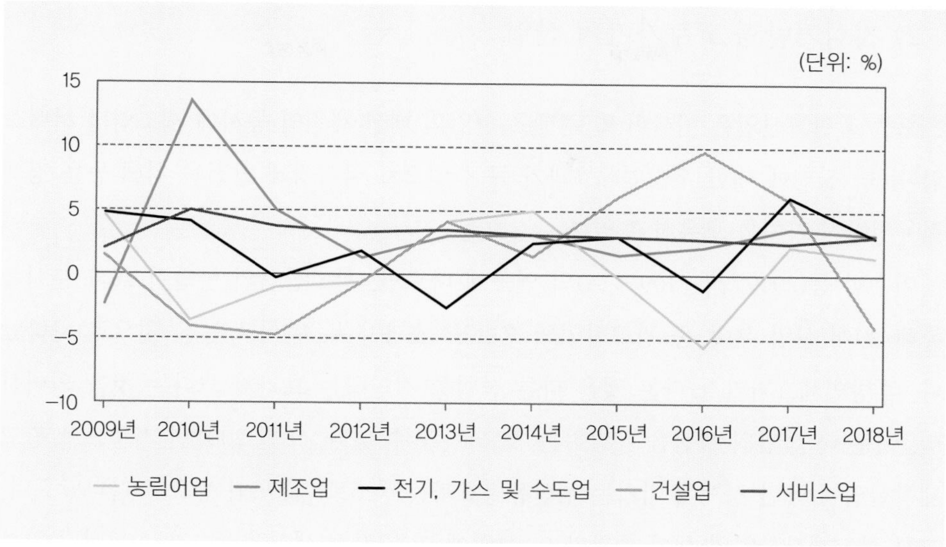

[그림 1-5] 산업별 경제 활동 성장률

출처: 한국은행 홈페이지.

그중 제조업의 성장률 변동성이 타 산업에 비해 크지 않은 것으로 나타났으나, 제조업 부문의 해외 수출 의존도 상승이 국내 광고 수요를 해외로 이전하는 효과를 나타낼 수 있다는 점에서 광고산업의 국내 성장률에 영향을 줄 수 있다(공정거래위원회, 한국공정거래조정원, 2013, p. 7).

또한 광고가 해당 재화와 서비스의 소비 지역에서 발생하는 것을 고려하였을 때, 광고산업은 내수 시장과도 직접적인 연관이 있다. 특정 상품의 경쟁구도가 가속화되면 자사의 제품과 서비스를 알리기 위해 광고에 지출하는 비용이 증가하지만, 독과점 혹은 독점 구조의 산업군에서는 광고 집행이 상대적으로 줄어드는 결과를 초래하게 된다.

2) 지식기반형 고부가가치 산업

오늘날 광고산업은 미디어 및 콘텐츠 산업의 핵심 재원인 동시에 제조업과 서비스업 등 타 산업에 대한 후방연쇄효과가 큰 산업으로 국가경제 발전을 위해 높은 경제적 · 전략적 가치를 보유하고 있다.

이수범 등(2009, pp. 109-114)의 연구에 따르면, 광고산업의 산업적 효과 분석을 통해 29개 산업 분야 중 광고산업의 **후방연쇄효과**가 두 번째로 높은 것으로 나타났다. 후방연쇄효과가 높다는 것은 다른 산업을 견인하는 효과가 크다는 것을 의미하며, 이는 타 산업의 생산을 유발하는 것으로 볼 수 있다. 또한 2007년 기준으로 광고제작산업이 국민 경제에 미치는 생산유발효과는 총 6조 7,270억 원으로 나타났으며, 그중 광고제작산업의 생산 증가가 타 산업에 미친 간접 생산유발효과는 직접 효과보다 많은 4조 612억 원으로 나타났다. 한편, 광고제작산업이 유발한 부가가치 유발효과는 총 2조 2,198억 원으로, 광고제작산업보다는 타 산업의 부가가치 증대에 미친 영향이 1조 8,392억 원으로 더 크게 나타났다.

이에 선진국에서는 이미 제조업보다 지식기반의 서비스업을 통한 경제발전을 추구하고 있으며, 국민 경제에서 서비스업이 차지하는 비율이 높아지고 있다. 일반적으로 지식기반형 산업은 지식과 정보의 창출, 분배 그리고 활용에 그 기반을 두고 있는 산업으로 다른 산업보다 지식을 더 많이 활용하여 고부가가치를 창출하는 산업이다(이상규, 2008). 특히 제조업과의 높은 연관성으로 해외 수출 시 광고산업도 해외 진출의 연쇄효과를 볼 수 있다. 해외 시장에서 국내 기업 및 국내 기업 생산 제품의 인지도와 이미지를 향상시켜 궁극적으로 매출액과 시장 점유율 증가에 기여하고 이를 통해 기업뿐만 아니라 국가의 브랜드 이미지 제고에 기여할 수 있다(한국방송광고공사, 2002).

그러나 광고산업이 창의력을 바탕으로 한 **지식기반형 산업**임에도 불구하고 일부 국민은 여전히 광고를 재화나 서비스의 마케팅 수단으로만 인식하고 있는 것이 현실이다. 이는 우리가 산업을 구분할 때 단순히 최종 생산물 형태의 유무에 따라 구분하기 때문에 재화에 숨겨진 서비스적 요소의 중요성을 간과하기 때문이다(이상규, 2008).

3) 규제산업

광고는 사회 전반에 걸쳐 여러 가지 순기능과 역기능을 미치는데, 이러한 사회적 영향은 크게 사회문화적 기능과 경제적 기능으로 구분할 수 있다(안광호 외, 2014, pp. 16-17).

먼저, 사회문화적 기능에서 광고는 소비자들의 바람직한 소비를 교육시키는 기능과 생활수준의 향상 및 대중적인 소비문화를 반영하고 형성하는 기능을 수행한다. 또한 문화적 관점에서 광고가 창작되는 당시의 시대상과 문화상을 담아내고 때로는 유행을 창조한다. 그러나 광고가 물질주의, 바람직하지 않은 성역할 등의 잘못된 문화를 조장하기도 하며, 과장광고나 허위광고를 통해 소비자의 올바른 제품 선택을 방해하는 역기능을 수행하기도 한다.

한편, 경제적인 측면에서 광고는 유효 수요를 유발함으로써 대량생산을 가능하게 하고 제품의 단가를 낮춰 규모의 경제를 이루는 데 기여한다. 또한 기업 간 경쟁을 유도하여 소비자의 권익을 보호하는 등 긍정적인 기능을 수행한다. 반면, 광고는 최선의 소비자 선택을 방해하고 제품의 원가와 가격을 높이며 대기업의 시장 점유율을 강화시켜 기업의 독점력을 높이는 요인으로 비판을 받기도 한다.

우리나라의 **광고규제**는 1970년대 광고산업의 활성화와 더불어 허위 과대광고, 광고 표현의 불건전성, 방송광고의 윤리성 등이 문제점으로 부각되면서 광고의 자율규제 움직임이 본격화되었다. 그러나 1976년부터 방송윤리위원회가 방송광고를 사전 심의하면서 국내 광고의 규제는 자율규제보다는 타율규제의 성격을 갖게 되었다. 광고의 역기능으로부터 소비자를 보호하고 기업 간의 공정한 경쟁을 유도하기 위해 광고규제는 분명 필요하다. 문제는 국내에선 미국, 일본, 유럽 등 선진국에 비하여 과도한 광고규제로 인해 광고의 효율성이 저하된다는 점이다. 일례로, 방송광고에 대한 규제가 대표적인 문제점으로 지적되고 있다.

다양한 미디어의 등장과 발전으로 디지털 매체가 성장하고 방송광고의 비중이 디지털 매체로 이동하는 현상은 세계적인 트렌드로 지극히 자연스러운 것이다. 하지만 우리나라의 경우 디지털 매체와 비교하여 국내 방송광고 관련 규제는 방송광고 시장 및 관련 산업 활성화에 명백한 걸림돌이 되고 있다. 2016년을 기준으로 해외 주요 국가에서 지상파 TV 방송광고비 점유율이 35% 정도를 유지하고 있는 반면(Zenith Optimedia, 2017), 국내 지상파 TV 방송광고비 점유율은 14% 정도로 크게 추락한 상황이다. 이는 상대적으로 엄격한 규제 때문에 지상파 TV 매체의 매력도가 저하된 결과이다.

또한 옥외광고에 대한 시장 확대와 수요의 증가에 비해 옥외광고에 대한 규제는 최근의 환경 변화를 수용하지 못하고 있다. 현재 시행 중인 「옥외광고물법」은 1960년대에 제정되어 환경이 변할 때마다 조금씩 개정되어 왔다. 비합리적이고 획일적인 옥외광고물 관리와 진흥의 소홀로 옥외광고산업의 성장과 문화적 도시경관 조성에 어려움을 겪는 것이 현실이다. ■

제2장

한국 근현대 광고와 미국과 일본의 영향

신인섭(전 중앙대학교 신문방송대학원 초빙교수)

1. 개화기의 광고(1876~1910)
2. 일제강점기의 광고(1910~1945)
3. 해방 이후의 광고(1945~)
4. 마치며

◈◇◈

이 장은 1876년 강화도 조약 체결과 개항 이후 일본과 서구 여러 나라와 교류를 시작한 이래 1990년대 말 무렵까지 약 120여 년간의 한국 근현대 광고산업 발전에 미친 외국의 영향을 살피는 데에 그 목적이 있다. 외국의 영향은 실무와 학문 측면으로 나누어 살펴볼 수 있다. 개항 이후 120여 년의 기간을 세 시기로 나누고, 각 시기별로 우리의 광고산업이 어떤 나라로부터 어떤 영향을 받으며 발전해 왔는가를 검토하였다. 첫째 시기는 1876년 강화도 조약 이후 1910년 한일합병까지로서 개화기이다. 둘째 시기는 1910년 한일합병에서 1945년 일본 제국주의의 패배와 한국 독립까지 35년간의 기간이다. 셋째 시기는 해방 이후 1996년까지 50여 년의 기간이다. 이 장을 읽고 나면 우리나라 광고의 발달사는 물론, 미국과 일본이 우리나라 광고산업의 발전에 어떠한 영향을 미쳤는지도 이해하게 될 것이다.

1. 개화기의 광고(1876~1910)

한국에 근대적 광고가 등장하기 시작한 것은 1876년 일본과 **강화도 조약**을 체결하고 한국의 쇄국 정책을 개방 정책으로 바꾼 뒤였다. 19세기에 접어들어 동북아시아의 3개국인 중국, 일본, 한국은 차례로 서구 세력에 의해 개항을 강요당하였다. 이른바 서방 세력의 동쪽을 향한 진출, 즉 서세동점(西勢東漸)이었다. 중국(1842년), 일본(1854년), 한국(1876년)의 순으로 개항이 이루어졌다. 한국의 개항은 한국보다 22년 앞서 서구에 문을 연 일본에 강요당한 것이었다.

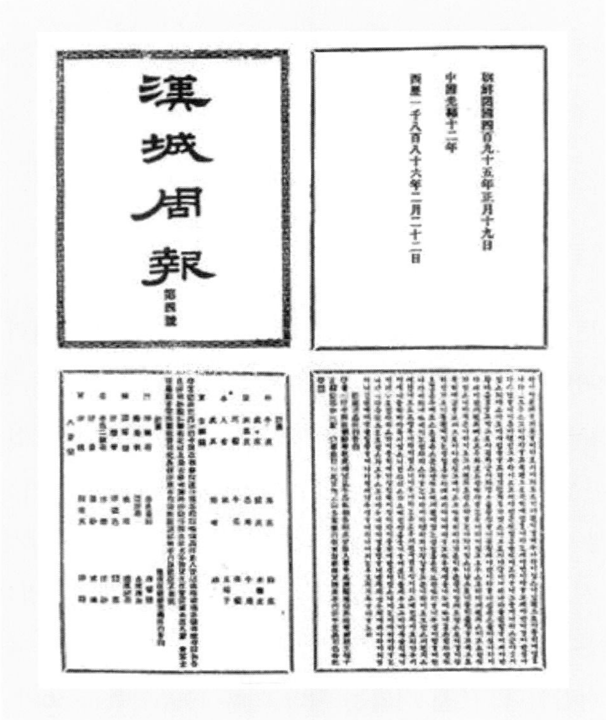
漢城周報 第四號

朝鮮開國四百九十五年正月十九日
中國光緖十二年
西曆一千八百八十六年二月二十二日

[그림 2-1]『한성주보』 1886년 2월 22일, 제4호에 게재된
「독일 상사 세창양행 고백(德商世昌洋行告白)」과 표지

출처: 신인섭, 서범석(2011), p. 33.

개항의 산물 가운데 하나는 신문, 잡지 발행과 광고였다. 한국에 정부가 발행하던 신문에 광고가 처음 게재된 것은 1886년 2월 22일자 『**한성주보**(漢城周報)』 제4호였다. 최초의 광고주는 독일 **세창양행**(世昌洋行, Edward Meyer & Co.)이었고, '광고'가 아닌 '고백(告白)'이라 하였다. 광고라는 말은 이미 1886년에 일본 상인이 『한성주보』에 게재한 적이 있으나 아직 널리 사용되지는 않던 때였다. [그림 2-1]에서 보듯이 순한문 제목이었고, 발행연도는 조선 개국 495년인데 중국 광서(光緖) 12년, 서기 1886년 2월 22일이라는 세 가지 기록으로 보아 아직 중국의 영향이 남아 있음을 짐작할 수 있다.

[그림 2-2]『독립신문』 창간호 1면

출처: 신인섭(1980), p. 6.

그런데 '광고'라는 말이 신문에 크게 등장하고 널리 퍼진 것은 1896년 4월 7일 **『독립신문』** 창간 이후였다. 이 신문의 창간호 제1면 첫 단에 '광고'라는 말이 등장하였다. 강화도 조약 이후 1910년까지 35년의 기간 동안 한국의 정치, 표현의 자유, 인권, 여성의 권익 그리고 광고에 『독립신문』 창간인인 서재필만큼 영향을 끼친 사람도 드물 것이다. 그런데 그가 1884년 12월 갑신정변(甲申政變)에 실패하고 인천을 경유해 미국으로 망명할 때 그는 '국적(國敵)'이었고, 그의 집안은 깡그리 몰살당하였다. 10년이면 강산이 변한다는 말처럼 1895년에 서재필은 정부의 요청으로 미국 시민 필립 제이슨(Philip Jaisohn)으로 귀국하였다. 이후 그는 중추원 고문이 되었다. 그가 1895년에 귀국하였다가 1898년 다시 미국으로 돌아갈 때까지 2년 반 동안에 한 일은 역사가 되어 남아 있다.

『독립신문』은 없어졌지만 『독립신문』 창간일인 4월 7일은 지금 한국 '신문의 날'로 기념하고 있다. 『독립신문』은 신문과 광고란 무엇이며 어떤 것인가를 실제로 보여 주었다. 그리고 이 신문이 광고에 남긴 중요한 일 가운데 하나는 체감(遞減)요금제의 시행이었다. 이는 아직까지도 우리나라에서 덜 시행되고 있는 서구식 신문광고 요금 구성인데, 상거래의 기본인 많이 그리고 자주 살수록 단가는 싸진다는 간단한 원리이다. 영어로 Volume & Frequency Rate라는 광고량, 빈도 할인 제도인 **체감요금제**는 개항 무렵 한국 신문의 광고료 기준이었다. 그러나 1910년 한일합병 이후에는 당시 일본의 광고거래 제도인 광고주별 **비밀 거래 단가제**로 바뀌었다.

미국의 영향은 콜브란(H. Collbran)과 보스트윅(H. R. Bostwick)이 전기, 전화, 전차, 수도 사업을 허가받은 뒤에 더욱 두드러졌다. 한성전기회사를 창립하고 청량리에서 서대문까지 전차를 가설하고 전차에 광고가 실렸다. 환등과 영화 그리고 회전마차가 생기자 손님 유치를 위해 꾸준히 신문에 광고를 게재하였다. 전선주가 생기자 전선주 광고가 등장하였다. 수도 서비스 판매를 위해 전단 광고도 개시하였다. 한성전기회사는 광고주이며 매체 소유주가 되었다.

한편, 이 시기는 일본의 영향도 두드러진 시기였다. '광고'라는 말과 함께 '간판'이라는 말도 강화도 조약 이후 일본으로부터 한국에 도입되었다. 을사보호조약이 체결된 다음 해인 1906년에 **일본전보통신사**(日本電報通信社)는 통신과 광고 대행 업무를 한국에서 개시하였다. 이것이 한국 최초의 광고회사가 되었다. 광복 이후 이름을 **덴츠**(電通, Dentsu)로 바꾼 이 회사는 최초의 광고회사였을 뿐 아니라 광복 전과 후에도 한국 광고에 여러 가지 영향을 미쳤다. 을사보호조약 이후에는 「광무신문지법」「회사법」「출판법」「학회법」 등 각종 법이 제정되었는데, 이는 일본의 입김이 작용한 법제도였다.

1876년 한국의 개항을 기점으로 중국의 영향은 급속히 줄어들었는데, 그 원인은 1884~1885년 청일전쟁에서 중국이 패배한 데 있다. 1885년 3월 일본 시모노세키(下關)에서 일본의 이토 히로부미(伊藤博文)와 중국의 이홍장(李鴻章)이 체결한 조약에 따라 중국은 조선에 대한 종속관계를 완전히 포기하는 데에 합의했고, 그 대신 일본의 영향은 커지게 되었다. 개항 이전 조선에 대한 중국의 영향은 광고 면에서도 있었는데, 가장 대표적으로 남아 있는 자료가 1644년 청나라 창건 이후 조선의 사절단이 북경에 갔다가 돌아와서 쓴 기록들에 나오는 북경 상가의 광고에 관한 기록이다. 그리고 이 기록은 이들이 가져온 중국 북송시대 수도 개봉(開封)의 시가 그림인 〈청명상하도(淸明上河圖)〉의 영향을 받은 것이다. 19세기의 연대 미상 작품으로 〈태평성시도(太平城市圖)〉와 〈경기감영도(京畿監營圖)〉가 있는데 이 두 작품은 〈청명상하도〉의 영향을 받은 것이 분명하고, 이 그림 가운데 옥외광고가 나와 있다. 고려시대 이래 있었던 중국의 영향은 청일전쟁 이후 사라졌다.

강화도 조약 이후 일본에 파견되었던 신사유람단이 귀국한 후 박영효가 주동하여 최초의 순간지『한성순보(漢城旬報)』가 발행되었으나 이 신문에 광고는 없었다. 다음 해인 1884년 12월 갑신정변이 실패로 끝나자『한성순보』를 발행하던 박문국은 수구세력에 의해 파괴되고 다시 1885년에『한성주보』가 발행되는데, 이 4호에 광고가 처음으로 게재되었다. 그런데 독일 상사 세창양행이 게재한 한국 최초의 이 신문광고는 남아 있는 광고 외에 언제, 어떻게, 누가 광고를 게재하기로 결정했으며 광고료를 얼마나 지불하고 누가 이런 광고를 만들었는지 등에 대해서는 전혀 발견된 자료가 없다. 그 뒤에도『한성주보』에는 세창양행 외의 광고는 적었고, 광고가 궤도에 오른 것은 이로부터 10년 후인 1896년 4월『독립신문』이 창간된 이후였다.

개화기 신문 등장과 함께 광고가 게재되면서 신문광고료가 발표되었다.『독립신문』은 창간한 해 10월 3일호 3면인 광고면(4면은 영문판임)에 영문으로 NOTICE를 발표하였는데, 그 가운데는 다음 해부터 국문판과 영문판을 따로 발행한다는 통지와 함께 구독료 및 광고요금표가 있다.『독립신문』의 광고료는 〈표 2-1〉과 같다. 그 무렵의 서구 신문과 같이 게재 기간에 따른 할인요금 제도가 있음을 알 수 있다. 우리말이 아니고 영어로만 나와 있는데 한국인 광고는 아직 없고 외국인 광고가 주였기 때문일 것이다. 광고 단위도 인치(inch)로 되어 있다.

2년 뒤인 1899년 서재필이 떠난 뒤이기는 하지만『독립신문』6월 2일자에는 둘째 단 전체에서 "광고란 기계와 같아서 일단 증기로 발동되면 저절로 돌아가는 것"이라고 비유해서 광고의 힘을 홍보했는데, 이는 매우 의의 있는 보도였다. 그리고

표 2-1 『독립신문』의 광고료

기간	광고료(1인치당)	비고
3개월 이하	$1.20	한 달 요금
3개월	$1.15	매달 요금
6개월	$1.10	상동
1년	$1.00	상동
1면 게재일 경우: 상기 요금에 10% 추가		

광고요금을 글로 풀이해서 광고 크기와 광고 기간에 따라 할인된다는 것을 알기 쉽게 발표하였다. 예컨대, 한 번 광고를 내는 경우에도 1단의 4분의 1인 7줄만 광고하는 경우에는 20전이지만 1단 전체 28줄을 내는 경우에는 80전(20전×4=80전)이 아니라 50전이어서 30전이나 할인된다는 것이다. 또한 한 번 광고하는 경우와 주 6일을 계속 광고하는 경우에도 1단 28행에 3원(50전×6일=3원)이 아니라 그 절반인 1원 50전이라는 것을 밝혀서 손쉽게 알도록 하고, 주머니 사정에 따라 광고를 크게든 작게든 또는 한 번이든 여러 번이든 할 수 있게 하였다.

신문이라는 것이 새롭고 신기했을 당시에 제품이나 회사 혹은 사람의 이름이 활자화되는 놀라운 일을 누구나 할 수 있다는 것을 알린 것이었다. 이와 비슷한 할인제는 당시 『황성신문(皇城新聞)』이나 『제국신문(帝國新聞)』 그리고 1904년에 창간한 『대한매일신보(大韓每日申報, Korea Daily News)』 광고란에 발표되었으며, 이러한 서구식 광고요금이 기준이 되었다. 특히 『대한매일신보』는 초기 광고가 적을 때에는 광고란에 자주 광고요금표를 발표하였다.

일간신문은 『독립신문』 『제국신문』 『황성신문』 『대한매일신보』 『매일신문』 등이 있었고, 12호 이상 발행한 잡지는 15종이 있었는데 태반이 학회지였다. 한편, 일본인 발행 신문 · 잡지는 1905년 을사보호조약이 체결된 이후에는 전국 주요 도시에서 발행되기 시작하였다. 1904년에 11개이던 정기간행물의 수가 1909년에는 신문 30개, 잡지 4개로 폭증하였다. 가장 중요한 신문매체의 등장과 함께 갖가지 다른 매체들이 나타났다. 전화와 전기가 가설되자 전주가 등장했고, 전주에는 간판이 붙었다. 상점에는 간판이 나붙기 시작했고, 우편 제도가 시작되자 통신판매광고가 나타났다. 신문 전단 광고도 등장했고 퍼레이드도 나타났다. 간판 가운데 특이한 것으로는 석유(등유) 수요가 폭증하자 미국 스탠더드(Standard) 석유의 거대한 간판이 1915년 9월 경복궁에서 개최된 **'조선물산공진회(朝鮮物産共進會)'** 전시장에 등장하였던 것이 있다.

광고 표현에도 변화가 일어났는데 활자뿐이던 광고에 일러스트레이션이 나타났다. 그 선봉은 **세창양행**의 태극기와 자사 사기(社旗), 토끼와 거북 그리고 장수의 상징인 학을 이용한 것이었다. 그리고 일러스트레이션 사용은 급속히 확산되었다. 미국의 스탠더드 석유는 자사 제품의 우수성을 나타내는 비교광고를 게재했는데, 이것이 한국 최초의 비교광고일 것이다. 표현에서도 미국을 비롯한 서구 국가의 각종 제품광고가 두드러지게 나타났다. 20세기 초에는 한국 광고주도 부쩍 늘어났다. 특히 제약광고가 두드러지게 증가하였다.

이 시대를 맺음한다면 개항과 서양문물의 난입이 성시를 이루었고 일본과 미국의 영향이 두드러지게 나타났다고 할 수 있다. 그리고 1900년대에 들어서자 여러 광고주

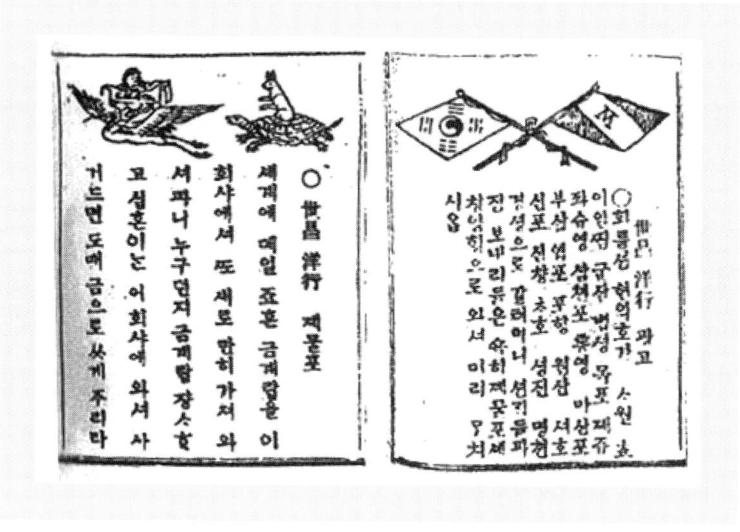

[그림 2-3] 세창양행의 일러스트레이션(토끼와 거북이), 태극기와 세창양행 깃발(Meyer의 M자)
출처: 신인섭, 서범석(2011), p. 53.

와 매체 그리고 미미하나마 광고회사의 활동이 나타났다. 각종 제품광고, 경품광고, 통신광고, 전단광고, 퍼레이드 등 광고의 종류 및 표현 방법도 다양해졌다. 옥외간판 상점이 간판의 제작 · 설치를 권하는 광고도 등장하였다. 광고란 말도 없던 시장에 광고가 가는 곳마다 눈에 띠게 되었으며, 광고는 한국 사회 제도의 일부로 정착하였다.

2. 일제강점기의 광고(1910~1945)

일제강점기 35년 기간은 세 시기로 나눌 수 있는데, 첫 10년은 1910년 한일합병에서 1919년 3 · 1 독립운동까지의 무단 · 헌병통치 시기이다. 억압의 10년이 폭발한 것이 1919년 3 · 1 독립운동이었다. 이 사건은 일본의 조선 통치 정책에 일대 변화를 일으켰다. 총만으로는 조선을 통치할 수 없다는 결론을 내리게 만들었다.

둘째 시기에는 무단통치가 끝나고 문화통치로 변화되었으며, 육군대장 조선총독이 해군대장으로 바뀌면서 시작되었다. 대표적인 사건으로 1920년 봄에 『조선일보』와 『동아일보』가 창간되고 4년 뒤에 『시대일보』가 창간되는데, 『조선일보』『동아일보』의 두 신문만이 남게 된다. 광고는 1920~1930년대 말 무렵까지 전성기를 맞이하였다. 1937년 일본은 중국을 침공했고, 그 이듬해 4월에는 「**국가총동원법**」이 공포되었으며, 일본은 전시 체제에 돌입하였다. 이 법 제20조에서는 "국가총동원상 필요한 경우"에는 신문지 및 기타 출판물의 게재 제한 혹은 금지를 명령할 권한을 정부에 부여하였다. 그 결과, 1938년에 1,103개이던 신문이 1940년에는 522개, 1942년에는 54개로 줄었다. 그 일환으로 1940년에는 『동아일보』와 『조선일보』가 강제 폐간되었다. 잡지도 통폐합되었다. 군국주의 복귀의 상징은 1940년 일본의 신문통합이었다. 또한 그것은 일본 제국주의 패망의 징조이기도 하였다. 말할 것도 없이 광고는 급격한 쇠퇴의 길로 들어섰다.

셋째 시기의 시작은 1940년이 될 것이다. 경제는 전시 체제로 바뀌어 민간 소비재가 격감하였다. 1941년 12월 일요일 새벽에 선전포고 없는 진주만 기습으로 태평양

전쟁이 발발하였다. 그 뒤 3년 8개월의 전쟁 및 히로시마와 나가사키에 원자폭탄 투하 후 일본의 무조건 항복으로 제2차 세계대전이 끝났고 한국은 광복을 맞이하였으며 국권을 되찾았다. 말할 것도 없이 광고도 이 세 시기와 맥락을 같이하였다.

1) 무단통치 10년(1910~1919)

이 시기에는 『대한매일신보』를 인수해서 그 명칭에서 '대한'을 없애고 **『매일신보』**를 조선총독부 국문 기관지로 만들었다. 이로 인해 신문광고료가 『독립신문』 이래 도입된, 광고량과 게재 빈도에 따른 합리적 광고요금 제도인 체감제(遞減制)에서 일본 관례에 따른 단가제로 바뀌었다. 즉, 광고를 많이 내는 업종, 예컨대 의약품이나 화장품에 대해서는 일괄적으로 광고료를 싸게 하고 관청이나 은행 등 법정 광고만을 이따금 게재하는 광고주의 요금은 비싸게 받는 제도로 바뀌었다. 그 결과, 신문광고료는 발표한 것과 실지 요금에 차이가 있었는데, 이는 그 실거래 요금이 '대외비(對外秘)'로 되어 있는 일종의 비밀요금 제도에 따른 것이었다. 아마도 광고, 특히 옥외광고에 자극이 되었을 행사는 1915년 9월에 시작해서 50일간 계속된 **'조선물산공진회'**였을 것이다. 경복궁에서 개최된 이 공진회는 사실상 박람회로서 일본 제품 전시장이기도 하였다. 아울러 각종 전시장은 당시로서는 최고의 옥외광고물이었다.

이 10년 기간에 가장 두드러진 광고는 담배광고로 영미합작인 브리티시 아메리칸 토바코(British-American Tobacco: BAT)와 일본 담배회사 사이에 광고 난타전이 벌어졌는데, 이는 1910년대 중반까지 계속되었다. 특이할 만한 작은 일은 『매일신보』에 **'한성광고사'**라는 한국인 광고회사가 모집 · 게재한 두 페이지의 광고 부록이 있었다는 것이다. 그리고 50개 사에 가까운 각종 상점이 참여한 이 부록의 광고주 가운데는 서울 종로의 간판회사도 있었다. 이 간판회사의 광고를 보면 당시 서울 시내 상점들의 간판 열기를 알 수 있다.

일본이 미친 영향은 간판광고와 대대적인 담배회사 신문 전면광고, 담배 피는 대담한 여성의 광고, 삿포로 · 아사히 · 기린 맥주와 일본 정종(청주) 광고, 인단 광고,

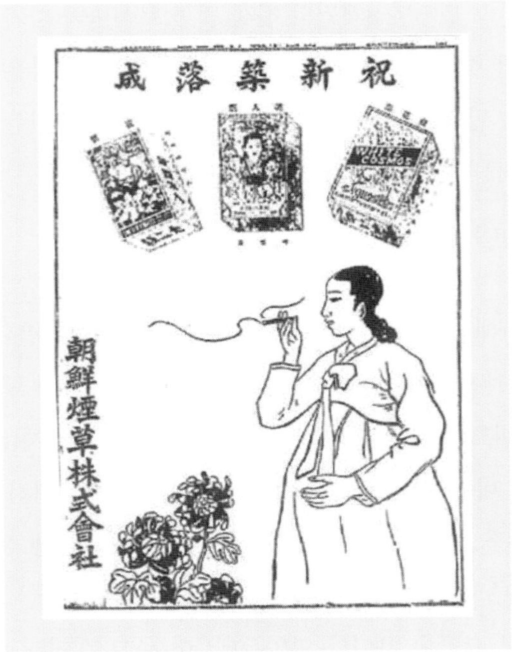

[그림 2-4]『매일신보』에 실린 담배 전면광고

출처: 매일신보(1914. 11. 8.).

미인이 등장하는 화장품 광고 등이 등장한 것이다. 물론 일본 관례에 따른 광고주별 비밀 거래 단가제가 도입된 것도 있다.『매일신보』는 3000호 발행 기념으로 광고 특집을 기획했으며 사설로「광고의 이용」을 게재하기도 하였다.

또한 1911년 이후에는 신년축하광고를 게재하였다. 이 신년광고는 초기에 인기가 있었으나 차츰 신문의 광고 장사처럼 되어 후에는 민폐가 되기도 하였다. 광복 이후에도 1980년대 무렵까지 신년광고는 관례처럼 되어 있었다. 1906년 서울에 진출한 일본전보통신사[1955년에 덴츠(Dentsu, 電通)로 개명, 이하 덴츠]는『조선신사명감』을 발행했는데, 이 책은 당시 한국을 지배하던 인물을 아는 데에 지극히 유익한 자료였다. 최초로 한국에 진출한 일본 덴츠가 광고회사로서의 역할을 활발히 했을 것이 틀림없지만, 그 당시 한국에서는 광고회사의 활동이 잘 나타나지 않게 마련이었으므로 몇몇 자료 외에는 증거를 제시할 수 없다.

2) 문화통치 약 20년, 광고 황금기(1920~1930년대)

3·1 독립운동이 일어난 지 6개월째 되는 8월 12일에 조선총독 하세가와 요시미치(長谷川 好道) 육군대장이 면직되고 해군대장 사이토 마코토(齋藤 實)가 임명되었다. 그는 임명되고 바로 8월 20일에 헌병경찰제를 폐지했고, 9월 10일에 문화통치를 공표하였다. 1920년 3월 5일에는 『조선일보』, 4월 1일에는 『동아일보』가 창간되었다. 『동아일보』 창간호에는 사원 씨명이 있는데 사진반과 광고부 가운데는 각각 1명의 일본인이 촉탁으로 있었다. 광고부에 일본인을 둔 것은 앞으로 도쿄와 오사카에서 들어올 일본 광고에 대한 대비였을 것이다. 제호 밑에는 구독료, 광고료, 회사 주소가 나와 있다. 또한 체감요금제가 아닌 일본 관례에 따른 광고주별 비밀 거래 단가제로 바뀌었다. 따라서 공칭(公稱) 요금과 실거래 요금에는 차이가 있었다.

1920년대에는 신문, 잡지, 간판 광고 외에도 전화가 증가함에 따라 전화번호부에 광고가 게재되었고, 전차광고, 우편을 이용한 DM, 항공기를 이용한 전단 산포 등이 이루어졌다. 1930년대에 들어서자 한국의 큰 제약회사들은 앞다투어 타블로이드판 판촉지를 발행하였다. 1920년대 말 만주와 대만에서는 일본이 상업 라디오 방송을 시도했으나 일본과 조선에서는 시행하지 못했는데, 이는 신문의 반대가 심했기 때문이었다. 그러니 1920년대에는 한국에 라디오를 제외한 모든 광고매체가 갖추어진 셈이었다.

1921년에는 '**홍보**(弘報)'라는 말이 블라디보스토크[해삼위(海蔘威)라 부름]에 진주한 일본군으로부터 나왔다. 1917년 소련 공산혁명 후 그 진압을 위해 조직된, 연합군의 일환으로 참전한 일본군 부대가 블라디보스토크에서 선전용으로 만든 기구가 홍보부였다. 이 말은 그 뒤에 한국에서 PR이라는 의미로 정착되었다. 이 해에는 부티크인 **백영사**(百榮社)라는 광고대행사의 광고와 작품이 『동아일보』에 게재되었으나 곧 폐업하였다. 1922년 11월에는 부협의원(協議員, 시의원) 선거가 처음으로 실시되었는데, 후보자들의 이름을 쓴 간판, 깃발들이 난립하는 선거장 풍경이 가관이었다. 신문은 이런 광경을 비웃는 보도를 하였다. 동시에 당선자들은 판에 박힌 당선사례

광고를 신문에 게재하였으며 광고는 선거의 필수품처럼 되었다. 이를테면 광고를 정치에 이용하기 시작한 것이었다. 1925년 8월호 『**개벽**』지에는 해외에서 활약 중인 독립투사들에 관한 기사 특집이 있었는데 8월호 광고를 게재한 『동아일보』는 압수되고 『개벽』지는 정간되었다. 이 사건은 광고 때문에 신문이 압수되는 첫 사례가 되었고, 이는 문화통치의 한계를 드러낸 것이었다.

1926년에는 『동아일보』사가 주최한 '도안광고 현상 투표 모집'이 있었는데, 이는 한국 최초의 행사로서 독자가 광고를 보고 투표하는 행사였다. 현상 모집, 현상 대상 광고 발표, 당선 발표, 당선회사 소개 홍보 기사 발표 등 일련의 행사가 있었다. 그런데 이 행사는 1회로 끝났다. 이런 행사의 아이디어가 어디서 나왔는지는 분명치 않다. 아마도 1920년대 한국 광고계에 가장 큰 소식은 미국 **포드**(Ford)와 **쉐보레**(Chevrolet) 자동차의 한국 진출이었을 것이다.

포드 자동차가 1908년에서 1927년까지 만들어 전 세계에 1,500만 대를 판매한 자동차가 T형(모델)이다. 포드가 조립 라인으로 생산을 시작한 것은 1913년이었다. T모델이 성공한 것은 그 당시만 해도 도로 사정이 좋지 않았던 미국에서 쉽게 운전할 수 있으며 고장이 나도 간단히 고칠 수 있는 든든한 차였기 때문이다. 또 한 대량생산이 되면서 포드 자동차 값은 1909년에 950달러에서 1916년에는 360달러, 1926년에는 290달러로 싸졌다. 포드는 세계 자동차의 50%를 생산하고 있었다. 그러나 세상이 달라지고 경쟁이 생기면서 새 모델로 나온 것이 '신포드'였다. 포드는 1925년에 일본에서 회사를 설립하였다. 뒤이어 1927년에는 쉐보레(General Motors: GM)가 일본에 진출하였다. 한국에 진출한 포드는 간단히 신차(新車)라고 부르던 차였다. 그리고 이 광고 캠페인은 세계적 캠페인의 일부였다.

1928년 2월 23일부터 25일까지 3일 동안 계속해서 포드 자동차의 **전면광고**가 서울에서 발행되는 신문에 게재되었다. 1886년 2월 『한성주보』에 세창양행의 광고가 게재된 이후 43년 동안 처음 있는 일이었다. 천지개벽까지는 아니지만 한국 신문사상 전면광고가 사흘 연속으로 실린 것은 처음이었다(이 무렵 한국 신문은 하루 6면 발행이었다). 한 달 뒤에는 제너럴 모터즈의 쉐보레 전면광고가 신문에 게재되었다. 물론 '일본 포드' '일본 제너럴 모터즈'라는 이름으로 게재된 것이다.

첫날 광고는 포드의 설립자 헨리 포드(Henry Ford)의 사진 및 T형 자동차의 설명과 함께 신차에 대한 설명을 했고, 이튿날은 신차에 관한 자세한 특징을 설명했으며, 셋째 날에는 드디어 여섯 가지 모델을 선보이고 그날부터 3일간 전시장에서 참관할 수 있음을 알렸다. 5월 27일에는 북은 신의주에서, 남은 제주도까지 전국 15개 주요 도시에서 야간까지 신포드 차의 피로(披露)가 있다는 것을 대리점의 이름과 함께 광고하였다. 조선 13도에서 포드 자동차를 모르는 사람은 없을 만큼 대대적인 광고 캠페인을 벌인 셈이다.

당시 포드보다 뒤져 있었던 쉐보레도 대대적인 광고를 시작하였다. 두 승용차와 트럭 광고가 신문 지면을 장식하게 되었다. 미국 자동차 광고는 몇 가지 다른 점이 있었다. 첫째, 광고의 크기가 컸다. 시작은 전면이고 뒤이어 나온 광고도 대개 신문 지면의 3분의 1 크기였다. 둘째, 가로쓰기인 영어 신문의 포맷에 따라 우리는 변형 광고라 부르는 형태의 광고를 하였다. 셋째, 제품 중심의 광고였다. 군소리 없이 왜 좋은가에 대한 설명을 하였다. 따라서 긴 카피로 이루어졌다. 넷째, 판매촉진과 연계하였다. 즉, 차를 파는 현장인 판매점(딜러, dealer)과 연계하였다. 다섯째, 결론적으로 말하자면 광고는 늘 판매를 위한 논리적 · 이성적인 내용으로 이루어졌다.

미국의 두 자동차 광고는 그것의 직접적인 영향 외에도 더 큰 영향이 있었을 것이다. '일본 포드' '일본 제너럴 모터즈'라는 이름이었지만 자동차는 미제였다. 다시 말하자면, 일본은 아직 자동차를 만들지 못하는 나라로서 미국이 만든 자동차를 들여와 판다는 것이 드러난 것이다. 미국은 큰 나라요, 부자 나라요, 앞선 나라라는 것을 한국인에게 보여 주고 제시하였다. 또한 자동차 광고를 통해 미국은 광고가 발달한 나라라는 점도 드러났다. 제품이 자동차라는 특성상 딜러가 중요한 것은 사실이지만 항상 판매점과 연결하는 광고에 유념하였다.

포드와 쉐보레 광고 외에 『조선일보』 『동아일보』 등의 신문에 이따금 게재된 자동차를 높이 올려놓은 멋진 옥외광고 따위는 미국이라는 나라에 대한 더없는 국가 PR이었다. 또한 유식한 사회 지도층에게 영향을 미쳤을 기사가 있었다. 드물게 나오는 기사

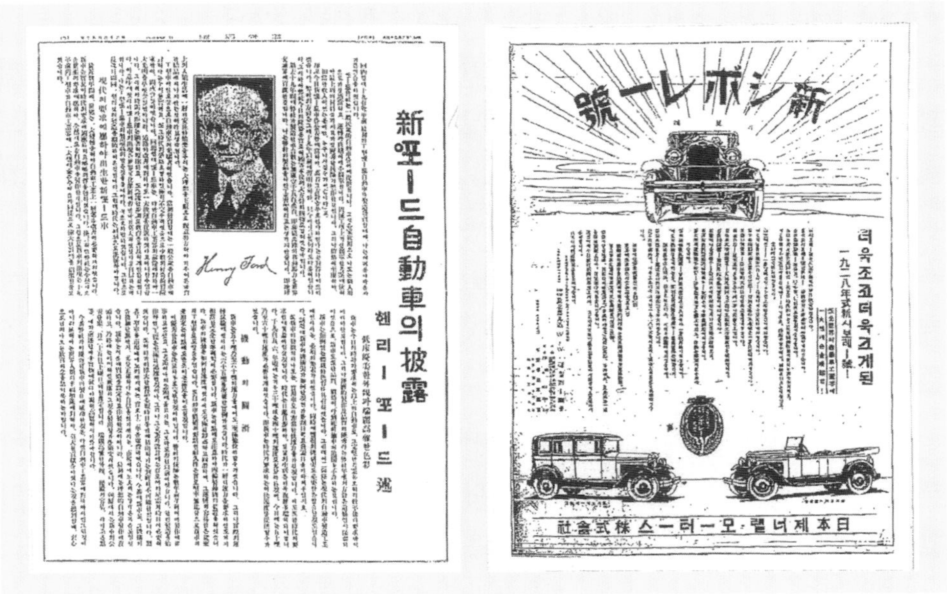

[그림 2-5] 포드와 쉐보레 자동차 광고

* 쉐보레는 일본말 표현으로 시보레라고 하였다.
출처: 포드 기사는 동아일보(1928. 2. 23.), 쉐보레 기사는 동아일보(1928. 3. 31.).

이기는 했으나, 1927년 5월 13일자 『동아일보』와 1935년 6월 11일자 『조선일보』에 나온 미국 신문광고비에 관한 보도는 아마 충격적이었을 것이다. 『동아일보』의 어떤 기사에서는 “미국에는 신문광고료금만 하여도 웬만큼 큰 나라의 1개년 총예산보다도 많은 액수”라 하였다. 1935년 『조선일보』는 ‘1934년도 미국 광고료, (대)비 전년 12.4% 증’이라는 제목하에 미국의 신문광고비가 전체 광고의 46.7%이며 1억 6,300만 달러라고 보도하였다. 아직 포드나 제너럴 모터즈가 한국에 진출하기 전인 1924년 서울에 모두 79대의 자동차가 있었다는 『동아일보』 기사도 있다.

한국 태생의 미국 시민인 유한양행 사장 유일한이 1930년대 중반에 전개한 민중보건의 문제를 다룬 신문광고는 캠페인이라는 표현은 없지만 캠페인이라 부를 수 있는 일련의 광고였다. 아직 기업의 사회적 책임이나 공헌이란 개념도 없던 시대에 기업이 사회를 위해 어떤 일을 하고 있는가를 보여 준 광고였다. 약광고라 하면 허풍선으로 인식되던 시기에 매우 특출한 사회성을 띤 광고였다. 미국의 두 자동차 회사가 1920년대 말에서 1939년 미국과의 정치 상황 악화로 일본에서 철수할 때까지 전개한 광고는 광고가 단순히 제품을 파는 것 이상의 영향력을 가진다는 인식을 남겼을 것이다.

1920~1930년대는 광고의 전성기였다. 광고비 자료가 아직 없던 시대이지만, 일본의 광고회사 **덴츠**가 출판하는 연감인 『**신문총람**(新聞總覽)』 자료에는 한국의 주요 국문 · 일문 신문의 월별, 업종별 광고 행수가 발표되었다. 그 밖에 『동아일보』의 자료가 있어 이 무렵 광고 상황을 추정해 볼 수 있다. 광고의 양적 증가뿐 아니라 광고 표현의 다양화도 두드러졌다. 1930년대 후반에는 사진 기술의 발전으로 여성 광고 모델이 부쩍 증가했는데 광복 전 한국이 낳은 세계적인 무용가 최승희도 일본 안약 모델로 등장하였다.

3) 전시 체제, 군국주의 복귀, 무조건 항복(1940~1945)

중일전쟁이 장기화되면서 경제는 급속히 악화되고 있었다. 1940년에는 사치품 제조 및 판매 규제가 생겨 소비는 죄악시되기 시작하였다. 일본의 경우 1938년 1,100여 개이던 신문은 2년 뒤에는 절반으로 줄고 4년 뒤에는 54개만 남았다. 1940년에는 『동아일보』와 『조선일보』 두 신문도 폐간되었다. 신문 발행 면수도 급격히 감소해서 1944년에는 타블로이드 4면이 되었다. 한국에서는 주로 사상범에 대해 구속영장 없이도 체포 · 감금할 수 있게 되었다. 각종 새로운 세금 징수, 쌀 공출, 군수 시설에서의 근로봉사, 중학교 5년제를 4년제로 감축해서 인력 충원에 이용하는 등의 조치가 있었다. 쇠가 군수물자라 해서 교회 종을 빼앗아 갔으며, 전쟁 말기에는 드디어 교회를 징발해 군수물자 창고로 사용하고 성직자를 징집하였다. 또한 한국어 교육과 사용이 금지되었으며, 토요일과 일요일이 없어지고 평일처럼 되었다. 1943년에는 징병제가 실시되었다. 1945년 유일한 조선어 신문인 『매일신보』는 타블로이드 2면이었다. 이 5년의 기간 동안 광고에 관해 새로운 것이라고는 광고주가 신문광고료를 지불하였으나 정부 시책을 홍보하는 이른바 '**헌납광고**'라는 것이 생겼을 뿐이었다.

4) 일제강점기 일본이 한국 광고에 미친 영향

1910년에서 1945년까지 일제의 35년 통치 기간 동안 일본의 광고가 한국의 광고 산업에 미친 영향은 무엇이며 그것을 어떻게 평가할 것인가? 1876년 개항 이후 1945년 한국의 독립까지 우리 광고에 가장 많은 영향을 미친 나라는 일본이었다. 그것은 한국이 일본보다 광고의 모든 면에서 낙후되어 있었기 때문이다. 그다음으로는 미국의 영향을 많이 받았다. 그것은 마치 개항 후 미국 선교사들이 기독교로 한국에 미친 영향과 비슷하였다. 1920년대 말부터 10년간 미국의 두 자동차 회사가 남긴 영향에 대해서는 앞에서 설명을 했고, 유한양행이 광고를 통해 미쳤을 영향에 대해서도 간단히 언급하였다. 이 35년의 기간 동안 일본과 미국으로부터 받은 영향을 종합해서 우리가 배운 것과 배웠어야 하나 배우지 못한 것으로 나누어 살펴보기로 한다.

현재까지 밝혀진 광복 이전 광고 관련 자료 가운데 그 분량과 범위, 이론과 실무를 아우른 자료로는『조선일보』에 1932년 2월 2일부터 5월 4일까지 14회에 걸쳐 활해(活海, WH생)라는 필명(筆名)으로 연재된「**광고에 대한 일반상식 해설**」이 있다. 이

조 선 일 보
一般常識解說

[그림 2-6] 광고에 대한 일반상식 해설

* 1932년 2월 20일에서 5월 4일까지 14회에 걸쳐『조선일보』에 연재된 이 글은 광복 전 광고에 관한 모든 실무를 다룬 기록이다. 필자는 필명 활해(活海, WH생)로만 나와 있어서 실명은 모른다. 제시된 그림은 1932년 2월 20일 제1회 기사이다.

출처: 조선일보(1932. 2. 20.).

연재물은 그 무렵 한국 광고계 상황을 반영하고 있으며, 우리가 무엇을 배웠는가를 추정할 수 있는 자료를 제공하고 있다(신인섭, 2015).

유감스럽게도, 필자 활해의 하는 일, 직장, 받은 교육 등에 관해서는 아무런 자료도 없다. 한 가지 틀림없는 사실은 그가 이론과 광고 실무에 대해 해박하고 자세한 지식을 가진 프로라는 것이다. 그가 어디서 그런 지식과 경험을 얻었겠는가 하는 질문이 제기될 수 있는데, 미국은 아니고 한국이거나 일본일 것이라는 추정을 해 볼 수 있다. 활해가 한국의 광고산업을 대표하는 사람은 아니라 하더라도 그런 사람이 우리나라에 있었다는 사실이 중요한데, 활해가 영향을 받은 나라는 아마도 일본일 것이라는 추측을 해 볼 수 있다. 따라서 이 14회의 연재물을 통해 1910년에서 1930년에 이르는 20년의 기간 동안 한국의 광고산업이 무엇을 배웠는지를 알 수 있다.

요약하면, 한국 광고계는 광고 대행 업무를 제외하고는 일본 광고계가 하는 모든 일을 배웠다. 덴츠에는 한국인 직원이 있었을 것이므로 극히 일부나마 일본 광고회사의 업무를 배웠을 것이다. 그것을 증명하는 것이 광복 후 1946년 초에 『조선일보』에 게재된 **'조선전보통신사' 광고**이다.

그다음으로 우리가 얻은 것은 『한국광고사』에 나와 있는 김승문의 증언이다. 그는 1936년 손기정 선수의 유니폼에서 일장기를 말소한 사건 때문에 무기정간을 받았다가 복간한 『동아일보』 광고 재건을 위해 1937년 일본 도쿄에서 활동한 기록이 있다. 일본 최대의 광고회사인 전보통신사 지방과장으로 있다가 광복 후 1947년에 사장이 된 요시다 히데오(吉田秀雄)와의 교분과 일본 광고회사 방문에서 겪은 일의 기록은 소중한 자료를 제공하고 있다. 구체적인 일은 일본 광고를 『동아일보』에 유치하는 일이었는데, 그 과정에서 일본 광고회사의 영업, 광고주와의 관계, 나아가서는 광고산업의 현장을 들여다볼 수 있다. 김승문의 증언을 통해 광복 이전의 일본 광고회사가 미국의 광고회사와 다른 점이 무엇이었는가를 살필 수 있다. 또한 1960년대 말 한국에 진출한 일본 덴츠가 왜 맥없이 미국 광고회사에 밀렸는가를 이해할 수 있다. 김승문은 평안북도 출신으로 평양 고등보통학교(뒤에 제2중학교) 졸업 후 일본 리츠메이칸(입명관, 立命館) 대학교를 나왔으며, 3·1 독립운동 관련으로 2년간 옥고를 치른 사람이었다(신인섭, 서범석, 2001). 또 다른 『조선일보』 주최 행사는 1937년 5월 16일에 있었던 한국 최초의 **'광고강좌'**인데, 강연이 끝난 뒤 그 내용을 21회에 걸쳐 『조선일보』에 게재하였다. 연사 4명은 당시 일본 광고계에서 유명한 일본 인사들이었다.

[그림 2-7] 광고강좌

* 1937년 5월 16일 조선일보사가 신문사 강당에서 주최한 이 강좌는 일본의 저명한 광고 실무 관련 인사를 강사로 초청한 한국 최초의 강좌이다. 『조선일보』는 4명의 강사가 발표한 내용을 21회에 걸쳐 연재하였다. 그 내용은 일부 이론과 실무를 주로 다룬 광고의 전 분야에 걸친 것이다. 강좌는 2회 실시하였다. 제시된 그림은 1937년 5월 13일자 1면에 실린 사고와 강좌 관련 보도(왼쪽 기사) 및 5월 18일자에 실린 첫 연재 기사(오른쪽 기사)이다.

출처: 왼쪽 기사는 조선일보(1937. 5. 13.), 오른쪽 기사는 조선일보(1937. 5. 18.).

미국 광고가 미친 영향에 대해서는 두 자동차 회사 광고와 관련해 언급한 바 있다. 아마도 『동아일보』와 『조선일보』 두 신문에 한두 차례 보도된 미국 광고비에 대한 기사는 언론사 경영자와 간부들 및 광고 관련 종사자들에게는 충격적일 만큼의 영향을 주었을 것이다. 그 이유는 미국 광고비의 엄청난 금액과 총 광고비의 절반에 가까운 점유율을 차지하는 신문광고비의 방대한 금액 때문이었을 것이다.

그렇다면 얻지 못한 것은 무엇이었는가? 우리는 일본 바깥세상에 또 다른 방대한 선진 광고의 세계가 있다는 것을 몰랐다. 일본 자신이 모르고 있었기 때문이다. 그리고 우리나라의 모든 지식과 자료 및 정보는 일본을 통해 전달되었기 때문이다. 광고에 관한 한 일본은 서구 국가에 비해 낙후되어 있었는데, 그 단적인 이유는 광고의 세 다리 가운데 하나인 일본의 광고회사는 **매체 스페이스 브로커**의 영역을 벗어나지 못했고 또 그런 사실을 모르고 있었기 때문이다. 이러한 사실은 광복 이후 미국과 영국의 광고계를 시찰하고 돌아온 뒤 **덴츠**의 요시다 사장이 한 덴츠 조직 개편과 그가 한 말에 잘 나타나 있다. AE(account executive) 제도에 관해서는 "AE제는 간단히 말하자면 광고대리업이 스폰서 편에 서서 그 스폰서 기업의 전 상품 혹은 광고계획의 입안과 실시를 대행하는 방식"이라고 하였다. 그는 더 나아가 "어떤 의미에서는 일본 광고계의 혁명이며 광고 대리업계 및 덴츠의 혁명이다."라고 말하였다. 제2차 세계대전 종료 후 일본 광고산업 현대화의 아버지로 불리는 요시다가 **AE 제도**와 관련한 조치에 관해 했던 간단한 설명은 다음과 같다.

> 덴츠(電通), 하쿠호도(博報堂)와 AE제, 즉 덴츠 사장 요시다 히데오는 미국 광고업계 시찰에서 AE 활동의 실제를 확인하고 1956년 6월 AE제 도입의 구상을 우선 사내에 발표하였다. 그 발표에서 그는 AE를 '부사장급 혹은 국장급의 대외교(大外交)'라고 설명하고 있다. 그리고 덴츠는 같은 해 8월 AE제를 지향한 매체국 연락부 증설을 주안(主眼)으로 하는 기구 개혁을 우선 실행하였다(内川 芳美 편, 1980, p. 368).

덴츠뿐 아니라 광복 전 일본 광고회사는 거의 모두 매체(주로 신문, 잡지) 스페이스 브로커였다. 광고주를 만나 설득해서 신문에 광고를 내도록 권유하고 예산을 따내는 일은 여간 힘든 일이 아니었다. 그래서 이런 일을 맡은 사람을 '외교'라 불렀다. 현재 광고회사의 AE에 해당하는 직책이었다. 외교가 광고를 얻어 오면 소속 연락부/국에 보고하고 연락부/국은 매체부/국에 보고해서 집행하는 제도였다. 따라서 연락부는 매체부 산하에 있었다. 앞의 글에서 대외교(大外交)라고 한 의미는 큰 광고주를 고객으로 가지고 있는 외교라는 뜻이다. 외교라는 말은 한국 신문사에서도 사용되었다. 요시다가 일으킨 대개혁은 이 제도를 바꾸어서 연락부/국 산하에 매체부/국을 두는 것이었으므로 가히 혁명이라 할 만하였다. 현대적인 의미에서 보면 AE가 광고주와 합의한 예산을 결정해서 매체에 통보하는 제도인 것이다.

앞의 말은 사실상 광복 이후 덴츠뿐 아니라 일본 광고산업 전체에 중대한 변화를 일으키는 발언이었다. 다시 말하지만, 요시다는 덴츠 조직을 대대적으로 바꾸어 매체부서의 일부이던 '연락(連絡)'을 연락부/국으로 승격시키고 매체 업무를 이 연락부/국의 업무의 일부로 하였다. 광고주와의 연락 창구가 이 연락부/국이 되어 광고주의 마케팅/광고 계획, 제작, 매체 등 일체 업무를 통괄하는 미국식 AE제로 만들었다. 일본전보통신사 이름을 **덴츠**(전통, 電通)로 바꾼 것은 1955년이었고, '연락'이라는 호칭은 훨씬 뒤인 1983년에 '영업'으로 바뀌었다. '연락'이라는 호칭이 지닌 의미를 통해 광복 전 일본 광고회사들이 하던 영업 업무가 어떤 것이었는가를 일단 추측해 볼 수 있다.

미국은 이미 1910년대에 광고주협회, 광고(대행사)회사협회 그리고 신문 · 잡지 부수 조사를 하는 **ABC협회** 따위가 설립되어 있었고, 1888년에 창간된 『프린터스 잉크(Printers' Ink)』라는 광고 전문지가 있었다. 1930년에 창간된 잡지 『**애드버타이징 에이지**(Advertising Age)』는 여전히 미국을 대표하는 광고 전문지로 남아 있다. 1930년대에는 **AC닐슨**의 라디오 청취율 조사가 있었다. 대학에서는 이미 1910년대에 광고 전문교육이 이루어졌다. 일본의 식민지로 있었던 조선의 광고는 태평양 너머에 있는 방대한 미국 광고의 세계를 볼 수 없었다. 일본 바깥의 광고 세계를 몰랐던 것이 한국의 광고산업이 얻지 못한 것이었다.

3. 해방 이후의 광고(1945~)

1) 광복과 혼란기(1945~1967)

1945년 8월 15일 한국의 광복부터 1996년까지의 50여 년의 기간은 한국에 대한 외국 광고산업의 영향이라는 입장에서 두 시기로 나눌 수 있다. 첫째, 1945년 광복부터 1960년대 말까지 코카콜라, 펩시콜라, 호남정유(GS 칼텍스)의 한국 진출에 따른 석유 시장 독점 붕괴와 경쟁 시대 돌입을 계기로 미국의 광고회사들이 한국 광고시장에 진출한 시기이다. 둘째, 1968년 이후로, 1984년 **아시아광고회의**의 한국 개최로 아시아 무대 진출을 지나 1996년 국제광고협회(International Advertsing Association: IAA) **제35차 IAA 세계광고대회**(서울)의 성공적인 개최로 한국 광고가 국제무대로 올라선 시기이다.

1945년 8월 15일 정오 '일본 천황의 옥음방송(항복 선언)'으로 우리의 정치적 독립은 이루었으나 경제 · 사회 · 문화적 독립을 이루는 데는 더 많은 시간이 걸렸다. 이는 한국뿐 아니라 제2차 세계대전 이후의 모든 신생 독립국이 겪는 과정이었다. 기본적으로 경제 활동의 일부인 광고도 마찬가지였다. 1946년에는 통신과 광고 대행을 하는 일본전보통신사에서 '일본'을 '조선'으로 바꾼 '조선전보통신사' 광고가 나왔고, 일본 화장품 시세이도 광고가 버젓이 신문에 나타났다. 1937년 중일전쟁을 기준으로 하면 8년의 전쟁으로 인해 한국 경제는 몹시 피폐해져 있었다. 광복을 맞이한 8월 15일 한국에 있는 유일한 우리말 일간신문은 조선총독부 기관지였던 『매일신보』뿐이었는데, 이날 『매일신보』는 타블로이드 2면을 발행했으니 경제와 광고가 어떠했는가를 짐작할 수 있다.

조선이 한국으로 바뀌었고, 경성은 서울이라 불렸으며, 『매일신보』는 『서울신문』으로 이름을 바꾸었다. 유일한 일본 동맹통신은 **합동통신**이 되었다. 그러나 『서울신문』에 실린 상점광고 주소에는 본정(本町, 충무로), 명치정(明治町, 명동), 황금정(黃

金町, 을지로) 등 일본말 주소가 그대로 남아 있었다. 상점 간판에 일본말이 남아 있는 것도 그대로였다. 4년이 지난 1950년 『동아일보』 창간 30주년 한국통신사의 축하 광고에는 광고부가 있어 '광고 대리' 업무를 한다는 내용이 있었는데, 그것은 광복 전 일본전보통신사의 본을 딴 것이었다. 비단 신생 독립국인 한국의 경우만은 아니었지만 일본이 한국 광고산업에 남긴 자국이 바뀌는 데에는 훨씬 많은 시간이 걸렸다.

두 통신사의 광고에서 나타나 있듯이 일본의 영향은 남아 있었는데, 틀림없이 덴츠 광고부서에는 한국인이 있었을 것이다. 그래서 **덴츠**에서 배운 한국 사람이 **'조선전보통신사'**를 창립하고 광고를 냈을 것이다. 4년 후 1950년의 '한국통신사' 역시 광고 대행업을 한다는 광고를 게재한 것도 같은 맥락이었다. 그런데 이런 회사가 실지로 얼마나 활동을 했는가에 대해서는 나타나 있는 자료가 없다. 1인당 국민소득이 80달러 이하였고, 1950년대 중반에야 신문이 타블로이드판에서 배대판으로 바뀌었고, 하루에 겨우 4면을 발행하였으며, 『동아일보』의 경우도 신문광고가 전체 수입의

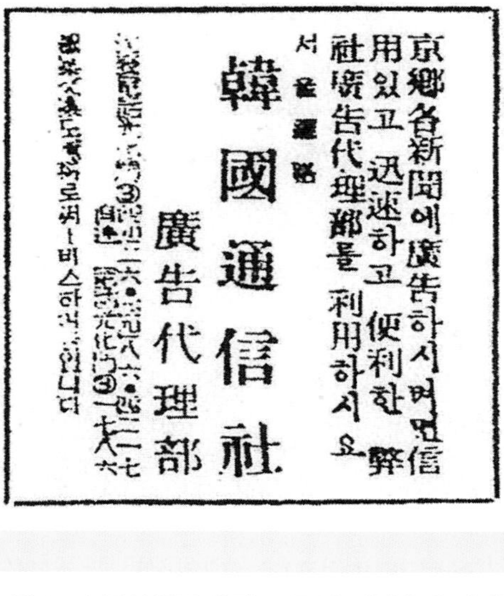

[그림 2-8] 동아일보 창간 30주년 기념호에 게재된 '한국통신사' 광고

출처: 동아일보(1950. 4. 1.).

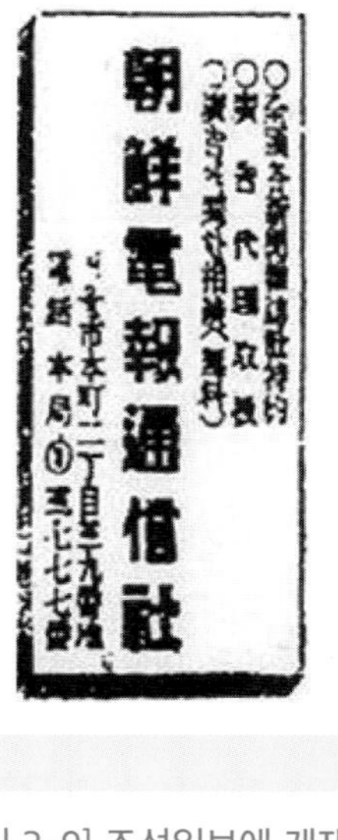

[그림 2-9] 조선일보에 게재된 '조선전보통신사' 광고

출처: 조선일보(1946. 2. 17.).

30% 정도이던 광고 환경이었기 때문이다.

1930년대 중반의 신문광고 수입 비율이 총수입의 40%이던 것과는 대비되는 양상이다. 신문이 하루에 6면이 된 것은 1956년의 일이었다. 1965년 일본과의 국교 정상화 이후 일본의 영향이 다시 나타난 것은 합동통신이 통신사 부대사업으로 광고 대행업에 착안하고 일본 덴츠와 업무제휴를 맺은 1967년이었다. 그런데 합동통신의 자매회사인 한양식품은 코카콜라 보틀러였고, 『동아일보』와 합작해 1969년 초에 발족한 만보사가 코카콜라 광고를 대행하였으므로 덴츠와의 업무제휴는 수입에서 별다른 실효를 거두지 못했을 것이다. 물론 광고회사 영업을 위한 여러 가지 자료는 얻었을 것이고 또 한국 광고비 조사와 광고 전문지 『**합동광고**』 발행 등을 위한 영향은 받았을 것이다. 일본의 영향은 오히려 새로 등장한 전파매체인 라디오와 TV에서 나타났는데 CM, CF라는 말이 라디오와 TV에 등장하였다. 이 두 단어는 일본이 만든 영어 신조어인데 commercial message와 commercial film의 준말이다. 이제는 우리말처럼 되어 버린 이 두 용어는 1960년대 초 일본의 영향을 가장 잘 드러내는 말이 되었다. 현실 상황은 광복 20년째인 1965년에도 신문사 편집부, 공무국, 광고부에는 일본말, 우리말로 바꾼 일본말들이 남아 있었다는 것이다. 또한 기업의 광고파트에서도 일본 잡지들이 참고 자료로 널려 있었다.

1963년 KBS TV 방송이 시작되면서 수입한 TV 세트도 일제였고, 방송광고 관련 규정도 일본 민간방송 자료를 옮겨 사용하였다. 미국의 영향은 아직 시기상조였는데 군정 기간에 홍보기구로 탄생한 민간공보처(OCI)가 한국 국민을 대상으로 공보/홍보 활동을 하면서 많은 한국인 직원을 고용한 일이 있었다. 다만 이 조직은 미군정 조직으로 군단장 직속 홍보 조직이었다. 1964년과 1965년에 두 미국인이 **임팩트**(Impact)와 S/K Associates라는 작은 광고회사를 설립하였으나 오래가지 못하고 1970년대에 사라졌다. S/K Associates의 스티클러(John C. Stickler)는 1970년대 초 미국의 세계적인 광고 전문지인 『**애드버타이징 에이지**』에 한국 광고에 관한 기사를 보내기도 하였다. 아울러 이 주간지가 발표하는 해외 광고회사 보고에 한국 광고회사 자료를 보내는 길을 틂으로써 거대한 미국 광고시장의 정보를 다루는 전문지의 존재를 알렸다.

가장 큰 영향은 텔레비전의 도입이었다. 단기 4289년(1956년) 5월 12일에 개국했다가 3년 뒤인 1959년 2월 화재로 소실되었지만 그림의 광고에 나온 대로 '보고 들을 수 있는 선전' 매체가 서울에 등장하였다. 불과 수십 대의 텔레비전이 시내 주요 빌딩에 놓여 있었지만 그 파급효과는 대단하였다. 그런데 한국 최초의 텔레비전은 민간 상업방송이었으며, 미국 RCA 기재와 기술로 시작하였다. 'KORCAD 테레비죤

[그림 2-10] KORCAD 테레비죤 방송국 개국 프로그램과 방송국 사진 및 광고 슬라이드
출처: 신인섭, 서범석(2011), pp. 228, 263.

[그림 2-11]『새 광고(廣告)』 창간호 표지와 목차

* 한국 최초의 광고/PR 전문 월간지인『새 廣告』1960년 9월호 표지와 목차 일부이다.
출처: 신인섭, 서범석(2011), p. 218.

방송국'이라는 이름이었는데, 그 위치는 지금의 서울 종로 보신각 바로 옆이었고 호출 부호는 HLKZ였다. 장기적으로 볼 때 또 다른 미국의 영향은 1960년 9월에 창간한 한국광고사의『**새 광고**(廣告)』 칼럼에 나타나 있다.

이상의 내용을 종합해 볼 때, 이 20여 년 동안의 기간은 일본의 영향이 여전히 강한 시기였다. 다만 남북 분단, 공산주의와의 대결, 6 · 25 전쟁, 정치적 · 경제적 혼란 가운데서도 한국의 광고는 급속도로 바깥 정보를 얻어서 소화하고 있었다. 세 학자의 광고개론 책이 같은 해인 1964년에 출판되었고, 초보적 단계나마 의약 광고회사를 중심으로 한 광고주 단체가 생겨서 광고 관련 문제를 제기하였으며, 광고회사도 대두하였다. 또한 조선일보사가 주최하는 조일광고상 제도가 생겨 광고 크리에이티브의 중요성을 신문사가 앞장서서 홍보하게 되었다. 광고산업의 입장에서는 이 20년의 기간은 제2의 개항이었다.

2) 세계무대로의 진출(1968~현재)

1960년대 말부터 시작한 한국 광고산업의 현대화는 국제화를 통해서 이루어졌다. 1968년은 한국 광고의 국제화를 통한 현대화의 시작이라고 할 수 있다. 이 시기에 한국 광고에 대한 외국의 영향을 나타내는 두 가지 사건이 있었는데 별로 알려지지 않은 사건들이었다. 하나는 1968년 국제광고협회(IAA) 한국지부의 창설이었다. IAA는 1938년 뉴욕에서 창설된 유일한 국제 광고단체이다. 한국지부는 1970년대에 무척 많은 한국 광고의 국제화 활동을 하였다. 이 단체에서는 한국 최초의 광고 관련 뉴스레터를 발행하였다. 매달 개최하는 점심을 겸한 세미나는 유한킴벌리 부사장의 마케팅 연설을 비롯해 한국을 방문하는 외국 광고 관련 전문가와의 만남의 장터가 되었다. 국제 광고 관련 각종 책자와 간행물도 발행하였다. 그 가운데는 신인섭이 번역한『국제광고 기준과 관례』(1972)도 있었는데, IAA가 발행한 이 책은 당시 국제광고의 입문서로 정평이 나 있는 이론이 아닌 실무 지침서였다.

다른 하나는 1955년 런던에 생긴 국제PR협회에 한국의 PR 전문가가 가입한 것이었다. 이 단체의 영문 명칭은 International Public Relations Association, 즉 줄여서 IPRA이다. 이 단체를 통해 한국에 PR에 대한 국제 정보가 들어올 수 있는 채널이 생겼다. 이 두 단체는 한국 광고와 PR이 현대화하는 초기에 큰 영향을 미친 이정표가 되었다. 이미 언급한 대로 IAA **한국지부 창설**에 숨은 일꾼은 1965년 작은 한미 합작 S/K Associates의 디렉터로 있었던 스티클러였다. IPRA를 소개한 사람은 현재 KPR&Associates의 창설자 겸 회장인 김한경 여사였다.

1960년대 말에서 1988년 서울올림픽의 해까지 20년의 기간 동안 한국 경제는 놀라운 성장을 기록하였다. 외국에서는 1970년대 한국 경제의 놀라운 발전을 '한강의 기적'이라 불렀다. 1968년 1인당 국민소득은 169달러에 불과했으나 1977년에는 드디어 1천 달러를 돌파하였다. 1983년에는 2천 달러, 1987년에 3천 달러, 1989년에 5천 달러를 넘어섰다. 1964년 겨우 1억 달러를 넘은 한국의 수출은 1971년에 10억 달러에서 1977년에는 꿈과 같은 100억 달러를 돌파하였다.

한국의 광고비는 1980년에 2,700억 원, 1983년에 5,600억 원, 1988년 서울올림픽의 해에는 1조 300억 원, 1996년에는 5조 6,000억 원으로 증가하였다. 그리고 2017년에는 11.1조 원에 도달했으며 미 달러로는 100억 달러를 넘어 세계 10위권에 올라선 나라가 되었다. 한국 경제는 1980년 이래 1996년까지 줄곧 두 자리 성장을 보이다가 1997년에 아시아 금융위기를 맞게 되었다. 그 뒤 경제와 광고 모두 낮은 한 자리 성장의 시대로 접어들었다.

1968년에서 1970년대 말까지 10여 년의 기간은 한국 광고가 한 산업으로 현대화하는 격동의 기간이었다. 아울러 이 짧은 기간은 한국 광고가 일본보다 앞선 미국의 광고산업을 터득하는 국제화의 시기였다. 간단히 말하자면, 광고의 세 다리 가운데 하나인 광고회사가 초석을 놓은 때로서 광고회사가 광고주를 위해 일한다는 개념을 확실히 인식하게 된 시기였다. 아울러 광고가 마케팅의 일환이라는 인식이 자리 잡은 시기이기도 하였다.

1968년 6월에 쿠알라룸푸르에서 개최된 **제6차 아시아광고회의**와 이듬해 도쿄에서 개최된 아시아 최초의 **IAA 세계광고대회**는 개화기 신사유람단이 일본에 가서 새로운 세계를 보고 온 것에 비유할 만큼 광고에 지대한 영향을 끼쳤는데, 이른바 광고에 대한 인식의 대전환을 일으킨 사건이었다. 아시아광고회의 기간에 IAA 한국지부 창설증 수여식이 있었다. 가장 충격적인 일은 이 회의 첫날 풍성한 저녁 식사를 대접하며 연설한 사람이 다름 아닌 말레이시아의 부수상이라는 것이었다. 한국에서는 광고에 종사하는 사람을 아직 '광고쟁이'라 부르던 시절이었다. 귀국 후 대표단은 보고서를 작성해 관계기관과 정부부처에도 배부하며 한국 바깥의 놀라운 광고산업을 알렸다. 이 대표 가운데는 당시의 최대 매체였던 서울의 주요 신문사 광고국장들이 포함되어 있어서 더욱 충격이 컸다.

1968년에는 한국 최초의 시장조사회사 유신 마케팅 리서치사(Yushin Marketing Research & Planning, Inc.)가 설립되었는데, 사장은 유한양행 창립자 유일한의 아들 유일선으로 미국인이었다. 아쉽게도 미숙한 시장에 너무 일찍 개업한 것 때문에 2년 후 문을 닫았는데, 이 회사에서 일하던 김용한은 수년 후 역시 미국 계열인 ASI 시장

IAA KOREA CHAPTER INAUGURATED

IAA CHARTER — International Advertisement Association Secretary General Mr. Godfrey hands over IAA Korean Charter to Yun-soo Lee, head of the IAA Korean chapter, in Singapore recently.

Attending the ceremony are (from left): Sang-suk Kim, chief, Dong-A Ilbo Tokyo branch office; Godfrey; Ki-hung Lee, a section chief of the Hankook Ilbo Advertisement Bureau; Chong-man Lee, director, Hankook Ilbo Advertisement Bureau; In-sup Shin, chief, Advertisement Section, Hyundae Kyongje (economic daily); Se-ju Kim, business section chief, the Dong-A Ilbo; Yun-soo Lee; and Mr. S'ickler, representative of the S/K Advertisement Agency.

(SINGAPORE)—Th Korea Chapter of the International Advertising Association was inaugurated in a brief ceremony at the Hotel Malaysia, Monday evening. Kenneth Godfrey, executive secretary of the IAA, presented the Chapter to Mr. Yun-Soo Lee, President of the New Chapter and Business Manager of the Seoul Daily News. Several of the Korea delegates to the Sixth Asian Advertising Congress were on hand for the presentation.

The number of IAA members in Korea passed the required number of 25 in early June and a petition was sent directly to the IAA annual conference in Berlin. The petition was accepted by the directors assembled there and signed by Dr. Rudolf Farner, IAA President, on June 18th. Mr. Godfrey brought the charter personally to Singapore for presentation to Mr. Lee.

Mr. Lee was elected President of the Korea Chapter in May and has already proven a very capable leader.

He led the nine-member delgation to the Sixth Asian Advertising Congress and has a wide range of plans to expand and develop the advertising industry in Seoul.

[그림 2-12] IAA 한국지부 창설증 수여

* 1968년 6월 말 말레이시아 쿠알라룸푸르와 싱가포르에서 개최된 제6차 아시아광고회의(뒤에 아시아광고대회로 바뀜) 기간에 한국 IAA 지부 창설증을 전달하는 간단한 식이 말레이시아 호텔에서 열렸다. 사진은 (왼쪽부터) 김상석 동아일보 동경 지국장, 지부 창설증을 전달하는 케네스 고드프리(Kenneth Godfrey) IAA 사무국장, 이기홍 한국일보 광고과장, 이종만 한국일보 광고국장, 신인섭 현대경제일보 광고부장, 김세주 동아일보 업무국장, 이윤수 서울신문광고국장 겸 IAA 한국지부 초대 지부장, 스티클러 S/K Associates 디렉터이다.
출처: Month in Korea (1968. 7.).

조사회사를 설립하였다. 또한 이 해에 한국 최초로 신문구독률 조사가 실시되었다. 상업사진 작가들의 한국사진작가협회가 창립되어 광고 크리에이티브에 필수적인 서비스 단체가 탄생하였다. 컬러 광고물에 필요한 색분해 기술도 1960년대에 도입되었고 1960년대에 사진식자기(寫眞植字機) 역시 일본으로부터 도입되어 있었으므로 인쇄광고제작에 필요한 요건은 갖추어졌다.

코카콜라가 광고 활동을 본격적으로 시작한 것은 1969년인데 그 광고 대행은 같은 해 초에 두산그룹과 동아일보사가 공동 투자한 **만보사**(萬報社)가 하였다. 만보사의 사장 이재항은 외교관 출신으로 영어와 일본어에 능통했고 국제적 활동 경험을 가진 사람이었다. 이재항의 큰 공로는 일본식 '광고 대리점'이 아닌 '광고대행사'라는 인식을 제창 · 확립한 것과 광고회사 수입원인 매체에 의한 광고료 할인을 제도화한 것이었다. 만보사는 창립 때부터 미국식 광고회사 조직을 갖추고 있었다. 일본의 덴츠 조직에 있는 '연락부'라는 광고주와 매체 사이의 연락이라는 개념을 없애고 클라이언트를 위한 Account Service 개념을 정착시켰다. 이렇게 해서 한국에서는 광고회사 시대가 개막하면서 미국식 개념과 조직이 자리 잡게 되었다. 초기 일부 광고회사가 일본 덴츠의 제도를 도입했으나 곧 미국식으로 바뀌었다.

펩시의 광고는 미국인이 경영하던 **임팩트**라는 광고회사가 맡았으나 잦은 보틀러의 변동으로 본격적인 광고 캠페인은 늦어졌다. 다만 펩시는 클라이언트 영업팀을 대상으로 일본 펩시의 광고회사인 **제이월터톰슨**(J. Walter Thompson)의 클라이언트 브리핑을 한국 최초로 실시함으로써 광고회사의 역할이 어떤 것인가를 한국 광고주가 이해하는 선례를 남겼다. 일본 덴츠와 업무제휴를 한 **합동통신**은 **『합동광고』**라는 월간지를 발행해서 한국 광고시장의 규모를 광고계뿐 아니라 사회 일반에 알리는 데에 공헌하였다. 물론 이 잡지는 광고란 무엇이며 광고회사란 어떤 회사인가를 알리는 일도 하였다.

1970년에는 IAA 한국지부가 미국 클리오(CLIO) 광고상 수상작 감상회를 공개함으로써 한국의 광고 종사자들, 특히 제작 담당자들에게 충격적인 영향을 주었다. VTR이 없고 오직 필름만을 통해 볼 수 있던 한국 광고인들에게 클리오 작품은 큰 교육 자료였다. 이 행사는 이후 연례행사가 되었다. 1970년대 초에는 현안이던 광고회사에 대한 커미션 인정 제도가 자리 잡았으나 국제 관례인 15%는 아니었다. 1974년에 한국일보사는 신문광고 주목률 조사를 실시했는데 이것은 미국 스타치(Starch) 조사 방법을 본뜬 것이었다. 1970년대 중반이 되자 TV 보급률이 급증해서 1973년에 100만 대, 가구 대비 약 20% 보급에서 1979년에는 600만 대, 79% 보급으로 폭증하였다. 1960년대 중반 이후 CF 프로덕션이 창립되었고, 1970년대에는 7개 프로덕션이 활동 중이었다. 한국CF제작사협회가 탄생한 것은 1973년이었다. 그리고 서

1970

THE AMERICAN TELEVISION AND RADIO COMMERCIALS FESTIVAL

1970年度 CLIO受賞CF를 公開하면서…

国際広告協会(IAA) 韓国支部는 11年의 伝統을 가진 権威있는 美国라디오, 테레비 商業放送競演祭에서 各部門別로 CLIO賞을 받은 41個 作品鑑賞会를 마련합니다.

国際広告協会의 취지에 따라 広告Idea와 技術 그리고 情報의 国際的교류의 하나로서, 韓国支部는 IAA本部의 友情어린 支援과 CLIO賞을 마련한 有名한 月刊放送広告誌 発行人인 Wallace A. Ross氏의 特別한 好意에 의해서 이것이 이루워지게 된 것입니다.

国際広告協会 韓国支部는 앞으로 해마다 열리는 이 有名한 Festival을 우리나라 広告界의 発展을 위해서 鑑賞会를 계속 가질 예정입니다.

이 CLIO賞은 1968年부터 国際部門賞을 별도로 마련, 現地語로 된 作品을 出品할 수 있는 새로운 길을 열어 놓고 있읍니다.

41個의 作品들이 45分間, 여러분을 "説得의 世界"로 안내할것임을 확신하면서 無料의 招待를 받아주시면 감사하겠읍니다.

国際広告協会 韓国支部
会長 李允秀

1970

1970年度 CLIO受賞CF를 公開!
The American Television and Radio Commercials Festival CF 鑑賞会

[그림 2-13] CLIO 수상작 감상회 초청장

* IAA 한국지부가 주최한 미국 CLIO 광고상 수상작 감상회 초청장이다. 한국 최초의 이 국제 광고 수상작 감상회는 충격적인 반응을 남겼다. 1970년 12월 8일 (구)대한상공회의소 대회의실에서 개최되었다.

울카피라이터스클럽(SCC)은 1976년에 탄생했으며, 광고 디자인이 끝난 뒤 부속으로 첨가하는 개념이던 광고 카피가 광고의 핵심이라는 것에 대한 인식의 일대 변화를 반영하였다. SCC는 데이비드 오길비(David Ogilvy)의 『어느 광고인의 고백(Confessions of an Advertising Man)』을 번역해서 책자로 발표했으며, DDB의 번벅(Bill Bernbach), **레오버넷**의 버넷(Leo N. Burnett) 등 저명한 미국 카피라이터를 소개하는 책자를 발간하였다.

1975년 중앙일보는 창간 10주년 기념으로 덕수궁 현대미술관에서 〈세계광고 전시회〉를 대대적으로 개최하였다. 자매 TV, 라디오 방송을 가진 중앙일보의 이 행사는 대단한 반응을 일으켰는데, 우선 광고에 대한 인식을 높이는 데 도움이 되었다. 아울러 대학 응용미술학 전공자들에게는 디자인 관련 각종 협회 창립에 자극제가 되었다. 한국 최대의 광고회사가 된 제일기획은 1978년부터 광고비 조사 업무를 시작했고, 1979년에는 『**광고연감**』을 창간하였다.

1960년대 말에서 1970년대까지 10년 동안의 기간은 한국의 광고가 현대적 산업으로 기초를 닦은 시기였다. 그리고 그 기초는 거의 미국 광고산업의 영향으로 구축되었다. 특히 가장 기본이 되는 광고회사가 자리를 잡게 되었다. 1967년에 일본 덴츠가 합동통신과 업무제휴를 해서 일단 종합광고대행사로 자리 잡으려 했으나, 이미 언급한 대로 1960년대 말에 두 콜라회사와 미국 석유회사의 한국 진출에 따른 석유 시장 경쟁 시대 돌입으로 불과 1~2년 사이에 4개의 광고회사가 탄생하였다. 이 4개 광고회사의 4개 광고주 회사는 모두 미국회사와의 합작이었고, 동시에 이 미국 회사는 모두 미국에 광고회사를 가지고 있었다. 이를테면 한국과 미국 사이에 태평양을 건너는 광고주와 광고회사의 네트워크가 구성된 것이다. 한국에 광고회사 시대가 생겼고, 그 결과 광고회사를 갑을(甲乙)관계가 아닌 파트너 관계로 생각하는 미국식 광고제도가 도입되었다. 언뜻 보기에는 대단치 않아 보이는 미국식 광고 제도, 다시 말해 광고주의 마케팅 활동의 파트너로 일하는 것이 현대적 광고회사라는 기본 개념은 일본의 것과는 퍽 달랐다.

이렇게 되자 부수적인 각종 서비스가 탄생했는데, 시장 조사, 소비자 조사, 매체 조사 등 각종 조사가 생겼다. 광고제작을 위한 인프라인 인쇄매체와 전파매체 광고 제작을 위한 서비스가 탄생하였다. 광고의 생명이라 할 만한 훌륭한 크리에이티브를 위한 카피, 디자인 관련 단체가 생겼는데 핵심인 어떤 광고를 만드는가의 사례는 미국에서 찾는 것이 첩경이었고, 그 결과 **CLIO 광고상** 상영이 정례화되었다. 광고가 게시되는 매체에 관련된 조사인 신문잡지 부수 조사와 전파매체 시청률 조사도 역시 미국의 ABC 공사와 닐슨의 시청률 조사를 본뜨는 것이 현명하다는 것을 알게 되었다.

그런데 미국 제도를 따른다면서 왜 한국에서는 이른바 **하우스 에이전시**(house agency) **제도**가 발전했는가 하는 질문이 생기는데, 이것은 광복 이전부터 광고주와 매체 간의 광고거래 관례가 미친 영향 및 한국에 제대로 된 한국인 경영 광고회사가 없었다는 역사적인 사실과 관련되는 일로서 간단히 결론을 내릴 일은 아니다. 달리 말해서, 한국에는 광고산업 인프라가 없던 데에 그 원인이 있다. 이런 기초 위에서 한국의 광고산업은 1980~1990년대의 성장과 성숙의 시대로 발전해 나갔다.

1980년대에서 1990년대 전반까지 15년의 시기는 한국 경제와 광고가 모두 급성

표 2-2 1980년과 1996년 GDP 및 광고비 비교

구분	1980년($)	1996년($)
GDP	38.8조 원(638)	448.5조 원(5,574)
개인당 GNI	100만 원(1,645)	928만 원(12,197)
총 광고비*	2,753억 원(4.2)	56,156억 원(66.5)
GDP 대비 광고비(%)	0.71	1.25

* GDP/환율: 통계청(2005).
* 1980년 환율($1.00=660원): 통계청(1995).
* 1996년 환율($1.00=844원): 통계청(2015).
* 광고비: 제일기획(2018).
* 광고비의 달러 환산은 통계청 환율에 근거해 신인섭이 계산하였다.

장을 이룬 시기였다. 원화 기준과 미국 달러화 기준의 성장률 대비에는 차이가 있으나 어느 돈을 기준으로 하든지 놀라운 성장을 볼 수 있다. 특히 한국 광고비는 2,753억 원에서 20배를 넘어 5조 6,156억 원으로 껑충 뛰어올랐다. 가장 큰 원인은 이 15년의 기간 동안 한국 광고비가 GDP 대비 0.71%에서 1.25%로 증가한 데에 있다. 한국 광고비가 1%대를 넘은 해는 1988년 서울올림픽이 열렸던 해였고, 그 뒤 1996년까지 줄곧 1%를 넘었다. 그러나 1997년 속칭 IMF 사태라고 하는 아시아 금융위기 이후 한국은 장기간의 저성장 시대로 접어들었고, GDP 대비 광고비도 1% 이하로 떨어졌다.

IAA가 1959년에 세계 각국의 광고비 조사를 시작했을 때 세계에는 19개국의 주요 매체별 광고비 자료가 있었다. 패전국인 독일과 일본에도 이런 자료가 있었다. 그러나 한국은 그런 자료란 것이 없었을뿐더러 그것이 무엇인지조차 모르고 있었다. 한국은 광고 후진국 중 하나였다. 그럼에도 불구하고 1960년대 말에 국제화를 통한 현대화가 시작되자 엄청난 속도로 선진국을 따라잡기 시작하였다. 그 힘은 교육열과 고등교육을 받은 인재가 광고계에 진출한 데에 있었다.

1960년대 말에서 1970년대 초 무렵 한국 광고의 국제화 초기에 공헌한 사람들 가운데는 만보사 사장 이재항, 뒤에 오리콤 사장이 된 김석년, 1984년의 아시아광고회

의 및 1996년의 IAA 세계광고대회(서울) 사무총장을 지낸 신인섭 그리고 1968년 한국 최초로 코카콜라 광고 담당자였던 이병인 등이 있다. 공교롭게도 이 네 사람의 공통점은 영어 능력이 있다는 것이었고, 그중 세 사람은 일본어에도 능통하였다. 그리고 해외 생활을 했거나 교제가 있는 사람들이었다. 크리에이티브 부문 국제화에 앞장선 사람으로는 뒤에 경주대학교 광고영상박물관을 창설한 윤석태 감독이 있다. 1960년대 말에서 불과 5~6년 사이에 유력한 광고회사가 4~5개 탄생하였다. 그리고 코카콜라와 펩시콜라의 한국 진출은 살아 있는 마케팅과 광고를 배우는 교육장으로서 절호의 기회가 되었다. 광고의 생명인 크리에이티브는 강의실에서 태어나는 것이 아니며 현장이 중요하기 때문이다. 주로 일본에 진출해 있는 **맥켄에릭슨**(McCann-Erickson)과 **제이월터톰슨**으로부터 현대적 광고회사가 하는 모든 일을 터득하였다. 외국 광고회사와 업무제휴가 시작되자 거의 미국 계열인 광고회사와의 교류는 더욱 늘었다. 교육·훈련은 현장 공동작업과 인적 교류, 각종 국제회의 등을 통해 이루어졌다. 광고 크리에이티브 발전의 숨은 공로는 일본 ACC 광고상도 있었지만 미국 CLIO 수상작 연구가 미친 영향이 컸다. 물론 제휴한 다국적 광고회사로부터 얻은 각종 인쇄매체 및 영상 자료는 더없이 귀중한 교육 자료였다.

1980년 이후에 있었던 여러 사건 가운데 두드러진 세 가지 사건이 있다. 첫째는 1984년 주한 미국상공회의소가 공개한 한국 광고시장 개방에 관한 요구였고, 둘째는 1984년 제14차 아시아광고회의의 서울 개최였으며, 셋째는 1996년 IAA 세계광고대회 개최(서울)였다.

첫째, 미국의 **한국 광고시장 개방 요구**에는 이유가 있었다. 우선 아시아에서 일본 다음으로 광고비가 많은 나라가 한국이었는데, 1984년 6,833억 원은 미국 달러로 환산하면 8억 2,600만 달러로서 일본의 122억 달러와는 격차가 컸으나 아시아의 No. 2 시장임은 틀림없었다. 그런데 아시아에서 광고산업이 틀을 잡은 나라 가운데 미국의 광고회사가 투자할 수 없는 나라는 한국뿐이었다. 1984년 아시아광고회의에는 미국의 오길비&매더 회장, 세계 최대의 시장조사회사 AC닐슨 회장, IAA 세계회장, 『뉴욕 타임스(New York Times)』와 『워싱턴 포스트(Washington Post)』 합작인 『인터내셔

널 헤럴드 트리뷴(International Herald Tribune)』 사장, 인도의 『타임스 오브 인디아(Times of India)』 사장, CLIO 사장 그리고 미국광고업협회 회장 등이 와서 놀라운 한국의 발전상과 눈부신 광고 발전상을 목격하였다. 공교롭게도, 회의장은 새로 세운 서울역 가까이에 있는 남산 가장자리에 신축한 힐튼 호텔 국제회의장이었다. 연사 가운데는 미국 『애드버타이징 에이지』의 편집장도 있었다.

미국의 입장에서 한국의 광고시장 개방은 당연한 일이었다. 그 요구가 터져 나온 것이 『애드버타이징 에이지』의 사설이었고, 주한 미국상공회의소의 시장 개방 요구였으며, 1985년 제이월터톰슨의 지사 설치 요구 부결 사건이었다. 드디어 주한 미국대사는 한미경제협의회와 한국무역협회가 공동 주최한 회의에서 미국이 한 광고시

広告·病院·법률사무소·観光등
美, 12개 서비스分野도 開放요구
駐韓 美商議선 政策批判자료까지 돌려

[그림 2-14] 광고시장 개방 신문기사

* 한국 광고시장 등의 개방을 요구한 주한 미국상공회의소의 건의를 보도한 신문기사이다.
출처: 조선일보(1995. 9. 17.), 1면 머리기사.

장 개방 요구의 타당성을 역설하였다.

그리고 이 문제는 드디어 한미무역회의의 안건으로 제기되었고 청와대에 보고되었다. 광고시장 개방에 반대하는 주장이 논리를 잃은 것은 광고업의 순이익이 얼마인가 하는 간단한 관례를 몰라서든 고의로든 밝히지 않은 데에 있었다. 당시 경제기획원과 청와대의 초미의 관심사는 간단하였다. 시장 개방이 되면 달러가 얼마나 나가는가 하는 것이었다. 광고의 외형만을 보면 한국 광고비는 8억 달러가 넘지만 미국의 광고회사가 아무리 유능하고 재력이 많아도 이 광고를 모두 대행할 수는 없는 일이었다. 더구나 한국의 대형 광고주는 모두 하우스 에이전시를 가지고 있었으므로 미국이 아닌 어떤 나라의 광고회사라도 손쉽게 광고 대행을 맡기지 않을 것은 뻔하였다. 국제 관례인 15%의 커미션 수입이 있더라도 그 수입의 40% 가까운 높은 인건비와 기타 비용을 제외하고 나면 순이익은 전체 수입의 불과 4~5%밖에 되지 않는다는 것을 빠뜨리고 광고시장 전체의 금액을 발표한 것이었다. 이것은 국가 기밀도 기업 비밀도 아니고 상장회사가 매년 공표하는 손익계산표에 공개되어 있는 자료였다. 결과는 1987년 부분 개방, 1991년 완전 개방으로 낙착하였다. 한국 광고시장이 개방되면 하루아침에 한국의 광고회사가 모두 문을 닫을 듯이 떠들던 소리는 허사로 끝났다.

둘째, 1984년 **제14차 아시아광고회의**는 대성공이었다. 그 결과는 회의 완료 후 발표한 340쪽의 『ADASIA '84 Seoul, The 14th Asian Advertising Congress Book』에 나와 있다. 아시아광고회의에서 이런 책이 나온 예는 매우 드물었다. 연사와 패널리스트 41명 가운데는 10여 명의 미국 전문가가 연사로 포함되어 있었다. 회의 기간 중 가장 많은 돈이 드는 점심 및 저녁 식사의 스폰서로는 미국 기업도 참여하였다. 또한 여러 미국 연사는 자비로 회의에 와서 연설을 하였다. 1984년의 이 경험은 12년 뒤 한국이 IAA 세계광고대회를 개최하는 데 소중한 경험이 되었고, 이 회의 관련 기록은 2년 뒤 방콕에서 개최하는 제15차 회의에 '귀중한' 참고 자료로 제공되었다. 아시아에서 국제광고회의를 했을 때 중요한 일 두 가지가 있었다. 하나는 일본 덴츠의 영향을 잊어서는 안 된다는 것이고, 다른 하나는 콘텐츠에 해당하는 연

[그림 2-15] 제14차 아시아광고회의『Congress Book』표지

* 한국이 최초로 주최한 국제적 광고행사인 제14차 아시아광고회의(Asian Advertising Conference, 뒤에 Congress로 바뀜) 종료 후에 제작 · 배부한『Congress Book』의 표지이다.

사는 미국을 빼고는 회의를 할 수 없다는 것을 책이 아닌 경험을 통해 얻은 것이다. 1996년 IAA 세계광고대회에 관해서는 이 절의 마지막에서 언급하겠다.

이 밖에 1980년대에서 1990년대 중반까지의 기간에는 한국 광고에 영향을 미친 사건이 많이 일어났다. 1980년대에는 주요 수출 시장인 미국을 대상으로 주로 비즈니스 간행물을 이용한 한국 기업의 광고가 부쩍 늘어났고 미국 잡지들은 앞다투어 **미디어렙**(Media Rep.)을 두게 되어 국제 광고의 새 분야를 배우게 되었다. 동시에 1980년대 초에는 대기업의 하우스 에이전시 설립 붐이 일어났다. 1983년 대우그룹은 민간 기업으로서는 처음으로 대대적인 미국 시장을 상대로 기업광고 캠페인을 전개했는데 미국의 큰 광고회사 제이월터톰슨의 서비스를 샀다. 뒤에 대우는 한국 정부도 하지 못했던 7년간에 걸친 대미 시장 PR 캠페인을 전개하였다. 김우 중 대우 회장은 외국 시장 상대 커뮤니케이션은 현지 광고회사가 해야 한다는 것을 책이나 강의를 통해서가 아니라 그들과 만나 부딪히며 장사를 하면서 터득하였다. 1985년 제이월터톰슨의 소액 자본투자 신청은 기각되었다. 이 사건은 한국 정부가 미국 광고회사의 한국 시장 진출을 거부한다는 물적 증거가 되었다. 그 결과, 광고회사 개방 문제는 미국 무역대표부와 한국 정부 간의 논의 대상 리스트에 올랐고, 광고시장 개방 문제가 제기된 지 3년 후인 1987년에는 소수 투자 허용에서 다시 1991년에 완전 개방으로 결정되었다.

1987년 대통령 선거전은 여당 후보의 '6 · 29 선언'이 있은 뒤 전례 없이 치열해졌고 후보들의 정치 마케팅 캠페인이 되었는데, 이는 후보들이 광고회사를 고용했기 때문이었다. 물론 미국 대통령 선거전에서 배운 바가 있었다. 어떤 광고회사는 위촉을 받은 후보 캠페인을 위해 영국의 마거릿 대처(Margaret Thatcher) 수상의 성공 사례 자료를 모두 들여다 연구하는 일까지 있었다. 1988년 서울올림픽의 해에는 해태 계열 광고회사인 **코래드**와 현대자동차 계열 광고회사인 **금강기획**이 미국 광고회사와 합작 계약을 맺었다. 1988년에는 **광고주협회**가 창립되었고, 그다음 해에는 **한국PR협회**, **한국ABC협회**, **한국광고학회**가 설립되었다. 한국 민주주의 및 커뮤니케이션의 입장에서 1988년 **서울올림픽**은 100여 년 전인 1876년에 이루어진 개항과 같았다.

1990년대에 접어들자 여러 대학에서 광고홍보학과 설립 붐이 일어났다. 1991년에는 드디어 민간 TV, 라디오 방송국인 SBS가 개국함으로써 사라졌던 공민방송 제도가 부활하였다. SBS 방송은 창립부터 TV 시청률 발표 준비에 착수했고, MSK가 미국 회사와 제휴해서 개인 시청률 조사를 제공하기 시작함으로써 미국의 **AC닐슨**이 1987년에 개시한 개인 시청률 조사 제도를 일본보다 앞서 도입하였다. 1992년에는 유공광고인 포상 제도가 시작되었다. 이로써 광고인이 훈장을 받는 세상이 되었다. 1993년에는 IBM TV CF가 방영되어 외국 회사의 작품이 자유롭게 방송되는 선례가 되었다. 1995년의 케이블 TV 방송 개시는 다채널 시대의 도래를 의미하였다.

이상의 내용을 종합해 볼 때, 1988년 서울올림픽은 스포츠 경기 이상의 변화를 한국에 가져왔다. 한국은 돌이킬 수 없는 표현의 자유를 누리는 개방된 사회로 변하였다. 도도히 흐르는 이 자유화는 앞서 언급한 대로 광고에도 지대한 영향을 미쳤다.

이 시기에는 수많은 광고 관련 간행물과 책 그리고 논문이 발간되었다. 미국의 영향이라는 각도에서 볼 때 신인섭이 번역해 1972년에 출판한 IAA 서적인 『**국제광고 기준과 관례**』는 한국 광고의 국제화를 위한 최초의 실무 자료가 되었다. 1970년대 후반에는 미국광고회사협회(American Association of Advertising Agencies: 4As)가 발행한 작은 책자 『Advertising Agencies: What They Are, What They Do, and How They Do It』을 신인섭이 우리말로 번역하여 당시 신종 업종이었던 광고대행사가 하는 일을 알리는 데 결정적인 역할을 하였다. 그리고 1970년대 중반에 발행되어 세계를 휩쓴 『포지셔닝 시대(The Positioning Era)』도 번역되었다. 1979년에는 **제일기획**이

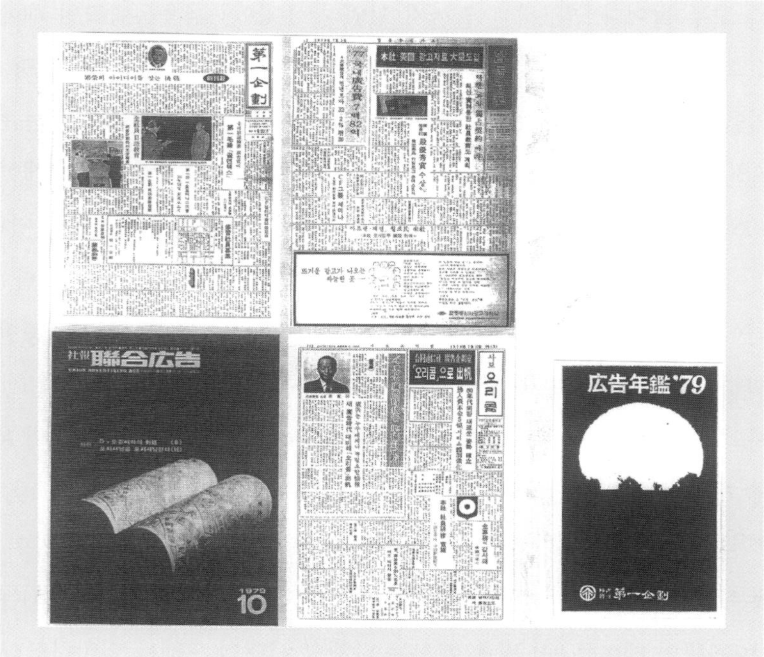

[그림 2-16] 4개 광고회사 사보 표지 및 『광고연감(廣告年鑑) '79』 표지

* 1970년대 초 한국 광고시장에 광고대행사 시대가 개막할 무렵의 4대 광고회사 사보 및 제일기획이 창간한 『광고연감(廣告年鑑) '79』의 표지이다.

『**광고연감**(廣告年鑑) '79』를 출판했는데, 이는 한국 광고 발전의 이정표가 된 간행물이다. 제일기획이 한국 광고비 조사를 시작한 것도 이 무렵부터였다.

아마도 가장 획기적인 일은 1970년대 말 4개의 광고회사가 앞다투어 발행한 월간 사보 『합동광고』 『오리콤』 『연합광고』 『제일기획』이었을 것이다. 이 사보는 원래 사내보였으나 사외 홍보용 간행물이 되었다. 그리고 광고회사가 어떤 일을 하는가를 계속적으로 알리는 데 커다란 공헌을 하였다. 이들 사보에는 미국 광고산업의 여러모를 소개한 기사가 게재되었다. 1978년 7월 1일호인 『합동광고』 사보의 머리기사는 「맥켄(맥켄에릭슨)과의 독점 계약에 따라 최신 자료를 통한 사원교육도 계획」이었는데, 이는 미국 맥켄에릭슨과의 계약으로 얻는 자료가 사원교육용이 되었음을 시사하고 있다. 오리콤은 1983년에 『오리콤 광고 신서 시리즈』를 출판했는데 그 내용 중에는 여러 가지 미국 광고를 다룬 것이 있었다. 한국 광고회사가 처음으로 외국 PR회사와 제휴하도록 PR부서를 신설한 일도 오리콤이 코카콜라 광고 대행을 통해 얻은 결과였다.

1970년 한국 최초로 **CLIO** 수상작이 공개된 이후 1974년에는 호남정유(GS 칼텍스)의 '별표 백등유' 40초 TV 광고가 CLIO의 작은 상을 받게 되자 한국의 광고회사들은 서로 경쟁하듯이 CLIO 광고상에 출품하였고 많은 수상작을 배출하였다. 그리고 그 상장은 광고회사가 만든 광고의 창의성에 대한 자랑거리의 하나가 되었다. 1960년대 말에서 1970년대 초 웃음거리가 되고 절반의 눈총을 받아 가며 시작한 광고 대행업은 20년 뒤에 어엿한 직종으로 세계 무대에 올라서는 산업으로 성장하였다. 그 상징이 앞에서 언급한 1968~1996년 기간 동안에 있었던 세 사건 가운데 하나인 1996년 **IAA 세계광고대회 개최**(서울)였다.

이 대회 기록은 모두 VTR로 담아서 배부하였다. 김영삼 전 대통령은 대회에 참석하지는 못했으나 축하 메시지를 보내고 대표 일행을 청와대로 초청하여 다과회를 열었다. 세계화를 제창하던 김영삼 정권이니 당연할는지 모르겠으나 이런 일은 한국 근현대 광고 역사상 처음 있는 일이었다. 대회에 참가한 사람들이 세계 광고, 언론계 저명 인사였음은 말할 필요도 없다. 이색적이었던 것은 중국을 대표하는 공산당

[그림 2-17] IAA 세계광고대회(서울)

* 1996년 6월 9일~6월 12일 서울 강남구 삼성동 KOEX(당시 호칭)에서 개최한 제35차 IAA 세계광고대회 관련 사진이다. (왼쪽 위부터) 대형 플래카드가 붙은 회의장 외부와 대회 마크 그리고 김영삼 전 대통령의 한글과 영문 축사 및 청와대 다과회에 참석한 대표단 일행의 모습을 볼 수 있다.
출처: 신인섭, 서범석(2011), p. 435.

기관지 『인민일보』의 비서장(사장)이 참석하였다는 것이다. 이는 놀라운 한국의 변화를 상징하는 일이었다. 공교롭게도 1996년은 미국 광고비 자료에 인터넷 광고비가 처음 기록된 해이고, 인터넷광고국(Internet Advertising Bureau: IAB)이 창립된 해였다. 또한 1996년은 IAA 역사상 처음으로 아시아 사람인 한국인 김석년이 세계 회장으로 선출된 해였다. 1996년 서울에서 개최된 **IAA 세계광고대회**는 한국 광고산업이 자립의 길로 들어서는 이정표가 된 행사였다.

4. 마치며

1876년 강화도 조약으로 시작된 한국의 개항 이후 광고가 자리를 잡기 시작한『독립신문』의 창간(1896)으로부터 120여 년이 지났다. 이 장에서는 이 시기를 3개의 시기로 나누어 한국 광고에 대한 외국의 영향을 검토하였다. 첫 시기가 개항에서 한일합병에 이른 35년, 그다음이 일제강점기 35년 그리고 광복 이후이다. 광복 이후는 다시 1945년에서 1967년까지와 그 이후의 두 시기로 나누어 검토하였다.

첫 시기에는 신문, 광고, 간판을 모두 일본으로부터 들여왔고 배웠다. 개항 후 한일합병까지의 이 35년 기간에는 미국을 비롯한 서구의 영향도 있었으나 이 시기는 1910년의 한일합병으로 끝났다. 한일합병 이후 일제강점 35년의 기간에 우리는 광고에 대해 거의 모든 것을 일본 그리고 일부는 미국으로부터 배웠다. 종합해서 볼 때, 1945년 광복에 이르는 기간까지 한국의 광고산업은 낙후되어 있었다고 해도 잘못은 없다. 다만 그 원인이 어디에 있었는가 하는 질문이 제기될 수 있다. 그 원인으로는 두 가지가 있었다.

첫째, 1910년 한일합병 이후 35년간의 일제강점기에 일본의 광고회사(광고대리점이라 불렀음)가 하는 일과 미국의 광고회사가 하는 일이 다름을 몰랐다. 20세기 초부터 서구의 광고회사는 광고주의 제품이나 서비스를 판매하는 데 필요한 서비스를 제공하는 하나의 기업이며 따라서 광고주를 위해 일하는 회사요 파트너로 자리 잡았다. 미국의 경우 1910년대에는 광고주협회, 각종 매체협회, 광고회사협회 등이 창립되었다. 그리고 1910년대에는 광고회사가 광고주를 위해 제공하는 각종 서비스 대가로 받는 수입은 매체사가 인정하는 광고회사에 대해 허용하는 15%(할인료)라는 것이 관례로 자리를 잡았다. 매체사가 광고회사에 15% 커미션을 인정하는 원인은 광고회사란 많은 광고 지면이나 시간을 계속적으로 구입하므로 그에 대해 지불하는 일종의 판매 커미션인 셈이었다. 계약사회인 미국에서는 광고회사와 매체 간에 대행사 인정과 커미션에 대해 문서로 된 계약이 있었다. 이 제도는 1980년대까지 아무런 변화 없이 세계적인 관례가 되었다.

그런데 일본에서는 매체사가 인정하는 광고회사에 대해 할인의 형태로 지불되는 커미션이 실지로는 있으나 그 비율이 서양처럼 15%로 공인되어 있지 않을뿐더러 문서화되어 있지 않았다. 광복 전 일본의 광고대리점은 간단히 말해 스페이스 브로커였다. 그것은 수많은 일본 서적에서 나타나고 우리의 경우 신인섭과 서범석의 『한국광고사』(2011)에 실린 광복 전 광고인들의 증언, 특히 김승문의 말 가운데 나타난다. 우리는 1960년대까지도 이 차이를 몰랐다.

둘째, 한국인이 경영하는 광고회사가 없었다. 1910년 한일합병이 있기 전에 **한성광고사**(漢城廣告舍)가 있었고 활동한 기록은 하나 남아 있다. 그리고 1921년에도 서울 낙원동에서 광고 부티크업을 하던 **백영사**(百榮社)가 있어 광고 활동을 했으나 모두 단명하였다. 그 이유는 짐작은 가나 확실한 증거는 없다. 그 결과, 일제강점기 내내 한국의 큰 광고주는 매체와 직거래를 하였다. 광복 전 한국의 광고시장에 지대한 영향을 미친 일본의 통신과 광고 대행 겸업 회사인 **덴츠**는 광고 대행 업무를 했는데 그 수입은 근본적으로는 매체가 인정하는 할인, 커미션이었을 것이다. 다만 미국과 같이 일정한 커미션을 계약에 따라 인정받는 제도는 아니었다. 따라서 일본과 미국 광고업의 가장 중요한 차이는 일본의 광고회사가 매체광고 스페이스 브로커인 '에이전트(agent)'로부터 광고주를 위해 서비스를 제공하는 '에이전시(agency)'로 바뀐 시기가 미국에 비해 적어도 40년쯤 뒤진 1950년대 후반이었다는 데에 있다.

일제강점기에 한국에서 광고 대행업이 발전하지 못하였다는 사실은 한국 광고산업 발전에 가장 큰 저해 요인 가운데 하나였다. 그 이유는 광고의 세 다리, 즉 광고주, 매체 그리고 광고회사 중에서 광고 없이는 한 달도 존립할 수 없는 업종이 광고회사이며, 따라서 생존을 위해 광고와 관련된 여러 연구 · 조사를 하는 것이 광고회사인데, 그런 한국인 경영의 기업이 없었던 것이다.

일본이 영향을 준 것이 모두 낙후된 것은 아니다. 사실상 한국의 광고 제도는 매체 거래를 포함해 일본에서 배운 것이 거의 바탕이 되어 변해 오고 있는 것이 현실이다. 아마도 한국과 일본의 이러한 유사성은 당시 한국과 일본 가운데서 누가 앞섰느

냐 뒤졌느냐 하는 문제보다 두 나라 사이의 문화적 공통성이 작용했을 가능성이 더 크다 할 것이다.

1996년 IAA 세계광고대회가 서울에서 개최된 지도 20년이 넘었고 세계가 인터넷과 디지털 시대로 접어들었다. 이 기간에 우리 광고는 외국 광고의 영향을 받지 않았는가 하는 질문이 제기될 것이다. 영향을 받은 것은 사실이고 앞으로도 받을 것이다. 다만 우리 스스로가 알아서 받아들인 것이다. 1876년 개항 이후 한국 광고산업의 발전에 주로 영향을 미친 일본과 미국의 광고에 대한 연구에서 얻을 수 있는 교훈이 있다면 시대와 세계를 보는 눈을 가져야 한다는 것이다. ■

제3장

연표로 보는 영상제작의 역사

윤석태(전 경주대학교 광고홍보학과 석좌교수)

◈◇◈

광고에 있어서 **영상광고**는 문화예술 분야의 영화산업과 동일한 작업과정을 거치면서도 작품 제작과정은 전혀 다르다. 특히 크리에이티브 분야는 사회적 · 경제적 환경은 물론 문화적 측면에서의 제반 여건으로부터 절대적인 영향을 받는 분야이기도 하다. 따라서 **영상광고 제작업**은 광고산업 분야로 분류된다는 특성이 있다.

이 장에서는 우리나라의 **영상제작**의 역사를 여러 전문가의 조언과 자료를 종합해서[1] 연표로 정리한다. 즉, 영화산업의 태동기(1883~1944), 현대광고를 출발시킨 TV영상(1945~1959), 4대 매체(신문, 잡지, 라디오, TV)의 등장(1960~1969), 영화산업의 쇠퇴와 흑백 TV의 전성기(1970~1979), 흑백에서 컬러 영상으로의 전환기(1980~1990), 아날로그에서 디지털 시스템으로의 전환기(1991~2000), 디지털 미디어 시대(2001~2010), 영상혁명, 1인 미디어 시대(2011~)에 이르기까지 우리나라의 광고 영상의 변천을 연대순으로 살펴보았다. 시대의 흐름에 따라 한 분야의 흐름을 일목요연하게 정리해서 보여 주는 연표는 영상제작의 역사를 살펴보는 데도 도움이 될 것이다.

---

1 이 글을 쓰는 과정에서 자료 검색과 기록 정리에 도움을 주신 분들은 신인섭(전 중앙대학교 신문방송대학원 초빙교수), 부수언(전 서울대학교 미대 교수), 민병수(전 오리콤 대표이사), 이인구(전 카피라이터), 윤호섭(전 국민대학교 교수), 김병희(서원대학교 광고홍보학과 교수), 서상교(전 디디비코리아 이사), 홍성욱(전 허리우드컬러현상소 부사장), 배석봉(한국영상광고제작사협회 전무), 조풍연(한국예술종합학교 영상원 교수), 김종원(쥬프로덕션 감독), 강창배(촬영감독) 등이다. 이 지면을 빌려 감사드린다.

1. 영화산업의 태동기

우리나라 광고산업의 근간이 되는 미디어의 탄생과 함께 영상의 기본이 되는 사진이 처음으로 출현한 것은 『**한성순보**』가 창간된 지 14년이 지난 1897년 고종황제의 등위 모습이라고 전해진다. 바로 근대광고 개화기인 것이다. 이 시기에 활동사진을 관람할 수 있는 영화관이 등장하였다. 극히 흥미로운 사실은 소위 신파극이라는 연극무대에서 출연자들이 표현할 수 없는 내용을 영상으로 촬영하여 공연무대에 함께 올림으로써 그 효과를 극대화하는 작업이 1919년에 이루어졌다는 것이다.

이런 업계의 진취적인 사고와 노력 그리고 한국 영화의 예술성을 극대화시킨 극영화 라운규의 〈**아리랑**〉도 이 시기에 제작되었다. 그러나 아쉽게도 당시의 상황이나 제작 진행과정에 대한 기록은 전무하다.

일제강점기, 6 · 25 전쟁 그리고 독재정권과의 투쟁으로 이어지는 우리나라만의 특수한 역사적 환경으로 인해 많은 자료가 보존되기 어려웠을 것으로 이해되는 부분도 있지만 아쉬운 대목이다. 1950년대를 전후해 공연된 신파나 영화는 그 스토리가 거의 유사한 것들이었고, 영화의 내용보다 변사의 실력에 따라 시청자들이 울고 웃는 감정의 폭이 달라졌다.

따라서 영화 내용에 따라 개성적인 변사가 선택되었다. 무성영화 시대의 대표적인 변사들은 우정식(풍류랑자 타입), 김덕경(문예상식이 풍부한 뉴스 및 기록영화 해설), 서상호(언어 구사력이 풍부한 일급변사), 함동호(비극 장면 해설의 능수), 성동호(화술이 능란한 변사), 김영환(작곡가이며 바이올린 연주자이자 변사) 등이 대표적이다. 인쇄매체를 통한 지면광고와 달리 영상광고 분야는 화면과 오디오의 통합 작업이 동시에 이루어져야 했기 때문에 변사가 시청자의 감정을 좌지우지했던 무성영화의 시기에는 영상광고가 등장할 수가 없었다. 영화산업 태동기의 영상 관련 자료에 대한 연표를 정리하면 다음과 같다.

연도	내용
1883	• 태극기를 국기로 정함 • 우리나라 최초의 근대 신문 『한성순보』 창간
1886	• 독일 세창양행이 『한성주보』에 「고백」으로 국내 최초의 광고 게재
1896	• 4월 7일 창간된 『독립신문』 창간호에 광고 게재
1897	• 우리나라 최초로 고종황제의 등위 모습이 사진으로 등장
1899	• 서대문 · 청량리 전철 개통, 인천 · 노량진 철도 개통
1905	• 몽고식품, 우리나라에서 간장 생산 • 서화가 김규진이 한국인 최초로 촬영한 고종황제 사진 발견
1906	• 한미전기회사, 동대문에 우리나라 최초의 영화관인 활동사진 관람소 설치. 연이어 광무대, 장안사, 단성사, 연흥사 등장
1910	• 한일합병 • 신극양식의 신파연극 등장. 1940년대까지 이어졌으나 내용보다 흥행 위주의 과도한 경쟁과 천편일률적인 레퍼토리로 흥행 실패
1911	• 신년축하광고 등장
1916	• 우리나라 최초로 화장품 상표 '박가분' 등록. 1923년 첫 광고 출고, 1937년 생산 중단
1918	• 우리나라 영화관의 대명사 '단성사' 개관
1919	• 신극좌의 김도산, 우리나라 최초의 연쇄극 키노드라마 〈의리적 구토〉에서 약 1,000피트 길이의 영상물 제작, 단성사에서 상영. 흥행 목적의 최초의 영화로 무대공연으로 표현하기 어려운 장면을 영상으로 제작 · 상영한 공연물
1920	• 첫 위생선전 영화 〈코레라의 전염을 막자〉에서 취성좌 소속의 첫 여배우 김소랑과 마호정 등장. 총독부 위생과 제작 • 극예술협회, 민중극단, 극우회, 만파회, 토월회 등 다수의 연극단체 등장
1921	• 낙원동에 광고대행사 백영사를 설립했으나 곧 폐업 • 우리나라 극영화의 효시인 윤백남의 〈월하의 맹서〉로 무성영화시대 개막. 제작, 자본, 시나리오, 연출, 연기, 기술 면에서 순수 우리 손으로 만든 첫 작품
1922	• 민족의 정서를 모르는 일본인들이 만든 흥미 본위의 무성영화로 〈춘향전〉 제작 발표
1924	• 진로에서 우리나라 최초로 희석식 소주 생산 • 민족수난기 최초의 기록영화 〈조선의 아악〉 제작. 무성영화이므로 연주녹음은 수록하지 못하고 변사의 설명 첨가

1925	• 총독부령으로 「활동사진필름검열규칙」 공포
1926	• 시나리오, 감독, 주연의 춘사 라운규의 〈아리랑〉 제작, 단성사에서 발표. 한국영화를 예술 작품의 경지로 끌어올림
1930	• 우리나라 최초의 백화점 미쓰코시 경성지점 개점 • 가수 선우일성 〈조선팔경가〉 발표. 신민요를 대표하는 작품으로 백두산, 한라산, 압록강 석굴암 등 조선팔경을 찬양하는 내용
1932	• 『조선일보』에서 「광고에 대한 일반상식 해설」 14회 연재 • 영화전문잡지 『신흥영화』 창간 • 결핵퇴치운동의 일환으로 '셔우드 헐(Sherwood Hall)'이 크리스마스 씰을 국내 최초로 제작 발행 • 광복 전 영화 〈님자없는 나룻배〉의 선전 포스터 발견(감독: 이규환, 촬영: 이명우, 주연: 라운규). 작품은 남아 있지 않음
1933	• 『동아일보』, 이원모글자체 자본을 일본에 보내 최초의 한글명조체 완성 • 조선어학회, 「한글맞춤법통일안」 발표
1934	• 총독부령으로 「활동사진 취재 규칙」 공포
1935	• KODAK 필름에서 최초로 컬러필름 코닥크롬을 개발: 사진영상을 흑백에서 컬러의 세계로 전환시키는 결정적 역할을 함 • 홍개명 감독, 〈홍길동전〉 촬영에서 동시녹음 성공. 유성영화시대의 전환점이 됨 • 우리나라 최초의 발성영화 〈춘향전〉 단성사에서 개봉(감독: 이명우, 촬영기사: 이필우)
1936	• 안익태, 〈애국가〉 작곡 • 손기정, 베를린올림픽 마라톤 우승. 『동아일보』 이길용 기자, 일장기 말소 사진 게재 • 조선서적(주), 국내 최초로 2색 오프셋 인쇄기 도입 설치
1937	• 라운규, 37세의 나이로 요절 • 최현배, 『우리말사전』 간행 • 박흥식, 종로1가에 화신백화점 건립 • 최경자, 함흥에 우리나라 최초로 함흥양재학원 설립 • 빅 모델 현대무용가 최승희, '대학목약' 안약 광고 출연
1938	• 『동아일보』, 제1회 전조선 상업학교생도 상업미술전시회 개최 및 광고 도안 모집 • 『조선일보』, 부민관에서 우리나라 최초로 제1회 영화제 개최 • 덕수궁 미술관 개관
1939	• 총독부 미술관 신축 완성
1940	• 『조선일보』와 『동아일보』 폐간
1941	• 잡지 『춘추』 창간

1942	• 한국조선어학회 회원, 민족말살정책에 따라 탄압받아 투옥
1943	• 조선단식인쇄(주) 국내 최초로 사진식자기 도입
1944	• 북선화학제지, 군산공장 제1호 초지기 가동

2. 현대 광고를 출발시킨 TV 영상

활자에서 그림과 사진에 이르기까지 미디어를 통한 모든 아트 작업이 숙련된 도안사나 화공의 손에 의해 만들어졌다. 디자인의 개념이 성립되지 않은 수작업의 전성기였다. 이런 현상은 1960년대 중반까지 이어졌다. 사진원고를 화공이 다시 손봐야 하고 컬러인쇄 제판도 그들의 손에 의해 만들어졌다. 산업의 형태가 극히 초보적인 수준이어서 창의적인 표현보다 신제품을 깔끔하게 보여 주기만 해도 팔리는 고지만능의 시기였다. 과대 · 과장광고는 물론 남의 잡지 모델을 그대로 전용하는 저작권 무법 시기나 마찬가지였다.

슬라이드 광고가 주류이던 시기의 광고주를 살펴보면 일제가 넘겨 준 시설에서 생산되는 제품이거나 극장 주변의 상가들로 당시의 광고 형태나 규모를 추정할 수 있다. KOCARD-TV의 주요 영상 광고주는 다음과 같았다. 스팟(Spot) 광고주에는 천도제약, 오레올시계, 수도피아노, 제일모직, 동양전파사, 기쁜소리사, 하이파이사, 정금사, 삼일금방, 유니버셜레코오드, 금성카라멜, 유한산업, 제일생명, 한성라사 등이 있었다. 프로그램 광고주에는 OB맥주, 경전(한국전력의 전신), 크라운맥주, 재무부 등이 있었다.

영상업계는 6 · 25 전쟁을 기점으로 기록영화 제작 및 뉴스 전달이라는 관점에서 새로운 전기를 맞이하였다. 후진적 산업 환경에서 새로운 연관 산업들이 속속 출현했고, 시설과 기자재가 반입되면서 놀라운 변화가 일어났다. 라디오보다 TV 광고가 먼저 출현한 것도 우리나라만의 독특한 현상이었다. 그러나 20여 대의 TV 보급률이 말해 주듯이 TV 광고는 너무 앞서 나타나 시청자들과 호흡을 함께하지 못하고 사라졌다. 3년여의 짧은 기간이었지만 우리나라 영상광고업계는 이 시기를 기점으로 하여 본격적으로 영상광고를 도입하였으며 이 시기는 애니메이션 광고 제작의 시발점이 되었다.

KOCARD-TV에서 송출한 슬라이드 CM은 나중에 극장의 영사기사에 의해 그 일부가 다시 부활되었다. 영사실에 슬라이드 프로젝터를 비치하고 입장객이 바뀌는 시점에 슬라이드 광고를 스크린에 비춰 주는 형식이었다. 영사기사의 개인적인 부수입으로 광고를 노출했던 것이다. 영상광고가 개인적인 비즈니스에서 본격적인 극장 비즈니스로 전환된 것은 1960년대에 들어서면서부터였다. 애니메이션 작품이나 실사 작품을 16mm 또는 35mm 필름으로 제작하여 본 영화작품과 동일한 영사기로 상영하여야 했기 때문에 어쩔 수 없이 극장주의 새로운 비즈니스로 이관되었을 것으로 추정된다. 이 시기의 영상 관련 자료에 대한 연표를 제시하면 다음과 같다.

연도	내용
1945	• 8 · 15광복 • 우리나라 최초의 식품회사인 '해태제과' 설립 • 11월 『조선일보』, 12월 『동아일보』 복간 • 광복 후 첫 연초 '승리' 발매 • 장봉선 첫 벤톤 활자 제작 • 〈조선시보〉로 시작된 주간뉴스가 〈대한뉴스〉로 이어짐 • 조선산업미술가협회 창립 • 조선사진예술연구회 창립
1946	• 조선상업미술가협회 창립 • 이화여자대학교에 도안 전공 설치 • 서울대학교 예술대학에 미술학부 설치
1947	• 한글 가로쓰기 채택
1948	• 8월, 대한민국 정부 수립. 9월, 조선민주주의인민공화국 수립 • 대한민국, 안익태의 〈애국가〉를 국가로 채택
1949	• 제1회 대한민국미술전람회 개최 • 우리나라 최초로 16mm 컬러 영화 〈여성일기〉 제작(감독: 홍성기) • 조선단식인쇄(주), 우리나라 최초로 사진 식자기 도입 • 공병우 박사, 고성능 한글 타자기 개발
1950	• 6 · 25 전쟁 발발. 미국의 선진 기법 및 기자재 도입의 계기가 됨 • 홍익대학교, 초급대학 과정에 미술과 병설 • 한홍택, 대한민국 대통령 휘장 디자인

1951	• 이화여자대학교 예술학부에 미술학부 설치 • 대한미술교육협회, 『신미술지』 창간
1952	• 기아자동차, '삼천리호 자전거' 생산 • 김익달, 학원사 『학원』 창간 • 장봉선, 사진식자기 한글자판 고안 • 한국사진작가협회 창립 및 회원전 개최
1953	• 제1차 화폐 개혁 • 제일제당, 국내 최초로 설탕 생산 • 7월, 6 · 25 전쟁 휴전협정 체결 • 영화관에서 본 영화 상영 전에 국립영화제작소 제작의 〈대한뉴스〉 상영 의무화 • 우리나라 최초로 사진작가 정인성과 임응식 컬러 사진 작품 전시회 개최
1954	• 7월 30일, 국내 최초로 TV 수상기 수입 • 우리나라 최초의 민간방송인 기독교방송 CBS 라디오 개국 • 정비석, 『서울신문』에 〈자유부인〉 연재(삽화: 김영주) • 문교서적(주), 한글 · 한자 혼용 사진 식자기 도입
1955	• 광복 10주년 기념 산업박람회 개최 • 우리나라 최초의 치약인 '럭키치약' 생산 개시 • 우리나라 최초의 국산 조립자동차인 '시발자동차' 생산. 실린더 헤드 등의 엔진 및 주요 부품의 국산화 인정 • 우리나라 최초의 동시녹음 영화인 김기영 감독의 〈죽음의 상자〉 발표 • 삼화인쇄 김채홍, 서독에서 6개월간 사진제판 연수 후 귀국. 우리나라 최초로 원색동판 인쇄 출력 • 한국 록음악의 대부 신중현, 미8군 스프링 버라이어티쇼에 데뷔. 가수 겸 작곡가 기타리스트로 활동
1956	• RCA-TV에 의해 우리나라 최초의 TV 방송국 HLKZ KOCARD-TV 탄생 • TV 보급 대수 20여 대. 우리나라 최초로 슬라이드 및 생CM TV 광고 출현 • 최덕수 우리나라 최초로 '유니버셜레코오드' 슬라이드CM 제작 송출 • 문달부 감독, 우리나라 최초의 극장애니메이션 광고 〈OB시날코〉 〈럭키치약〉 제작. 180초 럭키화학 극장광고 〈춘향과 이도령〉 제작 • 노라노, 반도호텔에서 우리나라 최초의 패션쇼 개최
1957	• 한글학회, 『우리말 큰사전』 출간 • 한국일보사, KOCARD 방송국 인수 • AFKN-TV 개국 • 우리나라 최초의 35mm 컬러 영화 〈선화공주〉 개봉 • 글꼴 디자이너 최정호, 우리나라 최초로 명조체와 고딕체 개발 • 「국제저작권법」 가입 • 태평양화장품 'ABC포마드' 출시

1958	• 한국만화가협회 창립 • 학원사, 우리나라 최초로 『세계대백과사전』 발간 • 최초의 국산 필터담배 '아리랑' 발매 • 태평양화학, 국내 최초의 사외보 표지모델 이빈화 『화장계』 창간 • 김용중, 한국PR연구소 및 AD KOREA 설립 • 패티김, 미8군 무대를 통하여 가수 데뷔
1959	• 금성사, 우리나라 최초로 진공관 라디오 개발 생산 • KOCARD 방송국 화재로 방송 자료를 포함한 광고 자료 완전 소실 • 우리나라 최초의 민간상업방송 부산 MBC 라디오 개국 • 이미자, 〈열아홉 순정〉으로 가요계 데뷔 • 엄도식 감독, 동화약품 활명수 〈아이고 배야〉 애니메이션 광고 제작 • 극장에 셀 슬라이드 광고 등장 • 사진작가 김한용, 우리나라 최초로 김한용상업사진연구소 개설. 정사진 자체 현상시설 설치

3. 4대 매체의 등장

1960년대에 들어서자마자 허가제 폐지로 정기간행물이 폭주하더니 군사정권하에서는 **언론 정비**를 단행하였다. 이 격동의 시기에 신문과 잡지 그리고 라디오와 TV로 이어지는 소위 4대 매체의 시대가 열렸다. 새롭게 등장한 TV매체의 광고는 VTR 시스템에 의한 흑백광고로 주로 슬라이드나 텔롭 생CM 등으로 제작되었다. 이 시기에 극장광고는 슬라이드 형태의 초보적 단계에서 애니메이션 제작 기법에 대한 연구와 함께 놀라운 발전을 거듭했고, 영상광고로서 애니메이션 광고효과를 극대화하였다.

특히 TV의 흑백 영상에 대응하여 영화는 컬러로 제작된다는 이점을 부각시켜 시네마스코프 컬러 영화를 제작하여 선보임으로써 영화업계의 새로운 부흥기를 맞이하는 듯했으나, 경제개발 5개년 계획과 함께 가정용 흑백 TV 수상기의 폭발적인 증가로 인해 다시 불황 속으로 접어들었다. 이런 환경에서 일부 영화인은 제작과정이 유사한 **광고영상**에 관심을 나타냈다. 그리하여 마침내 CF(Commercial Film) 프로덕션이 출현하였다. 1965년의 한일기획[배승남(추남), 영화계], 1966년의 K프로덕션(김영일, 영화계), 1969년의 큐프로덕션(손정철, 방송계)이 이 시기에 등장한 **CF 프로덕션**이었다.

초기에는 CF 감독 1인 제작 시대로 아이디어에서부터 촬영, 편집, 녹음에 이르는 모든 과정을 감독이 직접 주관하였다. 각 분야별 전문가가 성숙되기 이전의 환경으로 모든 것이 시작 단계였다. 영상 촬영에 대한 기초 지식과 함께 표현의 아이디어만 있으면 충분하다고 판단하던 때였다.

이 시기에 가장 어려운 작업은 영상 작업의 기초적 작업을 위한 여건이 제대로 조성되지 않은 환경에서 작품을 만들어야 한다는 점이었다. 기자재를 비롯하여 필름에 이르기까지 할리우드에서 수명이 다한 물품이나 버려진 필름들을 수입하여 제작에 임하였고, 심지어 현상 작업에서는 각각의 필름에 적합한 방식이 아닌 코닥, 아그파, 후지 등의 필름을 적당히 현상할 수 있는 우리나라만의 공동현상액 처방을 강구하는 실정이었다. 영상이 스크린에 재현되면서 신들린 듯이 흔들리고 컬러가 선명하게 재현되지 못한 이유가 여기에 있었다.

또 하나의 내적인 문제로는 출연자 섭외와 로케이션 촬영이었다. 전자의 경우, '남녀칠세부동석'이라는 유교적 가치관에서 성장한 젊은 남녀들이 마주보는 것 자체가 자연스럽지 못하였으며, 특히 여성의 TV 출연에 대한 부모의 부정적인 편견이 심해 출연 당사자보다 부모를 설득하는 데 많은 시간이 필요하였다. 후자의 경우, 전국 곳곳에 극영화 제작자들이 남겨 놓은 사후처리에 대한 피해와 불만이 상상을 초월하였다. 길고 굵직한 줌렌즈만 나타나면 촬영 협조는 물론 접촉 자체를 거부하였다. 어려운 여건하에서 작품을 만들어야 하는 영화인들의 고충은 이해가 가지만 광고영상에 있어서는 광고주의 제품에 직접 영향을 미치는 내용이기에 현지 촬영팀은 제품과 연계하여 좋은 이미지를 만들기 위해 상당한 비용과 시간을 투자하였다. 이 시기의 영상 관련 자료에 대한 연표를 제시하면 다음과 같다.

연도	내용
1960	• 4 · 19혁명 • 정기간행물 허가제 폐지로 언론매체 폭증. 통신 308, 일간신문 115, 주간 100, 월간 301, 기타 94 • 금성사, 국내 최초로 선풍기 개발 · 생산 • 서울 MBC 라디오 개국 • 한국일보사에서 최초의 광고전문지 『새 광고』 창간 • 동양맥주에서 사보 『OB뉴스』 창간 • 진로, 애니메이션 CF 〈진로파라다이스〉 만화가 신동헌 제작 발표 • 아그파현상소 창업 • 평화당인쇄 오희근, 서독에서 원색제판 분야 기술 연수 후 귀국. 국내 원색제판 분야의 획기적 발전에 기여
1961	• 5 · 16 군사정변의 주체세력은 1,567개, 간행물 344개로 언론 정비 • KBS-TV 개국, 매일 4시간 30분 방송 • 우리나라 최초로 KBS-TV에서 TV 탤런트 38명 선발 • 한국 최초의 컬러 시네마스코프 영화, 홍성기 감독과 김지미 커플의 〈성춘향〉 개봉. 10일 후에 개봉한 신상옥 감독과 최은희 커플의 〈춘향전〉과의 흥행 경쟁에서 홍성기 감독 참패 • 한국일보사가 주관했던 광고전문지 『새 광고』 폐간 • 국제복장학원, 국내 최초의 스타일화과 개설 • 이시용, 서독에서 사진제판 연수 후 LSY사진제판실 개설 • 황창규, 우리나라 최초로 광고학 석사학위 취득
1962	• 제1차 경제개발 5개년 계획 발표 • 단기 연호를 서기로 통일 • 화폐 개혁, '환'에서 '원'으로 • 신문협회 설립 • 『조선일보』, 제1회 광고사진공모전 개최 • 앙드레김, 국제복장학원 1기생으로 반도호텔에서 남성 디자이너 최초로 패션쇼 개최 • 영화 〈아름다운 수의〉에서 김한섭(트위스트 김)의 트위스트 춤 소개 • 서울대학교 민철홍, 아리랑 담배 패키지 디자인
1963	• 우리나라에 등록된 TV 수상기가 34,774대에 이름 • 한국 ISO(국제표준화기구) 가입 • 국내 최초로 모나미 볼펜 자체 생산 • 국내 최초로 '삼양라면' 생산 발매 • 한국잡지협회 설립 • 대한복식디자이너협회 창립(회장: 최경자)

	• KBS-TV, 적자보전을 위해 유료광고 개시. Super Telop Card 및 Slide CM, Live CM 제작 • DBS 라디오 개국 • 우리나라 최초의 스포츠 전문지 『일간스포츠』 창간 • 제약광고의 과대광고 규제 • 공보부, 천연색현상소 설치 · 운영(외부작업 수주는 불가)
1964	• 수출 1억 불 달성, 국민 1인당 GNP 6,424원, 103달러 • 민영방송 TBC-TV & Radio 개국. 국내 최초로 방송국 내 CM과 신설 • 『주간한국』 창간 • 국민가수 이미자 〈동백아가씨〉 100만 장 판매기록 돌파 • 유붕노, 김원수, 상무달 공저 『광고론』 첫 출간 • 『조선일보』, 조일광고상 제정 • 홍익대학교에 도안과 신설 • 성인기계공업사, 그라비어 3도 인쇄기 개발 • 국제복장학원, 국내 최초의 차밍스쿨 설립 및 스타일 화전 개최 • 칼 L. 브루스, 광고대행사 임팩트 창립 • 태평양 아모레화장품, 콜드크림 바니싱크림 애니메이션 CF 제작 • 동양맥주, 유명 배우 등장시킨 OB 캘린더 제작 배포
1965	• 한일협정 체결 • 베트남 파병 • 금성사에서 국내 최초로 국산 냉장고 생산 판매 개시 • 제1회 대한민국상공미전 개최 • 『중앙일보』 창간 및 중앙광고대상 제정 • 『중앙일보』, 우리나라 최초로 신문 컬러인쇄 • 스티클러와 김동선, 광고대행사 S/K Associates 공동 설립 • 무교동 쎄시봉을 통하여 한국 포크송의 전설인 조영남, 송창식, 윤형주, 한대수, 이장희, 김세환, 최영희 등이 등장 • 배승남(추남), 우리나라 최초의 CF 프로덕션인 '한일기획' 설립(영상광고 제작비 편당 10만 원 선) • 그래픽 디자이너 권명광, 우리나라 최초로 한일은행 일러스트 캘린더 제작
1966	• 금성사에서 진공관식 TV 생산 개시 • 김용중PR연구소, 『PR작전』 시리즈(전 5권) 발간 • 제1회 대한민국상공미전 공모전 형식으로 조직, 디자인 개념 정립 • 제약사 광고주 그룹인 PR구락부 탄생 • 예그린악단, 한국 창작뮤지컬의 효시인 고전 〈배비장전〉을 각색. 임영웅 연출, 최창권 음악, 임성남 안무로 〈살짜기 옵서예〉 발표

	• 노희삼, 충무로에 흑백필름 전용 '대동현상소' 설립 • 주기만, 충무로에 흑백 셀 애니메이션 제작사 설립
1967	• 문화공보부 「방송윤리규정」 제정 • 우리나라 최초로 카세트테이프 녹음기 생산 판매 • 우리나라 최초로 OB그룹사에서 OB맥주 선전과를 모체로 광고대행업체인 '합동통신사 광고기획실' 창립 • ABC연구회 발족 • 윤복희의 미니스커트가 사회적 이슈로 등장 • 신동헌과 신동우, 만화영화 〈홍길동〉 제작 • 삼화인쇄, 국내 최초로 컬러스캐너 및 롤랜드 4색 오프셋 인쇄기 도입 • 신탄진연초공장 준공을 기념하여 우리나라 최초의 담배디자인 공모. 김동선, 윤석태의 공동출품작 '신탄진' 당선
1968	• 12월 서울 · 인천 간 경인고속도로 개통 • 제1회 대한민국무역박람회 개최 • 국제광고협회(IAA) 한국지부 창설 • 우리나라 최초의 시장조사회사 유신마케팅리서치 설립 • 한국만화가협회 창립 • TBC-TV 음악 프로듀서 손정철, '큐프로덕션' 설립 • 국내 최초의 패션종합지 『의상』 창간 • 김용중PR연구소, 우리나라 최초로 일본 ACC 수상작, 베니스국제광고제 수상작, 전 일본 우수PR영화 작품 감상회 개최
1969	• MBC-TV 개국 • KBS-TV 유료광고방송 중지 • MBC-TV, 라디오 CM 제작 전문 스튜디오 및 성우실 설치 · 운영 • 월남전에 등장한 U-matic 비디오 재생 시스템, 4년 후인 1969년에 소니, 마쓰시다, 빅터 3사의 규격이 통일되어 출시 • (사)한국문화영화제작자협회 발족. 광고영화제작사 포함(전무: 신인섭) • 동아일보사와 두산그룹(OB그룹), 공동 출자로 종합광고대행사 '만보사' 창립(대표이사: 이재항) • 만보사, 우리나라 최초로 광고대행사 티저 광고인 '블독 광고' 집행 • 만보사, 맥켄에릭슨 월드와이드와 업무제휴, 코카콜라 광고 대행 계약 • 만보사, 1970년대를 향한 새로운 Coke CI Design Polish 도입 및 국내 캠페인 'It's the real thing-Coke 오직 그것뿐' 기획 및 집행 • 경인고속도로 개통으로 야립 간판광고 등장 • 합동통신사 광고기획실에서 광고 전문지 『합동광고』 창간 • 유철종, 광고대행사 만보사에 수평적 사고와 브레인스토밍 기법 도입 • 김태형 카피라이터, 한국 최초의 『광고문안』 작품집 발간

4. 영화산업의 쇠퇴와 흑백 TV의 전성기

경제개발 5개년 계획과 함께 우리나라 TV 보급 대수가 1973년 100만 대를 넘어서면서 TV매체의 신흥기로 진입하게 되었다. 합동통신사 광고기획실을 선두로 만보사, 제일기획, 연합광고 등 그룹사나 매체사가 참여하는 본격적인 광고대행사 시대가 열렸다. 뿐만 아니라 광고 불모지인 우리나라 시장에 코카콜라와 펩시콜라 그리고 대한석유공사와 호남정유 등의 글로벌 기업들이 국내 광고대행사와 대행 계약을 체결하고 수준 높은 광고 캠페인을 전개하였다.

특히 만보사 크리에이티브 디렉터 윤석태는 영상광고제작 3개년 계획을 수립하여 1차년도 영상업계 현황 파악, 2차년도 최고수준의 전문가 집단 참여 유도, 3차년도 새로운 전문가 선정 및 육성이라는 목표를 설정하고 이를 체계적으로 추진 · 집행함으로써 업계가 추구해야 할 새로운 방향을 모색하는 데 선도적 역할을 담당하였다.

또한 화공이나 도안 수준에 머무르던 디자인 업계가 서울대학교 조영제 교수를 필두로 이루어진 CI 디자인 및 CI 전략을 확대 응용한 것은 새로운 경제 · 경영의 모든 분야에서 그 가치를 인정받는 획기적인 계기가 되었다.

미국의 CLIO나 일본의 ACC 등 국내외의 크리에이티브 품질을 비교할 수 있는 자리도 마련되었다. 국제 교류도 활발히 이루어져 연관 산업 분야의 전문가 집단이 형성되기 시작하였다. 이 과정에서 우리나라는 크리에이티브 발상에 있어서 결정적 요소인 자유분방한 사고를 저해하는 행정 조치를 단행하였다. 1976년부터 시행해 온 **'TV 광고 사전심의 제도'**가 바로 그것이다. 긍정적인 측면도 분명 있었다. 그러나 아이디어 발상을 하면서 광고심의에서의 통과 여부를 전제로 생각하는 크리에이터들의 습관이 일상화되었다. 결국 표현의 한계를 극복하지 못함으로써 우리나라 광고계가 국제적인 크리에이티브 경쟁에서 오랫동안 고립되는 결과를 초래하게 되었다.

이후 건전한 생활을 전제로 하는 젊은이들의 패션이나 사고에 대한 표현규제, 우리나라 표준 언어만을 고집하는 광고 카피의 제한 등의 조치가 계속되었다. 창의성

향상과는 동떨어진 행정 조치들이 끊임없이 이어지는 불행한 시기가 무려 반세기 동안 지속되었다. 1977년에는 영상제작업계를 억압하는 또 하나의 조치가 가해졌다. 영상광고의 심의 신청 권한을 정부의 허가를 얻은 제작사에만 부여하는 제도가 그것이었다. 새로운 제작사의 등록은 일체 허가하지 않았다. 이런 조치는 결국 정부 스스로 대명(代名) 행위와 음성적인 거래를 조장하는 결과로 이어졌다. 이 시기의 영상 관련 자료에 대한 연표를 제시하면 다음과 같다.

연도	내용
1970	• 경부고속도로 완공 • 장발 및 미니스커트 유행 • 아그파현상소, 창업 10주년 기념 원남동 한국천연색현상소 준공. 코닥필름, 아그파필름, 후지필름, 사쿠라필름 공용으로 현상 작업 • 우리나라 최초로 IAA 한국지부, 미국 CLIO 수상작 시사회 개최 • 우리나라 최초로 TBC-TV에서 VTR-CM 제작 • 태평양화학에서 우리나라 최초로 『조선일보』에 컬러 전면광고 '아모레하이톤' 화장품 광고 게재 • 우리나라 최초로 기획(이병인), 제작(윤석태) 맥켄에릭슨 하쿠호도 연수. 매년 연차별로 지속적인 사원교육 실시 • 만보사 이인구 카피라이터, 우리나라 최초로 코카콜라 CM송 〈오직 그것뿐 코카콜라〉 제작(편곡 · 제작: 최창권, 가수: 조영남) • 만보사 이인구, 우리나라 최초로 코카콜라 보틀 오픈 효과음 제작(동아방송 김벌래 감독) • 만보사 윤석태, 우리나라 최초로 CF 제작을 위한 스틸촬영 기법 도입. 스틸포토 1세대, 공상일(제일기획)과 이주형(오리콤) • 코카콜라 영상제작 수임 3개년 계획 1차년도, 장한영 주관 스태프 구성(연출: 윤석태) • 강신규와 정해욱, 우리나라 최초의 CM전문 현대녹음실 창업 • 만보사, 극장CM영화 전국 순회 개별 계약 집행 • 만보사, CF 제작 기준단가표 및 견적서 서식 제작
1971	• 10월 인구센서스 실시, 총인구 3,146만 명으로 집계 • 새마을운동 시작 • 정부에서 강제로 혼분식 장려 운동 실시 • 인천에서 가장 가까운 산둥성 중국인들의 가정식인 '차오장미엔'이 '짜장면'으로 발전. 정부의 혼분식 장려에 따라 급속도로 전파 • 범 광고단체인 한국광고연구협의회 창립

	• 노라노, 노라노패션학원 설립 • 코카콜라 영상제작 수임 3개년 계획 2차년도, 정일성 · 구준모 등 업계 1인자 위주로 스태프 구성(연출: 윤석태) • 일동제약 아로나민 광고(한일기획, 추남), 우리나라 최초로 해외광고상 ACC 수상 • 포크송 가수 윤형주, 송창식, 김세환, 김도향 등장 • 만보사 이인구, 환타 라디오 커머셜에 우리나라 최초로 성우 김세원, 이선영 출연시킴 • 글꼴 디자이너 최정호, 사진 식자기용 명조 및 고딕체 제작 보급
1972	• 제1차 석유파동 • 〈쥐잡기〉 〈혼분식 장려〉 〈둘만 낳아 잘 기르자〉 등의 문화영화, 영화관에서 본 영화 상영 전 의무상영 • 덕수궁에서 제1회 국제관광포스터전 개최 • 서울대학교 응용미술과에 시각, 공예, 공업 디자인 전공 개설 • 동양방송 CM 제작 스튜디오 개설 • 한국디자인협회(KSVD) 창립(회장: 서울대학교 조영제 교수) • 서울대학교 조영제 교수, 국내 CI(Corporate Identity Design) 선구자로 OB맥주, 제일제당, 제일모직, 신세계, 산업은행, 외환은행 CI 제작 • 한국상업사진가협회 초대 회원전 개최 • 국제광고협회 IAA 한국지부, 『국제광고 기준과 관례』 발행(신인섭 역) • 만화가 고우영, 『일간스포츠』에 〈임꺽정〉 연재 • 코카콜라 영상제작 수임 3개년 계획 3차년도, 스태프는 각 부문 업계 퍼스트급에서 선정 육성 지원(촬영: 홍성욱, 조명: 이도현, 스틸: 공상일, 이주형)
1973	• TV 보급 100만대 돌파 • 제1차 석유파동으로 TV 아침방송 및 네온광고 중단 • 1956년에 지정된 어머니날을 어버이날로 정정 시행 • 삼성그룹, 광고대행사 제일기획 창립 • 영화진흥공사 설립 • 의약품광고 상품명 연호 및 CM송 사용금지 • 임의단체 CF제작사협회 창립 및 『CF제작사협회보』 발행(회장: 손정철) • 비프로덕션 창립(대표: 김영훈)
1974	• 지하철 1호선 개통으로 지하철광고 시대 개막 • 프로그램 중단시키는 중간 CM 중지 • 10월 24일, 동아자유언론실천선언대회로 12월 16일부터 『동아일보』 백지광고 사태 발생 • 대원전기에서 우리나라 최초로 전기밥솥 출시 • MBC 매체계열 광고대행사 '연합광고' 창립 • 매일경제신문, '한국광고인대상' 제도 창설

	• 우리나라 최초로 중앙대학교 광고홍보학과 개설 • 한일기획 추남, 한국 최초로 CLIO 장려상 수상(호남정유 별표백등유), 일본 ACC상 수상 (일동제약 '의지의 한국인 시리즈 등대수' 편) • 만보사, 새마을운동 주제의 코카콜라 시리즈 광고가 코카콜라그룹의 아시아 지역 우수 광고로 선정 • 강한영, (주)선우 창립
1975	• 현대자동차 '포니' 판매 개시 • (주)만보사, 합동통신사 광고기획실로 통합 • 『동아일보』 백지광고 사태로 인해 신년호부터 독자들의 격려광고 출현 • 3월 농성언론인 강제해산, 4월 131명 강제해고, 7월 15일 『동아일보』 긴급조치 9호 내용 보도로 탄압사태 종료 • 대마초 파동으로 가수 이장희, 윤형주, 이종용 등 20여 명이 넘는 음악인이 구속되고 관련자 라디오 프로그램 방송 정지 • 김도향, '서울오디오' 설립 • 군사정권, 1976년을 위한 연말연시 제작물 심의교정 강제실시로 여성 모델 중심의 제작물 크게 손괴 • 한국CF제작협회, 우리나라 최초의 영상제작 실무 서적으로 일본 ACC가 간행한 『필름커머셜 만드는 방법』 출간(신인섭 역) • 한국광보문화연구원 라디오 및 TV 광고 모니터 서비스 실시 • 우리나라 최초로 국내 광고주 전략 캠페인 전개, '친구는 역시 옛 친구' 시리즈 수년간 지속
1976	• 방송광고 CF 제작물 사전심의 실시 • 가정용 홈비디오 VHS 형식 일반화. 일본 JVC의 VHS와 Sony의 BETA Max 간의 시스템 경쟁에서 VHS 승리 • 월간 『디자인』 창간 • 서울카피라이터스클럽(SCC) 창립(회장: 신인섭) • (사)한국모델협회 창립 • 한국광고사진가협회 창립(김한용, 이용정, 한영수, 문선호 등)
1977	• 수출 100억 불 달성, 1인당 GNP 1,000달러 초과 • 금성사, 컬러 TV 생산 • 신진자동차, 공랭식 엔진의 자동차인 퍼브리카 생산 판매 • (사)한국영상문화제작협회 창립, 광고영상 등록허가제 실시 • 농심라면 '형님 먼저 아우 먼저' 대히트(프러스필름, 이기태)

	• 박대순, 『디자인 용어사전』 발간 • 광보문화연구원 문시형, 우리나라 최초로 『CM라이브러리』 발간 • 신인섭, 우리나라 최초로 『광고카피라이팅』 교재 발간 • TV-CF제작의 정부등록 허가제 시행 및 영상광고제작사 추가 등록 불가조처로 광고심의신청에 따른 문화영화제작사 유료 대명행위 성행
1978	• 자연보호헌장 선포 • 백남준, 비디오가든 발표 • KBS, 대구 · 광주 · 전주 · 대전 · 춘천 · 청주 · 제주에서 7개 로컬 방송 개시 • 제일기획, 우리나라 최초로 동경해외사무소 설치 • 미국 CLIO 수상작 국제부문 예비심사 서울예심 실시 • 세종문화공사 영상제작업무 통합(문화영화: 박상호, 광고영화: 윤석태, 이강우, 이지송) • 프로덕션 세종문화공사에서 새한자동차(대우자동차) 새한버드 '랑데뷔'로 우리나라 자동차 광고의 문을 엶 • 영상제작업계 4분의 3인치 U-matic 테이프를 사용하는 ENG 카메라 시스템 도입(Electronic News Gathering) • 미술감독 노인택, 우리나라 최초로 우이동에 CF 전용 스튜디오 개설 • 윤석태, 우리나라 최초로 스토리텔링이 아닌 멀티이미지 영상광고 태평양화학 남성화장품 '쾌남' 시리즈 광고 기획 및 제작 집행 • 해태제과의 '땅콩으로 버무린 해태 맛동산' 대히트 • 윤석태, 우리나라 최초로 영상커머셜 작품집 『윤석태 FILMS』 발간
1979	• 박정희 대통령 시해 • 제2차 석유파동 • KOEX 한국종합전시장 개장 • 방송윤리위원회에서 건전생활화를 위한 「광고심의기준」 발표. 1979년도 심의 3,679건에서 711건 기각처리(20%) • TV 광고에 공익 메시지 삽입 의무화 • 제일기획, 『광고연감』 발간 • 국내에서 리듬을 멜로디보다 우선시하는 디스코 댄스 유행 • 일본 SONY사에서 음악재생 전용 Walkman 출시 • 합동통신사 광고기획실 오리콤으로 독립 • 한국 대중음악의 대표 가수 조용필, 〈창밖의 여자〉로 데뷔

5. 흑백에서 컬러 영상으로의 전환기

우리나라 영상광고 제작업계는 1980년대 말 흑백의 시대를 종결하고 방송의 전면 컬러화라는 업계 대변혁의 시기를 맞이하였다. 컬러의 세계가 얼마나 복잡한 것인지 예비지식이 없는 위정자들의 급속한 전환 결정은 흑백에서 컬러로 진화하는 단순 논리에 기초하여 쉽게 이루어진 것으로 보인다. 1988년 서울올림픽을 앞두고 중계방송을 흑백으로 할 수는 없기에 더욱 그러했다.

색 재현의 기술적 측면에서 보면 화학적 처리로 재생된 컬러를 다시 광학적 처리로 재생시켜야 하는 시스템의 변화가 요구되는 과정이다. 뿐만 아니라 흑백의 세계에서는 1인 시스템으로 처리할 수 있는 내용이라 하더라도 컬러에서는 분야별 전문가가 함께 참여하는 집단 작업으로 제작 기간이나 예산도 흑백과는 비교할 수 없을 정도로 많이 소요되었다. 컬러 방송이 시작된 후 영상의 품질이 본궤도에 오르기까지 5년여의 기간이 소요된 것도 그러한 이유에서이다. 흑백에서 컬러로의 전환기에 나타난 TV 보급률의 경우, 1980년 컬러 TV 1.6% 대 흑백 TV 81.5%에서 1994년에는 100% 컬러 TV로 교체되었다.

컬러 방송 초기에는 방송국에서의 변환 과정에서 필름으로 표현된 색상이 VTR 시스템으로 완벽하게 재현되지 않아 어쩔 수 없이 양 방송국의 시스템을 이용하여 VTR-CM을 제작할 수밖에 없었다. 그러나 이 방법은 광고주, 제작사, 소비자 그 누구도 만족할 수 없는 품질이었다. 원하는 품질을 얻기 위해서는 촬영의 기본적 요소인 조명과 노출의 표준을 새롭게 적용해야 했고, 필름에서 비디오 전환(Film to Video)이라는 새로운 시스템을 도입·활용해야 하였다. 다행스럽게도 연관 업계의 원로들이 관심을 가지고 참여한 결과, 이웃 일본보다 2년 앞서 시스템 전환의 새로운 길을 열어 나갔다. 이 시기의 영상 관련 자료에 대한 연표를 제시하면 다음과 같다.

연도	내용
1980	• 5 · 18 민주화운동 • 「공정거래법」「소비자보호법」 제정 • 언론통폐합 및 민간방송 공영화로 3사 체제 공영화로 전환 - KBS-TV 제1방송-TBC, DBS, 한국FM, 전일방송, 서해방송 - KBS-TV 제2방송 - MBC-TV • 12월, 우리나라 최초로 수출의 날 기념식 컬러 중계 • 오리콤, 광고 마케팅 분야의 전문서적 출판 및 사내교육을 통하여 광고사관학교라는 애칭과 함께 오리콤 출신 인력 스카우트 붐이 일어남 • 우리나라 최초로 『한국광고발달사』 발간(신인섭 저)
1981	• 해외여행 자유화 • 3월 1일부터 프로그램 방송과 광고 방송의 전면 컬러화, 낮 방송 재개, 블록광고의 도입 • KBS-교육TV 개국 • KBS-TV와 MBC-TV, 컬러 방송을 위한 VTR-CM 수주 제작 • 세종문화, 우리나라 최초로 해외 영상전문제작사 (주)동북신사와 업무제휴 • 해태제과, 그룹광고대행사 코래드 설립 • 한국방송광고공사(이하 KOBACO) 발족, 방송광고 독점판매 및 공익기금 조성 • KOBACO, 한국방송광고대상 제정 시행 • KOBACO, 공익광고향상협의회 8월 결성. 12월에는 우리나라 최초로 공익광고 '저축' 편, '통일의 길' 편 방영 • 세종문화, 우리나라 최초로 '필름과 비디오 컬러 재생을 위한 퀄리티업 세미나'를 앰버서더 호텔에서 주최 • 음반에 관한 법률 제정 및 비디오 제작사 등록규정 제정 • 잡지 『TV가이드』 창간
1982	• 대홍기획(롯데)과 동방기획(태평양), 광고 대행업 참여 • 야간 통행금지 해제 • 중고등학생 교복 및 두발 자율화로 Youth Market 형성 • 옥외광고협회 설립 • 서울일러스트레이터협회 창립 • 우리나라 최초의 중앙대학교 광고홍보학과 폐과 • 호출자의 전화번호를 알려 주는 무선호출전용기 '삐삐' 등장
1983	• KBS-TV 〈이산가족을 찾습니다〉 첫 방송, 세계적 뉴스가 됨 • KBS-TV 〈디자인 혁명시대〉 제작방영 • 금강기획(현대)과 삼희기획(한화), 광고 대행업 참여

	• 1988년 서울올림픽 휘장 및 마스코트 디자인 확정 • 박평화와 정진갑, 우리나라 최초의 민간 편집 포스트프로덕션인 삼부 창업 • 럭키 금성그룹, 광고대행사인 희성산업 창업 • 큐닉스컴퓨터, 우리나라 최초로 한글워드 개발
1984	• 백남준, 〈굿모닝 미스터 오웰〉 위성쇼 방송 • 광고계 최초로 국제행사인 제14차 아시아광고회의(AdAsia)가 6월 14일~6월 21일 서울 힐튼호텔에서 개최 • 제일기획에서 포스트프로덕션 중앙영상 설립 • 오리콤에서 포스트프로덕션 AV센터 설립 • 한국그래픽디자이너협회 창립(회장: 권명광) • 이성철과 이은덕, 국내 최초로 형보제작소 설립, Film to Video 작업을 위한 Rank Cintel Mark 3C(Positive) 시설 설치 • 세종문화 연간 111편 제작으로 대행사와 제작편수 경쟁에서 1위 진입. 2000년 법인 해체 시기까지 1위 유지 • 광양사, 국내 최초로 토털스캐너 시스템 도입 • 쌍용그룹의 스승의 날 '도시락광고' 화제가 됨
1985	• 주한 미국상공회의소 한국 광고시장 개방 요구 • 디자인포장센터 GD마크제 도입 • 방송국 VTR · CM 제작 급감(총 4,565편에서 필름 4,006편, 슬라이드 529편, VTR · CM 30편) • 제일기획과 제일제당, '2.5핵산' CF, 세종문화 외주를 시작으로 영상제작 부문 문호 개방 • 세종문화, 우리나라 최초로 카메라 모니터 시스템 도입으로 영상촬영효과 극대화 • KBS-TV 김동건 아나운서, 〈11시에 만납시다〉에서 방송광고대상 연속 3회(1983, 1984, 1985년) 수상 기념으로 세종문화 대표 윤석태 대담 • 한국컴퓨터그래픽스협회(KCGI) 창립
1986	• 제10회 서울 아시안게임 개최 • 한국광고업협회 창립 • 코래드광고전략연구소에서 『광고대사전』 발행 • KOBACO에서 『82-86 방송광고카피집』 발행 • 영화진흥공사 영상제작시설 관리운영의 일환으로 문공부 천연색현상소 시설을 남산으로 이전, 외부 작업 수주 개시 • 편집 시스템 SONY D-1, VTR 개발로 아날로그 비디오 시그널에서 디지털 시대로 진입 • 삼성전자 휴먼테크, 금성사 테크노피아 등 순수 CG 기법만으로 제작된 커머셜 등장
1987	• 노태우 대통령의 6 · 29 민주화선언으로 「언론기본법」 폐기 및 영상커머셜제작업 등록제 폐지 • 전화 가입자 1천만 회선 돌파

	• 대통령 선거에서 정치광고 활성화 및 TV 광고 허용 • 문화공보부에 광고정책과 신설 • 세종문화 윤석태, 민정당 노태우 대통령 후보 영상제작 • (사)한국CF제작사협의회(KCU) 창립(회장: 윤석태)[2] • KOBACO 부설 광고교육원 개설 • 우리나라 최초로 광고단체연합회 주관 제1회 한국광고대회 개최 • 광고시장 부분 개방으로 외국 광고대행사 한국 진출의 길이 열림 • 일본 『Commercial Photo』 5월호에 「한국의 CM제작업계 현황」 소개 • 삼성시계 'KAPPA' 시리즈로 시계패션 대중화 • 제일제당의 게토레이, 동아식품의 포카리스웨트 등 기능성 음료 출시
1988	• 한국 광고비 1조 원 돌파 • 서울올림픽 개최 • 해외여행 자유화 • 담배시장 자유화 • 세탁기 등 56개 품목 시장 개방 • 우리나라 최초의 편의점 '세븐일레븐' 개점 • 한국광고주협회 창립 • 한국방송광고공사에서 『광고연구』 창간 • 세종문화 윤석태, 우리나라 최초로 '칸 국제광고제'에 출품 및 행사 참여. 『광고정보』를 통하여 국내에 칸의 전 일정 소개 • 우리나라 최초로 세종문화에서 제작한 대우전자 마제스타 '사물놀이'가 Cannes National Prize 수상 • 세종문화 윤석태, 1988 · 1989년에 우리나라 최초로 일본 광고주 화왕(가오)의 제품 '호밍 그레몬' CF 각 1편을 수주 제작 • 한양대학교 박대순 교수, 우리나라 최초로 디자인학 박사학위 취득 • 중앙대학교 광고홍보학과 복과 및 한양대학교 광고홍보학과 신설
1989	• 한국광고학회 창립 • 한국ABC협회 창립 • 한국PR협회 창립 • 영화관, 본 영화 상영 전 국립영화제작소에서 제작한 〈애국가〉 의무상영

2 한국CF제작사협의회(KCU)의 역대 회장은 다음과 같다. 1988년부터 창립 초대회장 세종문화 윤석태, 1992년부터 선우프로덕션 강한영, 1995년부터 제작분과 단독 시스템에서 미술 녹음분과로 확대 개편되어 세종문화 윤석태, 2001년부터 씨엠스페이스 원석희, 2007년부터 광고방 임인규, 2016년부터 스페이스몬스터콘텐츠 김찬.

	• 방송광고심의 기능이 한국방송광고공사에서 방송위원회로 이관 • 세종문화 윤석태, 칸 국제광고제(Screen Advertising World Association) 집행위원장 허추얼(Hutchuel) 초청, 칸 국제광고제 수상작 시사회 및 광고대행사 사장단 초청 간담회 개최 • 담뱃갑에 경고문 삽입 • 세종문화 윤석태가 제작한 롯데칠성 델몬트 주스 '따봉' 시리즈 대히트
1990	• 한러 수교 • TV 시청률 조사 • 삼성 무선이동전화기 ST-1000T형 발매 • X세대의 출현 및 초미니 패션 등장 • 국내 CF 외국인 주 모델 출연 허용 • 세종문화, 세종엔터프라이즈(SEC) 설립. 박종원 감독 주관 극영화 〈러브러브러브〉 일본 동북신사와 합작 제작 • 한국CF제작사협의회(KCU), 세계우수광고영화제 수상작 시사회 개최. 1990년 이후 연례행사로 매년 개최 • 한국 칸 국제광고제 심사위원국 피선(심사위원: 김석년) • 한국광고협의회가 (사)한국광고단체연합회로 발족 • 정진갑 동문영상 설립, 편집 시스템의 완전한 디지털화 • 김완선의 〈삐에로는 우릴 보고 웃지〉가 우리나라 여성 최초로 단일 앨범 100만 장 돌파

6. 아날로그에서 디지털 시스템으로의 전환기

1988년 서울올림픽 이후 1990년대에 진입하면서 특히 두드러진 변화는 우리나라가 인터넷의 일반화와 함께 통신 분야의 각종 기능을 통하여 새로운 멀티미디어 시대를 열어 가는 디지털 세계의 선두주자가 되었다는 점이다. 반도체, 휴대 전화, PC 등의 수출이 증가하고 휴대 전화 영상 전송이 가능해지면서 온라인광고도 급성장하였다. 그리하여 이동통신 가입자 4천만 명, 초고속 인터넷 가입자 3천만 명 그리고 영화 시장도 4천만 관객을 동원하게 되었다.

크리에이티브 연관 산업의 놀라운 발전은 그동안 아이디어가 있어도 옵티컬 작업을 진행하면 할수록 화면의 품질이 하향되는 기술적인 문제가 있었으나, 디지털 시스템으로 전환되고 나서는 이른바 "아이디어가 있어도 표현 방법이 문제이다."라는 그간의 속설을 "표현은 무한한데 아이디어가 없다."로 뒤집어 놓았다. 특히 규제 일관으로 내려오던 크리에이티브 업계는 해외여행 자유화를 비롯해 여러 가지 규제가 사라짐으로써 국제 경쟁력을 높일 수 있는 절호의 기회를 맞이하였다.

그러나 1997년 전 세계를 무대로 상상의 세계를 넓혀 가고 있는 과정에서 우리나라는 뜻밖의 복병으로 아시아 금융위기, 소위 IMF 사태를 맞이하게 되었다. IMF 사태로 가장 큰 상처를 받은 분야 또한 광고계이다. 기업 측에서는 예산 축소, 인력 감축의 우선적인 대상을 광고 분야라고 생각하기 때문이다. IMF 사태를 슬기롭게 대처해 나가는 우리나라에 대하여 전 세계 크리에이터들이 의아하게 생각한 점은 한국은 원로들을 중심으로 감원을 단행하였다는 점이었다.

광고계 원로들이 본의 아니게 자리를 떠나게 되고 경험이 없는 신진들이 그 빈자리를 채운 채로 21세기에 진입하면서 유사한 캠페인, 유사한 소재 응용 등 크리에이티브에 대한 윤리적 감각이 결여된 광고가 등장하게 되었다. 이 시기의 영상 관련 자료에 대한 연표를 제시하면 다음과 같다.

연도	내용
1991	• 남북한 동시 유엔 가입 • 한국 광고시장 개방 • 「종합유선방송법」 공포 • 조사전문회사 MSK에서 TV 시청률 조사 개시 • 민간기구인 한국광고자율심의기구 발족 • 월드와이드웹(World Wide Web)을 통해 신문을 개인용 컴퓨터 화면으로 읽을 수 있는 미디어 탄생 • 민간방송 SBS-TV & 라디오 방송 개국으로 방송 시스템 공 · 민영 이원화로 복귀 • 삼성 이동공중무선전화기 SH-300C 발매 • 세종문화, 제작업계 시장 개방과 국제경쟁력 강화를 위한 '촬영조명 분야 퀄리티업 세미나' 개최 • 이산가족을 주제로 한 제일제당의 '고향의 맛 다시다' 광고대상 수상 • 제일기획과 세종문화, 우리나라 최초로 미수교국인 중국 연변에서 '고향의 맛 다시다' 촬영

	• 대홍기획과 세종문화. 우리나라 최초로 민족의 영산인 백두산에서 롯데칠성사이다 '백두산' 시리즈 5편 제작 • 와와전자에서 부산에 노래방 기기를 보급하면서 전국적으로 가라오케 시장 급성장
1992	• 한중 수교 • 세종문화 윤석태, 민자당 대통령 후보 김영삼 영상제작 • 한국시장조사협회 창립 • 한국광고대회 개최, 유공광고인 정부포상 실시 • 세종문화, 1996 IAA 세계대회 유치를 위한 프레젠테이션 영화제작. IAA 한국지부에 기증 • 디자인 학계에서 영상 디자인, 그린 디자인 도입 • 한국광고주협회, 소비자단체와 공동으로 '소비자가 뽑은 좋은 광고상' 제정 시행 • 시나위밴드의 서태지, 새로운 패션문화의 창조자로 등장 • 우리나라 최초로 개발된 금성사 GVC-6000 비디오카메라 발매
1993	• 대전 EXPO 개최로 SP 부문 관심 고조 • 한국광고단체연합회가 주관한 1996년 IAA 세계대회 서울 유치단으로 김석년, 김명하, 윤석태를 파리 이사회에 파견, 유치 확정 • IBM TV 광고 국내 방영을 기점으로 외국제작 CF 국내 방영 허용 • 남양유업과 다우우유, 신원에벤에셀에서 방송심의 결정에 불복 소송 제기 • 임권택 감독의 〈서편제〉 대히트 • KOBACO 주관 방송광고대상이 광고단체연합회로 이관됨
1994	• 광복 직후 〈조선시보〉로 시작된 뉴스영상 〈대한뉴스〉가 12월 2040호를 끝으로 중단 • X세대, 미시족이 중요 광고 타깃으로 등장 • 인터넷 대중화 원년, 한국통신 KORNET 구축 • 한국방송광고대상이 (사)한국광고단체협의회로 이관되어 '대한민국광고대상'으로 명칭 변경 • 김연호 변호사, 방송광고 사전심의 위헌제소 • 우리나라 최초로 방배동 한샘사옥에 서울디자인박물관 개관(관장: 정시화)
1995	• 수출 1천억 달러, 국민소득 1만 달러 시대 진입 • 지방자치 제도 전면 실시 • 무궁화위성 발사 성공으로 위성방송 시대 개막 • 케이블 TV 3월 개국 • 부산, 대구, 광주, 대전 지역 민방 설립 • 광고제작업 시장 완전 개방 • 반도체, 휴대 전화, PC 등의 수출 증가로 컴퓨터 사용 일반화 • 케이블TV, PC통신, 인터넷 등으로 멀티미디어 시대 진입 • 방송광고심의 기능이 한국방송광고자율심의기구에 이관됨

	• 지미 제임스(Jimy James)에 의해 재출발한 미국 CLIO 한국 대표권자로 세종문화 윤석태 수임 • 국민대학교 윤호섭 교수, 우리나라 최초로 〈환경과 디자인〉 과목 개설 • 『중앙일보』, 한글 가로쓰기 실시 • (사)한국CF제작사협의회 정관 개편에 따라 (사)한국광고영상제작사협회로 개명 및 기술, 미술 부문 회원 확대
1996	• 햇반 출시를 기점으로 가정간편식 시장 본격화 • 제35차 IAA 세계광고대회 서울 개최 • 김석년 선연 회장, 아시아 지역 최초로 국제광고협회(IAA) 회장 피선 • 제1회 부산국제영화제 개최 • 국제기준에 따른 「저작권법」 베른협약 가입 • 4년제 대학 광고홍보학과 16개교로 급증 • 2002 한 · 일 월드컵 유치로 스포츠마케팅 급성장 • OECD 가입으로 글로벌 광고대행사 약진
1997	• 1981년 출발한 교육방송 EBS-TV 방송광고 개시 • 아시아 지역 광고제 ADFest 창립(운영위원장: 김석년) • 삼성전자, 국내 최초로 디지털카메라 '케녹스' 출시 • 유머광고, 리메이크 광고, 사내 모델 광고 등 불황 돌파형 광고 등장 • 제일기획, 광고기획사 최초로 주식 상장
1998	• IMF 금융위기로 광고비 35.3% 감소, 광고회사 직원 35% 감원 • 아시아광고연맹, 제1회 아시아태평양광고제(ADFest) 개최 • 한국광고홍보학회 창립 • 방송광고 길이 다양화, 신문변형광고 증가 • 박세리 LPGA 승리로 스포츠마케팅 급증 • 전원주, '터치터치002' 국제전화광고 키치 광고로 대히트 • 세종문화 윤석태, 1991년 시작된 경동보일러 '효심' 시리즈 종료
1999	• 김대중 대통령 IMF 이후 국력회복을 위한 관광 유치 방송광고에 출연 • 「통합방송법」 국회 통과 • 외국 광고대행사 독자경영 체제로 진출 가속 • 광고회사 제작 부문 아웃소싱 및 미디어 에이전시 등장으로 분사 가속화 • 정보통신 분야 N세대로 폭발적 시너지효과 • 광고회사 LGAD 상장 • 증권, 은행 광고 활성화 • 국내제작 영화 〈쉬리〉 관객 250만 돌파 • 2002 한 · 일 월드컵 엠블럼 및 마스코트 니크, 아토, 캐즈 발표

	• 한국광고주협회, 세계광고주협회와 공동으로 99WFA World Congress 서울에서 개최 • (주)세종문화, 주총에서 법인해산 결정
2000	• 김대중 대통령 평양 방문, 노벨평화상 수상 • 국내 네티즌 1천만 명 돌파, 인터넷과 이동통신 시장 급성장 • 공정거래위원회 비교광고 기준 완화 • 밀리오레, 두타 등 패션유통의 새로운 패러다임인 메가 패션몰 등장 • KDB, 위성방송 시험방송 • 한국옥외광고학회 창립 • 광고대행사 웰콤 〈베이직은 영원하다〉 전시회 개최 • (주)세종문화, 22년의 영상광고 제작에 종지부를 찍음 • 1985~2000년까지 방송되었던 우리나라 최장 광고 캠페인 제일제당의 '고향의 맛 다시다' 시리즈가 '출가하는 모녀간의 이야기'로 막을 내림 • 윤석태, 경주대학교 한정곤 총장과 종신석좌교수 및 한국광고영상박물관 건립약정서 체결

7. 디지털 미디어 시대

새로운 21세기에 진입하면서 우리나라 광고산업의 양대 축이라고 할 수 있는 미디어와 크리에이티브 전략에 큰 변화가 일어났다. 그 첫 번째 변화는 마케팅 전략의 핵심 포인트가 제품 위주에서 소비자 위주로 바뀐 것이다. 제품의 포지셔닝 전략으로부터 소비자가 원하는 것이 무엇인지를 찾아 제공해 주는 소비자 니즈 개발 전략이 전면에 등장하였다. 미디어 전략도 변화하였다. 4대 매체의 위력이 마이너스 성장으로 약화되면서 케이블, 인터넷 등 초고속 정보통신 분야의 **복합미디어**가 출현하여 **1인 미디어**를 포함한 새로운 미디어 시대가 열렸다.

제작업계에서도 너무 늦은 감이 없지 않지만 이루어져야 할 큰 변화가 마침내 이루어졌다. 1975년부터 무려 반세기 동안 우리나라 크리에이터들의 가슴속에 상주하던 **방송광고 사전심의의 위헌판결**이 나고 그 업무가 **한국자율심의기구**로 이관된 것이다. 국제 경쟁력 차원에서 우리나라 크리에이터들이 스스로 전진하기를 꺼리는 안타

까운 모습을 본 것이 한두 번이 아니다. 보이지 않는 방해꾼으로 명성을 날리던 사전심의가 사후심의로 제자리를 찾아간 것이 우리나라 크리에이터들의 국제 경쟁력 진력에 도움이 되었다.

또한 IMF 사태를 기점으로 광고회사들의 아웃소싱 작업이 활발하게 이루어져 우리나라 고유의 CF 프로덕션 업무가 기존 감독 위주의 시스템에서 프로듀서 위주의 국제적인 표준 시스템으로 전환하는 계기도 만들어졌다. 이 시기의 영상 관련 자료에 대한 연표를 제시하면 다음과 같다.

연도	내용
2001	• 인천국제공항 개항 • 금융 및 건설사 광고 붐 • 방송광고심의 업무가 한국자율심의기구에 이관됨 • 공정거래위원회, 비교광고 기준 완화 • 9월 HDTV 방송 개시 • 휴대 전화 영상 전송 실시 • 음반 시장 10% 감소 및 MP3 음원 및 플레이어 시장 42% 성장 • 게임 시장 30% 이상 성장 • 한국영화 4천만 관객 돌파 • 광고주협회, 제1회 한국광고주대회 개최 • 서울 타이포그래피 비엔날레전 개최 • 우리나라 최초로 (사)한국광고영상제작사협회 〈영상연감〉 DVD 제작 • 광고계 최초로 세종문화 대표 윤석태, MBC-TV 프로그램 〈성공시대〉 출연 • 윤석태, 우리나라 최초의 영상작품 전시회인 〈윤석태 TV CF Q-30〉 및 『Q-30 작품집』 출판기념회를 프레스센터에서 개최
2002	• 3월 디지털 위성방송 개시 • 우리나라 월드컵 4강 진출 • 주5일 근무제 도입 • 이동통신 가입자 3천만 명, 초고속 인터넷 가입자 1천만 명 돌파 • 유통시장의 변화. 백화점 성장 둔화 및 할인점, 홈쇼핑 인터넷쇼핑 등 신유통채널 성장 • 국내 광고산업 6조 원 돌파 • 제일기획, 우리나라 최초로 단일 광고회사 취급액 1조 원 돌파 • 『조선일보』 『동아일보』 『중앙일보』, ABC공사 부수 공개 • 건설, 보험, 홈쇼핑 등 브랜드광고 증가

2003	• 광고시장의 변화. 4대 매체 4.8% 마이너스 성장, 케이블 TV와 인터넷 등 뉴미디어 35.3% 플러스 성장 • 광고인협회(AIA) 창립 • 지하철 노선에 METRO(5월), FOCUS(6월), AM7(11월)의 무가지 출현 • 영화 〈실미도〉 〈태극기 휘날리며〉 등으로 영화 관객 1천만 시대 도래 • 국내 유일의 온 · 오프라인 영상광고제 제1회 TV CF Award 탄생 • TV, 인터넷, 모바일 간의 온 · 오프 통합 캠페인 성행 • 한국광고영상박물관 자문위원 3명 및 자료선정위원 9명 위촉 - 자문위원: 신인섭, 이인구, 윤호섭 - 자료선정위원: 김명하, 박광순, 박수부, 양세민, 유충식, 이강우, 이기흥, 이영희, 이효일
2004	• 인터넷 가입자 3천만 명 돌파 • 일본에서 욘사마 열풍 • 드라마와 영화에 PPL 광고 급증 • 컴퓨터를 활용한 DTP(Desk Top Publishing) 붐 • 유튜브, 아프리카, 페이스북, 싸이월드, 블로그 등 1인 미디어 붐
2005	• 서울시에서 청계천 복원 • 이동멀티미디어방송 등장 • 빅 모델 아파트광고 대유행. 2005~2006년 사이에 97편 제작 • DMB 서비스로 이동 중에도 방송 수신 • 영상제작업계, 감독 시스템에서 PD 시스템으로 전환 • (사)한국모델에이전시협회 창립 • 북한 무용수 조명애, 이효리와 함께 삼성 휴대 전화 광고 출연 • 신세대 사이에서 Mr. Beauty, Ms. Strong 심화
2006	• 반기문 유엔사무총장 피선 • 수출 3천억 불 돌파 • 북한 핵실험 강행 • 휴대 전화 가입자 4천만 명 돌파 • 케이블 광고시장의 성장 및 OCN, tvN, KBS JOY 등 자체 콘텐츠 제작 • 우리나라 최초의 광고영상박물관 '뮤지엄-큐' 경주에 개관 • KOBACO, 잠실에 광고문화회관 개관
2007	• 제25차 아시아광고대회 제주에서 개최 • 뮤지엄-큐 주관으로 『한국영상광고의 역사』 편찬 및 DVD 제작 배포 • 방송위원회, 지상파 방송의 중간광고 허용범위 확대 • 온라인 광고비 1조 원 돌파. 전년 대비 30.9%p 성장 • 대부업 및 아파트 광고에서 유명 모델의 광고책임론 대두

2008	• 미국 쇠고기 파동으로 촛불집회 성행 • 원유 가격 1배럴당 100달러 돌파, 두 번째 석유파동 • 방송위원회 해체와 함께 방송통신위원회 출범 • 32년간 지속되어 온 영상광고 사전심의 위헌 판결 • 1981년 시행된 KOBACO 방송광고 독점판매, 헌법불합치 판결 • IPTV와 양방향 TV 광고 시대 개막 • 제1회 부산국제광고제 AD STARS 창설 • 김연아, 박태환, 최민호, 장미란, 추성훈 등 올림픽 스포츠 스타 모델의 각광 • 잠실 광고문화회관 내에 KOBACO '광고박물관' 개관
2009	• 미디어렙 경쟁 체제 돌입, KOBACO 방송광고독점판매 헌법불합치 판결 • 한국공익광고협의회 공익광고 한일공동캠페인 집행 • 월간 『광고정보』 7월호를 끝으로 KOBACO의 광고 전문지 종간
2010	• 페이스북, 트위터, me2day 등 소셜 네트워크를 활용한 비즈니스 증대 • 종합편성채널사업자 선정(조선일보, 동아일보, 매일경제신문, 연합뉴스, jtbc) • 광고시장 성장세. 우리나라 총 광고비 전년 대비 16.5%p 성장하여 8조 원대 진입. 인터넷광고와 케이블 TV 광고가 견인 역할 • 2010년을 기점으로 지상파 TV 시청률 하락 • 남성 광고모델, 여성의 지갑을 여는 새로운 남성 파워 부각 • 경주대학교 부설 한국영상광고박물관 '뮤지엄-큐' 휴관

8. 영상혁명과 1인 미디어 시대

20세기 미디어의 주역이었던 4대 매체는 2010년을 기점으로 하락해 마이너스 성장을 하게 되었고, 새롭게 부각되는 **뉴미디어**는 플러스 성장을 하게 되었다. 빅데이터, 가상현실, 인공지능 등 첨단 기술의 뉴미디어 접목은 소비자의 욕구 파악은 물론 제품 개발, 유통 혁신, 고객 확보에 이르기까지 마케팅 전략의 혁신을 이끄는 주체가 되었다.

이 가운데에서도 영상제작 분야는 하드웨어와 소프트웨어 분야 모두가 접근하기 어려운 분야로 상식화되어 있었으나 이를 180도 바꾸어 놓은 것이 바로 디지털 세계이다. 더욱이 1인 미디어의 활성화로 누구나 직접 만들 수 있고 송출할 수 있는 영상

환경으로 바꾸어 놓은 것 또한 디지털 미디어의 혁명이었다. 드론에 의한 공중촬영은 물론 휴대 전화에 의한 수중촬영까지도 영상제작 환경이 손쉽게 접근할 수 있는 무한대의 세계로 넓어졌다.

영상제작은 분야별로 세분화되어 최상의 품질을 추구하는 특수 전문가 집단과 누구나 참여할 수 있는 일반적인 영상으로 양분되어 영상수준에서도 빈익빈 부익부 현상이 일반화되었다. 특히 이동통신 가입자 4천만 명이라는 현실은 초고속 인터넷 가입자 1천만 명을 무색하게 하여 PC와 모바일 간의 소비시간 점유율도 달라졌다. 모바일 없이는 아무것도 할 수 없는 생활 환경으로 바뀌었다. PC와 모바일의 소비시간 점유율을 보면, PC 점유율은 2012년에 61.1%에서 2017년에 20.7%로 감소하였고, 모바일 점유율은 2012년 38.9%에서 2019년에 95%로 증가하였다. 이 시기의 영상 관련 자료에 대한 연표를 제시하면 다음과 같다.

연도	내용
2011	• Computer, Cyber, Chip, Card, Cable 속에 생활하는 변혁과 비판의 C세대 등장 • 고물가와 경기침체로 소비심리 둔화 • 소셜 네트워크 서비스의 확산 및 티몬, 쿠팡, 위메프, 그루폰 등 소셜 커머스 시장의 급성장
2012	• 2012 여수엑스포 성공적 개최 • 미디어렙 관련법 통과로 방송광고 판매 경쟁 본격화 • 지상파 TV의 완전한 디지털방송 전환, 방송시간 자율화 • SBS 미디어크리에이트 영업 개시, 방송광고 판매 경쟁 시대 진입 • 유튜브를 활용한 글로벌 히트곡 싸이의 〈강남스타일〉, 빌보드차트 2위 및 유튜브 동영상 1위 기록 • 주류광고 규제 강화, 옥외광고 금지, 24세 미만의 운동선수 및 연예인 출연 금지, 극장광고 제한 등
2013	• 광고시장의 정체 속에서 모바일 광고비 전년 대비 119%p, IPTV 광고비 61.7%p 성장 • 한국광고영상제작사협회(KCU), 광고제작 환경 개선방안에 관한 연구보고서 발간 • 경인방송 차인태의 〈명불허전〉 프로그램에 광고인 최초로 전 세종문화 대표 윤석태 출연
2014	• 세계 최대 규모의 3차원 비정형 건물 동대문디자인플라자 개장 • 세월호 참사 사건 발생 • 1인 콘텐츠 제작 시대 진입

	• 드론 시장의 급부상 • 간접 및 가상광고 시장 전년대비 150%p 성장 • 뮤지엄-큐 박물관장 윤석태, 제반 기자재 및 자료를 부산국제광고제 집행위원장 이의자에게 기증
2015	• 아동학대 방지책으로 어린이집 CCTV 설치 의무화 • 모바일 게임광고 치열한 빅스타 모델 경쟁: 차승원(레이븐), 이정재(고스트), 하정우(크로노 블레이드), 이병헌(이데아), 정우성(난투), 박보영(갓 오브 하이스쿨), AOA(영웅의 군단) 등 • 새롭게 부상한 웹드라마 〈신서유기〉 5,200만 뷰어 돌파 • On Demand Economy 서비스 시대 진입. 기존의 전자상거래 중심에서 차량, 숙박, 재능 공유 등 일상생활 전반으로 확산되는 서비스
2016	• 10월, 광화문 촛불집회와 덕수궁 태극기집회로 국민여론 양분화 • 1인 가구의 증가로 '혼족' 마케팅 다양화 • 부정청탁 및 금품수수 금지 법안인 「김영란법」 발효로 기업 마케팅 활동 크게 위축 • 사드(THAAD) 미사일 배치에 따른 중국의 전방위 보복으로 한류 콘텐츠 시장의 실적 악화
2017	• 보디라인을 자랑하는 레깅스(leggings) 패션 유행 • 『뉴욕타임스』가 발표한 #MeToo가 전 세계적으로 확산. 한국에도 영향을 미쳐 문화 및 스포츠계에 미투운동 확산 • PC와 모바일 소비시간 점유율에서 2017년부터 모바일 One Top 시대 진입
2018	• 2월, 평창동계올림픽 개최 • 남북 및 미북 정상회담 개최 • 최저임금 10.9% 인상 및 주52시간제 시행으로 고용 참사 초래 • 재활용 및 플라스틱 제품 대체 등 환경운동 확산 • 2013년에 데뷔한 방탄소년단(BTS) 빌보드 차트 1위 기록, 화관문화훈장 수상 • 공영방송의 중간광고 허용 • 제약, 화장품, 식품 등 서로 다른 업체의 이질 브랜드 간의 조합으로 새로운 이미지 창출 성행 • 펜타 카메라를 탑재한 스마트폰 LG V40 ThinkQ 출시. 후면에 초광각, 표준, 망원 그리고 전면에 표준과 광각까지 도합 5개의 렌즈 장착
2019	• 2월, 북미정상회담에서 트럼프, 김정은 간의 하노이 북핵 담판 결렬 • 우리나라 경상수지 7년 만에 6억 6천만 달러 적자 • BTS, 한국인 최초로 빌보드 뮤직어워드 2019 본상 수상, 2관왕 기록 • 봉준호 감독의 〈기생충〉, 우리나라 최초로 칸영화제 황금종려상 수상 • 인공지능(AI)과 사물인터넷 IoT의 결합 성행 • SKT, KT, LGU$^+$ 듣는 것에서 보고 듣는 AI 스피커 등장 • '고향의 맛 다시다'의 주인공 탤런트 김혜자, 치매노인의 이야기 〈눈이 부시게〉로 백상예술대상 대상 수상 • 6월 30일, 판문점에서 남북미 정상 트럼프, 문재인, 김정은 첫 3자 회동

9. 마치며

지금까지 우리나라 영상제작의 역사를 연표로 정리해 보았다. 이 기록은 철저히 현장의 경험을 바탕으로 정리한 것이다. 화가가 되겠다는 일념으로 선친의 뜻을 저버리고 1957년 홀로 상경하여 서라벌예술대학교 회화과 장학생으로 입교한 이후, 디자인 아르바이트 생활 10년, 광고대행사 만보사에 입사해 크리에이터로서 보낸 10년 그리고 마흔한 살에 영상광고제작사 '세종문화'를 설립해 영상감독으로 보낸 23년, 현역에서 은퇴하면서 광고영상박물관을 건립하고 경주대학교의 석좌교수로 보낸 10년이 이력의 전부인 필자가 영상광고에 대한 관심을 연표의 흐름으로 정리한 사랑의 기록이다.

시대의 흐름을 거역할 수 없었던 1930년대 출생자들은 어쩌면 가장 혹독한 역사의 소용돌이 속에서 삶을 이어 오지 않았나 싶다. 우리말을 두고서도 일본어를 배워야 했던 식민지 시대의 신민으로 출발하더니, 그 후에는 6 · 25 전쟁 속에서, 4 · 19 민주주의 혁명의 주역으로, 5 · 16 군사정변의 암흑 속을 몸으로 헤쳐 왔다. 광고를 위한 4대 매체의 전성기가 열리던 1960년대에 광고인으로 입문해 4대 매체의 위력이 약화되고 멀티미디어가 등장하는 21세기에 들어서자 현장을 떠난 필자는 어떻게 보면 행운의 광고인이 아니었나 싶다.

이 장에서 서술한 영상제작에 대한 종합 연표가 관심 있는 학자들의 연구 활동에 도움이 되었으면 한다. 그리고 지금까지 서술한 연표 기록, 특히 필자가 현업에서 떠난 이후의 기록들에 관하여는 부족한 부분이 많을 것으로 생각한다. 앞으로 광고사 연구자들이 종합 연표를 추가로 기록하고 보완하는 작업을 지속적으로 수행해 주기를 진심으로 기대한다. ■

제4장

광고와 미디어렙의 변천

전영범(한국방송광고진흥공사 대외협력팀장)

1. 미디어렙 제도의 의의와 공영 미디어렙의 태동
2. 한국 공영 미디어렙 체제의 발전
3. 다매체 시대에 공영 미디어렙이 직면한 도전
4. 미디어 다변화와 신유형 광고에 따른 미디어렙의 진화
5. 미디어렙을 둘러싼 정책 과제
6. 마치며

◈◇◈

광고는 산업적인 측면에서 다양한 거래주체가 있다. 크게 광고주, 광고회사, 매체사, 렙사로 대별해 볼 수 있고 이들이 유무형의 서비스를 상호 제공하고 대가를 지불하는 구조로 산업생태계가 조성되어 있다고 하겠다. 미디어렙은 넓게는 매체사(방송, 신문, 인터넷 등)를 대신해 광고 수주 및 영업과 관련된 일체의 행위를 하는 거래의 주체라고 하겠으나, 일반적으로 사용되는 협의의 개념으로는 방송사를 대신해 광고의 판매 및 광고거래 관련 서비스를 제공하고 매체사의 재원을 조달해 주는 회사를 말한다. 이 장에서는 후자의 개념을 중심으로 논의하고 공영 미디어렙인 한국방송광고진흥공사의 역할과 변천과정을 통해 미디어렙의 역할과 제기된 이슈, 향후의 논의 과제를 살펴보고자 한다.

1. 미디어렙 제도의 의의와 공영 미디어렙의 태동

미디어렙(media representative)은 광고주 대신 광고를 판매하는 방송광고 판매대행사로 방송사의 위탁을 받아 광고주에게 광고를 판매해 주는 회사를 말한다. 매체사로서는 판매를 아웃소싱함으로써 제작에 전념할 수 있는 여건을 만들어 주고 광고주에게는 시장에 대한 전문적인 서비스를 제공해 줌으로써 세계적으로 통용되고 있는 제도라 하겠다. 편성과 제작, 광고영업의 분리를 통해 저널리즘의 건강성을 지켜주고 광고산업의 분화와 성장을 촉진하는 측면이 있다. 이런 형태의 대행 체제는 방송사가 광고수주를 위해 광고주에게 압력을 가하거나 자본가인 광고주가 광고라는 중요한 제작 재원의 공급자로서 방송사에 영향력을 행사하지 못하도록 하는 자본으로부터의 언론의 독립성 확보 측면에서도 장점이 크다.

한국의 TV 방송의 상업광고는 1964년 12월 7일 TBC-TV, 1969년 8월 8일 MBC-TV가 민영방송으로 개국해 경쟁을 시작하면서 본격화되었다. 공영방송 KBS와 시청률 경쟁이 시작되고 방송이 대표적인 마케팅 매체로 활용되기 시작한 것이다. 1970년대의 방송광고시장 규모를 보면, 광고주 600여 개에 광고회사는 제일기획, 연합광고, 오리콤의 3개 사가 방송광고 대행을 주도하였다. 당시 민영상업방송은 매년 고비율의 광고판매 목표 달성을 위해 경쟁했으며, 방송광고 요금도 1974년 92%, 1975년 40%, 1977년 90.5%, 1978년 48% 등 매년 평균 40% 이상 인상되고 있는 상황이었다.

이러한 상황에서 한국방송광고공사(2012년 민영 미디어렙 설립 이래는 한국방송광고진흥공사, 이하 KOBACO)가 1981년 설립[1] 이래 지상파 방송, 즉 전국의 TV와 라디오의 방송광고를 방송사를 대신하여 광고를 판매해 왔다.

당시 KOBACO 설립의 가장 큰 목적은 방송사들의 직접 광고영업에 따른 부작용을 해소한다는 것이었다. 당시 직접 광고영업에 따른 부작용으로 거론된 것들은 방송사들의 수익 극대화를 위한 광고료 대폭 인상, 광고주 유치를 위한 시청률 경쟁과 그로 인한 방송의 질 하락, 당시로서는 절대적으로 희소했던 광고판매의 불공정거래 행위, 대행사 인증의 임의성으로 인한 특혜논란과 같은 것이었다. 희소한 전파 자원인 지상파 방송의 독과점적 지위에 따라 매스 마케팅 수단이 다원화되지 않았던 당시에는 일정한 규제가 불가피한 상황이라고 하겠다.

「방송광고공사법」이 시행됨에 따라 국내 각 방송사는 광고공사가 위탁하는 방송광고물 외에는 광고방송을 할 수 없게 되었고, 이때부터 KOBACO는 방송시간대별 시급, 광고요금 결정, 광고 판매 및 수금, 방송광고물 운행 등 방송사가 하던 광고영업과 관련된 일체의 업무를 맡았다.

방송광고를 원하는 광고주 혹은 광고주로부터 광고시간 매입 업무를 위탁받은 광

1 「한국방송광고공사법」이 1980년 12월 19일 국회 본회의를 통과하여 방송사의 직접영업을 배제하는 공영 미디어렙 체제의 골간이 마련되었고, 이후 1981년 1월 20일 한국방송광고진흥공사가 설립되었다.

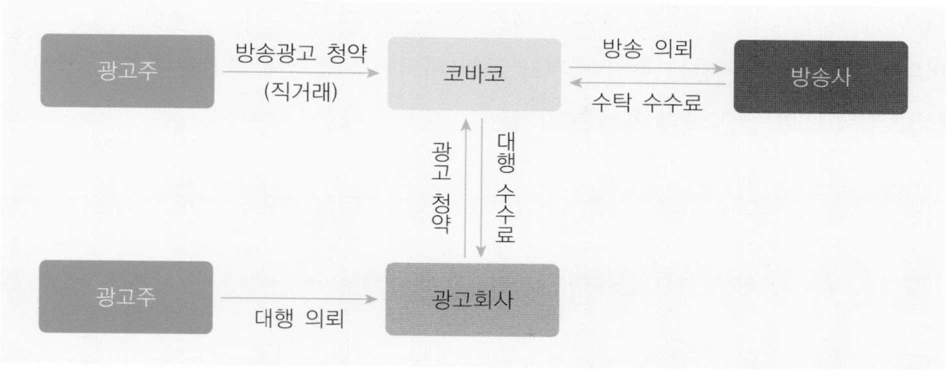

[그림 4-1] 미디어렙 체제의 광고영업 체계도

고회사는 개별 방송사에 광고청약을 할 필요 없이 KOBACO에 원하는 방송사와 원하는 광고의 청약을 할 수 있다. 광고주는 직거래 형식으로 KOBACO에 직접 광고 청약을 할 수 있고, **미디어 바잉**(media buying) 업무를 대행하는 광고회사를 통해 광고를 구매할 수도 있다. KOBACO는 광고주와 광고회사로부터 받은 광고청약을 토대로 방송사에 광고 의뢰를 하게 된다. 그리고 이에 대한 대가로 수탁 수수료(광고비

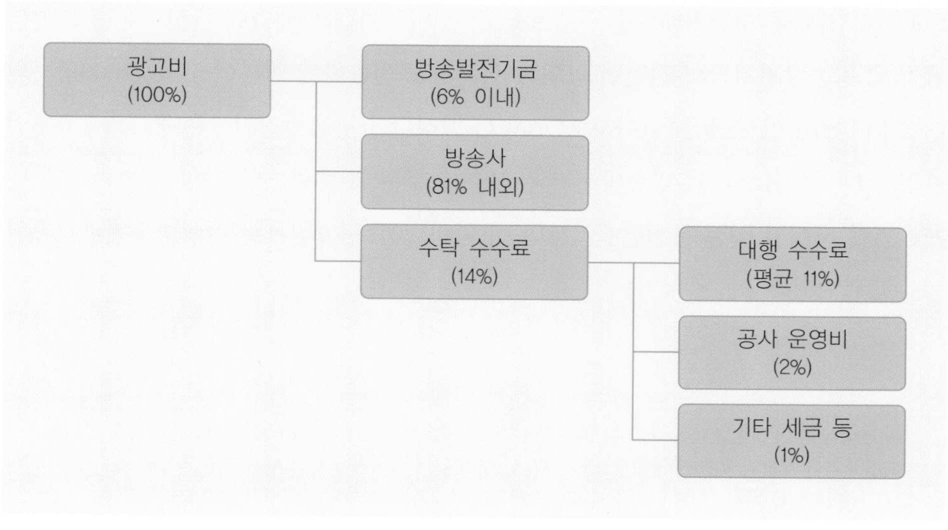

[그림 4-2] 미디어렙 체제의 방송광고비 배분 체계

의 20%)를 받고, 광고회사는 광고 대행의 대가로 KOBACO로부터 대행 수수료[광고비의 11.2%(평균)]를 받는 수익 체계가 공영 미디어렙 운영의 골간이다. 방송광고비는 [그림 4-2]와 같은 배분 체계를 가지고 있다.

2. 한국 공영 미디어렙 체제의 발전

공영 미디어렙은 1980년대 우리 경제 활황의 바탕인 3저 호황[2]과 1986년 서울 아시안게임, 1988년 서울올림픽[3]과 같은 스포츠 빅 이벤트가 방송미디어의 영향력을 확대함으로써 매출의 급증과 함께 그 위상을 공고히 할 수 있었다.

1) 방송사 재원조달의 안정화 및 방송발전기금 조성

한국의 지상파 방송은 1981년 KOBACO 창사 이래 2공영 체제에서 1990년 민영방송인 SBS의 출범으로 2공영 1민영 체제를 근간으로 유지되어 왔다. 당시는 방송의 독과점적 지위와 시장지배력을 근간으로 공영 미디어렙의 매출이 급신장세를 보이면서 현재 방송발전기금의 전신인 공익자금 조성도 원활하게 이루어졌다.[4] 2000년 3월 13일부터 2010년 12월 31일까지 KOBACO가 징수한 방송발전기금은 총 1조 1,095억여 원이다. KOBACO의 방송발전기금 징수 업무는 2010년 3월 22일 제정하고 동년 9월 23일 시행된 「방송통신발전기본법」에 따라 2011년 1월 1일부터 방송전파진흥원으로 이관되었다.

---

2 1980년대 우리 경제가 활력을 찾을 수 있었던 배경으로 저유가, 저금리, 저달러화를 일컫는다.

3 서울올림픽이 개최된 1988년 국내광고비는 약 3,000억 원이 급증하고 KOBACO 매출 규모는 총 1조 2,600억 원에 달하였다. 올림픽은 국내 기업들에게는 브랜드의 국제화, 세계화의 모멘텀이 되기도 하였다.

4 KOBACO가 1981년부터 조성 · 운영해 왔던 공익자금이 2000년 3월 13일 「통합방송법」의 공포 · 시행에 따라 방송발전기금으로 전환되었다.

2) 공익캠페인의 전개

KOBACO는 1981년 12월 5일 4시 40분 KBS2 TV를 통해 한국 최초의 **공익광고**인 '저축' 편을 제작 · 방영하였다. KOBACO는 설득 커뮤니케이션을 통한 공공캠페인으로서 공익광고를 정착시켜 국민들의 의식 제고에 기여하였다. 또한 매년 공익광고를 현상공모해 오던 것을 2001년 캠페인 20주년을 맞아 '대한민국공익광고대상'으로 전환하고 상금이나 규모를 확대한 바 있다. 2009년부터는 '대한민국공익광고제' 형식으로 광화문 일대에 전시 공간을 마련하는 등 시민참여 확대를 꾀한 바 있다.

3) 광고산업의 인프라 확충

KOBACO는 서울시 송파구에 소재한 광고문화회관을 통해 광고 관련 단체의 입주 공간을 확보하고 광고교육원 운영을 통해 광고계 인적 자원 배출에도 기여하고 있다. 또한 업계에 IT 인프라를 제공함으로써 방송광고 거래의 선진화에도 기여하였다. 방송광고 소재의 전송 시스템인 KODEX 및 전자상거래 시스템 KOBAnet[5]은 업계 공용 인프라로 활용되고 있다.

3. 다매체 시대에 공영 미디어렙이 직면한 도전

1) 미디어산업의 지형 변화

1995년 3월 1일 케이블 TV 출범, 2002년 3월 1일 위성 TV 출범으로 본격화된 다

5 방송광고영업 전자상거래 시스템으로, 방송사, 광고회사 등 방송광고 거래 주체들은 이 KOBAnet 시스템을 통해 방송광고의 청약과 운행, 판매와 구매, 편성 정보 검색, 매출 자료 조회 등 방송광고 거래 관련 제반 업무를 인터넷상에서 수행할 수 있다.

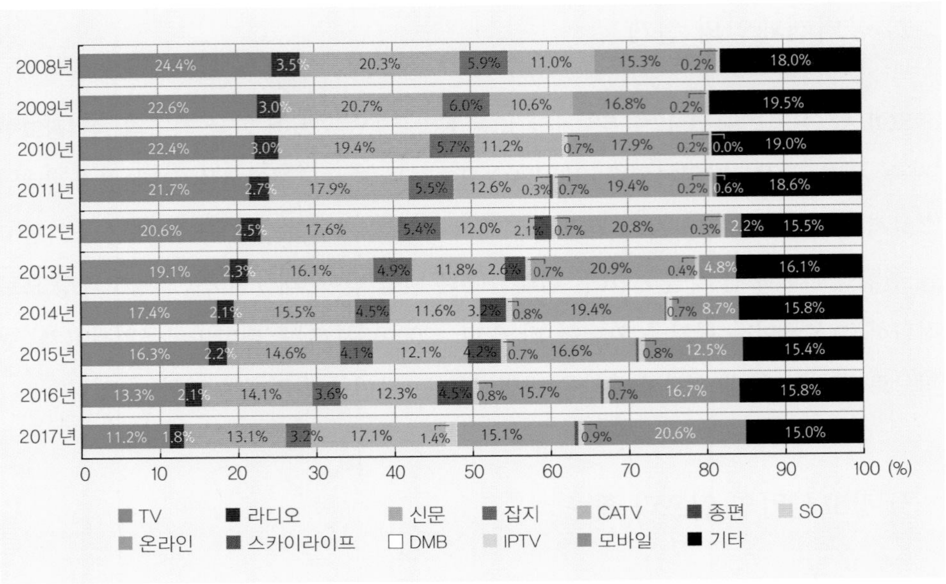

[그림 4-3] 4대 매체 및 뉴미디어광고 매출구성비 변화

* 2017년 종편 광고비는 CATV에 포함해 산출함.
출처: 한국방송광고진흥공사 홈페이지.

매체 시대는 지상파 방송의 독과점적 지위에 상당한 영향을 미쳤다. 또한 [그림 4-3]에서 보듯이, 전통적인 4대 매체인 지상파 TV, 라디오, 신문, 잡지의 약세 및 인터넷 모바일을 포함한 **뉴미디어**의 약진은 미디어산업 전체의 지형을 변화시켰다.

2) 독점 공영 미디어렙에 요구된 도전과 변화

독점 **공영렙**으로 출범한 KOBACO가 직면했던 도전은 크게 두 가지 관점에서 논의해 볼 수 있다. 첫째는 정부의 정책기조 변화에 따른 정책적 변화 요구이고, 둘째는 다매체 환경에 따른 지상파 방송사의 입지 변화와 그에 따른 산업적인 요인이다.

국내 공영 미디어렙 체제는 기본적으로 2공영방송(KBS, MBC)을 주축으로 형성된 방송 제도의 하부 구조적인 성격이 컸다. 희소한 전파 자원에 대한 공적 개념이 강조되었기에 방송시장이 다원화된 미국과 일본의 모델과는 애초에 다르게 출발하였다. 이러한 공영방송 체제하에서 공영 미디어렙의 기능과 역할은 대기업 자본으로부터 방송의 제작과 편성을 보호하고 중소기업의 광고기회를 넓혀 주고 과도한 시청률 경쟁으로 인한 방송의 상업성과 선정성을 방지함으로써 방송의 공공성을 확보한다는 취지로 유지되어 왔다.

또한 공기업에 의해 방송광고 요금이 관리됨으로써 수익 논리에 매몰되지 않고 광고요금을 적정 수준으로 유지하는 측면도 있었다. 이는 일정 부분 광고주와 방송사의 효율적인 광고거래를 촉진하여 방송광고시장에 활력을 불어넣는 데에는 한계점으로 작용할 수도 있다는 비판이 제기되었지만, 공영방송의 상업성을 제어하는 장치로 긍정적인 역할을 해 왔다고 하겠다.

여기에 더해 불투명한 거래질서를 개선해, 지상파 방송사들의 경우 광고 유치 경쟁에 소요되는 영업 인력과 비용을 방송 제작 및 편성에 집중함으로써 양질의 프로그램 제작에 전념할 수 있는 계기로 작용한 점도 있다. 그러나 다매체 시대의 전개와 정부의 정책기조 변화는 KOBACO의 독점적 지위 대신 산업 활성화에 무게를 싣게 되었다.

이명박 정부 출범 이후 방송 정책의 재검토가 본격적으로 이루어졌고 시장원리 도입을 기조로 한 정책의 변화가 감지되었다. 방송의 전통적인 공공성을 위해서는 일정한 규제가 불가피하다는 입장의 '**공공론**'과 산업의 활성화를 통해 전체 시장을 키워야 한다는 논리로 미디어렙 제도에도 경쟁 체제를 도입해야 한다는 '**산업론**'이 대립하는 양상을 보였다.

KOBACO의 방송광고 영업권 독점에 대해서도 방송사의 지나친 이윤추구와 광고주의 광고시장 지배에 대한 제재를 통한 방송의 공익성 확보를 명분으로 합리화하고 있다는 측면에서 정책적 재검토가 이루어지게 되었다. 이로 인해 방송광고 영업의 자유시장 경쟁 체제로의 전환이 필요하다는 쪽에 무게가 실렸다.

KOBACO가 창사 이래 **전파의 공개념**을 바탕으로 전파 수익의 사회 환원과 방송의 공공성을 제고하고 방송광고 거래질서를 확립하는 등 긍정적 기능을 수행해 온 것은

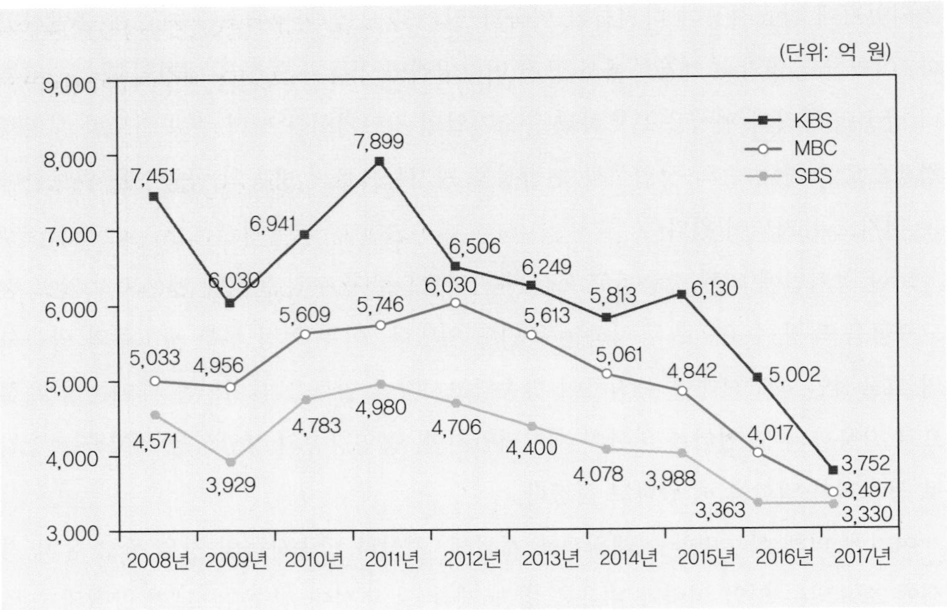

[그림 4-4] 최근 10년간 TV 3사 매출 변화

출처: 한국방송광고진흥공사 홈페이지.

사실이다. 따라서 미디어렙이 시장 논리에 치중한 자유경쟁 체제로 돌입할 경우 이러한 방송의 공공성 개념을 지키기 어려워질 것이라는 점도 무시할 수 없는 사실이다. 이러한 상황에서 2008년 헌법재판소의 헌법불합치 판정은 공영 미디어렙 체제의 전환을 법적으로 강제하는 판결이었다.

이러한 정책기조의 변화 속에서 KOBACO가 대행한 주요 매체인 지상파 방송의 확연한 감소세는 산업적인 변화에 대응할 것을 요구하고 있었다. 2002년 지상파 방송의 광고 매출은 2조 7,000억 원에서 계속 하락세로 돌아서서 2016년 1조 7,000억 원, 2017년 1조 5,500억 원을 기록하였다. 현재도 인터넷 모바일 강세와 케이블 TV 개별 PP들의 약진이 돋보이는 상황에서 이러한 기조는 큰 변화를 기대하기 힘들어 보인다.

지상파 방송은 그동안 전파 자원의 희소성과 매체의 독과점적 지위로 상당 부분 재원조달에 별다른 애로 사항 없이 KOBACO 체제와 선순환적인 미디어 생태계 내에 착근할 수 있었다. 나아가 독점 공영 미디어렙, KOBACO 체제는 이익잉여가 일정 부분 중소방송에 전이되어 전체 미디어 생태계의 건강한 발전을 견인하는 역할도 하였다고 할 수 있다.

또한 상당한 재원이 한류 콘텐츠 제작에 투여할 수 있는 여건을 조성함으로써 한국 방송 콘텐츠의 국제 경쟁력 강화에도 일조하였다고 하겠다. 그러나 [그림 4-4]에서 보듯이 TV 3사의 매출이 급전직하인 상황은 미디어렙사인 KOBACO의 원활한 재원조달을 어렵게 했고, 이에 따른 불만 요인이 자연스럽게 제기되고 있다. 물론 다매체 환경에 따른 광고 재원의 고갈, 지상파 시청률의 급락에 따른 불가피한 상황 논리가 있다. 이런 상황에서 미디어렙에 부과된 도전은 한국의 방송산업과 양대 공영방송에 부과된 도전이기도 하다.

3) 헌법불합치 판결[6]과 경쟁 미디어렙 도입 논의

그러나 KOBACO의 방송광고 영업권 독점이 민간에 진입장벽을 조성하고 영업의 자유를 침해할 수 있다는 취지의 헌법불합치 판정은 방송의 공공성을 부정하거나 KOBACO의 역할에 대한 의문을 제기하는 것은 아니었다. 따라서 정책적으로 KOBACO의 위상을 재정립함과 동시에 경쟁 미디어렙 구도를 구현시켜야 하는 상황이 발생하였다. 헌재 판결의 함의는 〈표 4-1〉과 같이 정리할 수 있다. 판매 형태나 공 · 민영렙의 설립 형태에 대한 다양한 층위의 논의와 이해관계의 조정이 시급한 과제로 대두된 것이다.

헌법불합치 판결 내용을 살펴보면, 헌법재판소는 현행 '방송광고판매대행제한제도'의 위헌을 지적하면서도 '위탁강제 제도의 정당성', 즉 독립적 미디어렙의 필요성과 효용성을 인정하였다. 또한 헌재는 복수 미디어렙에 의한 실질적 경쟁 체제의 도

---

6 2008년 11월 27일, 헌법재판소는 1981년부터 한국방송광고공사가 지상파 광고영업을 독점 대행하는 것은 「헌법」에 불합치하다고 판결하였다(사건번호: 2006헌마352).

표 4-1 2008년 헌법재판소 결정의 함의

고려 요인	헌재 판결의 요지	기타 고려 요인
방송광고 판매 형태	• 독립적 미디어렙의 필요성과 효용성 강조 • 위탁강제 제도의 정당성 인정	
경쟁구도 (공/민영)	• 제한적 경쟁 체제 도입을 골간으로 하는 현행 제도의 정당성 인정 • 미디어렙의 성격(공 · 민영)이나 공적 자금 투자 여부와 무관하게 복수 미디어렙에 의한 실질적 경쟁관계, 공공성 및 다양성 제고를 위한 실질적 제도 마련 요구 • 공 · 민영 구분의 필요성에 관해서는 구체적으로 언급하지 않고 있음	적절한 경쟁 유형이 무엇인가에 관한 정책적 판단(방송구조, 미디어렙 시장 상황, 해외사례, 시장충격 최소화 방안 등 고려) 필요
미디어렙 허가	• 허가제를 기본으로 사전 · 사후 규제를 통한 제한	
소유제한	• 구체적으로 언급하고 있지 않음	위탁강제 제도의 정당성을 감안할 때 직접판매 또는 자회사 형태의 제한이 필요하고, 적절한 소유제한 수준에 관한 사회적 논의와 정책적 판단 필요
취약매체 지원방안	• '끼워팔기'로 인한 비효율의 문제점 지적 • 경쟁 체제 도입 시 공익성 확보방안으로 '중소방송사에 대한 광고판매 대행 할당'을 대안으로 제시	기존의 방식을 유지할지, 새로운 방식과 혼합할지에 관한 사회적 논의와 정책적 판단 필요

* 헌재 결정문을 분석하여 정리함.

입을 요구하면서도 방송의 공공성과 공익성 담보를 위한 다양한 방안을 제시하였다.

헌재는 방송광고 판매 제도 개선을 위한 기본 방향으로 첫째, 헌법불합치 요소 해소, 둘째, 방송의 공익성과 시장원리의 조화를 위한 정책적 검토가 요구됨을 적시하였다. 특히 방송광고 판매 제도의 변화는 방송광고의 상위 체계인 당시의 방송 구조와 연동하여 진행하는 것이 타당하며, 동시에 국내 방송산업 재원 구조의 정상화라는 맥락에서 논의될 필요가 있다고 보았다.

따라서 적절한 경쟁 유형이 무엇인지에 대해서는 현행 방송 구조, 방송산업 재원 구조, 미디어렙 시장 규모, 해외 사례, 제도 변화를 통한 시장충격 최소화 및 매체

간 균형 발전 등을 고려한 사회적 논의와 정책적 판단이 요구되는 상황이었다.

2008년 당시 지상파 방송 구도는 2공영 1민영 체제하에서 국내 공영방송 및 방송산업의 재원 구조, 해외 사례, 미디어렙의 시장 규모, 시장충격 최소화 및 광고취약매체 지원 등을 고려하는 정책적 판단도 필요한 상황이었다. 당시 이해관계자별로 상이한 입장이 있었으나 대체로 〈표 4-2〉와 같이 정리할 수 있다.

당시 국회의 입법 논의도 활발히 이루어져 총 6개의 관련 법안이 발의되어 결론을 도출해야 하는 상황이었다. 헌재의 위헌 판결 이전까지의 주무부처인 문화관광부의 입장은 정부 방침에 따라 「방송광고 판매대행 등에 관한 법률(안)」의 제정을 추진하면서부터 경쟁 미디어렙의 도입과 관련해 '적절한 시기에 제한적 경쟁 체제로 도입

표 4-2 헌재 판결 당시 방송광고 판매 제도에 대한 이해관계자들의 입장

주요 주장	당사자	내용
KOBACO 체제 유지	EBS, 지역·종교 방송사, 언론노조, 시민단체	재정 구조가 취약한 중소방송사들의 재원 마련을 위해 유효한 제도인 KOBACO 체제의 변화는 극한의 시청률 경쟁을 유발할 수 있음. 또한 방송사와 광고주 간의 일정 거리를 유지해 자본과 언론의 결탁 상황을 방지해야 함
완전경쟁	외국계 광고회사	효율적 광고전략 실행에 KOBACO 체제가 일정 부분 제한적인 면이 있음
	광고주	방송사와 광고주 간의 자율적 광고 거래를 완곡하게 지지
	MBC(서울), SBS	새로운 민영 미디어렙 도입으로 완전경쟁 체제의 정립을 원함
제한경쟁	중소광고회사	완전경쟁 체제 도입 시 대규모 광고대행사의 시장독점화 현상이 우려됨
	KBS	완전경쟁 체제의 경우 과당 경쟁과 시청률 경쟁 등이 우려되어 제한경쟁 체제인 1공영 1민영 미디어렙 제도가 바람직
	KOBACO	방송 제도가 공영적이기 때문에 하부 구조인 방송광고 판매 제도 또한 제한적 경쟁 체제를 지향함이 바람직
	시민단체	방송의 공공성, 시청자의 권리를 해치지 않는 범위에서 제한적 경쟁 체제 찬성

* 당시 보도 내용을 분석하고 관련자 의견을 청취하여 정리함.

하자'는 기본 입장을 견지해 왔다. 또한 시장거래질서의 측면에서 공정거래위원회와 총리실 산하 규제개혁위원회 등도 경쟁 미디어렙 체제 도입에 긍정적인 입장이었다. 이러한 입장은 2004년에 코바코의 독점 해소가 '참여정부 100대 개혁 과제' 가운데 하나로 선정되면서 참여정부의 공식적 입장으로 확인되었다. 이러한 정부 측 입장에 따라 입법의 주체인 국회에서는 소관 상임위원회 국회의원들을 중심으로 법안이 활발히 발의되고 논의가 전개되었다.

당시 야당인 한나라당과 여당인 열린우리당은 공식적인 당론을 정하지 않은 상황에서 대표법안 발의자를 정하지 않고 백가쟁명식의 논의가 전개되었다. 논의의 두 축은 산업 활성화를 위해 경쟁 미디어렙을 조속히 도입하되 경쟁의 형태는 여야가 합의를 해야 한다는 측과, 중소방송사의 재원고갈과 그에 따른 미디어산업 생태계의 황폐화를 우려하며 유보적인 입장을 표하는 측이었다. 당시 여당이었던 열린우리당은 지역 및 종교 방송사들과 언론 및 시민 단체의 입장을 지지하였다.

2005년에 통합민주당 손봉숙 의원과 한나라당 정병국 의원이 각각 「방송광고 판매 등에 관한 법률(안)」을 제출했을 당시 열린우리당 이광철 의원은 "현재는 지상파 방송의 공익성에 필요한 물적 토대를 KOBACO에 의존하고 있는 상황"이라며 "아무런 안전장치 없이 민영 미디어렙을 도입한다는 것은 방송의 공공 서비스 체제를 시장경제 체제로 전환시킴을 의미하며, 따라서 현행 제도의 유지가 필요하다."라고 지적하였다. 또한 전병헌 의원은 "방송의 보편적 서비스를 제공하고 있는 지상파 방송의 공공성이 위협받을 수 있다."라는 이유로 이에 대해 반대 의사를 밝힌 바도 있다(프레시안, 2006. 10. 23.).

결과적으로 한선교, 김창수, 이용경, 진성호, 전병헌, 이정현 의원의 총 6명의 국회의원이 미디어렙 관련 법안을 발의했고, 언론개혁시민연대 등 시민단체에서도 법안을 발의하였다. 「방송광고 판매대행 등에 관한 법률안」을 발의한 이용경, 전병헌, 진성호, 김창수 의원 등은 2005년 정병국 의원의 안을 수정 및 개선한 형태로 발의하였으며, 한선교, 이정현 의원 등은 「방송법 개정안」으로 이를 반영하였다.

구체적으로 한선교 의원안, 전병헌 의원안 그리고 이정현 의원안은 1공영 다민영의 완전경쟁 체제 도입을 주장하고 있고, 김창수 의원안과 이용경 의원안은 1공영 1민영의 제한경쟁 체제 도입이 골자이다. 진성호 의원안은 3년간 한시적으로 1공영 1민영의 제한경쟁 체제를 도입할 것을 주장하였다.

구 KOBACO 체제의 유지와 관련해서도 다양한 제언이 있었다. KOBACO 체제의 유지를 골자로 하는 이용경 의원의 발의 법안은 「한국방송광고공사법 일부 개정안」에서 KOBACO의 설립 목적을 그대로 유지하며, 공사의 법인을 정부가 전액 출자(자본금 3,000억 원)하자는 것이었다.

KOBACO 폐지를 전제로 한 안은 새로운 공영 미디어렙 설립을 제안했으나 그 명칭은 대동소이하였다. 한국광고공사(김창수 의원안), 한국방송광고대행공사(한선교 의원안과 진성호 의원안), 한국광고진흥공사(이정현 의원안)로 변경하자는 안들이 각각 제기된 바 있다.

또한 「한국방송광고공사법」의 존속 여부에 대해서는 「한국방송광고공사법」의 대체 입법의 형태로 방송광고의 판매에 관한 법률을 제정하자는 안(전병헌, 진성호, 김창수 의원의 안)과 이를 폐지하고 방송법의 개정을 통해 경쟁 미디어렙 체제를 규정하자는 안(한선교, 이정현 의원의 안)이 팽팽히 대립하는 형국이었다.

법안 논의의 핵심 중의 하나는 MBC 방송사로서의 정체성에 관한 것이었다. 공영과 민영의 성격을 동시에 갖고 있는 MBC에 대해서도 공영 미디어렙의 판매 매체에 MBC를 포함시키자는 방안(김창수, 진성호 의원안)과 MBC를 제외하고 KBS와 EBS만으로 한정하자는 방안(한선교 의원안)이 각각 제시되었기에 입법 시 상당한 진통이 따랐다.

〈표 4-3〉에 따르면, 각 발의 법안은 크게 1공영 1민영의 제한경쟁 체제를 제안하는 법안, 1공영 다민영으로 경쟁의 수위를 대폭 높여서 **완전경쟁** 체제 도입을 주장하는 법안, 또한 일정한 유예 기간(3년)을 두고 1공영 1민영의 한시적 **제한경쟁** 체제를 도입하자는 법안으로 구분해 볼 수 있다.

결과적으로 법안은 1공영 1민영의 미디어렙 체제로 귀착되었다. 그 결과, 2012년 5월 새로운 **공영 미디어렙**인 한국방송광고진흥공사가 자본금 3,000억 원을 정부가

표 4-3 미디어렙 제도 관련 법률안 비교

구분	한선교 의원안	김창수 의원안	이용경 의원안	진성호 의원안	전병헌 의원안	이정현 의원안
경쟁유형	완정경쟁 (1공영 다민영)	제한경쟁 (1공영 1민영)	제한경쟁 (1공영 1민영) 공민영 교차판매	한시적 제한경쟁 (3년간, 1공영 1민영)	완전경쟁 (1공영 다민영)	완전경쟁 (1공영 다민영)
공영 미디어렙과 한국방송 광고공사	한국방송 광고공사 폐지, 한국방송 광고 대행 공사 설립 (정부 출자 100%, KBS, EBS)	한국방송 광고공사 폐지, 한국광고 공사 설립 (정부 출자 100%, KBS, MBC, EBS 및 타매체)	한국방송 광고공사 유지 (판매 대행 매체 미지정)	한국방송 광고공사 폐지, 한국방송 광고 대행 공사 설립 (정부 출자 100%, KBS, EBS)	한국방송 광고공사 폐지, 한국방송 광고판매 대행공사 설립 (정부 출자 100%, 판매 대행 매체 미지정)	한국방송 광고공사 폐지, 한국방송 광고진흥 공사 설립 (정부 출자 100%, 판매 대행 매체 미지정)

출처: 국회 홈페이지에 게재된 발의 법안 내용 분석.

전액 출자한 형태의 공기업으로서의 역할을 수행하는 법적 근거가 되었다.

이후 지상파 방송에 대한 민영 미디어렙으로 SBS를 대행하는 ㈜미디어그리에이트가 허가미디어렙으로 출범하였다. 한편, 헌법재판소는 기존 KOBACO 체제의 핵심 기능인 광고취약매체 지원 방안과 '끼워 팔기'로 인한 비효율을 지적하면서도 다른 한편으로 경쟁 체제 도입 시 '중소방송국에 대한 연계판매'를 공익성 확보를 위한 하나의 대안으로 제시한 바 있었다. 따라서 현재는 '연계판매' 형식으로 중소방송사에 대한 일정액을 '정률제' 형식으로 지원토록 강제하고 있다. **방송통신위원회**는 '미디어균형발전위원회'를 운영하며 결합판매에 관한 제반 사항을 관리 · 감독하고 있다.

4. 미디어 다변화와 신유형 광고에 따른 미디어렙의 진화

미디어의 다변화는 공영 미디어렙의 광고 수주액의 급격한 하락 요인으로 작용하고 있다. 이런 상황은 〈표 4-4〉의 KOBACO 거래 광고주 수의 감소를 통해서도 확인할 수 있다. 광고주 수의 급격한 감소는 공영 미디어렙으로서 KOBACO가 방송사의 원활한 재원조달을 포함해 보편적인 서비스를 수행하는 데 있어서 상당한 제한점으로 작용한다고 하겠다.

한편으로 기술 발전에 따른 광고 유형의 다변화는 공영 미디어렙의 대광고주 서비

표 4-3 KOBACO 취급 총 광고주 수의 변화

연도	광고주	TV, 라디오	DMB
1996	8,049	8,019	
1997	8,251	8,251	
1998	6,785	6,785	
1999	7,064	7,064	
2000	7,090	7,090	
2001	6,770	6,770	
2002	7,148	7,148	
2003	6,693	6,693	
2004	5,762	5,762	
2005	5,071	5,071	
2006	4,916	4,803	114
2007	4,916	4,803	241
2008	4,889	4,676	214
2009	4,739	4,442	297

2010	4,763	4,338	425
2011	4,739	4,414	325
2012	4,398	4,319	79
2013	3,687	3,648	39
2014	3,699	3,638	61
2015	3,958	3,917	41
2016	3,850	3,818	32
2017	3,438	3,411	27

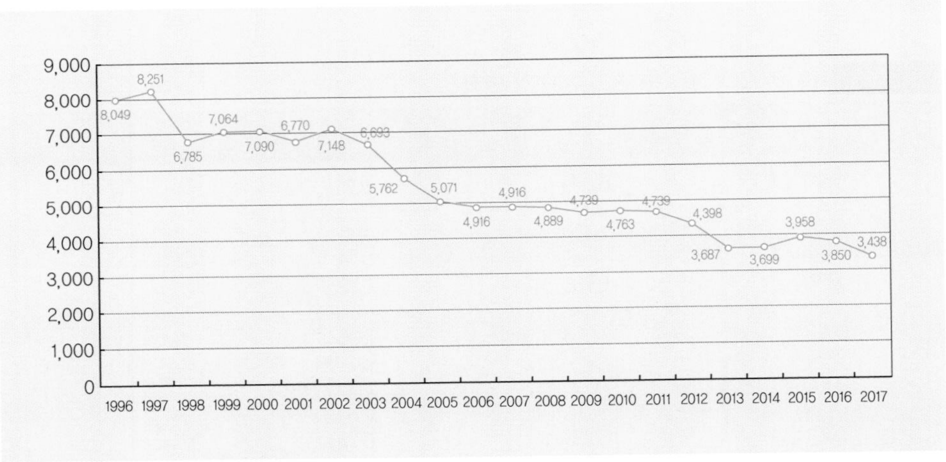

출처: 한국방송광고진흥공사 홈페이지.

스 강화를 위한 새로운 기회 요인이기도 하다. 2009년 7월 22일 지상파 TV 방송에 대한 신유형 광고를 가능하게 하는 「방송법」이 국회를 통과하였다. 이에 따라 미디어렙으로서는 광고주에게 다양한 서비스를 제시할 수 있음과 동시에 매출 신장의 기반이 마련되었다. **가상광고**(Virtual Advertising)는 야구, 축구 등 스포츠 경기를 중계할 때 컴퓨터그래픽으로 제작한 가상의 이미지를 방송에 노출하는 광고이며, **간접광고**(Products in Placement: PPL)는 방송 프로그램에 특정한 기업의 상품이나 브랜드를 간접적으로 노출하는 광고이다. 이러한 신유형 광고는 현재 상업성과 공익성의 경계에서 방송사들이 일정 부분 PD들의 재량에 의존하는 경우나 과도한 매출 상승 욕구와 함께 적절한 규제 정책의 어려움, 시청자의 시청권에 대한 과도한 침해 소지 등으로 방송의 품질을 훼손하는 측면도 발생하고 있다. 따라서 공영 미디어렙이 적극적인 역할을 통해 이러한 부작용을 해소하는 데 참여할 수 있는 정책적인 강제가 필요한 측면이 있다. 이는 방송사 '협찬의 양성화' 문제와 함께 재원조달 방법의 공공성 확보를 위한 해결 과제 중 하나이다.

미디어 시장 전반의 온라인 시프트(online shift) 현상은 광고시장에서도 확연하게 나타난다. 대형 포털사를 포함한 인터넷 매체의 광고시장 편중 현상과 공적 규제 또한 매번 국회 및 방송통신위원회 등에서 논의 과제로 등장하고 있다. 이 또한 정책적으로 해소할 과제라 하겠다. 이러한 상황에서 공영 미디어렙이 일정한 공적 규제 장치로서 역할을 담보할 수 있는 제도가 **크로스미디어렙**(cross mediarep) **제도**라고 하겠다.

크로스미디어 판매의 사전적 의미는 매체 간의 교차광고 판매 서비스이다(오세성, 2004). 송민희와 백주연(2005)에 따르면 다양한 미디어를 창의적이고 마케팅 서비스 지향의 판매 패키지로 판매함으로써 광고효과를 제고할 수 있다. 이경렬(2011)도 어려운 내수경기 상황에서 효과적인 광고 전략을 위해서는 뉴미디어 중 파급효과가 큰 인터넷과 기존 미디어의 통합적인 활용을 통해 효과적으로 광고 수용자에게 어필할 수 있는 마케팅 전략이 필요하다고 보았다.

크로스미디어 판매 서비스에 사용되는 매체들의 특성과 타깃의 성향 파악, 상호 시너지효과를 낼 수 있는 매체들의 결합과 최적화된 매체 선택은 매체 간 상호 발전을 꾀할 뿐 아니라 광고주에게 저비용, 고효율 구조를 가져다준다고 함으로써 그 긍정적 요인에 주목한 바 있다. 논의를 종합하면, 다원화된 미디어 상황에서 광고효과의 극대화를 위한 미디어렙의 솔루션으로 크로스미디어렙 제도의 긍정적인 측면에 주목하고 있는 것이다.

현실적으로 지상파 방송 위주의 '미디어 플래닝'만으로는 대광고주 서비스 만족도를 제고하기 어려운 상황에서 미디어렙 서비스의 질을 제고할 수 있는 장치라 하

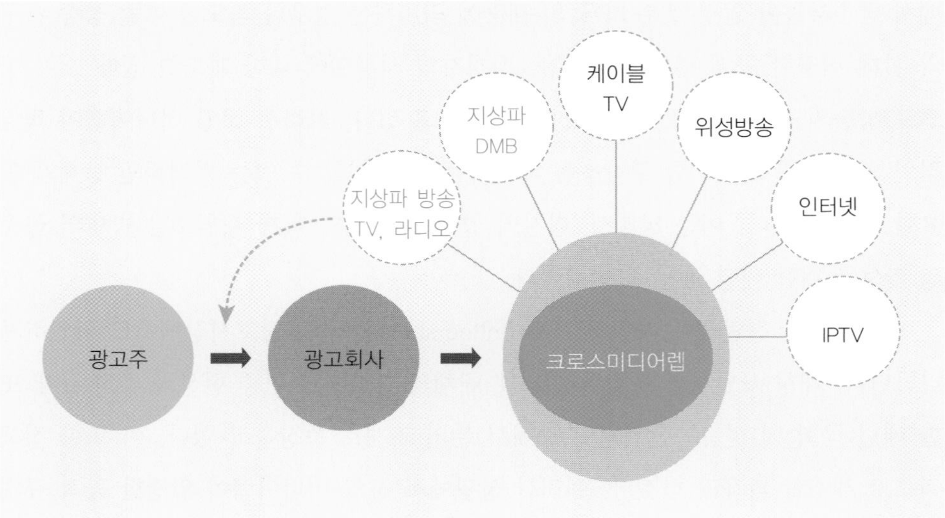

[그림 4-5] 크로스미디어렙 광고 서비스 개념도

겠다. 이러한 측면에서 중소방송사 결합판매의 부담을 비롯한 공적 규제에 직면한 미디어렙에 일정한 활로를 풀어 주는 정책적 배려가 필요하다 하겠다. 크로스미디어렙의 광고 서비스는 [그림 4-5]와 같이 개념화할 수 있다. 미디어렙과 방송사, 광고산업 전체가 공진화(co-evolution)할 수 있도록 하는 정책적 과제가 제기된다고 하겠다.

5. 미디어렙을 둘러싼 정책 과제

전술한 대로 뉴미디어의 발전과 광고 기법의 진화에 따른 신유형 광고가 속속 등장하고 있다. 이에 따라 한국의 다원화된 광고 정책 체계는 신속하고 합리적인 의사결정에 일정 부분 장애 요인이 있다.[7] 이에 따라 향후 미디어렙 체제를 비롯한 광고

7 문화체육관광부는 신문, 방송통신위원회는 방송, 과학기술정보통신부는 인터넷과 같은 온라인 분야, 행정안전부는 옥외광고를 각각 관할하는 사(4)원화된 광고 정책 체계 속에서 광고 기법의 발전과 매체 간 융합 현상은 정책적인 기민성을 요구하고 있지만, 이에 대한 종합적이고 효율적인 대응은 쉽지 않은 구조라고 할 수 있다.

정책은 기술 변화를 신속히 수용하고 산업성과 공익성의 조화를 통해 산업 진흥과 규제의 패러다임을 지속적으로 진화시켜야 할 것이다.

미디어산업에서는 재원조달의 주요 수단인 광고시장의 규제를 둘러싸고 다양한 갈등 상황이 발생한다. 여론을 지배하려는 정파적 이해관계, 희소한 자원을 획득하려는 미디어기업의 이해관계가 맞물려 복잡한 갈등이 나타난다.[8] 이러한 갈등 요인의 조정 또한 정책적 과제라 하겠다.

6. 마치며

매체의 다원화에 따른 업종의 분화, 서비스의 전문화라는 광고산업의 세계적 추세 속에서 한국의 미디어산업도 다양한 도전에 직면해 있다. 이러한 상황 속에서 한국의 광고산업의 경쟁력 제고와 미디어렙 산업의 발전은 불가분의 관계에 있다고 하겠다. 한국형 공영 미디어렙으로서 역할을 해 온 공영 미디어렙 KOBACO를 포함해 광고산업의 다양한 주체의 활발한 제언과 정책 입안자들의 숙려가 필요한 시점이다.

이 장에서는 허여된 지면에 따라 논의의 범위를 '공영 미디어렙의 변천'이라는 일정한 주제에 국한해 전개하였다. 향후 인터넷 분야와 같은 뉴미디어, 나아가 매체를 망라하는 활발한 논의와 함께 미디어렙 산업이 미디어 생태계의 건강성에 기여할 수 있는 다양한 정책 제언과 후속 연구를 기대해 본다. ■

8 예를 들면, 2019년 7월 15일 국회 과학기술정보방송통신위원회 업무보고에서 더불어민주당의 이상민 의원은 정부광고의 경우 지역방송사에서 수수료를 받는 한국언론재단이 10%에 달하는 수수료를 지역방송과 무관한 곳에 사용하는 것에 대해 지적한 바 있다.

제5장

정부광고의 변천

최지혜(한국언론진흥재단 연구위원)

◈◇◈

정부광고 업무를 규정한 법이 2018년 6월 12일 제정 · 공포되었다. 이날 공포된 **「정부기관 및 공공기관 등의 광고시행에 관한 법률」**(이하 「정부광고법」)은 12월 13일 발효되었다. 정부광고 역사에 대변혁이 일어난 것이다. **「정부광고법」**은 정부광고에 대한 법적 기준을 강화하여 정부광고의 공익성과 투명성을 높이기 위한 목적으로 제정된 법률이지만, 이로 인해 광고와 관련된 이해당사자 간의 마찰도 발생하게 되었다. 이 법 제10조 및 동법 시행령 제6조에 따라 한국언론진흥재단은 정부광고 대행 업무 수탁기관으로 지정되어 정부광고 업무를 통합 수행하고 있다. 문화체육관광부는 「정부광고법」 시행에 따른 제도적 보완과 정부광고 품질 제고 등을 위해 '정부광고자문위원회' 등을 운영하며 지속적인 발전 방안을 모색하고 있다.

1. 정부광고 업무 대행의 역사

1) 국무총리 훈령에 의한 정부광고 대행(1972~2018. 12. 12.)

정부가 정부기관 등이 시행하는 광고 관련 업무를 일괄 대행하도록 한 것의 기원은 1972년도로 거슬러 올라간다. 당시 정부는 **「정부광고 시행에 관한 규정」**을 만들어 국무총리훈령(이하 '훈령') 제102호로 공포하였다(1972. 3. 4.). 훈령이 발효되면서 정부는 당시 한국홍보협회(한국국제문화협회 전신)를 설립하여 정부광고에 대한 총괄적인 대행 업무를 위탁하였다. 이후 이 규정은 1차 개정(1974. 5. 11.)을 거쳐 훈령 제120호로 공포되었고, 1989년 정부광고 대행 업무는 한국국제문화협회로 이관되었다. 1992년 1월 한국국제문화협회가 해산됨에 따라 정부광고 대행 업무는 한국언론회관(한국프레스센터)으로 이관되었다가 1999년 2월 통합된 한국언론재단에 최종 위탁되기에 이르렀다. 2007년 12월에는 정부광고 영역 중 해외 정부광고 부문이 국제방송교류재단(아리랑TV)으로 이관되어 국내 정부광고는 한국언론재단이, 해외 정부광고는 국제방송교류재단이 시행하게 되었다. 2009년 10월 6일에는 2차 개정된 훈령 제541호가 공포되었고, 2010년 1월에는 한국언론재단, 신문유통원, 신문발전위원회가 통폐합된 한국언론진흥재단(이하 '재단')에서 국내 정부광고를 통합 대행하게 되었다. 정부광고 업무를 규정한 법이 제정된 것이다.

1972년 당시는 신문과 라디오, TV 수상기 보급이 확대되면서 정부에서 행하는 '공보(公報)' 활동에 대한 관심도 증가하던 시기였다. 정부는 베트남 파병을 비롯해 광산근로자 및 간호사의 독일 파견, 중동 근로자 파견 등의 산업 관련 현안과 남북한의 정치적 문제 등 국민과의 소통이 필요한 현안이 넘쳐났다. 이 시기에는 관공서를 통한 벽보 등을 통한 '관보(官報)' 형태의 고지 활동도 많았지만 신문을 통한 고지 활동이 주류를 이루던 시기였다(신인섭, 2015).

정부는 국민통합을 주요 국정기조로 표방하고 있었기 때문에 일괄적인 대국민 커뮤니케이션 활동을 필요로 하고 있었다. 또한 신문이 보도의 주류를 이루고 중요한 현안이나 뉴스는 '호외(號外)'로 확산되던 시기였기 때문에 신문을 필두로 한 정부광고 전략을 구가하고 있었다. 이에 정부는 훈령 제102호를 제정 · 발효시키고 한국홍보협회를 설립하여 정부광고 업무를 총괄 관리하도록 한 것이다. 물론 지금과 비교해 보면 매체 등 광고시장의 규모 자체가 워낙 미미했고 정치적 상황 역시 매우 달랐기 때문에 정부광고 대행 업무의 일괄 위탁 등이 문제로 거론되지는 않았다. 이때 발효된 훈령은 문화관광부 장관(현 문화체육관광부 장관)으로 하여금 정부의 예산을 절감하고 효과적인 정부광고를 위하여 정부기관과 국영기업체의 광고 업무를 통제 · 조정하도록 하는 내용이 핵심이다. 이 훈령은 1974년 5월 11일 훈령 제120호로 개정되었는데, 그 이유는 정부광고 시행 매체의 영역이 확장됨에 따른 것이다.

1989년 정부광고 대행 업무는 한국국제문화협회로 이관되었다. 한국국제문화협회는 외국과의 각종 교류사업을 통해 국제사회에서 한국에 대한 이해와 인식을 넓히고 국제적 우호친선을 증진하기 위해 설립된 정부재정지원기관이었는데, 아무래도 해외 업무를 주로 시행하였기 때문에 국내 정부광고 대행 업무를 중심으로 수행하기에는 적합하지 않은 부분이 많았다. 이후 1991년 12월에 제정 · 공포된 「한국국제교류재단법」에 따라 이전의 한국국제문화협회가 한국국제교류재단에 흡수되어 정부광고 대행 업무는 한국프레스센터로 이관되었다. 사실상 이때부터가 한국언론진흥재단이 정부광고 업무를 통합 대행하게 된 시점이다.

1999년 2월에는 정부광고 업무가 통합된 한국언론재단에 맡겨졌다. 한국언론재단은 한국언론연구원과 한국언론회관(한국프레스센터), 언론인금고가 통합되며 탄생한 기관으로 신문 등 언론을 지원하고 연구를 수행하는 한편 언론산업 지원을 위한 업무를 수행하기 위해 만들어진 것이다. 이때 한국언론재단은 국내외 정부광고 모두를 대행하고 있었는데 해외 정부광고 전문화 방침에 따라 2007년 12월 국제방송교류재단(아리랑TV)에 해외 정부광고 업무가 이관되었다. 국제방송교류재단은 업무 특성상 해외 방송사 네트워크와 해외 광고회사 등과 밀접한 관계를 맺고 있었으므로 효율성 차원에서 이관한 것이다. 이에 따라 국내 정부광고는 한국언론재단이, 해외 정부광고는 국제방송교류재단이 시행하게 되었다.

2009년도에는 정부광고 매체 공신력과 관련한 내용을 담아 개정된 훈령 제541호가 발효되었고, 한국언론재단, 신문유통원, 신문발전위원회가 통폐합(2010. 1.)된 한국언론진흥재단이 지속적으로 국내 정부광고를 통합 대행하게 되었다. 한국언론진흥재단은 전신인 한국언론재단의 정부광고 대행 업무를 그대로 이관받았는데, 이에 대한 광고업계 등의 이의도 빈번히 발생하고 있었다. 한국언론진흥재단이 정부광고 업무를 통합 대행하는 것에 대한 이의였다. 광고업계의 주장은 대부분 정부광고 대행 업무를 일괄 처리하지 말고 개방해야 한다는 것이었는데, 이는 사실상 수용하기 어려운 이해 논리였다. 특히 민간 광고업계에서 주장하는 논리는 속칭 광고물량이 많은 정부광고주의 광고를 개방하라는 것이었기 때문이다. 문제는 한국언론진흥재단이 대행하는 정부광고주의 광고 의뢰 건수는 17만 건(2018년 기준)에 이르는데, 이 중에서 500만 원 이하 소액 광고 의뢰 건수가 70%가량이나 되기 때문이다. 즉, 광고 업계의 주장은 소액 광고는 처리할 수 없지만 물량이 큰 광고는 내어 달라는 것이었기에 공공업무 수행 필요성 차원에서 고려할 만한 주장이 되지 못하였다. 이에 문화체육관광부는 산하 준정부기관인 한국언론진흥재단을 지정하여 정부광고 업무를 통합 대행하도록 하였고, 한국언론진흥재단은 훈령에 따라 2018년 12월 12일까지 정부광고 대행 업무를 수행하였다.

2) 법령에 의한 정부광고 대행(2018. 12. 13.~현재)

2018년 6월 12일, 제20대 국회의원 노웅래 의원의 발의로 상정되어 본회의를 통과한 「정부기관 및 공공법인 등의 광고시행에 관한 법률」(이하 「정부광고법」)이 공포되었다. 1972년 이래 법적 근거가 미약한 훈령으로 시행되던 정부광고 업무의 근거가 확립된 것이다. 「정부광고법」 제10조[1]에는 문화체육관광부 장관이 정부광고 업무를 위탁할 기관을 지정하도록 명시하였고, 동법 시행령 제6조에는 한국언론진흥재단을 '수탁기관'으로 지정하였다.[2] 수탁기관 지정에 대하여 한국방송광고공사(이하 KOBACO)를 비롯한 유관기관의 이견도 상당했지만 문화체육관광부는 정부광고 업무와 밀접한 「**신문 등의 진흥에 관한 법률**」(이하 「신문법」) 등을 근거로 한국언론진흥재단을 지정한 것이다.

---

1 「정부광고법」 제10조(정부광고 업무의 위탁) ① 문화체육관광부 장관은 필요하다고 인정하는 경우 제5조부터 제8조까지에 따른 정부광고 업무를 대통령령으로 정하는 기관이나 단체에 위탁할 수 있다. ② 제1항에 따라 정부광고 업무를 위탁받은 기관이나 단체(이하 "수탁기관"이라 한다)는 수수료를 징수할 수 있다. ③ 수탁기관은 제2항에 따라 징수된 수수료는 문화체육관광부 장관의 승인을 받아 다음 각 호의 지원에 사용하여야 한다. 1. 신문, 인터넷신문, 인터넷뉴스서비스, 뉴스통신 및 잡지의 진흥을 위한 지원, 2. 방송, 광고 진흥을 위한 지원, 3. 그 밖에 언론진흥을 위하여 대통령령으로 정하는 사항. ④ 그 밖에 수수료의 징수와 사용에 필요한 사항은 대통령령으로 정한다.

2 「정부광고법」 시행령 제6조(업무의 위탁) ① 문화체육관광부 장관은 법 제10조 제1항에 따라 법 제5조부터 제8조까지의 규정에 따른 정부광고 업무를 「신문 등의 진흥에 관한 법률」 제29조에 따른 한국언론진흥재단에 위탁한다. ② 제1항에 따라 정부광고 업무를 위탁받은 한국언론진흥재단(이하 "수탁기관"이라 한다)은 문화체육관광부 장관의 승인을 받아 정부광고 업무를 처리하기 위해 필요한 사항을 정할 수 있다.

표 5-1 정부광고 대행기관 연혁

1972. 3. 4.	국무총리훈령 제102호 「정부광고 시행에 관한 규정」 제정
1972. 3.	한국홍보협회(한국국제문화협회 전신) 설립, 대행 업무 위탁
1974. 5. 11.	국무총리훈령 개정, 제120호 발효
1989. 2.	한국국제문화협회로 업무 이관
1992. 1.	한국국제문화협회 해산 → 한국프레스센터로 업무 이관
1999. 1.	한국언론재단에서 대행
2007. 12.	해외광고 대행 업무, 한국언론재단 → 국제방송교류재단으로 이관
2009. 10. 6.	국무총리훈령 개정, 제541호 발효
2010. 1.	한국언론진흥재단, 정부광고 대행 업무 승계
2018. 12. 13.	한국언론진흥재단 정부광고 수탁기관 지정

「정부광고법」이 공포되고 발효되기까지의 6개월 동안 동법 시행령을 둘러싼 이해관계자들(언론계, 광고업계, 방송통신위원회 등)의 주장과 반론은 크게 다음과 같이 분류된다.

첫째, 정부광고를 매체 영역별로 전문성을 보유한 기관이 대행하도록 해야 한다는 것이다. 이러한 주장은 광고산업 구조를 잘 이해하지 못하는 일부 정치인이나 행정기관, 유관 공공기관 등에서 표출되었다. 반면, 현장에서 정부광고 업무를 담당하는 정부기관 및 공공법인 등의 실무자들은 당연히 반발하였다. 매체 영역별로 정부광고 대행기관이 나뉘면 일괄된 업무처리가 불가능하므로 그만큼 효율성과 노동생산성이 결여되기 때문이다. 또한 정부광고 대행기관이 나뉘면 「정부광고법」 취지도 무색해지기에 매체 영역별로 대행기관을 분리하자는 주장은 관철될 수 없었다.

둘째, 업무 전문성을 기준으로 정부광고 대행기관을 분리 지정하자는 주장이었다. 이 논리는 방송통신위원회와 소속 공기업인 한국방송광고공사가 제기한 것인데 법적 근거와 현실성이 결여된 주장이었다. 즉, 한국방송광고공사는 수십 년간 방송광고 관련 업무를 수행하였기에 방송광고의 전문성을 고려하여 방송 및 인터넷 광고 등을 대행하도록 해야 한다는 것이다. 반면, 한국언론진흥재단은 신문 등의 광고 업무를 해 왔고「신문법」에 의해 설립된 기관이니 인쇄광고를 맡기면 된다는 논리였다. 이러한 주장의 문제는 논리가 아닌 법적 기준에 있다. 2017년 시행된 **「방송광고 판매대행 등에 관한 법률」**(이하「방송광고판매법」) 및 동법 시행령을 보면 광고 판매자인 미디어렙(media representative)과 광고회사(agency)의 업무 영역을 분명히 규정하고 있다. 즉, 법령을 수정하지 않고서는 미디어렙인 한국방송광고공사가 한국언론진흥재단이 수행하는 광고회사 업무를 병행할 수 없다.

셋째, 정부광고 업무를 민간 광고회사에서 대행할 수 있도록 개방해 달라는 주장이다. 해외 주요 국가를 보더라도 정부광고를 일괄 수행하도록 제도화한 사례가 없다는 이유에서였다. 이 주장은 사실상 훈령이 시행되던 시기에도 정부광고 대행 업무에 민간 광고회사가 협업하고 있었기 때문에 설득력이 없었다. 정부광고 대행 업무를 수행하는 수탁기관은 매체 집행에 대해서만 정부광고주에게 수수료를 받기 때문에 제작, 프로모션 등의 분야는 민간 광고회사가 전적으로 수행하고 이익을 남기기 때문이다.

이 밖에 신문, 방송 등 언론 관련 매체에서는 한국언론진흥재단의 수수료 문제를 들고 나왔다. **「정부광고법 시행령」**에서는 매체 집행 광고료의 10%가 수수료이기 때문에 매출 감소, 경영난 악화 등을 이유로 내세웠다. 하지만「정부광고법」과 동법 시행령에서 수수료는 정부광고 요청기관이 부담하도록 하고 있으므로 이들의 주장은 인정될 수 없었다.

앞의 숙의 기간을 거쳐 마련된「정부광고법 시행령」에 따라 문화체육관광부 장관이 위탁하는 수탁기관은 한국언론진흥재단으로 결정되었고, 법 근거에 따라 정부광고 대행 업무를 총괄하게 된 것이다.

2. 정부광고 제도의 변천

1) 훈령의 특성과 의미

정부광고 제도의 변화를 고찰하기 위해서는 1972년도에 최초 발효된 훈령(제102호)부터 2018년 발효된 「정부광고법」의 내용을 파악해 볼 필요가 있다. 먼저, 훈령 제102호는 전술한 바와 같이 정부의 대국민 홍보 필요성에 따라 만들어진 것이다. 이 시기에는 정부광고라는 형식은 존재했지만 그 내용이나 목적은 '계몽(啓蒙)'이었다. 글자 그대로 지식이나 문화를 깨우쳐 주기 위한 목적이었다(김병희, 2017a, 2017b). 물론 국민들의 지식이나 문화 수준 향상이 근본적인 목적은 아니었다. 당시 정부는 경제개발계획을 필두로 산업화에 역점을 두고 있었으며 정치적 차원에서 '반공(反共)' 이데올로기를 확산시키고 있었다.[3] 당연히 이 시기의 광고 캠페인은 경제와 정치 관련 내용이 주류를 이루었다.

이러한 목적과 근거는 훈령의 목적에서 잘 드러난다. 훈령 제102호 제1조(목적)에는 "이 훈령은 정부기관 또는 국영기업체에서 각 홍보매체에 게재하는 정부광고의 시행에 관한 사항을 규정함을 목적으로 한다."라고 나와 있다. 목적 자체가 훈령을 통해 기대할 수 있는 효과에 있는 것이 아니라 정부광고주의 업무를 일괄 제어함으로 되어 있는 것이다. 또한 정부투자기관과 중앙행정 각 원 · 부 · 처 · 국의 지휘감독을 받고 있는 특별 법인을 모두 포함시킴으로써 사실상 대부분의 기관이 정부광고 대상기관이 되도록 하였다.

흥미로운 부분은 정부광고 시행에 소요되는 광고비에 관한 부분이다. 훈령 제120호 제7조(소요경비지출)에는 "광고료 및 광고에 소요된 경비는 광고요청기관에서 부담하여야 한다."라고 규정되어 있다. 여기서 광고료는 매체 등에 집행되는 비용이

---

3 반공 캠페인은 세계적인 캠페인 확산과 성공 사례로 꼽힌다(김병희, 2017a, 2017b).

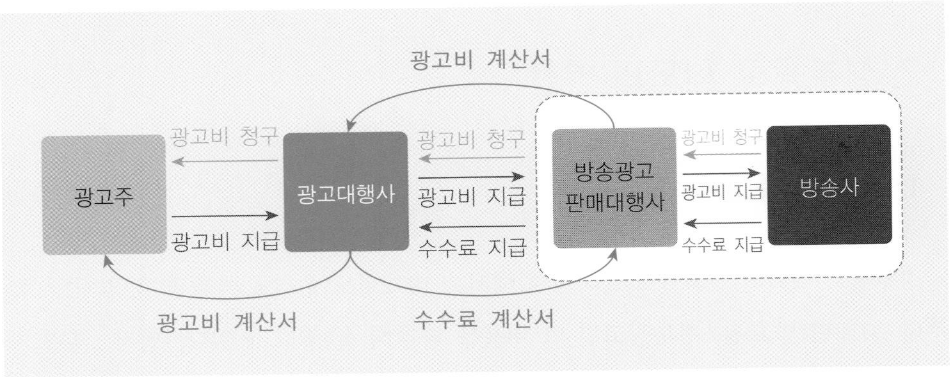

[그림 5-1] 국내 방송광고 거래 방식

고, 소요된 경비는 수수료 등의 제반 비용이다. 이들 비용을 모두 정부광고주가 부담하도록 명시한 것이므로 수수료도 정부광고주가 부담한다는 의미가 된다.

정부광고 수수료 문제는 1972년 이래 꾸준하게 제기되어 온 쟁점이었다. 정부광고 관련 훈령이 만들어지고 그 내용에 수수료 부과와 징수 방식이 명시되었지만 시장에서는 방송광고 거래 제도와 같은 **커미션**(commission) **방식**으로 거래하고 있었기 때문이다. 정부광고 훈령에 광고주가 수수료를 부담하는 일종의 **피**(fee) **방식**을 도입했지만 실상은 민간 광고시장의 거래 방식에 맞춰 커미션으로 거래된 것이다. 물론 따져 보면 매체사가 차지하는 광고료는 커미션이든 피든 차이가 없다. 그럼에도 매체사는 외형적 매출액에 차이가 있다는 이유로 커미션 방식을 택해 운용되었던 것이다.

문제는 편의 등을 이유로 커미션 방식으로 거래하던 정부광고에 대하여 매체사가 수수료율에 대한 이의를 제기하면서 시작되었다. 커미션 방식으로 거래를 하게 되면 판매 대행을 하는 미디어렙이 없다고 하더라도 매체사는 총 광고료에서 수수료 부분을 광고회사에 돌려주고 세금계산서 거래를 하게 된다. 정부광고 역시 이 같은 거래 관행을 따랐기 때문에 수수료율을 인하하라는 반복적인 요구에 대응해야만 하였다. 원칙적으로 훈령에서 명시한 대로 피 방식으로 거래를 하였다면 문제가 발생하지 않았을 것이다.

훈령 제102호 제9조(사무의 위임 등)에는 "문화관광부 장관은 필요하다고 인정할 때에는 광고 업무를 문화관광부 산하 민간법인체에 위임할 수 있다."라고 규정함으로써 정부광고 수탁기관을 지정할 수 있도록 하였다. 흥미로운 부분은 "전항의 규정에 의하여 민간업체에서 광고 업무를 대행하는 경우에는 광고비 중에 통례에 따른 수수료를 징수한다."라고 되어 있었다는 점이다. 즉, 당시 정부광고 대행 수수료율을 따로 정하지 않고 민간 광고시장의 관례대로 거래하도록 하였던 것이다. 이 기준으로 보면 훈령 제102호, 제120호에 따라 시행하던 1972년부터 2008년까지의 정부광고 수수료는 총 광고료의 16.5/100 비율이어야 하지만 실제 정부광고 수수료는 10/100 비율로 거래되었다.

표 5-2 정부광고 시행에 관한 훈령(제102호, 제120호)

정부광고 시행에 관한 국무총리훈령

72. 3. 4. 국무총리훈령 제102호
개정 74. 5. 11. 국무총리훈령 제120호

제1조(목적) 이 훈령은 정부기관 또는 국영기업체에서 각 홍보매체에 게재하는 정부광고의 시행에 관한 사항을 규정함을 목적으로 한다.

제2조(정의) ① 이 훈령에서 "정부기관"이라 함은 정부조직법 제2조 제2항에 정한 중앙행정 각 원, 부, 처, 청, 국과 그 산하기관, 도청소재지에 소재하는 지방자치 단체와 시, 군 단위 지역 행정기관을 말한다. ② 이 훈령에서 "국영기업체"라 함은 정부투자기관 「예산회계법시행령」 제1조에 규정한 정부투자기관과 중앙행정 각 원, 부, 처, 국의 지휘감독을 받고 있는 특별 법인을 말한다. ③ 이 훈령에서 "광고"라 함은 국내외에 알리기 위하여 홍보매체에 의뢰하여 시행하는 일체의 유료고지 행위를 말한다. ④ 이 훈령에서 "홍보매체"라 함은 국내외 일간신문, 방송, 통신, 주간신문, 월간 잡지, 각종화보 등 간행물과 전파매체, 교통광고, 기타 문화관광부장관이 지정하는 매체를 말한다.(개정 74. 5. 11., 국무총리훈령 제120호)

제3조(적용범위) 정부기관과 국영기업체의 광고행위에 관하여 다른 법령에 특별히 정한 경우를 제외하고는 이 훈령이 정하는 바에 의한다.

제4조(직무) 문화관광부 장관은 정부의 예산을 절감하고 효과적인 정부광고를 위하여 정부기관과 국영기업체의 광고 업무를 통제 조정한다.

제5조(광고 의뢰) 정부기관 및 국영기업체의 장은 소관 업무에 관하여 홍보매체에 광고를 시행하고자 할 경우에는 별지 서식에 의거하여 광고의 규격, 내용(광고문안 첨부), 소요예산, 기타 광고에 필요한 사항을 문서로 명시하여 사전에 문화관광부 장관에게 요청하여야 한다.

제6조(광고배정) 문화관광부 장관은 정부기관 및 국영기업체로부터 광고 의뢰서를 접수하였을 때에는 광고의 내용 및 규격을 검토, 조정하여 광고 목적에 가장 적합한 홍보매체를 선정하여 광고 조치하여야 한다.

제7조(소요경비 지출) ① 문화관광부 장관은 광고료 및 광고에 소요된 경비의 청구가 있을 때에는 이를 확인하여 광고요청기관에 송부하여야 한다.

② 광고료 및 광고에 소요된 경비는 광고요청기관에서 부담하여야 한다.

제8조(지방 및 해외 광고) 정부기관 및 국영기업체의 장이 서울특별시를 제외한 부산시 및 각 도에 주된 사무소를 둔 홍보매체나 해외홍보매체에 광고를 할 경우도 이 령 제5조의 규정에 의하여야 한다.

제9조(사무의 위임 등) ① 문화관광부 장관은 필요하다고 인정할 때에는 제5조 내지 제7조의 규정에 의한 광고 업무를 문화관광부 산하 민간법인체에 위임할 수 있다.

② 전항의 규정에 의하여 민간업체에서 광고 업무를 대행하는 경우에는 광고비 중에 통례에 따른 수수료를 징수한다.

③ 전항의 규정에 의하여 징수된 수수료는 문화관광부 장관의 승인을 얻어 사용하여야 한다.

2009년 개정 공포된 훈령 제541호는 앞선 훈령 제102호와 제120호의 내용을 전면 개정한 것이다. 정부가 기존 훈령을 대폭 개정한 이유는 그동안 변화된 정부직제를 반영하고자 하는 목적도 있지만 정부광고를 게재하는 매체에 대한 공신력을 확보하고자 함에 있다. 이에 훈령 제541호 제6조에서는 "신문 및 잡지에 광고하는 때에는 정부광고의 효율성을 높이고 광고질서를 확립하기 위하여 한국ABC협회의 전년도 발행부수 검증에 참여한 신문 및 잡지에 정부광고를 우선 배정한다."라고 명시함으로써 정부광고 매체 선정의 기준을 마련하고자 하였다.

표 5-3 정부광고 시행에 관한 훈령(제541호)

정부광고 시행에 관한 규정

[시행 2009. 10. 6.] [국무총리훈령 제541호, 2009. 10. 6. 일부개정]

제1조 (목적) 이 훈령은 정부기관 또는 공공법인에서 각 홍보매체에 게재하는 정부광고의 시행에 관한 사항을 규정함을 목적으로 한다.〈개정 2009. 10. 6.〉

제2조 (정의) ① 이 훈령에서 "정부기관"이란 「정부조직법」에 따른 국가행정기관, 「지방자치법」 제2조 제

1항 각 호의 지방자치단체 및 같은 조 제3항에 따른 특별지방자치단체를 말한다.〈개정 2009. 10. 6.〉

② 이 훈령에서 "공공법인"이란 「공공기관의 운영에 관한 법률」 제4조 제1항에 따라 지정된 공공기관, 「지방공기업법」에 따른 지방공기업 및 특별법에 따라 설립된 법인을 말한다.〈개정 2009. 10. 6.〉

③ 이 훈령에서 "광고"라 함은 국내외에 알리기 위하여 홍보매체에 의뢰하여 시행하는 일체의 유료고지 행위를 말한다.

④ 이 훈령에서 "홍보매체"란 국내외 일간신문, 방송, 통신, 주간신문, 월간잡지, 각종화보 등 간행물과 전파매체, 교통광고 및 그 밖에 문화체육관광부 장관이 지정하는 매체를 말한다.〈개정 1974. 5. 11., 2009. 10. 6.〉

제3조 (적용 범위) 정부기관과 공공법인의 광고행위에 관하여 다른 법령에 특별히 정한 경우를 제외하고는 이 훈령이 정하는 바에 따른다.〈개정 2009. 10. 6.〉

제4조 (직무) 문화체육관광부 장관은 정부의 예산을 절감하고 효과적인 정부광고를 위하여 정부기관과 공공법인의 광고 업무를 지원한다.〈개정 2009. 10. 6.〉

제5조 (광고 의뢰) 정부기관 및 공공법인의 장은 소관 업무에 관하여 홍보매체에 광고를 시행하려는 경우에는 별지 서식에 광고의 규격, 내용(광고문안 첨부), 소요 예산, 희망매체 및 그 밖에 광고에 필요한 사항을 문서로 명시하여 사전에 문화체육관광부 장관에게 요청하여야 한다.〈개정 2009. 10. 6.〉

제6조 (광고 배정) ① 문화체육관광부 장관은 정부기관 및 공공법인으로부터 광고 의뢰서를 접수하였을 때에는 광고의 내용 및 규격을 검토, 조정하여 광고 목적에 가장 적합하고 최대의 홍보효과를 거둘 수 있는 홍보매체를 선정하도록 노력하여야 한다.〈개정 2009. 10. 6.〉

② 문화체육관광부 장관은 제1항에 따른 홍보매체를 선정하는 경우 광고를 의뢰한 정부기관 및 공공법인의 희망을 존중하여 홍보매체를 선정한다. 다만, <u>신문 및 잡지에 광고하는 때에는 정부광고의 효율성을 높이고 광고질서를 확립하기 위하여 한국ABC협회의 전년도 발행부수 검증에 참여한 신문 및 잡지에 정부광고를 우선 배정한다.〈신설 2009. 10. 6.〉</u>

제7조 (소요경비 지출) ① 문화체육관광부 장관은 광고료 및 광고에 소요된 경비의 청구가 있을 때에는 이를 확인하여 광고요청기관에 송부하여야 한다.〈개정 2009. 10. 6.〉

② 광고료 및 광고에 소요된 경비는 광고요청기관에서 부담하여야 한다.

제8조 (지방 및 해외 광고) 정부기관 및 공공법인의 장이 서울특별시를 제외한 광역시 · 도 · 특별자치도에 주된 사무소를 둔 홍보매체나 해외홍보매체에 광고를 할 경우도 제5조를 따라야 한다.〈개정 2009. 10. 6.〉

제9조 (광고 업무의 대행〈개정 2009.10.6〉) ① 문화체육관광부 장관은 필요하다고 인정할 때에는 제5조부터 제7조까지의 규정에 따른 광고 업무를 문화체육관광부 장관이 지정하는 기관이나 단체에 대행하게 할 수 있다.〈개정 2009. 10. 6.〉

② 제1항에 따라 문화체육관광부 장관이 지정하는 기관 · 단체에서 광고 업무를 대행하는 경우에는 광고비 중에 통례에 따른 수수료를 징수한다.〈개정 2009. 10. 6.〉

③ 제2항에 따라 징수된 수수료는 문화체육관광부 장관의 승인을 받아 사용하여야 한다.〈개정 2009. 10. 6.〉

정부광고 배정 기준에 **ABC 부수공사**가 도입되었다는 점은 매체 선정의 투명성이라는 측면에서 선순환효과를 가져왔지만 또 다른 문제가 발생하는 계기로도 작용하였다. ABC 부수공사의 참여가 부담스러웠던 신문사들이 인터넷 신문사를 설립하여 인터넷 신문광고의 형태로 정부광고를 수주하는 현상이 나타난 것이다. 이에 대하여 인터넷 신문도 인터넷 ABC 부수공사를 받게 할 수 있는 방법을 도입해야 한다는 의견이 많았고 관련 연구도 진행되었지만 아직까지 본격적인 시행은 미뤄지고 있는 상황이다.

2) 법령 체계와 함의

「정부광고법」의 내용을 보면 크게 두 가지 영역이 관심을 끈다. 그것은 「정부광고법」 제8조와 제9조인데, 제8조는 소요경비 지출이라는 부분에서 피 제도를 명시하고 있으며 제9조는 언론 기사의 불법거래 관행을 근절하겠다는 의미를 담고 있다.

먼저, 제8조는 국내 광고시장에서 변화의 단초가 될 수 있는 조항이다. 물론 지상파 방송 광고의 경우 「방송광고판매대행 등에 관한 법률」에 의해 커미션 제도를 따라 거래해야 하지만 나머지 매체는 모두 피 방식으로 거래해야 함을 법률로 정하고 있는 것이다. 정부광고시장은 우리나라 전체 광고시장의 7% 정도의 규모를 가지고 있다. 전체 시장을 놓고 볼 때 미미한 수준이지만 정부기관 등이 피 방식으로 광고거래를 한다는 것에 의의를 둘 수 있다. 한국판 **「싸뺑법」**[4]이 도입된 것이다.

이를 둘러싸고 광고주와 매체사 그리고 수탁기관인 한국언론진흥재단 간의 입장 차이도 있었다. 우선 매체사의 입장에서는 커미션 방식을 피 방식으로 전환하는 것에 대해 표면매출 감소, 광고단가 하락 우려 등의 이유로 반대 의견을 보였다. 광고주의 경우는 수수료 합산 방식이 익숙하지 않아 추가 소요경비가 발생할지 모른다는

4 이 법은 1993년 프랑스의 주무장관인 미셸 싸뺑(Michel Sapin)의 성을 딴 것으로, 광고대행사들이 자사가 대행하는 광고주의 광고비를 기준으로 미디어로부터 평균 15%의 대행 수수료를 받던 이전의 커미션 체계를 완전히 뒤집어 피로 전환하게 하는 내용을 담고 있었으며, 이후 보완된 2016년 법률에 의해 완전한 피 제도가 정착되었다.

표 5-4 「정부광고법」의 쟁점조항

제8조(소요경비 지출) ① 문화체육관광부 장관은 홍보매체로부터 정부광고료 및 정부광고에 소요된 경비의 청구가 있을 때에는 이를 확인하여 정부광고를 요청한 기관에 정부광고 증빙 자료 및 경비지출 내역 등을 송부하여야 한다.
② 제1항에 따른 정부광고료 및 정부광고에 소요된 경비는 정부광고를 요청한 기관에서 부담하여야 한다.

제9조(정부기관 등의 유사 정부광고 금지 등) 정부기관 등은 정부광고 형태 이외에 홍보매체나 방송시간을 실질적으로 구매하는 어떤 홍보 형태도 할 수 없다. 다만, 해당 홍보매체에 협찬받은 사실을 고지하거나 「방송법」 제2조 제22호에 따른 협찬고지를 한 경우에는 그러하지 아니하다.

우려가 있었다. 하지만 분명한 것은 정부광고시장에서 움직이는 광고비는 일정하다는 점이다. 수수료율 역시 **「정부기관 및 공공법인의 광고시행에 관한 법률 시행령」** 제7조 제2항에서 총액의 10%로 정했기 때문에 요율의 변동도 발생하지 않는다.

수수료율을 광고비 총액의 10%로 정한 것은 민간 광고대행사가 요구하는 15~16% 수준보다 낮게 책정하여 정부광고를 의뢰하는 정부기관 등 광고주의 부담을 줄이면서 공공의 목적을 달성하기 위함으로 지금까지 정부광고 집행과정에서 형성된 관례에 따른 것이다. 그럼에도 불구하고 정부광고 대행 수수료가 피 방식으로 정착되기 위해서는 정부광고 대행 업무에 필요한 인원 등 투입량과 소요시간 등에 대한 명확한 계산법이 존재해야 할 것이다. 비록 공공의 목적과 투명성, 효율성 확보를 위해 제정된 「정부광고법」에 의한 것이지만 정부광고 대행 수수료 방식이 광고산업계에 하나의 신호탄으로 작용할 가능성이 크기 때문이다.

「정부기관 및 공공법인의 광고 시행에 관한 법률」 중 민간 광고시장과 확연한 차

표 5-5 「정부광고법 시행령」 제7조(수수료의 징수)

제7조(수수료의 징수) ① 수탁기관은 법 제10조 제2항에 따라 수수료를 징수하는 경우에는 정부광고를 요청한 정부기관 등으로부터 수수료를 징수해야 한다. 다만, 「방송광고판매대행 등에 관한 법률」 제5조에 따라 광고판매대행자가 위탁한 방송광고는 광고판매대행자로부터 수수료를 징수해야 한다.
② 제1항에 따른 수수료는 법 제8조에 따른 정부광고료의 100분의 10으로 한다. 다만, 제1항 단서에 따라 광고판매대행자로부터 수수료를 징수하는 경우에는 「방송광고판매대행 등에 관한 법률 시행령」 제11조 제2항에도 불구하고 같은 조 제1항에 따른 방송광고 판매액의 100분의 10으로 한다.

이점은 피 방식의 수수료 제도 외에 투명성을 제고하기 위한 제9조의 법률이다. 동법 제9조의 내용은 "(정부기관 등의 유사 정부광고 금지 등) 정부기관 등은 제2조 제3항에 따른 정부광고 형태 이외에 홍보매체나 방송시간을 실질적으로 구매하는 일체의 홍보 형태를 할 수 없다. 다만, 해당 홍보매체에 협찬받은 사실을 고지하거나 「방송법」 제2조 제22호에 따른 **협찬고지**를 한 경우에는 그러하지 아니하다."로 되어 있다. 이 부분은 「정부광고법」 제2조 제3항을 어긋나는 경우 정부광고로 인정할 수 없는 **유사정부광고**에 해당하니 금지한다는 내용과 금지 예외조항으로 되어 있다. 여기서 금지 예외조항은 유사정부광고가 아니므로 정부광고로 인정한다는 의미이며 이 부분은 헌법재판소에서 이미 결정을 내린 바 있다('협찬고지'는 광고주가 방송매체를 이용하여 명칭이나 상호, 이미지 또는 상품을 홍보하기 위해 프로그램 등에 재원을 보조하는 광고의 형태이다; 헌재 2003. 12. 18. 2002헌바49 결정).

헌법재판소의 결정문에 담긴 내용은 헌법재판의 특성상 정의하기 모호한 영역에 대한 최종결정권을 갖고 있다. 헌법을 비롯한 모든 법령의 의미를 깊이 있게 해석하고 판단하여 사회가 공감할 수 있는 결정을 내리는 것이 헌법재판의 본질이다. 따라서 협찬고지는 합법적인 광고이자 정부광고이니만큼 「정부광고법」의 대상이 되므로 동법에 따라 집행하면 된다는 의미를 담고 있다.

3. 정부광고 규모의 변화

1) 연도별 정부광고 집행 규모(2010~2018)

한국언론진흥재단의 2018년 **정부광고 취급액**은 약 8,212억 원이었다. 국내 주요 광고대행사 중 5위에 해당하는 규모이다(〈표 5-6〉 참조). 한국언론진흥재단에 따르면 2018년 정부광고의 총 집행 건수는 165,136건이다. 이에 대한 수수료로 재단이 창출한 수익은 약 702억 원이다. 다만 2018년 12월 13일 「정부광고법」이 시행되기

표 5-6 2018년 국내 주요 광고대행사 취급액 순위 (단위: 백만 원)

대행사	취급액
제일기획	5,368,072
이노션 월드와이드	4,443,908
HS애드	1,480,802
대홍기획	964,385
한국언론진흥재단	821,246
SM C&C	484,599
퓨처스트림네트웍스(FSN)	352,432
TBWA KOREA	272,282
맥켄에릭슨 & IPG Mediabrands	206,140
레오버넷	191,655

출처: 한국광고총연합회(2019).

전까지는 정부광고 시행에 관한 규정을 어기고 재단에 광고 의뢰 없이 매체에 직접 광고를 시행하고 광고료를 지급하는 직거래 사례가 지속적으로 발생해 왔다. 이전까지 정부광고는 국무총리 훈령(제431호 정부광고 시행에 관한 규정)에 따라 집행되어 법적 강제성이 없었기 때문이다. 따라서 한국언론진흥재단을 통해 집행되지 않았던 정부광고의 규모를 추산하기 어려웠다. 그러나 「정부광고법」이 본격적으로 시행된 2019년부터는 정부광고의 규모를 정확히 파악할 수 있게 되었다. 2019년 정부광고의 연 취급액은 2018년의 8,212억 원을 상회할 것으로 예상된다.

2010년 이후 정부광고의 집행 건수는 지속적으로 증가하였다([그림 5-2] 참조). 취급액 역시 2013년을 제외하면 지속적인 증가세를 보이고 있다([그림 5-3] 참조). 2013년에는 전년 대비 감소하긴 했으나 감소율이 0.1%밖에 되지 않기 때문에 정부광고의 증가세에 큰 변동이 있었다고 보기는 어렵다. 2011년 정부광고 취급액은 4,195억 원으로 처음으로 4천억 원 규모를 돌파하였고, 2017년에는 7,667억 원으로

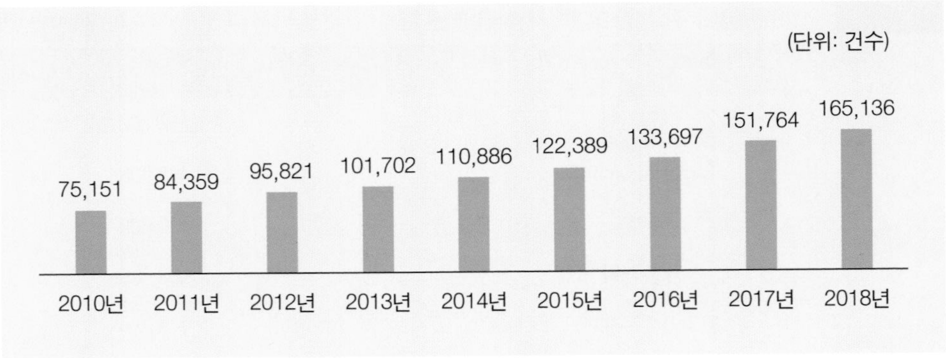

[그림 5-2] 정부광고 집행 건수 추이

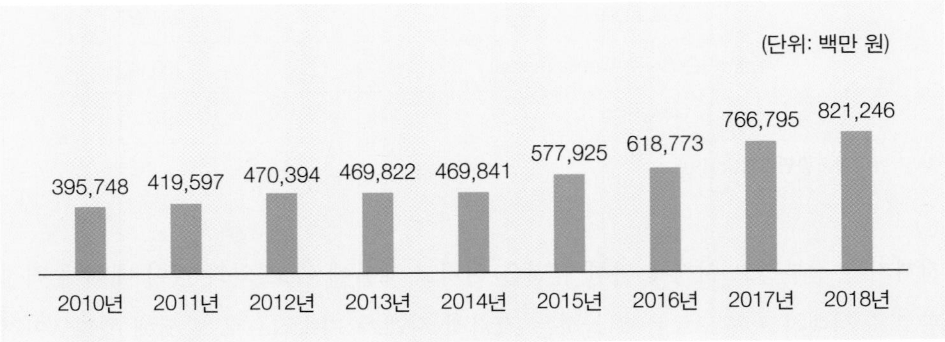

[그림 5-3] 정부광고 취급액 추이

전년 대비 23.92%p 증가한 것으로 조사되었다.

2) 매체별 정부광고 집행 규모 변화(2010~2018)

정부광고가 주로 집행되는 매체는 인쇄, 방송, 옥외, 인터넷이다. 인터넷 매체의 영향력이 높아짐에 따라 2010년 인터넷에 집행된 **정부광고비**는 약 276억 원이었으나 2018년에는 약 1,528억 원으로 급증하였다. 그럼에도 인쇄매체의 비중이 집행 건수(47.5%, 2018년 기준)와 집행액(30.8%, 2018년 기준) 모두에서 압도적으로 높다. 국

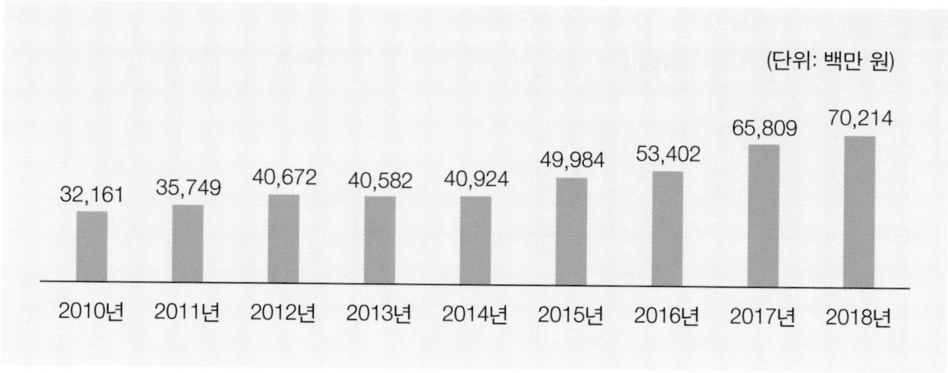

[그림 5-4] 정부광고 수수료 수입액 추이

내 전체 광고시장의 매체별 취급액과는 반대되는 양상이다. 인쇄매체가 국내시장에서 차지하는 비중은 약 15%에 불과하다.

결국 정부광고의 **매체구성**은 국내 전체 광고시장과 비교했을 때 매우 특이한 형태를 지니고 있다고 할 수 있다. 두드러지는 것은 인쇄매체의 비중이 지나치게 높다는 것이다. 이는 일반 상업광고와는 다른 정부광고의 목적과 연관이 있다.

백서에서는 정부광고를 "중앙행정기관, 지방자치단체, 정부투자기관 및 일부 특별법인이 일정한 효과를 야기하고자 관념과 정보의 전달 서비스에 관한 메시지를 매체

표 5-7 정부광고 매체별 취급액 추이 (단위: 백만 원)

구분	2010년	2011년	2012년	2013년	2014년	2015년	2016년	2017년	2018년
인쇄	162,960	175,324	191,534	191,146	188,277	212,798	224,367	248,166	252,698
방송	124,896	119,361	141,062	126,321	116,391	158,226	156,440	214,165	208,810
옥외	70,484	84,144	87,895	94,243	93,625	107,089	121,102	145,092	160,976
인터넷	27,624	34,261	42,868	48,838	55,793	75,126	88,959	119,767	152,806
기타	9,784	6,504	7,036	9,274	15,755	24,684	27,905	39,605	45,956
총계	395,748	419,594	470,395	469,822	469,841	577,925	618,773	766,795	821,246

출처: 제일기획(2014~2018); KOBACO(2014~2018).

표 5-8 국내 전체 광고시장 매체별 취급액 (단위: 백만 원)

구분	2014년		2015년		2016년		2017년		2018년(F)	
	광고비	구성비	광고비	구성비	광고비	구성비	광고비	구성비	광고비	구성비
방송	34,880	36.2	36,114	36.2	40,485	36.4	39,303	35.3	40,862	35.2
인쇄	19,320	20.0	18,850	20.0	18,492	19.0	17,494	15.7	17,250	14.8
디지털	27,065	28.1	28,930	29.0	33,825	30.9	38,402	34.5	41,310	35.6
옥외	9,362	9.7	9,750	9.7	10,091	9.8	10,024	9.0	10,500	9.1
제작	5,850	6.0	5,890	5.1	6,425	4.9	6,072	5.5	6,080	5.3
총계	96,477	100.0	99,534	100.0	109,318	100.0	111,295	100.0	116,002	100.0

출처: 제일기획(2014~2018); KOBACO(2014~2018).

표 5-9 정부광고의 유형 구분

구분	정의
행정광고	정부광고의 주류를 이루는 것으로서 공시, 공고, 안내, 입찰, 공람, 모집 등 법적 의무 조항 광고
시책홍보광고	중앙정부나 지방자치단체의 PR 성격이 짙은 것으로 새로운 정책이나 법규, 행정 서비스 등을 추진할 때 이에 대한 국민의 이해와 협력, 지지를 구하며 나아가 정책목표 실현에 원활을 기하기 위한 상품판매 촉진적 광고
의견광고	정부나 지방자치단체의 공식적 입장을 밝히거나 필요 의견을 제시하는 광고
긴급쟁점광고	돌발적인 사태가 발생하거나 긴급한 상황이 생겼을 때 이에 대한 적절한 대처나 국민들의 이해를 구하기 위한 광고
공공봉사광고 (공익광고)	정책 집행을 위한 목적이 아니라 국민 계도적이고 공공의 이익을 위한 광고. 예를 들면 교통, 환경, 질선, 도덕심 앙양 등 공익적 성격을 지닌 광고
상품 및 서비스 광고	정부투자기관 및 일부 특별법인의 상품이나 서비스를 광고하는 것으로서 일반 상업광고와 그 성격이 유사함

를 통하여 유료로 전달하는 일체의 광고행위"라고 규정하고 있다. 여기에는 정부광고를 **비상업적 광고**로 이윤을 추구하는 일반 상업광고와는 다르게 행정광고, 시책홍

보광고, 의견광고, 긴급쟁점광고, 공공봉사광고(공익광고), 상품 및 서비스 광고 등으로 분류하고 있다. 이 중에서도 주를 이루는 것은 '행정광고'로 공시, 공고, 안내, 입찰, 공람, 모집 등 법적 의무조항 광고를 말한다. 특히 법원광고의 경우, 리베이트 수수 등 광고 관련 비리가 사회적으로 문제화되자 이에 대한 시정 조치로 2003년부터 한국언론진흥재단에 모든 대행 업무를 위탁하도록 하고 있다. 행정광고가 정부광고의 주를 이루다 보니 인쇄매체를 통한 집행 건수와 집행 금액이 가장 높은 비중을 차지하게 되는 구조인 것이다.

4. 정부광고와 수탁기관 역할의 확장

1) 정책홍보의 고찰과 보완점

현재 정부 및 공공 기관에서는 다양한 매체를 활용한 광고를 시행하고 있다. 분류로 볼 때는 광고에 해당되지만 공공성이라는 차원에서는 홍보의 유형이다. 정부광고 및 홍보 프로그램이 잘 갖춰진 기관은 홍보를 통해 기관의 이미지를 개선할 수 있으며 소속 직원들의 사기를 올릴 수도 있다. 홍보 활동을 통해 대외적으로 높이 평가된 정책 담당기관 정부 정책이나 기관에 대한 공격에 대응하는 방어 기능도 수행한다.

하지만 아직까지 국내의 **정책홍보**는 여러 문제점을 지니고 있다. 그중에서 '홍보 환경 조성의 미숙'은 가장 기본적인 부분이다. 국내 정책홍보는 대체로 일방적인 선전 활동의 인상이 짙은 공보 활동 위주로 진행됐기 때문에 정책홍보의 다양한 프로그램에 대한 인식과 이해가 부족한 상황이다.

정책홍보를 위한 가장 중요한 수단인 정부광고 역시 예산 부족과 홍보 방법 선정 등에서 효율적이지 못한 부분이 있다. 인력도 문제가 있다. 최근에 홍보 전문인력이 증가하였다고는 하지만 현장 실무 능력이 없는 학계 전공자가 대폭 증가한 것이므로 실질적인 인력 수급에는 문제가 있다.

단기 프로그램이나 사후적 홍보 의존도가 강한 것도 문제로 지적된다. 정부 정책 홍보는 사전적 홍보가 더욱 바람직한데 우리 현실은 주로 단기적 사후 홍보에 지나치게 의존하고 있다. 이로 인해 정부 공신력에 대한 신뢰도 저하를 가져오게 되는 것이다. 이와 같은 부적합 요인이 아직 존재하고 있는 상황에서는 정상적인 정책홍보 메시지를 전달할 수 없게 된다. 특히 최근과 같은 디지털 융합 환경에서 대중매체를 활용한 홍보는 더욱 취약해질 수밖에 없다.

가장 중요한 것은 매체 3.0 시대에 대중매체를 활용한 정책홍보 전략이 미흡하다는 것이다. 대중매체가 지니는 파급효과를 적절히 이용하지 못한다는 것이다.

여기에는 정부가 시행하는 정부광고와 홍보라는 수단이 지니는 역할도 중요한 부분을 차지한다. 특히 광고가 시행되는 대중매체는 홍보 메시지의 인지도 상승에 결정적인 영향력을 지니고 있는 만큼 대중매체를 활용한 효율적인 대국민 정책 커뮤니케이션 방안을 강구해야 한다.

이를 위해 정책홍보과정에서 나타나고 있는 문제를 찾아 원인을 분석하고 전문가의 조언 및 일반 공중의 의견을 조사해 공익적 메시지의 효율적인 정책홍보 방안을 모색하는 것이 요구된다. 즉, TV와 신문, 인터넷, SNS 등 대중매체별, 메시지 유형별 특성 및 광고효과를 분석함으로써 비용 대비 소통의 효용성을 강화하기 위한 방안을 마련해야 하는 것이다.

특히 이른바 광고 선진국이라 불리는 해외 주요 국가의 정부광고는 어떠한 방식으로 행해지고 있는지에 대해서도 연구할 필요가 있다. 이를 통해 정부광고의 원활한 시행에 필요한 개선점과 보완점을 정책적 대처 방안 차원에서 도출해야 한다.

2) 정부광고 제도와 수탁기관의 역할

현재 정부광고는 한국언론진흥재단에서 통합 대행을 하도록 법으로 명시하고 있다. 여기에는 몇 가지 목적이 있는데, 가장 중요한 것은 국민의 세금으로 운용되는 정부광고의 효율성을 강화하자는 것이다. 특히 방송광고는 미디어렙으로부터 광고

시간을 구매하여야 게재할 수 있는데 민간 기업에 비해 상대적으로 예산 규모가 작은 공공기관에서 적기에 광고시간을 구매하는 것은 사실상 어렵다. 긴급한 정책 이슈나 대국민 메시지를 전달해야 하는 상황에서 광고 대행 창구가 다원화되어 있다는 것은 그만큼 비용 대비 효율성을 저하시키는 원인이 된다.

미국, 영국, 일본 등 해외 주요 국가의 정부광고 운용 현황을 보면 우리와 같은 단독 대행 체제는 아니지만 법과 제도로서 단독 대행효과를 보장할 수 있는 장치를 마련해 두고 있다. 특히 영국과 일본, 프랑스 등은 중앙부처에서 정부광고를 종합적으로 조정하고 통합적으로 관리하는 체계를 유지하고 있다(프랑스의 SIG, 일본의 내각광보실 등).

미국은 정부부처 및 공공기관이 개별적으로 민간 광고대행사와 계약을 체결하여 독자적으로 광고를 시행하고 있으며 공익광고는 광고위원회(Advertising Council)에서 담당하고 있다. 민간의 참여를 기본으로 하고 있지만 정부와 광고업계가 상시 협의 체계를 유지함으로써 정책홍보 등의 효율성을 강화하고 있다. 하지만 미디어 구입에 있어서는 개별적 구매로 인해 비용 절감의 효과를 기대하기 어려운 상황이다.

영국은 정부의 관리 외에 광고자문위원회(ACA)라는 기구를 두고 정부광고 운용의 전문성과 투명성을 감독하고 있다. 또한 미디어 구입 창구를 통합적으로 운용함으로써 정부광고 비용을 절감하도록 하고 있다. 영국 역시 정부광고의 효율성을 강조하고 있기 때문이다.

일본은 민간 광고대행사가 자율적으로 참여할 수 있도록 하고 있지만 정부기관이 미디어를 공동으로 이용할 수 있도록 제도화함으로써 비용 대비 효율성을 보장하고 있다.

이들 국가가 운용하는 정부광고 제도의 공통점은 민간에 자율적 참여를 어느 정도 보장하면서도 일원화된 관리 체계를 실시하고 있다는 점이다. 문제는 정부광고 영역의 민간 개방과 일원화된 운영 체계 모두 상호 이율배반적인 장단점이 존재한다는 것이다. 즉, 민간에 개방할 경우 시장 논리에 의해 저예산 정부광고는 외면당할 가능성이 높고 효율성은 저하된다. 단독 대행 체계로 운용할 경우 시장의 공정한 참여라는 논리적 차원의 한계가 있다. 하지만 중요한 것은 정부광고의 재원이 국민의 세금이라는 취지에서 볼 때 효율성이 강조되어야 한다는 점이다. 이것은 미국, 영국, 일본 등의 경우에도 주안점을 두고 있는 부분이다.

정부광고에 대한 지적과 비판 중 대표적인 것은 세금으로 집행되는 정부광고의 효과와 효율성에 대한 지적이다. 여기에는 미디어 선택과 관련된 부분이 주류를 이루고 있다. 정부광고는 중앙정부에서 추진하는 정책을 제외하곤 지상파 TV와 같은 방송미디어를 구매할 만한 여력이 부족하다. 광고주체가 세분화되어 있고 메시지 또한 다양하기 때문에 인쇄미디어를 수시로 이용하고 있다. 이 같은 과정에서 볼 때 구독률이 현저하게 떨어지는 미디어에 집행되는 경우도 있다.

이 문제는 2010년 말 ABC 부수 공사 반영이 시행되면서 불참 언론사에 대한 정부광고 금지규제가 생김으로써 어느 정도 해결되었다. 그러나 신문 등 인쇄미디어의 단가가 적정한지에 대한 의문은 남아 있다. 국내 신문의 역사가 시작된 이래 현재까지 신문사가 공표하는 공식 광고단가와 실제 거래되는 광고요금의 차이는 논란의 대상이 되고 있기 때문이다. 더 심각한 문제는 매체력 검증이 어려운 인터넷신문에 대한 정부광고 집행 논란이다.

정부와 공기업 광고의 경우 전체적인 규모가 기업광고보다 작고 비주기적인 성격을 지니므로 효율적인 미디어계획을 수립하기 어렵다. 광고주의 입장에서 볼 때 비정기적으로 집행되는 신문광고의 경우 단가 체계의 적용이 여러 가지로 불리할 수밖에 없는 환경인 것이다. 물론 신문사의 입장에서 보면 전체적으로 구독자가 감소하고 광고량이 줄어 심각한 경영 위기를 겪고 있는 상황이다. 하지만 미래를 볼 때 신문광고 단가 체계의 합리적 구조조정은 반드시 필요한 부분이라 판단된다. 신문광고 단가 체계의 투명성과 과학적 합리성이 선결되지 못한다면 광고주의 신뢰를 얻기 어렵고 신문광고시장은 점진적으로 축소될 수밖에 없기 때문이다.

3) 수수료 방식 안착을 위한 과제

국내 광고시장에서는 광고주가 절대적인 권한을 가지고 있다. 방송광고의 경우 제도적인 규정에 따라 수수료 거래 방식과 비율이 정해져 있지만 나머지 매체 영역에서는 사실상 광고주의 입장에 따라 거래 방식이 달라진다. 또한 그동안 광고대행사들이 매체 대행 수수료를 주 수입원으로 삼았기 때문에 크리에이티브 가치 등 광고산업의 본질적인 비용 발생 부분이 도외시되어 왔다. 광고주 입장에서 중요한 것은 광고에 대한 효과를 내는 것이고 또 그에 따른 효율성을 보여 주는 것이기 때문에, 앞으로도 정상적인 지식산업으로서의 광고 대행 업무를 내세워 광고주와 거래를 개선하는 것은 현실적으로 불가능하다고 할 수 있다.

피 제도를 도입하려면 광고주, 광고대행사, 매체사 간의 관계 정립이 필요한데, 지금과 같은 환경에서는 우리나라의 피 제도 도입이 오히려 광고주의 권한을 더욱 강화하는 수단이 될 수도 있다. 광고대행사와 광고주 간의 관계가 광고 선진국들처럼 진정한 파트너십을 갖고 대등한 관계에서 유지된다면 괜찮지만, 우리나라처럼 대기업 계열 광고회사가 모기업의 광고를 독점하는 환경에서는 불가능한 일이다. 독립광고대행사라도 입장은 비슷하다. 매년 경쟁 PT를 해 가면서 광고주를 유지해야 하는 입장에서는 실제 업무의 퍼포먼스를 높이기 위해 했던 피 제도 수단들이 나중에는 대행권을 확보하는 과정에 역으로 악용될 소지가 많기 때문이다.

이러한 환경 때문에 우리나라의 매체사, 대행사는 대부분 피 제도 도입을 반대하고 있다. 실제로 그것을 시행하고 있는 광고주는 있지만 이는 대부분 외국 기업 광고주인 경우가 많다. 국내의 광고대행사나 매체사가 피 제도 도입에 대해 우려하는 이유는 광고주와 광고대행사의 종속관계가 더 짙어지기 때문에 업무 부담이 증가할 것이라고 예측하기 때문이다.

국내 시장 환경에서 광고주는 매체 커미션이 광고대행사의 주 수입원이라는 것을 잘 알고 있다. 근본적으로 수탁 수수료와 대행 수수료 제도의 변화는 광고주 입장에선 관심 밖의 일일 것이다. 현 법제도에서의 수탁 수수료와 대행 수수료 지급 기준의 변경 정도로는 광고주와 광고대행사 간에 문제로 대두되지는 않지만 광고대행사의 입장에서는 꺼리는 것이 사실이다.

피 제도 자체는 바람직하지만 우리나라에서 피 제도를 도입하려면 사회 전체적으로 재구성해야 할 제반 여건이 너무 많다는 것이 문제이다. 피 제도가 정착되기 위해서는 업무에 대한 관련 당사자들의 상호 이해가 확실히 있어야 한다. 그러나 우리나라 여건으로 놓고 볼 때에는 광고주와 광고대행사 간의 파트너십이 미약하기 때문에 다소 무리가 있다. 현재 대행사와 광고주의 관계가 상하 주종관계와 비슷하게 형성되어 있으므로 일단 비용 지불에 대한 문제가 발생하면 을이 주장한다 하더라도 갑이 동의하지 않으면 거래가 이루어질 수 없다. 즉, 비용, 과업, 인력 충원 관련 등 구체적으로 협상을 해야 피 방식에 필요한 비용 산출이 가능한데, 지금 그 과정이 시행되기 어렵다는 것이다. 또한 우리나라는 인하우스 계열사 중심의 광고대행사가 운용되고 있기 때문에 기존에 받고 있는 수수료보다 더 높은 금액을 받게 되면 모회사가 계열사를 부당 지원하는 행위가 되고, 계열사가 덜 받게 되면 모회사를 부당 지원하는 것이 되기 때문에 「공정거래법」상 내부 부당 지원 행위가 발생하게 된다. 이러한 부분은 법적으로 해결해야 하는데 사회적 · 법적 인프라도 이에 못 미치고 있다.

때문에 광고업계에서는 매체 비용이 있는 부분을 ATL로 보고 매체 비용이 없는 부분은 BTL로 보는 점을 활용해 커미션과 피 방식을 각각 적용해 보자는 의견도 있다. 만일 ATL 분야에 피 제도를 도입하는 방안을 논의하려 한다면, 우리나라의 회계 전체가 어음 거래 없이 현금과 미지급금만으로 존재해야 한다. 하지만 광고주의 입장에서는 이 부분을 합의하기 힘들 것이다. BTL 분야에 피 제도를 도입해야 한다고 할 때에도 문제점이 있다. 우선 피 제도를 도입하기 이전에 광고주와 광고대행사 간의 파트너십이 매우 중요하게 이루어져야 하고 상호 간에 전문성을 인정하는 분위기가 만들어져야 한다. 그리고 사회 전반적인 인식과 계약 문화가 바뀌어야 하고 노동 제도와 노동의 유연성도 훨씬 커져야 피 제도가 정착될 수 있다.

결국 피 제도는 광고주가 광고 대행 서비스의 전문성을 어떻게 판단하는가에 따라 그 성패가 좌우된다고 볼 수 있다. 변호사들처럼 '시간당 인건비 기준'을 만들어서 피를 달라고 할 때 광고주가 과연 어떤 반응을 보일 것인가를 미루어 생각해 보면 그 가능성을 예측할 수 있다.

광고시장에서 피 계약이라는 것은 특정 대행사와 특정 업체와의 계약이다. 그러나 이것은 광고주별 상황이 전부 다르다. 민간 기업 간에 이루어질 계약의 문제를 정책적으로 해결하는 것은 쉽지 않다. 물론 프랑스의 사례가 있긴 하지만 그것을 우리나라 상황에 적용할 수 있을지는 미지수이다. 피 제도의 도입에 앞서 사실 전제 조건으로는 우리나라에서 무시되고 있는 계획에 대한 평가 부분들이 많이 현실화되어야 한다. 정책적인 차원에서도 피 제도 도입과 관련한 기술적인 부분보다 거래상의 표준 약관 내지 관행의 항목들을 인정해 나가고 상호 간에 인정할 수 있는 적정선에서 할 수 있는 환경을 제공해야 할 것이다.

기본적으로 갑을관계인 계약 문화가 변해야 하고 광고대행사의 업무도 명확히 구분되어 그 가치가 인정될 수 있어야 한다. 즉, 성공적인 피 제도의 도입을 위해서는 광고주와 광고대행사 간의 파트너십을 바탕으로 한 신뢰 구축이 우선적으로 필요하다.

5. 마치며

정부광고에 관한 업무를 일괄 대행케 한 1972년부터 47년여의 시간이 흘렀다. 2018년 12월 13일을 기점으로 정부광고의 역사는 새로이 쓰였다. 정부광고가 일반 상업광고와 구분되는 가장 큰 차이점은 그 재원이 국민의 세금으로부터 나온다는 점이다. 정부기관 등의 홍보 활동 지출 내역은 「정부광고법」이 본격적으로 시행된 2018년부터 보다 투명하고 공정하게 공개되고 있다. 이와 더불어 정부광고의 수탁기관인 한국언론진흥재단이 취급하게 될 정부광고도 늘어날 것으로 예상된다. 정부광고의 수수료는 모두 공적으로 환원하도록 되어 있다. 애초에 국민의 세금인 공적 자금으로 집행되는 정부광고가 보다 투명하게 거래되고 이에 대한 수입이 또 다른 공적 목적으로 쓰이는 선순환 구조가 법제화된 것이다.

물론 법 제정의 본래 취지에 맞게 안착되어야 하는 과제가 남아 있다. 법의 안착을 위해서는 정부광고주와 한국언론진흥재단, 매체사 그리고 그 외의 다양한 이해관계자에 이르기까지 모두의 노력과 힘이 필요하다. 특히 「정부광고법」을 통해 광고 대행에 대한 수수료를 정부광고주에게 직접 청구하게 된 이상 그 어느 때보다 수탁기관인 한국언론진흥재단의 책무가 높아졌다. 성공적인 피 제도의 도입을 위해서는 광고주와 광고대행사 간의 파트너십이 중요하다고 전술한 바 있다. 「정부광고법」의 성공적인 안착을 위해서는 결국 정부광고주와 재단의 신뢰 프로세스를 구축하는 것이 중요하다고 하겠다. 합당한 서비스 구축과 정부광고의 질적 향상을 통해 일반 광고대행사와는 구분되는, 공적 책무를 담당하는 공공 커뮤니케이션의 허브(hub)로서 기능할 수 있기를 기대한다.

향후 「정부광고법」은 여느 법률과 마찬가지로 시대의 흐름에 따라 개정되고 보완될 것이다. 여기서 중요한 것은 유구한 세월 동안 변천해 온 정부광고 시행 제도와 「정부광고법」의 취지는 보전되어야 한다는 점이다. 「정부광고법」은 정부의 존재 가치 중 가장 중요한 국민에 대한 공적 책무 수행의 일환으로 만들어진 법이기 때문이다.

제6장

광고 관련 단체의 기능

김상준(사단법인 한국광고연구소 소장)

1. 광고단체 설립의 필요성
2. 광고단체의 역할과 기능
3. 광고단체의 설립과 발전과정
4. 우리나라의 주요 광고단체 현황
5. 우리나라 광고단체 발전을 위한 제언

◈◇◈

인간이 본능적으로 단체를 만들고 소속감을 가지려는 이유는 집단으로 있는 것이 생존하기에 유리하기 때문이다. 단체를 결성하는 가장 큰 목적은 본인들의 안위를 지키려는 것이며 그러기 위해서는 집단 소속원 간의 유대관계를 형성하는 것이 중요하다. 광고 관련 단체들의 설립 목적을 보면 광고산업의 발전이나 소속집단의 발전 그리고 소속원(회원)들의 유대강화를 목적으로 하고 있다. 4차 산업혁명 시대는 광고단체들에게도 새로운 패러다임을 요구하고 있다. 광고산업 **가치사슬**(value chain)은 광고주에서 소비자로의 일방향적인 정보나 힘의 흐름이 아니라 양방향 차원의 미디어 접점에서 벌어지고 있는 제도적인 문제나 효과성 등에 대한 관심과 연구를 필요로 한다. 그리고 매년 광고산업에 대한 범위 설정 등 광고산업의 위상 정립이 필요하며 광고인들의 자긍심 제고도 **광고단체**들이 수행해야 할 중요한 활동이라고 본다.

1. 광고단체 설립의 필요성

사회적 동물인 인간이 조직을 이루고 그 조직들을 규합하여 단체를 이루는 것은 자연스러운 일이다. 사회가 분화되어 갈수록 조직이나 단체도 전문화, 규모화, 세분화되어 간다. 한 산업에서 단체를 이루는 방법은 우리나라의 광고산업과 같이 범산업적인 집단에서 세부 기능적인 집단으로 분화되어 가는 것이 일반적이다. 산업이 정립되는 시기에는 광고와 관련된 모든 분야(**광고주, 광고회사, 매체사**) 종사자를 아우르는 범광고단체가 결성되었다가 광고산업이 발전하면서 점차 개별 전문단체로 분화되어 가는 것이다. 인간이 본능적으로 단체를 만들고 소속감을 가지려는 이유는 집단으로 있는 것이 생존하기에 유리하기 때문이다. 단체를 결성하는 가장 큰 목적은 본인들의 안위를 지키려는 것이며 그러기 위해서는 집단 소속원 간의 유대관계를 형성하는 것이 중요하다. 따라서 대부분의 광고 관련 단체의 설립 목적을 보면 광고산업의 발전이나 소속집단의 발전 그리고 소속원(회원)들의 유대강화를 목적으로 하고 있음을 알 수 있다.

인간은 본능적으로 3명 이상 모이면 단체를 결성한다는 우스갯소리가 있을 정도로 모임이나 단체는 셀 수 없을 만큼 많다. 그래서 단체의 성격을 개인적이고 사적인 임의단체와 법률에 근거한 **사단법인**, **재단법인**, **공익법인**, **협동조합** 등 사회적으로 공인된 단체들로 구분 짓고 있다. 법률에 근거하여 설립된 단체들에 대해서는 국가가 공인해 주는데, 이로써 단체들은 공신력을 갖게 되고 각종 정부지원사업이나 세금 혜택도 받고 국가의 행정 파트너로서 인정받게 된다. 국가는 행정행위를 함에 있어서 관련 단체를 통하게 되면 그 산업의 세세한 면까지 파악할 수 있고 행정 효율성이 높아진다.

광고산업에서 법률적인 근거에 따라 설립되는 단체들은 사단법인, 재단법인, 조합으로 구분해 볼 수 있다. 사단법인과 재단법인의 차이는 〈표 6-1〉과 같이 구분해 볼 수 있다.

광고단체들의 설립 근거는 대체로 「**민법**」 **제32조**에 기반하고 있다. 제32조(비영리법인의 설립과 허가)에서는 "학술, 종교, 자선, 기예, 사교 기타 영리 아닌 사업을 목적으로 하는 사단 또는 재단은 주무관청의 허가를 얻어 이를 법인으로 할 수 있다."라고 되어 있다. 이를 근거로 주무부처는 별도의 「**소관 비영리법인의 설립 및 감독에 관한 규칙**」을 제정하여 소관 비영리법인들의 설립 허가 및 감독을 하고 있다. 규칙의 주요 내용은 정관 승인 및 변경 허가 설립 허가의 취소 등으로 이루어져 있다.

「협동조합기본법」에 따르면 협동조합이란 "재화 또는 용역의 구매 · 생산 · 판매 · 제공 등을 협동으로 영위함으로써 조합원의 권익을 형성하고 지역사회에 공헌하는 사업조직"을 말한다. 아직까지는 **광고협동조합**이 활성화되고 있지는 않고 중소 규

표 6-1 사단법인과 재단법인의 구분

구분	사단법인	재단법인
법인의 구성	일정한 목적을 위해 결합한 '사람'을 구성으로 하는 단체	일정한 목적을 위해 '재산출연'을 구성요소로 하는 단체
법인의 형태	영리 형태 및 비영리 형태 가능	비영리 형태만 가능
설립행위	2인 이상의 설립자가 정관을 작성하여 주무관청의 허가를 받아야 함	설립자가 재산을 출여하고 정관을 작성하여 주무관청의 허가를 받아야 함
정관변경	사원총회의 결의 + 주무관청의 허가	정관에 정관변경방법 기재 + 주무관청의 허가
법인의 기관	사원총회의 의사결정	설립자의 의사
법인의 해산	임의해산 가능	임의해산 불가

출처: 찾기 쉬운 생활법령정보 홈페이지.

모 광고회사들이 모인 '**한국광고대행사협동조합**'과 **옥외광고사업자**들이 지역별로 결성한 광고협동조합이 있고, 광고계 시니어들이 모여 결성한 '**한국광고홍보협동조합**'이 있다.

광고(학)의 특성 중 하나는 학제적 또는 통섭적이라는 데 있다. 즉, 광고는 다양한 구성체 기업, 언론, 제작사, 소비자로 구성되어 있다. 물론 대학에 광고학과가 개설되어 있기는 하지만 경영학과, 미디어 관련학과, 디자인 관련학과에서도 광고를 가르치고 있다. 이러한 광고의 특성으로 말미암아 광고 주무부처 논란이 야기되기도 한다. 정부의 업무는 「**정부조직법**」에서 다루고 있는데, 광고는 "문화체육관광부 장관은 문화 · 예술 · 영상 · 광고 · 출판 · 간행물 · 체육 · 관광, 국정에 대한 홍보 및 정부발표에 관한 사무를 관장한다."라고 되어 있어서 「정부조직법」에서는 문화체육관광부가 핵심 주무부처 역할을 한다고 볼 수 있다. 이것이 대부분의 광고단체가 문화체육관광부에 소관되어 있는 이유이기도 하다.

그리고 주무부처의 소관 업무는 개별 법령에 근거하여 추진하게 되는데 광고 관련 중요 법령은 여러 부처가 관리하고 있다. 「**방송광고판매대행 등에 관한 법률**」은

방송통신위원회에서, 「**옥외광고물 등의 관리와 옥외광고산업 진흥에 관한 법률**」은 **행정안전부**에서, 「**표시 · 광고의 공정화에 관한 법률**」은 **공정거래위원회**에서, 「**식품 등의 표시 · 광고에 관한 법률**」은 **식품의약품안전처**에서 그리고 가장 최근인 2018년에 제정된 「**정부기관 및 공공법인 등의 광고시행에 관한 법률**」은 **문화체육관광부**에서 다루고 있다. 광고 관련 법령이 다양한 부처에 산재되어 있고 대부분의 법령이 규제를 위한 법이다 보니 광고산업 진흥을 위한 「광고산업 진흥을 위한 법」 제정의 필요성이 대두되고 있는 실정이다.

2. 광고단체의 역할과 기능

광고의 특징이 학제적이고 통섭적이듯이 광고산업은 다양한 구성체로 이루어져 있다. [그림 6-1] '광고산업의 가치사슬'을 보면 이를 잘 알 수 있다. 4차 산업혁명 시대에 진입하면서 사물인터넷(IoT)과 이른바 5G 통신 기술은 소비자와의 접점을 인간이 생각하는 만큼 넓히고 있다. 이에 따라 광고산업의 가치사슬도 그 범위를 알 수 없을 만큼 확장되고 있다. 최근 디지털사이니지 기술의 급속한 발전은 모든 만물이 매체가 되는 초연결사회를 만들어 가고 있다. 이렇듯 다양하고 복잡한 광고 관련 구성체들은 각각 별도의 단체를 구성하고 있고 향후에도 광고 관련 단체는 더 많고 복잡해질 것이다. 그래도 광고산업 가치사슬을 크게 '광고주-광고회사-매체사-소비자'로 구분하는 것은 유효할 것이다.

광고단체의 성립 및 활성화는 바로 광고산업의 발전을 의미한다. 이들 각자의 구성체는 공동의 문제점을 논의하고 공동의 이익을 대변할 장을 마련하기 위해 필요한 광고단체를 구성하게 된다. 광고단체가 동종업계이든 범업종을 망라하는 단체이든 일단은 어느 정도 광고에 대한 사회의 인식이 확립되고 단체를 결성해야 할 필요성이 대두되어야 한다고 보면, 우리나라에서는1960년도에 들어서 이러한 요건이 대두되고 광고단체들이 나타나기 시작하였다.

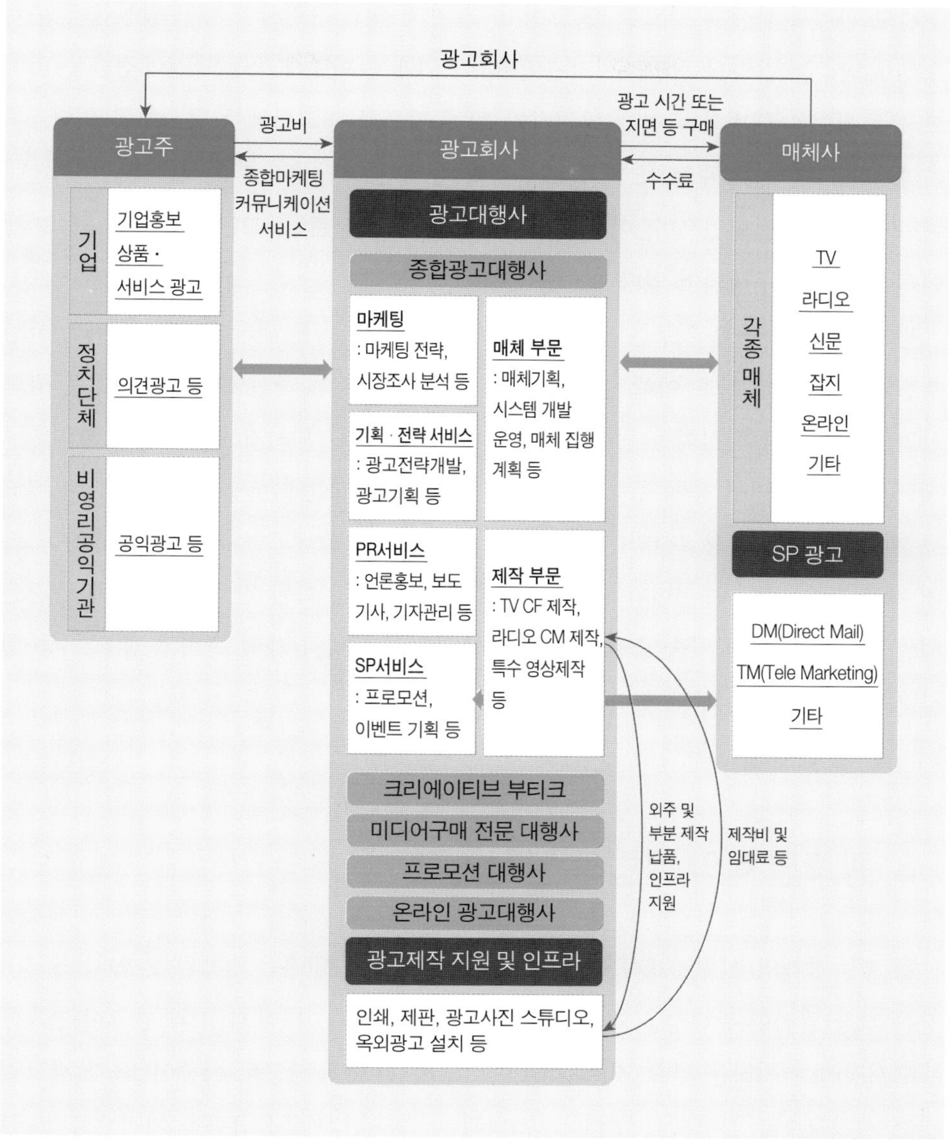

[그림 6-1] 광고산업의 가치사슬

출처: 공정거래위원회(2013), p. 4에서 재인용.

광고 관련 단체들은 광고주, 광고회사 및 기타 광고 관련사의 광고 활동을 전문적으로 도와주는 다양한 광고조성기관이며, 각 업계는 회원사 공동의 문제점을 논의하고 공동이익을 대변하는 장을 마련하기 위해 필요한 광고단체를 구성하고 있다. 우리나라에도 **한국광고주협회**, **한국광고업협회** 등의 광고단체가 회원사들의 이익을 대변하기 위해 설립되었으며, 이들 광고단체의 연합회인 **한국광고단체연합회**는 총 20개의 광고단체로 구성되어 있다.

광고단체들의 주요 기능은 크게 광고산업 전체나 소속된 단체의 발전을 위한 사업 추진과 회원 간의 상호 이해 증진을 위한 사업 추진의 두 가지로 나눌 수 있다. 광고산업의 발전이나 선진화를 위한 사업은 개별 광고 관련 회사가 할 수 없는 사업들로 제도 개선이나 연구 등에 주력하게 된다. 1990년대 이전에는 **ABC 제도**나 심의 제도 등 제도의 도입을, 광고산업이 성장하는 시기에는 방송광고 사전심의, 방송광고 판매 제도 등의 규제 개선이나 폐지 활동에 주력하였다. 회원 간의 상호 이해 증진을 위한 사업들은 선진 기술 습득을 위한 교육사업과 세미나 개최 그리고 광고제 등 행사 사업이 주류를 이루고 있다.

3. 광고단체의 설립과 발전과정

광고는 경제의 선행지표라고도 하며 일반적으로 경제(혹은 경제의 변화)와 광고시장은 가장 밀접한 관련성을 지닌 것으로 간주되고 있다. 특히 GDP와 광고비 변동은 광고시장을 분석하는 주요 지표가 된다. GDP 대비 총 광고비 비중이 1%가 넘으면 광고 선진국으로 분류되고 있다. 우리나라는 1988년 서울올림픽을 기점으로 1%를 넘었으나 1997년 IMF 외환위기 이후로는 1%를 회복하지 못하고 있다.

우리나라의 광고산업을 [그림 6-2]의 GDP와 총 광고비 관계로 분석하면 크게 4단계로 나누어 볼 수 있는데, 이 단계별로 광고단체의 설립과 발전과정을 살펴보고자 한다. 1단계는 정립기로 1988년 이전까지 광고산업이 산업으로서 위상을 갖추는 시

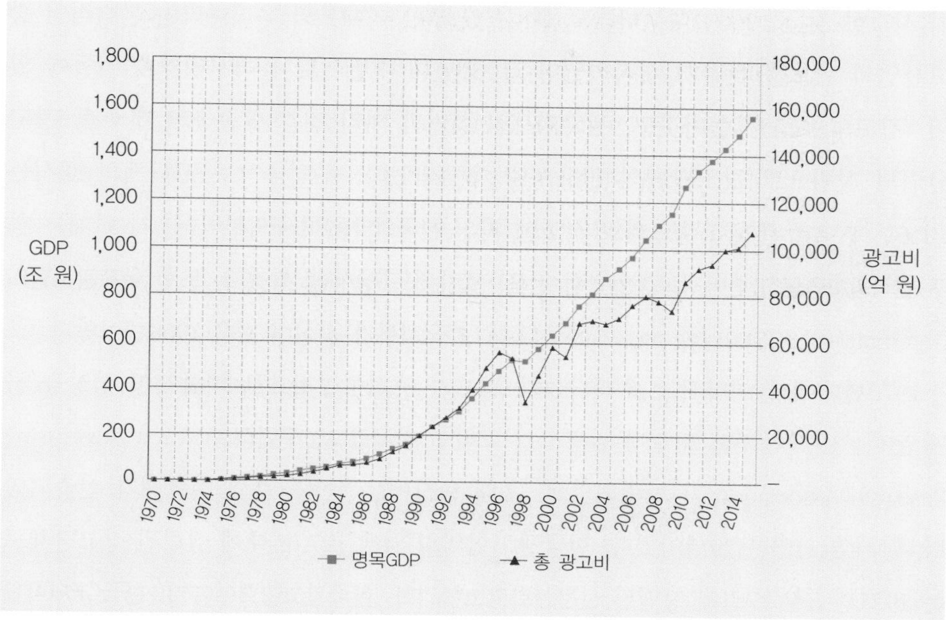

[그림 6-2] 국내 연도별 GDP와 총 광고비

출처: 방송통신위원회(2016)에서 재인용.

기라고 볼 수 있다. 2단계는 발전기로 1997년 IMF 외환위기 때까지이며, 이 시기 우리 광고산업은 **GDP 대비 총 광고비가 1%**를 상회하며 매년 20% 전후의 폭발적인 성장을 이루었다. 3단계는 저성장기로 IMF 외환위기 때부터 2008년 세계경제 위기 때까지이며, 경기변동에 따라 성장과 역성장을 거듭하는 불안한 성장 시기이다. 4단계는 성숙기로 2009년부터 현재까지이며, 4차 산업혁명 시대가 시작되는 시기로 광고산업에서 새로운 패러다임으로의 전환이 요구되는 시기이다.

1) 정립기(1988년 이전 시기)

우리나라에 마케팅 개념이 도입되기 시작한 것은 1950년대 후반이나, 광고가 기업의 중요한 경영 활동으로 인식되고 마케팅 활동의 중요한 도구로서 뿌리를 내리기 시작한 것은 1960년대부터라고 볼 수 있으며, 이때부터 우리나라는 본격적인 광고산업의 면모를 갖추기 시작하였다. 1960년대 후반으로 들어서면서 기업들에 있어 광고의 비중이 높아졌고, 광고회사의 설립과 여러 민간 방송국의 개국 등 광고산업의 정립으로 광고단체의 필요성이 대두되었다. 우리나라 광고단체의 효시는 1966년에 발족된 광고주협회의 성격을 가진 **한국의약품PR 구락부**이다. 이 단체는 향후 **한국광고협의회**(한국광고총연합회 전신) 설립에도 영향을 끼쳤다. 또한 **국제광고협회**(International Advertising Association: IAA) **한국지부**가 창설된 것은 1968년이었다.

1970년대에 들어와서는 우리나라의 광고가 양적 · 질적으로 비약적인 성장을 하게 된다. 1971년 7월 26일에 범광고인 모임인 **한국광고연구협의회**(Korea Advertising Research Association)가 창립되었고, 초대 회장에는 한독약품의 이종배가 선출되었다. 당시 발기인은 39명이었다. 한국광고협의회 외에 1970년대에 설립된 광고단체로는 1971년 8월 27일에 창립된 **신문협회광고협의회**, **한국광고협회**(1972), **한국CF제작협회**(1973), **한국광고사진가협회**(1976), **한국문화광고영화제작자협회**(1977) 등이 있다. 또한 1976년 7월 3일에는 **서울카피라이터스클럽**(Seoul Copywriter's Club: SCC)이 창립되었다.

1984년 6월 18일부터 22일까지 서울 힐튼호텔에서 'Advertising-Helping Asia Grow-아시아의 세대를 위한 광고'라는 주제를 가지고 개최된 아시아광고대회는 국내외의 약 1,000여 명이 참가한 최고의 광고회의였으며, 의장에는 남덕우 당시 무역협회 회장이, 기조연설은 이한빈 박사가 하였다. 제14차 아시아광고대회의 성공적 개최는 한국 광고사에 있어 하나의 커다란 전환점이 되었으며, 광고산업의 위상을 한 차원 끌어올리는 계기가 되었다. 아시아광고대회를 계기로 국내에서 중추적인 역할을 담당하게 될 광고회사들의 단체인 한국광고업협회는 1986년 10월 23일에 15개 광고회사를 회원사로 구성하여 출범하였다. 이로써 광고산업이 본격적인 궤도에 오르게 되었다.

2) 발전기(1989년~1997년 IMF 외환위기 이전)

1988년에는 광고주협회가 뒤늦게 탄생하였다. 1989년에는 신문 잡지 부수 조사기구인 한국ABC협회, 한국PR협회, 한국광고학회가 창립되었다. 1991년에는 광고자율심의기구, 1992년에는 여론, 시장조사협회가 설립되었다. 1990년대로 들어서면서 세계 경제 상황은 좋지 않았지만 우리나라의 광고산업은 매년 20% 내외의 그야말로 비약적인 성장을 하였다. 이러한 기세로 세계 광고산업에서 우리 광고산업이 차지하는 비중이 10위권으로 진입하게 되었다.

1996년에는 국제광고협회가 격년으로 개최하는 **제35차 IAA 세계광고대회**(서울)가 삼성동 COEX에서 개최되었다. 6월 9일부터 12일까지 4일간 개최된 이 대회는 광고의 올림픽이란 말까지 나오는 세계적인 규모의 광고대회이다. 서울대회에는 49개국에서 2,385명이 참석하였으며, IAA 세계광고대회 사상 가장 많은 참가국과 대표가 참석한 회의가 되었다.

이 시기에는 광고단체들도 많은 활동을 하였다. 이는 회원사들에게 다양한 혜택을 제공하고 이를 통해 회비 납부 및 단체 활동에 적극적으로 참여하는 선순환을 가져왔다. 광고단체들이 제도 개선을 위해 각종 세미나 개최나 대정부 건의 활동에 적극적으로 나섰던 시기이기도 하다.

3) 저성장기(1998년 IMF 외환위기 이후~2008년 세계 경제위기)

1997~1998년의 외환위기를 넘긴 뒤 우리 경제는 일단 회복되었다. 그러나 광고산업에서는 많은 체질 개선이 있었다. 매년 20% 이상 비약적인 성장을 해 오던 광고산업은 경제의 영향에 따라 성장과 역성장을 반복하는 널뛰기 성장을 하게 되었다. 그리고 이 시기에 많은 광고회사가 폐업을 하게 되었다. 이때 많은 광고인이 온라인 매체 쪽으로 옮겨 갔는데 이들이 우리나라 온라인 발전에 많은 기여를 하였다.

광고단체들도 어려운 상황을 타계하기 위하여 여러 경로를 통해 제도 개선을 위한 적극적인 노력을 경주하였다. 특히 광고대행 수수료를 포함한 '거래제도 개선'과 '방송광고 심의'에 관한 문제들을 정부에 건의하는 수준을 넘어 헌법소원을 내는 등 보다 적극적인 활동을 하게 된다.

한국광고총연합회, 한국광고주협회, 한국광고산업협회가 주축이 되어 2004년 헌법소원을 하게 되는데, 2008년 재판부는 "광고도 사상 · 지식 · 정보 등을 불특정 다수에게 전파하는 것으로 언론 · 출판 자유의 보호 대상"이라며 "방송위원회는 구성방법이나 업무 내용 등에 비춰 행정주체에 해당하고 자율심의기구는 방송위의 업무를 위탁받았기 때문에 자율심의기구의 사전심의행위는 행정기관에 의한 사전검열로 표현의 자유를 침해한다."라고 판단하였다.

한편, 2008년에는 한국방송광고공사의 독점적 **방송광고 판매 대행에 대한 '헌법불일치' 판결**이 있었다. 한국방송광고공사(이하 KOBACO)가 독점적으로 운영하던 지상파 방송광고 등에 대한 판매 대행이 「방송법」 제73조와 「방송법 시행령」 제59조에 대해 평등권과 직업 선택의 자유에 위반된다는 판단하에 '헌법불일치' 판결이 났다. 이에 따라 독점 방송광고 판매 제도가 마감되었다.

2003년 11월 유치가 확정된 후 4년간 국내 광고계가 준비했던 **'2007 아시아광고대회**(AdAsia 2007 Jeju)'가 2007년 10월 22일부터 24일까지 제주국제컨벤션센터에서 2박 3일 동안 성대하게 개최되었다. 국내 광고계의 주요 인사로 구성된 조직위원회가 주관하고 한국광고총연합회, 문화관광부, 방송위원회, KOBACO, 제주도, 한국관광공사 등의 지원으로 개최된 2007 아시아광고대회에는 전 세계 24개 국가에서 약 1,200여 명의 주요 광고인이 참석하였다.

4) 성숙기(2008년 세계 경제위기 이후~현재)

4차 산업혁명 시대에 진입하면서 광고산업의 패러다임이 변화하고 있다. 그간 광고산업을 견인했던 전통적인 4대 매체의 시대는 가고 모바일광고를 중심으로 디지털광고 시대가 도래한 것이다. 2018년 디지털광고는 방송광고를 앞지르는 지각 변동을 일으켰다.

이러한 현상은 **중간광고 도입, 완전한 총량제 실시** 등 방송광고의 비대칭적 규제 완화 논의로 이어지고 있다. 그간 광고단체들을 중심으로 많은 제도 개선 노력이 있었고 많은 부분에서 결과로 이어졌으나 아직 방송광고의 중간광고나 완전총량제는 개선되지 않고 있다. 이는 정부의 개선의지가 부족한 탓도 있겠지만 그보다는 경쟁매체들 간의 영역 다툼에 기인하는 측면도 있다. 이에 대해 광고산업 내부에서 동업자 정신을 바탕으로 노력이 더 요구된다고 할 수 있다.

4. 우리나라의 주요 광고단체 현황

1) 사단법인 한국광고총연합회

Korea Federation Of Advertising Associations

❑ 창립연도: 1971년

❑ 홈페이지: www.adic.or.kr

❑ 창립 목적

광고 환경 발전을 통한 국가 경제발전과 문화생활 발달에 기여

❑ 주요 연혁 및 활동

- 1971. 7. 창립
- 1973. 7. **광고의 날(11. 11.) 제정 공포**
- 1993. 4. IAA 세계광고대회 서울 유치(1996년 개최)
- 1998. 11. 광고정보센터(adic.or.kr) 온라인 서비스 오픈
- 1999. 10. 광고정보센터(adic.or.kr) 온라인 광고교육 추진
- 2003. 9. 오프라인 광고교육 특강 개설
- 2005. 3. 대한민국 대학생 광고경진대회(KOSAC) 개최
- 2007. 10. 제25차 아시아광고대회 개최(제주)

- 2010. 1. 방송광고 온 · 오프라인 광고교육 10개 과정 개설
- 2014. 9. 광고전문 인력양성 교육사업의 일자리 창출에 기여한 공로를 인정 받아 경제부총리상 수상
- 2015. 5. 고용노동부 고보기금 지원 광고 관련 중소기업 재직자 대상 무료광고교육 추진
- 2017. 1. 대학생 산학연계 광고창작경연(KOSAC) 개최
- 2018. 2. 글로벌광고인재양성사업 추진

❑ 주요 활동 사진

2018 대한민국 대학생 광고대회(KOSAC)

한국광고아카데미 운영

2019 광고인 신년교례회

2018 대한민국광고대상 시상식

2) 사단법인 한국광고주협회

Korea Advertisers Association

❑ 창립연도: 1988년

❑ 홈페이지: www.kaa.or.kr

❑ 창립 목적

광고의 자유 신장과 국내 광고산업의 선진화

❑ 주요 연혁 및 활동

- 1990 광고자율심의기구 설립 추진
- 1993 소비자가 뽑은(국민이 선택한) 좋은 광고상 제정 · 시행
- 1995 ABC기금 조성 전달
- 1996 인쇄매체수용자조사 실시
- 1997 신문광고시장 선진화 촉구
- 1998 방송광고 사전심의 폐지 건의
- 1999 제46차 WFA 세계광고주대회 개최
- 2000 인터넷사용자조사 실시
- 2001 전국광고주대회 제정 시행
- 2005 사이버언론 신고센터 운영
- 2007 인터넷파워인덱스조사 실시
- 2009 유사언론 대책 사업
- 2010 ABC 발행부수 최초 공개
- 2011 광고주가 뽑은 나쁜 언론 발표
- 2012 사이비언론 횡포에 맞서 반론보도닷컴 개설
- 2014 N스크린 매체 활동과 통합광고효과조사
- 2016 매체 협찬 관행 개선 사업 실시
- 2017 통합시청자수(TTA) 자료 제공 서비스 개시
- 2018 한국광고주협회 창립 30주년 기념행사 개최

❑ 주요 활동 사진

제26회 국민이 선택한 좋은 광고상 시상식

한국ABC협회 ABC기금 전달(1995)

2017 한국광고주대회

1999 WFA 세계광고주대회 개최

3) 사단법인 한국광고산업협회

Korea Association of Advertising Agencies

❑ 창립연도: 1986년 10월 23일 ❑ 홈페이지: www.kaaa.co.kr

❑ 창립 목적

광고산업의 건전한 육성과 발전 및 회원의 권익을 도모하며 나아가 국가경제 발전과 국민 문화생활 향상에 이바지함

❑ 주요 연혁 및 활동

- 광고시장 개방 대응
  - 점진적 개방
  - 광고 관련 규제 완화로 국내 광고산업 육성
- 광고산업 관련 규제, 제도 개선
  - 대행 수수료 6%에서 11.5%로 상향 조정(*변동 사항 세부 내용: 공사 20년사 등)
  - 방송광고 법적 사전심의 위헌 제소 및 위헌 판결
  - 법률 제·개정 참여, 정책 세미나, 건의 활동 등
- 광고인 교육
  - 해외 워크숍
  - 세미나
  - 서적 발간(90여 종 등)
- 광고인 지위 향상 및 자긍심 함양
  - 유공 광고인 정부 포상 등
- 회원사 간 친선 도모 및 교류
  - 신년 교례회
  - 친선행사 등
- 회원사 간 정보교류 및 산업 동향 공유
  - 광고산업, 협회보『The Ad』 발간 등

4) 사단법인 한국온라인광고협회
Korea Online advertising Association(KOA)

❑ 창립연도: 2011년 ❑ 홈페이지: www.onlinead.or.kr

❑ 창립 목적

온라인광고 정책과 기술을 연구하고, 지식의 보급을 목적으로 온라인광고 주체로 이루어진 회원사 간 정보의 교류와 공정한 거래질서 확립 및 온라인광고산업의 발전을 도모함

❑ 주요 연혁 및 활동

- 2011 한국온라인광고협회 창립총회 개최
- 2012 대한민국 모바일광고 대상 시상식
- 2013 온라인광고 시장규모조사 실시 및 발표
- 2014 온라인광고 전문가양성 교육과정 운영
- 2015 대한민국 온라인광고 대상 세미나 및 시상식 개최
- 2016 서울시 SNS 직원교육, 청년 소셜미디어 PD 교육과정 운영
- 2016 온라인광고 법 · 제도 가이드북, 계약안내서, 분쟁조정사례집 발간
- 2017 지방대학 온라인광고 단기과정 교육(10개 대학)
- 2018 온라인광고 학계 · 업계 워크숍
- 2018 온라인광고인의 밤 개최
- 2019 서울시 뉴딜일자리 맞춤형사업 온라인광고 분야 교육과정 진행 중

❑ 주요 활동 사진

2019 협회 정기총회

2018 온라인광고인의 밤 및 온라인광고대상 시상식

2017 한국 · 베트남 해외 세미나

온라인광고 전문가양성 교육과정

5) 사단법인 한국광고영상제작사협회
Korea Commercial Film Maker Union

❑ 창립연도: 1987년 12월 30일 ❑ 홈페이지: www.ad.re.kr

❑ 창립 목적

회원의 권익보호 및 CF의 질적 향상과 연관업계의 발전 기여

❑ 주요 연혁 및 활동

- 1987. 12. 한국CF제작사협의회(Korea Commercial Film Companies Council: KCC) 창립 총회
- 2000. 12. CF시사실 및 홈페이지 구축(www.koreacf.or.kr)
- 2003. 5. 스티비상(The Stevie Awards)과 업무제휴 계약 체결
- 2005. 10. 공정거래위원회 '광고업종의 표준하도급 기본계약서' 제정 시행
- 2006. 1. 런던국제광고제(LIA)와 업무제휴 계약 체결
- 2008. 6. 방송광고사전심의 '위헌' 결정(헌법재판소)
- 2007. 5. 공정거래위원회, 원사업자를 대상으로 하도급거래 서면직권실태조사 실시
- 2008. 1. 모스크바국제광고제(MIAF)와 업무제휴 계약 체결
- 2009. 11. 공정거래위원회, 표준하도급계약서 개정
- 2010. 12. ADC(Art Directors Club) 한국대표부 체결
- 2010. 12. GAA(The Global Advertising Awards) 한국대표부 체결
- 2013. 2. 「광고제작환경 개선 방안에 관한 연구」 보고서 발간

6) 한국옥외광고협회중앙회

Korea Outdoor Advertising Association

한국옥외광고협회 중앙회

❑ 창립연도: 1970년 3월 2일

❑ 홈페이지: www.koaa.or.kr

❑ 창립 목적

옥외광고물 등의 효율적인 관리와 옥외광고업의 건전한 발전 및 종사자의 품위 향상을 통하여 옥외광고문화 발전에 이바지함

❑ 주요 연혁 및 활동

- 1970. 3. 2. 한국광고물제작협회 창립준비위원회 결성
- 옥외광고업계의 경영합리화와 광고물의 질적 수준 향상에 관한 연구
- 옥외광고에 관한 국제교류 협력
- 옥외광고사업의 발전을 위하여 제도 시책의 개선에 관한 조사 연구 및 건의 자문
- 협회의 기관지 간행 및 출판
- 회원의 작품전시 및 세미나 발표
- 광고물의 표시허가, 신고업무 지원
- 광고물의 안전점검 수탁대행
- 옥외광고업 종사자교육 수탁대행과 옥외광고연수원 설치 · 운영
- 광고물의 설치로 인한 손해보상 또는 손해보상을 위한 공제기금 조성
- 국가 및 지방자치단체로부터 위탁받은 사업
- 국가공인 옥외광고사 자격검정시험 운영관리 및 교육에 관한 사항
- 민간자격 옥외광고물시공사 자격검정시험 운영
- 대한민국 옥외광고대상전 개최
- 한국국제사인디자인전(KOSIGN) 개최

❑ 주요 활동 사진

한국국제사인디자인전(KOSIGN) 전시회

대한민국 옥외광고대상전

국가공인 옥외광고사 자격검정시험

민간자격 옥외광고물 시공사 자격검정시험

7) 사단법인 한국ABC협회

Korea Audit Bureau of Certification

❑ 창립연도: 1989년 5월 31일 ❑ 홈페이지: www.kabc.or.kr

❑ 창립 목적

신문 · 잡지와 멀티미디어 등 광고매체의 수용자 크기와 분포 상황 등의 공시를 통해 광고거래 합리화 기여

❑ 주요 연혁 및 활동

- 1989 한국ABC협회 창립(발행사 34개 사, 광고주 27개 사, 광고회사 14개 사 등)
- 1993 예비공사 실시(『조선일보』『한겨레신문』『인천일보』『중부일보』 등 6개 사)
- 1996 제1회 신문부수공사보고서 발간(일간신문 5개지)
- 2002~2003 『조선일보』『중앙일보』『동아일보』 등 공사 참여
- 2005 일간신문 7개 사 공사 참여
- 2009 일간신문 6, 주간신문 77, 잡지 23, 기타 4개 사 공사 참여
- 2010 발행부수 검증 및 인증발표(2009년도분)
  - 일간신문 141, 주간신문 372, 잡지 · 전문지 343 등 856개지
- 2011 발행 · 발송 · 유료 부수 검증 및 인증발표(2010년도분)
  - 일간신문 153, 주간신문 400, 잡지 · 전문지 325 등 878개지
- 2012 발행 · 발송 · 유료 부수 검증 및 인증발표(2011년도분)
  - 일간신문 150, 주간신문 425, 잡지 · 전문지 376, 웹 사이트 22 등 973개지
    * 2012년 6월부터 웹 사이트 공사 실시
- 2013 발행 · 발송 · 유료 부수 검증 및 인증발표(2012년도분)
  - 일간신문 155, 주간신문 412, 잡지 · 전문지 348, 웹 사이트 27 등 942개지
- 2014 발행 · 발송 · 유료 부수 검증 및 인증발표(2013년도분)
  - 일간신문 156, 주간신문 410, 잡지 · 전문지 395, 웹 사이트 24 등 985개지

- 2015 발행 · 발송 · 유료 부수 검증 및 인증발표(2014년도분)
  - 일간신문 158, 주간신문 375, 잡지 · 전문지 351, 웹 사이트 21 등 905개지
- 2016 발행 · 발송 · 유료 부수 검증 및 인증발표(2015년도분)
  - 일간신문 159, 주간신문 440, 잡지 · 전문지 374, 웹 사이트 19 등 992개지
- 2017 발행 · 발송 · 유료 부수 검증 및 인증발표(2016년도분)
  - 일간신문 169, 주간신문 463, 잡지 · 전문지 381, 웹 사이트 24 등 1,037개지
- 2018 발행 · 발송 · 유료 부수 검증 및 인증발표(2017년도분)
  - 일간신문 167, 주간신문 644, 잡지 187, 웹 사이트 14 등 1,012개지

8) 사단법인 한국광고자율심의기구

Korea Advertising Review Board

Karb 한국광고자율심의기구

❑ 창립연도: 1991년 3월 27일

❑ 홈페이지: www.karb.or.kr

❑ 창립 목적

광고 활동이 기업윤리와 사회규범에 위배되지 않도록 광고인이 자율적 책임을 다함으로써 광고윤리를 확립하고, 나아가 기업언론으로서 광고의 자율성과 신뢰도를 신장시키는 데 기여

❑ 주요 연혁 및 활동

- 1991. 3. 27. 기구 설립, 창립총회 개최
- 1993. 11. 공보처 사단법인 설립허가
- 1994. 6. 인쇄매체 광고심의 업무 시작
- 2000. 8.~2008. 6. 방송광고 사전심의 위탁 업무(구 방송위원회)

❑ 주요 업무

- 방송광고 사전자율심의(2009~)
- 인쇄매체 광고심의사업(1994~)
- 기사형 광고심의사업(2010~)
- 광고물(전 매체 전 업종) 사전검토 서비스 업무(2014~)
- 광고심의 교육 및 심의정보지 『광고심의』 발간(2014~)
- 광고자율심의 관련 세미나 및 토론회 개최

❑ 주요 활동 사진

기사형 광고 개선 방안 토론회

광고제작실무 종사자 광고심의교육

광고심의 개선 방안 토론회

광고자율심의 활성화 방안 토론회

9) 부산국제광고제조직위원회 AD STARS

AD STARS

❑ 창립연도: 2007년 12월 1일

❑ 홈페이지: www.adstars.org

❑ 창립 목적

아 · 태 지역을 대표하는 국제광고제로 국내 광고산업의 위상 제고 및 국제 경쟁력 강화

❑ 주요 연혁 및 활동

- 2007 준비위원회 창립 및 사단법인 설립 인가(대표: 허남식 부산시장)
  이의자 집행위원장 취임, 부산국제광고제 Pre 대회 개최
- 2008 제1회 부산국제광고제 개최(10/21~24, 해운대그랜드호텔) - 29개국 3,105편 출품
- 2009 제2회 부산국제광고제 개최(8/27~29, 해운대그랜드호텔) - 38개국 3,258편 출품
- 2010 제3회 부산국제광고제 개최(8/26~28, 해운대그랜드호텔) - 41개국 5,437편 출품
- 2011 제4회 부산국제광고제 개최(8/25~27, 해운대그랜드호텔) - 46개국 7,130편 출품, 최환진 공동집행위원장 취임
- 2012 제5회 부산국제광고제 개최(8/23~25, 부산 벡스코) - 57개국 10,431편 출품
- 2013 제6회 부산국제광고제 개최(8/22~24, 부산 벡스코) - 59개국 12,079편 출품
- 2014 제7회 부산국제광고제 개최(8/21~23, 부산 벡스코) - 62개국 12,591편 출품
- 2015 제8회 부산국제광고제 개최(8/20~22, 부산 벡스코) - 67개국 17,698편 출품

- 2016 제9회 부산국제광고제 개최(8/25~27, 부산 벡스코)-61개국 18,063편 출품
- 2017 제10회 부산국제광고제 개최(8/24~26, 부산 벡스코)-56개국 21,530편 출품
- 2018 제11회 부산국제광고제 개최(8/23~25, 부산 벡스코)-57개국 20,342편 출품

❑ 주요 활동 사진

개막식

네트워킹 파티

전시

시상식

10) 국제광고협회(IAA) 한국지부

IAA 한국지부

International Advertising Associations Korea Chapter

❑ 창립연도: 1968년 11월

❑ 창립 목적

세계광고계의 동향전파와 해외교류를 통한 한국광고의 위상 강화

❑ 주요 연혁 및 활동

- 1968 제6차 아시아광고대회에서 한국지부 설립 증서 교부
- 1968 국제광고협회 한국본부 설립
- 1969 제21차 IAA 도쿄 세계광고대회 참가
- 1968 COMPREHENSIVE MEDIA GUIDE KOREA 1970-1971 발간
- 1973 『Advertising In Korea』(1st ed.) S/K Associates
- 1975 『Advertising In Korea』(2nd ed.) S/K Associates
- 1969 한국방송광고공사, IAA 인증 교육과정 개설
- 1984 제14차 아시아광고대회 개최
- 1993 제35차 IAA 세계광고대회 서울 유치(1996년 개최)
- 1996 제35차 IAA 세계광고대회 서울 개최
- 2007 제35차 아시아광고대회 개최

❑ 주요 활동 사진

1984 제14차 아시아광고대회 서울 개최

1996 제35차 세계광고대회 서울 개최

IAA 인증 교육과정 개설

2007 제25차 아시아광고대회 제주 개최

11) (사)한국광고사진가협회

KAPA 사)한국광고사진가협회

Korea Advertising Photographers Association

❑ 창립연도: 1988년 3월 ❑ 홈페이지: www.kapa.or.kr

❑ 창립 목적

한국 광고사진 문화 및 미디어 발전과 국제 간의 문화교류에 공헌하며 회원 상호 간의 정보교류 및 친목을 도모하고 국내 광고 사진가들의 권익보호와 지위 향상

❑ 주요 연혁 및 활동

- 1976 韓國廣告寫眞家協會 창립
- 1988 KAPA 정기회원전 및 일본 APA 초대전 개최
- 1991 협회보『광고사진』창간 및『한국광고사진연감 1집』발간
- 1993 제1회 한국광고사진공모전 개최
- 1994 한국광고사진공모전 및『한국광고사진연감 3집』발간
- 1996 제35차 IAA 서울세계광고대회
- 1997 일본중부사진가 300인 초대전에 참가
- 2000 국제디지털영상기기전 2000[DiMex] 개최
- 2010 제1회 아세아 국제광고사진교류전
- 2011 제9회 한 · 중 · 일 광고사진교류전 개최
- 2012 제20회 한국광고사진공모전 전시회
- 2014 부산국제광고제/광고사진전시회 개최
- 2018 KAPA PHOTO FESTIVAL 2018 개최 - 우촌갤러리/서울 시민청 갤러리

□ 주요 활동 사진

2018 제26회 국제광고사진공모전

국제광고사진전

2018 한국광고사진가협회 회원전

2014 부산국제광고제/광고사진전시회

12) 사단법인 한국광고연구소
Korea Institute of Advertising

KIAD 한국광고연구소 Korea Institute of Advertising

❑ 창립연도: 2013년

❑ 홈페이지: www.ad.re.kr

❑ 창립 목적

광고 환경 발전을 통한 국가 경제발전과 문화생활 발달에 기여

❑ 주요 연혁 및 활동

- 2013 창립총회 개최
- 2013 한국광고컨설턴트협동조합 창립 주도
- 2015「디지털 이종매체 간(IPTV, 스마트 TV, 인터넷) 광고 호환성 및 표준화에 대한 연구」
- 2014「옥외광고 현황 및 검증방안 연구」
- 2014 제주 해양바이오 산업 마케팅 연구회 운영
- 2014 고용노동부 중장년취업아카데미 '광고홍보컨설턴트 양성과정' 운영
- 2014 2014 청소년 광고교실 진로특강 운영
- 2014「IoT 시대의 온라인 광고 발전방안 연구」
- 2015「중간광고와 TV프로그램 시청 만족도 관계연구」
- 2015 고용노동부 중장년 취업아카데미 '광고홍보컨설턴트 양성과정' 운영
- 2016「중구 자유표시구역 선정 연구」
- 2016 동대문 지역 옥외광고자유표시구역 유치 · 운영
- 2016「서울시 옥외광고 자유표시구역 운영기준에 관한 연구」
- 2017 서울시 신직업 교육과정 '디지털사이니지 전문가 양성과정' 운영
- 2018 대학생 광고동아리 콘텐츠콘테스트 개최 (주)팜클-잡스

❑ 주요 활동 사진

고용노동부 중장년 취업아카데미 운영

대학생 광고동아리 콘테스트 개최

동대문 지역 옥외광고자유표시구역 추진

디지털사이니지 전문가 양성과정 운영

5. 우리나라 광고단체 발전을 위한 제언

광화문 광장과 서울 광장은 2016년 촛불집회 이후 집회의 명소가 되었고, 매일 크고 작은 집회가 열리고 있다. 이들 집회의 목적은 집회 주최 측의 요구 사항 관철을 위해 사회적인 이슈를 만들고자 함이다. 집회 주최 측은 대부분 우리 사회의 다양한 크고 작은 단체이다. 4차 산업혁명 시대에 들어서면서, 특히 5G 시대의 개막은 단체들의 이러한 집회를 매우 용이하게 하였고, 실시간, 전국적, 전 세계적으로 전파할 수 있게 되었다. 이제 협회나 조합 등의 단체들은 국민을 상대로 자신들의 목적을 달성하기 위해 노력한다. '유치원 관련법 개정' '공유차량 관련법 제정' '의료 관련법 개정' 등의 이슈가 발생하면 관련 단체들은 사회적 이슈를 만들어 그에 대처하고 있다. 이제 단체들이 활성화될 수 있는 시대를 맞이하게 된 것이다.

그러나 광고 관련 단체들은 갈수록 활동의 어려움을 호소하고 있다. 이는 소속된 회원사들이 어려움을 겪고 있으며, 이로 인해 협회 회비 납부나 활동 참여가 저조해지면서 나타나는 현상이다.

좀 더 근본적인 원인을 살펴보면 광고산업 자체가 모바일광고나 **4차 산업혁명**과 관련된 **첨단광고 분야**를 제외하면 대부분 어려움에 봉착하고 있는 것에서 기인한다. 그럼 광고산업은 왜 어려움에 직면하고 있는지를 살펴볼 필요가 있다. 광고산업은 크게 광고주-광고회사-매체사-소비자로 이어지는 광고 시스템 가치사슬을 이루고 있다. 각 가치사슬상에는 관련된 단체들이 있게 되는데, 광고주(광고주협회, 전경련)-광고회사(광고산업협회, 광고영상제작사협회)-매체사(신문협회, 방송협회)-소비자(소비자연맹, 소비자시민연대) 등이 있다. 4차 산업혁명 이전의 시대는 대체로 가치사슬이 시작되는 광고주 쪽에서 소비자 순으로 힘의 무게중심이 쏠려 있다고 생각하였다. 그러나 현재는 전경련이나 광고단체, 레가시(전통)매체협회 등이 많은 어려움을 겪고 있다. 이는 힘의 균형이 **소비자(수용자)** 쪽으로 많이 기울어져 있음을 의미한다. 4차 산업혁명 시대에 진입하면서 ICT의 눈부신 발전에 따라 소비자(수용자)와의 접점이 매우 다양해졌기 때문이다. 소비자(수용자)와의 접점이 다양해지면서 광고 시스템 가치사슬상에서 힘의 균형이 자연스럽게 소비자(수용자)로 넘어가게 된 것이다.

광고단체 활성화를 위해서는 두 가지 측면에서 접근이 필요하다. 첫째, 정보나 힘의 흐름이 과거 광고주에서 소비자 방향이었다면 이제는 소비자에서 광고주 방향으로 흐른다는 명확한 인식이 필요하고 이러한 인식을 바탕으로 광고 시스템 가치사슬에 접근해야 한다. 새로운 시각을 바탕으로 개별 회사가 해결하기 힘든 다양한 접점에서 발생하고 있는 문제해결에 주력해야 한다.

둘째, 환경 변화에 따른 **광고산업의 위상 정립**과 **광고인들의 자긍심**을 고양시켜야 한다. 4차 산업혁명 시대의 초연결사회는 소비자와의 다양한 접점을 야기하였고,

이에 따라 광고주들의 제품 및 서비스 역시 다양한 접점을 통해 다양하게 전달되고 있다. 이로 인해 광고산업에 대한 범위가 불분명해졌고, 불분명한 스펙트럼 끝 쪽에 종사하고 있는 광고인들은 스스로를 광고인이라고 인식하지 않을 수 있다. 따라서 광고 관련 단체들은 소속된 회원사들의 다양해지는 업무 영역을 바탕으로 광고 업무 영역을 확대시키고 그 업무에 종사하는 광고인들에게 소속감과 자긍심을 고양시켜야 한다.

이를 구체적으로 살펴보면 다음과 같다.

1) 강력해진 소비자(수용자)에 대한 새로운 인식 필요

미디어의 발전이나 새로운 미디어 패러다임을 논할 때 많이 등장하는 것이 마셜 맥루한(Marshall McLuhan)의 "미디어는 메시지이다."라는 견해이다. 이 말은 미디어를 통해 전달되는 메시지보다 미디어의 특성이 우리 사회에서 더 큰 의미를 갖는다는 것이다. 또한 맥루한의 "미디어는 인간의 확장이다."라는 견해 역시 사물인터넷 시대에 들어서 있는 우리 사회에서 이제 "모든 사물은 미디어이다."라고 확장하여 생각해 볼 수 있다. 커뮤니케이션 테크놀로지가 발전하면서 모든 사물과 소통할 수 있게 되었으며, 이제 모든 사물이 매체화되었다. 이에 따라 **소비자(수용자)와의 접점**이 다양해면서 광고 시스템 가치사슬에서 힘의 균형이 소비자 쪽으로 넘어가게 된 것이다.

4차 산업혁명 시대를 맞아 사물인터넷, 인공지능, 가상현실 등 새로운 혁신 기술들이 주목받고 있는데, 이러한 기술들의 핵심은 연결에 있다. 지금까지의 기술이 단순히 사람과 제품, 제품과 제품의 연결에 집중하였다면, 이제는 연결을 통해 우리의 삶을 어떻게 바꿀 수 있을 것인가에 초점을 두고 있다.

초연결사회에서는 인간 대 인간은 물론, 기기와 사물 같은 무생물 객체끼리도 네트워크를 바탕으로 상호 유기적인 소통이 가능해진다. 컴퓨터, 스마트폰으로 소통하던 과거의 정보화사회, 모바일사회와 달리 초연결 네트워크로 긴밀히 연결된 초연결 사회에서는 **오프라인**과 **온라인**의 융합을 통해 새로운 성장과 가치 창출의 기회가 더욱 증가할 전망이다.

또한 소셜미디어를 통한 수용자들의 힘은 적극적인 참여민주주의로 불리는 새로운 권력으로 부상하고 있다. 2017년 3월 헌법재판소가 대한민국 제18대 대통령 박근혜의 파면을 선고하도록 이끌어 낸 것은 순전히 '촛불혁명'이라고 불리는 소셜미디어 수용자들의 힘이었다. 이러한 수용자(소비자)의 힘은 사회적인 물의를 일으키는 기업에 대한 불매 운동이나 **'언론소비자주권국민캠페인**(일명 언소주)' 등의 『조선일보』『중앙일보』『동아일보』에 대한 광고 불매 운동 등 언론사에 대한 압박으로 나타나기도 하였다.

그간 광고단체들의 주요 활동 중의 하나가 소비자들에 대한 연구였다. 그러나 주로 해럴드 라스웰(Harold Lasswell)의 **커뮤니케이션 모형**(Source, Message, Channel, Receiver, Effect: SMCRE)을 생각할 때 송신자의 광고 메시지를 전달하는 모든 수단을 매체라고 할 수 있다. 송신자, 즉 광고주에서 수신자, 즉 소비자로의 효과적인 메시지 전달에 초점을 둔 것이다. 이제는 이른바 **코크리에이션**(co-creation) 시대, 즉 소비자들의 요구에 부합하는 제품을 소비자와 같이 생산해 내는 시대이다.

이제 광고단체들은 광고주와 소비자 간의 일방향적인 흐름이 아닌 양방향 차원에서 서로 미디어 접점에서 벌어지고 있는 문제나 효과성 등에 관심을 가지고 연구를 해야 한다. 이러한 접근은 개별 기업에서 감당하기에는 너무 방대하고 실효성이 적기 때문에 소속단체에의 적극적인 참여를 통해서 해결해야 한다.

2) 광고산업의 위상 정립과 광고인들의 자긍심 고양 노력 필요

광고 집행 플랫폼인 구글이 광고주 의뢰 없이 선제안으로 농심 '신라면 광고' 동영상 제작에 관여해 이슈가 된 적이 있다. 이 동영상 광고는 유튜브에 공개돼 수백만 건의 조회 수를 기록하였다. 그리고 빅데이터 활용에 광고업계의 위기감이 고조되고 있다고 한다(더피알뉴스, 2018. 5. 30.).

여기서 우리는 두 가지 측면을 생각해 보아야 한다. 첫째, '구글은 광고회사인가?' 그리고 '빅데이터 전문가는 광고인인가?'이다. 구글의 경영진은 광고에 대한 중요성을 잘 알기에 구글이 광고회사라고 말해도 거부감이 없을 수 있겠지만 직원들이나 빅데이터 전문가들에게 '당신은 광고인인가?'라고 물으면 어리둥절할 것이다.

둘째, 소비자 데이터를 기반으로 선제적으로 광고주에 제안하였다는 점이다. 이는 기존의 광고산업 가치사슬 흐름과는 반대되는 것이다. 초연결사회로 진입하면서 미디어와 광고업계는 빅뱅의 시대를 맞이하고 있다. 모든 사물이 미디어가 될 수 있고, **소비자**는 **수용자**이면서 **생산자**이다. 이제 **광고 커뮤니케이션**은 단순히 메시지 전달이 아니라 수많은 소비자와의 접점에서 **소비자들의 요구**(ondemand)가 어떻게 생성되고 반응하고 처리되는가에 관한 과정이다. 초연결사회에서 광고의 정의는 "제품과 서비스가 소비자 요구에 부합되도록 전달, 수정 및 재생산되는 과정이다."라고 할 수 있다. 이제 광고단체들은 이러한 측면에서 소비자와 광고주가 효율적으로 활동하는 데 기여해야 하는 것이다.

하루가 다르게 변화하고 있는 상황에서 광고산업의 위상 정립은 그 어느 때보다 중요하며 광고업계의 가장 시급한 과제가 아닐 수 없다. 광고산업의 특성상 많은 연결고리가 있어서 광고산업 범위를 정하는 것이 무의미할 정도이다. 이러한 노력이 없다고 해서 광고의 기본적 속성이 없어지는 것은 아니지만 광고산업에 종사하는 다양한 구성체, 특히 광고단체들은 지속적인 어려움을 겪게 될 것이다. 따라서 광고산업의 위상을 정립하고 광고인들의 자긍심을 높이는 노력이 필요한 때이다. 수년 전 한국광고총연합회에서는 **'광고산업위상정립위원회'**를 구성하여 운영한 적이 있다. 이 위원회를 광고계의 상설 위원회로 운영하는 것이 절실한 때이다.

광고산업이 충실히 발전하려면 광고계의 각 구성업종 종사자들이 자기 분야의 광고단체에 회원으로서 적극적으로 참여하는 것이 필요하다. 많은 회원의 참여는 각 광고단체의 활성화를 가져오며, 이는 궁극적으로 각 분야의 공동의 정보 구축 등 광고산업 인프라 구축의 초석이 되기 때문이다. ■

제7장

광고심의 제도의 현재와 미래

조재영(청운대학교 광고홍보학과 교수)

1. 광고심의 대상의 두 가지 차원
2. 광고심의 제도의 최근 변화
3. 현 광고심의 제도의 제 문제
4. 광고심의 제도의 개선 방안과 제언

◈◇◈

광고심의의 대상은 진실성(부당성)과 윤리성(도덕성)의 두 가지 차원으로 분류할 수 있다. 전자는 광고 주장 내용의 진위 여부를 가리고 후자는 광고 주장의 표현에 대한 윤리성을 가리는 것이다. 광고의 부당성은 보통의 주의력을 가진 소비자의 관점에서 광고의 전체적인 인상으로 인한 소비자의 오인 또는 오인 야기성이 있는가를 기준으로 판단하고, 윤리성은 사회 보편적인 가치관에 적합한가를 기준으로 판단한다. 특히 후자의 경우 어린이 · 청소년에게 유해한가에 대한 판단이 핵심이다. 최근 광고심의 제도는 민간주도의 자율화 방향으로 나아가고 있어 바람직하지만 해결해야 할 문제들도 있다. 그것은 매체별 · 업종별로 복잡한 광고심의 체계, 동일한 금지 표현규정의 법률적 산재, 급변하는 광고 환경에 의한 사회적 폐해에 대한 신속한 대처 능력의 부족, 자율심의 제도에 대한 성숙한 시민 의식의 부족 등이다. 이를 해결하기 위해 성숙한 자율심의 제도의 구축(개방성, 공정성, 명확성 등), 민간주도의 통합적 광고자율심의기구 정립, 동 기구 내 어린이 · 청소년 보호를 위한 전문 광고심의 분과 정립, 통합광고법 제정, 문화 콘텐츠로서의 광고에 대한 인식 전환 등을 제언한다.

1. 광고심의 대상의 두 가지 차원

1) 광고의 주장 내용과 주장의 표현 기법

'광고심의를 한다'고 할 때 무엇을 심의하는 것인지에 대해 생각해 보자. 왜 심의하는 것인지에 대한 논의는 비교적 많은 것 같다. 그것을 요약하면, 소비자는 물론 선의의 사업자를 보호함으로써 시장의 공정한 질서를 지키기 위해서이다. 나아가 사업자로 하여금 소비자의 구매의사 결정에 도움을 줄 수 있는 정당한 정보를 적극적으로 제공할 수 있도록 촉진하기 위해서라고 하겠다. 그런데 광고심의를 하는 이유를 뒤집어 보면 광고의 무엇을 심의하는 것인지에 대한 답이 도출된다. 즉, 해당 광고 내용의 무엇이 소비자 및 사업자에게 피해를 주는지 그리고 시장의 공정한 질서를 저해하는지 등에 대해 심의하는 것이라고 하겠다. 이와 같이 광고심의는 광고의 내용이 소비자 및 사업자에게 피해를 주는지 여부 및 시장의 공정한 질서를 저해하는지 여부 등을 검토하는 행위이다.

그런데 이러한 광고심의의 대상이 무엇인지는 두 가지 차원으로 설명할 수 있다. 한 가지는 광고 주장 내용의 진실성과 관련되며, 다른 한 가지는 그 주장 내용을 표현하는 기법의 윤리성(도덕성)과 관련된다. 부연하면, **광고의 진실성** 차원은 광고의 부당성 여부에 대한 판단으로서 해당 광고가 얼마나 진실한가와 관련된다. 즉, 광고의 거짓, 과장, 기만 및 부당한 비교 내용 자체 또는 그럴 가능성이 있는 것으로서 소비자를 오인시킬 가능성이 있는 것을 포함한다. 부당성이 있는 것으로 판정된 광고는 그 어떤 매체나 업종을 불문하고 제재의 대상이 된다. 한편, **광고의 윤리성**에 대한 판단은 해당 광고 주장의 표현이 사회규범적 도덕률에 얼마나 적합한가와 관련된다. 광고의 윤리성 여부는 대체로 사회의 보편적 가치관에 준하여 판단하기 마련이지만 매체 및 업종에 따라서 그 기준의 강도에는 차이가 있으며 명확하게 판단하기 어려운 경우도 있다. 이와 같이 광고심의는 광고가 진실한가 그리고 윤리적인가에 대한 검토행위이다. 이것을 정리하면 〈표 7-1〉과 같다.

표 7-1 광고심의의 대상 및 관련 법률 예시

심의 대상	심의 내용	심의 내용 예시 및 관련 법률
광고 내용의 진실성 여부 (부당성 판단)	부당한 광고 내용으로 인한 소비자의 오인(기만) 또는 오인 야기성	■ 직접적 부당 내용에 대한 심의 [소비자를 속이거나(기만) 소비자로 하여금 잘못 알게 할 우려가 있는(오인 야기) 광고행위로서 공정한 거래질서를 해칠 우려가 있는 거짓 · 과장, 기만, 부당한 비교, 비방 등의 내용] - 모든 광고에서 금지(광고의 일반법인 「표시 · 광고의 공정화에 관한 법률」로 규제) - 특정 업종의 경우 관련 법률에 따라 금지 예) • 화장품광고의 부당성 심의 법률: 「화장품법」 • 식품광고의 부당성 심의 법률: 「식품등의 표시 · 광고에 관한 법률」 ■ 간접적 부당 내용에 대한 심의 (위와 같이 직접적 부당 내용은 아니지만 간접적으로 소비자의 오인을 야기하는 표현) - 대부분의 광고에서 금지(광고의 일반법인 「표시 · 광고의 공정화에 관한 법률」로 규제) - 특정 업종의 경우 관련 법률에 따라 금지 예) • '최고' '최대' 등의 최상급 표현: 대부분의 업종 광고에서 금지 • '의사, 치과의사, 수의사 등이 추천하는 표현': 의약품, 의료기기, 건강기능식품 광고 등에서 금지 • 광고 모델(유명인 또는 일반 소비자)에 의한 보증광고(endorsement advertising): 「표시 · 광고의 공정화에 관한 법률」에 근거한 「추천 · 보증 등에 관한 표시 · 광고 심사지침」에 의해 규제
광고 표현의 윤리성 여부 (사회의 도덕적 가치관 합치 판단)	사회의 도덕적 가치관 (미풍양속 등) 훼손, 어린이 · 청소년 유해성	■ 사회적 윤리규범(도덕률)에 적합한가에 대한 심의 (광고의 표현이 사회의 윤리적 규범에 적합한지에 대한 타당성 심의) - 예) 인간 경시, 특정 성 비하, 선정성, 폭력성, 반사회성, 미풍양속 저해성, 국가의 존엄성 훼손 등 - 모든 광고에서 금지(각 매체별 광고자율심의규정에 의해 규제) - 방송광고는 「방송법」에 근거한 「방송광고심의에 관한 규정」에 의해 규제 ■ 어린이 · 청소년 유해성 심의 (광고의 표현이 어린이 및 청소년에게 유해성이 있는지에 대한 심의)

		- 예) 선정성, 폭력성, 반사회성 - 모든 광고에서 금지(각 매체별 광고자율심의규정에 의해 규제) - 방송광고는 「방송법」에 근거한 「방송광고심의에 관한 규정」에 의해 규제 - 이성교제광고 등 청소년 유해성 광고는 「청소년 보호법」에 근거한 「청소년유해매체물의 심의기준」에 의해 규제 - 청소년에게 유해한 영화광고는 「영화 및 비디오물의 진흥에 관한 법률」에 의해 규제

2) 광고 주장 내용의 진실성 판단

(1) 기만에 의한 소비자 오인성 및 오인 야기성

심의 대상의 하나인 광고 주장 내용의 진실성 여부, 즉 **부당성 판단**은 해당 광고가 소비자를 속이거나(기만) 소비자로 하여금 잘못 알게 할 우려가 있는지(오인 야기)를 기준으로 판단한다. 소비자를 속이거나 잘못 알게 할 우려가 있는 광고의 내용은 실질적으로 잘못된 설명 또는 관행으로서 제품 구입과 관련된 소비자의 선택 또는 행동에 영향을 끼치기 쉬운 것을 말한다. 즉, '속이거나'(기만), '잘못 알게 할 우려가 있는'(**오인 야기**) 광고 내용(주장)이란 소비자의 구매 의사 결정에 실질적인 영향을 끼치는 것으로서 객관적인 근거를 통하여 입증 가능한 사실과 관련된 사항이라는 의미이다. 광고상의 주장이 객관적 사실을 포함하지 아니하는 경우, 즉 소비자에게 호화로움이나 품질에 관해 일반적으로 설득적 · 정서적 관념을 불러일으키는 표현이나 이로 인해 소비자로 하여금 긍정적인 반응을 일으키는 표현 등은 기만적 또는 오인 야기적이 될 수 없다. 비슷한 맥락에서 상품에 대한 소비자의 선택이나 행동에 영향을 미칠 가능성이 없거나 소비자에게 있어서 중요하지 않은 정보가 허위인 광고는 기만광고가 되지 않는다고 보기 때문에 역시 부당한 광고에 포함되지 않는다(조재영, 2007).

이와 마찬가지로 미국의 연방거래위원회(Federal Trade Commission: FTC)도 합리적으로 행동하는 소비자를 속일 가능성이 거의 없는 주관적인 주장(맛, 느낌, 외관, 냄새) 또는 정확하게 명시된 의견 주장과 일반적으로 소비자가 심각하게 받아들이지 않을 정도의 과장 또는 과대 표현의 경우는 기만성이 없다고 보고 있다(박해식, 2000). 그러나 구체적으로 무엇이 소비자의 구매 의사 결정에 실질적 영향을 주는 객관적으로 입증 가능한 사실에 관련한 사항인지의 여부는 사항을 판단하는 것 자체뿐만 아니라 광고 내용을 수용하는 소비자의 태도가 개인별로 매우 다르기 때문에 판단하기가 더욱 어렵다. 따라서 경제적 · 사회적 · 문화적 · 인습적 · 시대적 요소로부터 유래하는 소비자의 소비 행태나 소비 패턴을 배경으로 하여 구체적 사건별로 그 의미를 귀납적으로 찾아가는 것이 방법이라고 하겠다.

(2) 소비자의 인식수준

그다음으로 '소비자를 속이거나' '소비자로 하여금 잘못 알게 할 우려가 있는' 부당한 광고행위가 발생하였는지를 판단함에 있어서는 **'소비자'의 인식수준**을 고려하지 않을 수 없다. 일정 비율의 소비자가 기만 또는 오인되면 기만 또는 오인이 있는 것으로 판단하는 방법과 일정 수준의 소비자를 기준으로 그 소비자가 기만 또는 오인되면 기만 또는 오인이 있는 것으로 판단하는 방법이 있는데, 대법원은 '보통의 주의력을 가진 일반 소비자'의 인식을 기준으로 하고 있다(대법원 2003. 2. 28. 선고2002두6170 판결). 즉, 광고가 일반 소비자를 대상으로 하는 경우에 소비자를 오인시킬 우려가 있는지는 전문가가 아닌 보통의 주의력을 가진 일반 소비자가 당해 광고를 받아들이는 전체적 · 궁극적 인상을 기준으로 하여 객관적으로 판단되어야 한다는 것이다. 그리고 또 한 가지 광고의 '부당성'을 판단하는 데 있어 기만성과 오인 야기성은 관념적으로는 구분 가능할지 모르지만 소비자의 관점에서 보면 실제로는 별 차이가 없다고 보는 것이 지배적인 견해(손수진, 1999)이며, 보다 중요한 것은 기만성과 오인 야기성을 판단할 때 광고에서 주장된 구체적인 사실만을 고려할 것인가 아니면 광고에서 주장된 전체적인 인상을 기준으로 할 것인가이다. 이에 대해서 소비자는 대체로 광고에 나타나는 개개의 용어나 어휘를 주의 깊게 연구하거나 생각하지 않으며 또 실제로 표현된 것뿐만 아니라 그것으로부터 직간접적으로 연상되고 암시되는 것까지 유추하여 자신만의 주관적인 관념과 혼합하여 총체적으로 발생한 궁극적 인상에 기초하여 광고 내용을 이해하기 때문에 부당광고를 판단함에 있어서는 광고물을 전체적으로 고려하여 전반적 인상을 기초로 판단하여야 한다는 것이 일반적인 견해이다(두성규, 1994; 손수진 1996).

이러한 견해는 대법원의 **'허위(거짓) · 과장 광고'를 판단**할 때의 입장과 같다. 즉, 대법원은 '허위(거짓) · 과장 광고'에 대해 "사실과 다르게 광고하거나 사실을 지나치게 부풀려 광고하여 소비자를 속이거나 소비자로 하여금 잘못 알게 할 우려가 있는 광고행위로서 공정한 거래질서를 저해할 우려가 있는 광고를 말하고 광고가 소비자를 속이거나 소비자로 하여금 잘못 알게 할 우려가 있는지는 '보통의 주의력을 가진 일반 소비자'가 '당해 광고를 받아들이는 전체적 · 궁극적 인상을 기준'으로 하여 객관적으로 판단되어야 한다."(대법원 2003. 6. 27. 선고 2002두6965 판결; 대법원 2005. 2. 18. 선고 2003두8203 판결)라고 하였는바, 소비자의 시각에서 당해 광고를 받아들이는 전체적인 인상을 기준으로 판단하여야 한다는 데 초점을 두고 있음을 알 수 있다.

(3) 종합 정리

이와 같은 논의를 정리하면, **부당한 광고인지를 판단**함에 있어서는 다음과 같이 여러 가지 기준을 종합적으로 고려해야 한다. 즉, 보통의 주의력을 가진 소비자의 관점에서 광고의 전체적인 인상 또는 이미지, 광고 문구의 해석상 의미, 광고 내용의 진실성, 광고 내용의 한정성, 광고주의 태도 등이다. 예를 들어, 광고 문구가 해석상 여러 가지 의미로 이해될 수 있고 비록 소비자의 합리적인 선택권을 침해하지 않는 방향으로의 해석이 가능하다고 하더라도 소비자가 현실적으로 광고 문구를 보고 연상한 상황이 허위 광고 등과 같이 두 가지 이상의 의미로 해석이 가능할 경우에는 실질적으로 소비자의 합리적인 선택권을 침해하는 부당한 표시 · 광고로 판단된다(조재영, 2007).

3) 광고 주장 표현의 윤리성 판단

(1) 자율적 제재와 법률적 제재

다음으로, 심의 대상의 다른 한 가지인 광고 표현의 윤리성 여부는 해당 광고의 표현이 사회의 도덕적 가치관에 적합한가에 대한 판단을 의미한다. 광고 내용의 진실성 여부를 떠나서 해당 광고의 주장을 표현할 때 사용되는 다양한 설득적 표현 기법(이미지, 문안, 영상, 음악 등)이 사회 대다수의 구성원이 수용할 수 있는 도덕적 가치관의 범주에 속하는지 여부를 판단하는 것이다. 보통 여기에서 다루어지는 주제들의 예로는 광고의 선정성, 특정 성(姓) 또는 집단 비하, 미풍양속 저해, 고정관념 강화 등을 들 수 있다.

이와 같은 **가치 판단**과 관련되는 표현들은 어느 정도 수준에서는 단순히 사회적 논란으로 끝날 수 있지만 그 정도가 과하면 법률적인 제재를 받는다. 특히 방송의 공적 책임을 우선시하는 방송광고의 경우에는 「방송법」에 근거한 「방송광고심의에 관한 규정」에 의하여 비교적 엄격하게 규제를 하는 편이다. 그러나 인터넷, 신문, 잡지 등의 매체광고들은 자율심의 체제로 운영되고 있고, 각 광고자율심의규정에도 이와 같이 사회적 가치 판단과 관련된 규정들이 있기는 하지만 자율심의로 운영되다 보니 법적 강제력이 약하여 잘 지켜지지 않고 있다. 인터넷광고에서 선정적 표현이 가장 빈번한 이유가 바로 여기에 있다.

그런데 이러한 가치 판단과 관련된 심의는 앞의 부당성 판단에 비해서 보다 어려움이 따른다고 하겠다. 관련된 심의규정이 있다 할지라도 명확하게 선을 긋기 어려운 부분이 있어서 판단에 주관성이 개입될 여지가 많기 때문이다. 예를 들어, 방송광고의 경우 "방송광고는 방송의 품위를 유지하기 위하여 시청자의 윤리적 감정이나 정서를 해치는 다음 각 호의 어느 하나에 해당되는 표현을 하여서는 아니 된다."(「방송광고심의에 관한 규정」 제4조)라고 규정되어 있는바, 해당되는 호의 예를 몇 가지 들면 다음과 같다. "인간의 존엄성 및 생명을 경시하는 표현"(제1호), "과도한 신체의 노출이나 음란 · 선정적인 표현"(제4호), "특정 성을 비하하거나 성적 수치심을 느

끼게 하는 표현”(제7호) 등이다. 여기서 알 수 있듯이 각 호의 규정 내용이 구체적으로 어떠한 표현을 의미하는지 정확하게 알기가 어렵다. 다만, 해당되는 사례가 발생되었을 때 규정 내용과 비교하면서 논의하고 결정할 수 있을 뿐이다.

(2) 특별 보호 집단, 어린이와 청소년

광고 표현의 윤리성 판단과 관련하여 특히 염두에 두어야 할 집단으로 어린이 및 청소년이 있다. 광고 표현의 자유권을 보장하고 있는 우리 「헌법」에서는 어린이 및 청소년을 각각 ‘자녀’ 및 ‘연소자’의 개념으로 사용하면서 성인과 구별되는 일반적인 보호 대상으로서 기본권 주체로서 인식하고 있다. 「헌법」에 의하면, ‘자녀’란 법률상 부모의 보호를 받는 자이며 의무교육을 받는 주체자이다(헌법 제31조 제2항). 그리고 ‘연소자’란 근로라는 영역에서 특별한 보호를 필요로 하는 주체이다(헌법 제32조 제5항). 이처럼 「헌법」에서는 비록 직접적으로 ‘어린이’ 및 ‘청소년’이란 용어를 사용하고 있지는 않지만 모든 하위 법률이 바로 이 ‘자녀’ 및 ‘연소자’의 개념에 근거하여 어린이와 청소년을 보호하고 있는 것이다. 따라서 광고 관련 법률도 예외가 아니어서 어린이와 청소년을 보호하기 위한 특별 조항들이 있는 것이다.

영화나 게임과 같이 이용자별로 등급을 정할 수 있는 콘텐츠는 성인, 청소년 및 어린이를 구분하여 해당 콘텐츠에 대한 접근 및 사용 권리를 제한할 수 있으나, 광고는 모든 소비자가 이용할 수 있는 무등급 콘텐츠이기 때문에 특정한 조항을 두어 보호하고 있는 것이다. 이에 대해서도 방송광고는 「방송법」에 근거하여 엄격하게 규제되고 있으나, 여타 매체의 광고자율심의규정들은 이들을 보호하기 위한 특별 조항이 있다 하더라도 법적 강제력이 약하여 잘 지켜지지 않고 있다. 다만, **「청소년 보호법」**에서는 **‘청소년 유해매체물’** 관련 규정에 근거하여 청소년에게 유해한 광고들(예: 이성교제 권유광고, 구인광고 등)을 차단하고 있으며, **「영화 및 비디오물의 진흥에 관한 법률」**에서는 영화광고 중 청소년에게 유해한 광고 표현들을 사전에 심의하여 금지하고 있다.

지금까지 논의한 광고 주장 표현의 윤리성 판단과 관련되는 주요 이슈와 제재 법률의 예를 〈표 7-2〉에 제시하였다. 이 표는 주요 이슈 내용과 관련되는 법률이 무엇인지에 대한 예를 제시한 것일 뿐, 모든 이슈와 법률에 대해 별도로 연구를 하여 총괄적으로 제시한 것은 아니다. 해당 이슈들은 다른 이슈들과 연결되어 복합적으로 나타날 수 있으며 이에 따라 관련 법률도 더욱 다양해질 수 있다는 점을 밝힌다.

표 7-2 광고심의 대상 중 광고 표현의 윤리성 판단 관련 주요 이슈 및 관련 법률의 예시

주요 이슈	관련 주요 법률	비고
광고의 청소년 유해성 (선정성, 폭력성, 반사회성)	• 「방송법」에 근거한 「방송광고심의에 관한 규정」 • 「청소년 보호법」 • 「영화 및 비디오물의 진흥에 관한 법률」	• 윤리적 문제를 넘어 법률적 문제로 진전되는 경우가 대부분임
광고의 선정성	• 「방송법」에 근거한 「방송광고심의에 관한 규정」 • 「청소년 보호법」 • 「영화 및 비디오물의 진흥에 관한 법률」	• 광고의 '선정성'과 관련됨 • 청소년 유해성과 관련이 깊음 • 윤리적 문제를 넘어 법률적 문제로 진전되는 경우가 많음
광고에 표현된 가치	• 「방송법」에 의한 「방송광고심의에 관한 규정」 중 '일반기준'이 관련이 깊음 • 「국민건강증진법」에 의한 주류광고 표현 규제	• 사회의 다양한 가치와 관련됨(미풍양속, 성차별, 문화적 정서 등) • 고정관념(남녀의 성별 역할, 직장 내 상하관계 등)/가치관(결혼관, 효도, 인간관계 등) • 대체로 윤리적 차원에서 접근 가능하지만 경우에 따라서는 법률적 제재를 받음
광고의 저작권	• 「방송법」에 의한 「방송광고심의에 관한 규정」 중 '제12조(표절금지)' 규정 • 「저작권법」	• 광고의 '표절' 등 '저작권 침해'와 관련됨 • '광고'도 저작물로서 인정되는 만큼 「저작권법」의 영향을 받음

2. 광고심의 제도의 최근 변화

1) 민간주도의 자율심의 체제로의 변화

최근 광고심의 제도의 뚜렷한 양상은 정부주도의 타율심의에서 **민간주도의 자율심의** 체제로 변화하고 있다는 것이다. 방송통신심의위원회에 의한 **방송광고의 사전심의 체제**가 헌법재판소(헌재 2008. 6. 26. 2005헌마506)에 의해 위헌으로 결정되면서 그 여파가 현재까지 계속 이어지고 있다고 하겠다. 2008년 6월 26일에 헌법재판소는 방송통신위원회의 위탁을 받은 **한국광고자율심의기구**에 의한 방송광고 사전심의를 규정한 조항(구 「방송법」 제32조 제2항 및 제3항)에 대해 위헌 판결을 내린 바 있다. 이로 인해 방송광고물 사전심의의 민간 위탁에 관한 고시가 폐지되었다(조재영, 2012).

이와 같은 위헌 결정은 최근 의료광고의 심의 체제 변화에도 영향을 주었다고 할 수 있다. 의료광고는 본래 「**의료법**」에 근거하여 보건복지부 장관의 사전심의를 받도록 되어 있었고 심의 업무는 의료인단체에 위탁하여 운영되어 왔으나, 이러한 정부주도의 심의 체제가 위헌으로 결정(단순위헌, 2015. 12. 23. 2015헌바75)되면서 사전자율심의 체제로 변화하였다. 그런데 추후에 이러한 단순위헌의 대상이 되었던 제56조를 비롯하여 제57조를 개정(2018. 3. 27.)하면서, 민간 기구인 의료인단체가 주도하는 자율심의 체제가 성립하게 되었다(2018. 9. 28.).

건강기능식품광고의 경우에도 이와 유사한 변화를 겪었다. 건강기능식품광고는 「**건강기능식품에 관한 법률**」(2002. 8. 26. 제정)이 시행된 2003년 8월 27일부터 2019년 3월 13일까지 동법에 근거하여 식품의약품안전처장의 주도하에 심의 업무를 위탁받은 '**한국건강기능식품협회**'의 '**기능성 표시 · 광고심의위원회**'에서 심의하였다. 그러나 이와 같은 사전타율심의 체제는 「**식품 등의 표시 · 광고에 관한 법률**」이 제정되면서(2018. 3. 13. 제정, 2019. 3. 14. 시행) 폐지되었고, 이에 따라 민간이 주도하는 사전자율심의 체제(심의 업무는 '한국건강기능식품협회'가 그대로 담당함)로 변화하였다.

이와 같이 소비자의 경제 활동에 있어서 비교적 비중이 높고 중요한 업종이라고 할 수 있는 의료 서비스 및 건강기능식품 광고에 대한 심의 제도가 민간이 주도하는 자율 체제로 변화하였다는 사실로 미루어 보아 앞으로 다른 업종에까지 그 영향을 미칠 것으로 판단된다. 예를 들어, **의약품광고**와 **의료기기광고**는 각각 「약사법」과 「의료기기법」에 근거하여 아직까지 식품의약품안전처가 주도하여 사전심의를 하고 있는데 여기에도 변화가 있을 것으로 예측된다.

2) 심의의 내적 측면의 강화

(1) 의료광고 심의

그런데 중요한 사실은 이렇게 정부주도의 심의 체제에서 민간주도의 자율심의 체제로 변화하였다고 해서 심의를 받지 않아도 되는 분위기로 오해해서는 안 된다는 것이다. 오히려 그 반대에 가깝다. 의료광고의 경우, 앞에서 언급한 바와 같이 현행 「의료광고규정」 제56조(의료광고의 금지 등)는 2018년 3월 27일에 법률 제15540호에 의하여 개정되어 2018년 9월 28일부터 시행된 것으로서, 개정 전의 제56조의 제2항 제9호 중 "제57조(의료광고의 심의)에 따른 심의를 받지 아니한 광고를 금지한다."라는 부분이 헌법에 위반된다고 결정한 것이다(단순위헌, 2015. 12. 23. 2015헌바75). 즉, 심의를 받지 않은 광고는 처벌된다는 규정에 대해 위헌을 결정한 것이다. 이는 정부 기관에 의한 사전심의를 '**사전검열**'로 판단하여 표현의 자유권에 무게를 실어준 헌법재판소의 의지가 담겨 있다고 하겠다. 따라서 「의료법」에 의한 광고규정을 준수한 이상 사전심의를 받지 않은 것만으로는 처벌하지 못하게 되었다.

그런데 이것은 사전심의에 대한 의무규정을 삭제한 것일 뿐, 「**의료법**」상의 광고 관련 규정은 모두 준수해야 하는 것임에도 불구하고 의료광고심의가 완전히 없어진 것으로(즉, 아무런 제재 없이 자유롭게 표현이 가능해진 것으로) 오해하는 사회적 분위기도 있었다. 그런데 추후에 제56조가 개정되면서 이와 관련된 제57조도 또한 전면적으로 개정(2018. 3. 27.)되었고, 이로 인해 심의의 주체가 보건복지부 장관에서 민간 기구로 이전된 것이다. 따라서 같은 해 9월 28일부터 사전자율심의 체제로 변하게 되었다. 여기서 주의해야 할 사실은 이러한 민간주도의 사전자율심의 체제는 법에 근거한 의무적인 심의로서 만일 심의를 받지 않는다면 1년 이하의 징역이나 1천만 원 이하의 벌금에 처해지며(제89조 제1호), 위반행위의 중지, 위반사실의 공표, 정정 광고의 명령을 받을 수 있고(제63조 제2항), 이를 이행하지 않을 경우 1년의 범위에서 의료업을 정지시키거나 개설 허가의 취소 또는 의료기관의 폐쇄를 명할 수 있다(제64조 제1항)(조재영, 2018b).

⑵ 건강기능식품 및 식품광고 심의

건강기능식품광고는 2019년 3월 13일까지 「건강기능식품에 관한 법률」에 근거하여 사전에 식품의약품안전처장의 심의를 받아야 하였다. 즉, 사전타율심의였으며 심의 업무는 '**한국건강기능식품협회**'('**기능성 표시 · 광고심의위원회**')에 위탁되었다. 그런데 최근 「식품 등의 표시 · 광고에 관한 법률」이 제정되어 동법에 의해 일반 식품광고 등을 비롯한 건강기능식품광고도 함께 관리되면서 심의 체제가 변화하였다. 즉, 2019년 3월 13일부터 민간에 의한 사전자율심의 체제가 된 것이다. 여기서 '자율'이란 심의를 받지 않아도 된다는 의미가 아니라 정부가 주도하는 것이 아닌 민간이 자율적으로 주도하는 심의를 의미하며 법률에 의해 반드시 심의를 받아야 한다. 만일 심의를 받지 않으면 5년 이하의 징역 또는 5천만 원 이하의 벌금에 처하거나 이를 병과할 수 있다.

「식품 등의 표시 · 광고에 관한 법률」이 제정된 배경을 살펴보면, 「식품위생법」「건강기능식품에 관한 법률」 및 「축산물위생관리법」에 분산되어 있는 식품 등의 표시 · 광고에 관한 규정을 통합하는 동시에 식품 등의 표시 기준에 관한 주요 내용을 법률로 규정함으로써 식품 · 건강기능식품 · 축산물 · 수입식품 등 관련 영업자들이 표시 · 광고 규제의 주요 내용을 쉽게 파악할 수 있도록 하기 위함이다. 또한 영업자가 식품 등에 관하여 국민들에게 정확한 정보를 제공하도록 하기 위하여 사행심을 조장하거나 음란한 표현을 사용하여 공중도덕이나 사회윤리를 현저하게 침해하는 부당한 표시 · 광고를 금지하려는 것이다. 이로써 「식품위생법」 및 「건강기능식품에 관한 법률」에 따른 기능성 표시 · 광고 사전심의를 폐지하고 식품 관련 단체에서 부당한 표시 · 광고행위를 자율적으로 심의하는 기구를 운영할 수 있는 근거를 마련하게 된 것이다.

이와 같이 「**식품 등의 표시 · 광고에 관한 법률**」은 식품 관련 광고들을 보다 효율적으로 관리하고 영업자들로 하여금 소비자에게 보다 정확한 정보를 알릴 수 있도록 하기 위해서 제정되었다. 그 입법 목적 또한 식품 등에 대하여 올바른 표시 · 광고를 하도록 하여 소비자의 알 권리를 보장하고 건전한 거래질서를 확립함으로써 소비자 보호에 이바지하기 위해서이다. 즉, 정부주도에 의한 사전타율심의 체제에서 민간에 의한 사전자율심의 체제로 변하였다고 하는 것은 관리를 느슨하게 하기 위함이 아니며 오히려 소비자의 알 권리를 충족시키기 위해 광고를 보다 효율적으로 관리하면서 심의의 내적인 측면을 강화하기 위함이라고 하겠다. 이러한 사실은 "식품 등에 관하여 표시 또는 광고하려는 자는 해당 표시 · 광고에 대하여 법률에 따라 등록한 기관 또는 단체('자율심의기구')로부터 미리 심의를 받아야 하는바, 다만 자율심의기구가 구성되지 아니한 경우에는 대통령령으로 정하는 바에 따라 식품의약품안전처장으로부터 심의를 받아야 한다."(제10조 제1항)라는 규정과 "식품 등의 표시 · 광고에 관한 심의를 하고자 하는 법률에서 정한 기관 또는 단체는 제11조에 따른 심의위원회 등 대통령령으로 정하는 요건을 갖추어 식품의약품안전처장에게 등록하여야 한다."(제10조 제2항)라는 규정을 통해 알 수 있다.

3. 현 광고심의 제도의 제 문제

1) 매체별 · 업종별 광고심의 체계의 복잡성

현재 국내의 광고심의 체계는 매우 혼란스럽다. 각 매체별 · 업종별에 따라 심의의 주체(정부 또는 민간), 심의 시기(사전 또는 사후) 및 심의기관 등이 다르다. 먼저, 「방송법」상 방송광고에 포함되는 지상파 방송광고는 **한국방송협회**에서, 종합유선방송(케이블TV)광고는 **한국케이블TV방송협회**에서 각각 사전자율심의를 담당하고 있다. 그런데 지상파 방송매체에서 방송된 광고들이 대부분 동일하게 다른 방송매체에서 방송되기 때문에 실질적인 심의 업무는 주로 한국방송협회에서 이루어지고 있다고 해도 과언이 아니다. 그리고 모든 방송광고는 「방송법」에 근거하여 **방송통신심의위원회**에 의해 사후심의도 받아야 한다. 방송광고의 사전심의든 사후심의든 모두 동일하게 「방송광고심의에 관한 규정」에 근거하여 심의를 하는데, 동규정은 「방송심의에 관한 규정」 제4조 제3항에 근거하여 제정되었고, 또한 **「방송심의에 관한 규정」**은 「방송법」 제33조에 근거하여 제정되었다.

신문, 잡지 등의 인쇄광고에 대해서는 사후자율심의가 이루어지는바, 자율심의이기 때문에 심의기관이 정해져 있지는 않다. 인터넷광고의 경우에는 광고가 금지된 업종을 제외하면 모든 업종의 제품이 인터넷을 통해 광고할 수 있기 때문에 인터넷광고가 사전 및 사후 자율심의 체계를 지니고 있다고 하더라도 각 업종별로 예외적인 경우가 발생할 수 있다. 예를 들어, 의약품광고는 모든 매체광고에 대해 「약사법」에 근거하여 식품의약품안전처장의 사전심의를 받도록 규정되어 있기 때문에 의약품의 인터넷광고에 대해서는 이러한 사전타율심의 절차를 따라야 한다. 그리고 인쇄매체 및 인터넷에 게재되고 있는 기사형 광고에 대해서는 「신문 등의 진흥에 관한 법률」 제6조 제3항 및 「잡지 등 정기간행물의 진흥에 관한 법률」 제6조에 근거하여 한국광고자율심의기구에서 사후심의를 한다.

이와 같이 광고매체에 따라 심의 체계가 각기 다른 것처럼 광고 업종별로도 각기 다른바, 주요 업종별로 살펴보면 다음과 같다. **의료광고**는 앞에서 논의한 바와 같이 현재는 「의료법」에 근거하여 민간에 의한 사전자율심의 체계를 따르고 있으며 보건복지부 장관에게 신고한(제57조 제2항) 단체인 **대한의사협회**, **대한치과의사협회**, **대한한의사협회**에서 각 분야별로 심의를 한다. 심의의 판단은 「의료법」에 의해 제정된 「**의료광고심의기준**」에 근거하고 있는데, 민간이 주도하기 전에는 이 세 단체가 한 가지 심의기준을 동일하게 사용했으나 민간이 주도하는 체제가 되면서 각 단체의 전문 분야별로 다소 차이가 있다. 그러나 기본적으로 동법에 근거하고 있으며 어느 한 단체의 심의기준을 개정할 때에는 합의하에 이루어지기 때문에 주요 내용 면에서는 차이가 거의 없다.

의료기기, 의약품 및 의약외품은 모두 식품의약품안전처장의 관리를 받고 있는데 각 광고심의 체계는 다음과 같다. **의료기기광고**는 「**의료기기법**」에 근거하여 식품의약품안전처장이 위탁한 **한국의료기기산업협회**에서 사전심의를 한다. 의약품광고는 「약사법」에 근거하여 식품의약품안전처장이 위탁한 **한국제약바이오협회**에서 사전심의를 하며, 의약외품광고는 사전자율심의로서 사후에 식품의약품안전처에서 관리한다. 즉, 의료기기광고와 의약품광고는 사전타율심의 체제를 따르는 것이다.

식품 및 건강기능식품도 식품의약품안전처장의 관리를 받는데, 이 두 가지 업종의 광고는 모두 「식품 등의 표시 · 광고에 관한 법률」에 근거하여 민간에 의한 사전자율심의 체제를 갖는다. 심의 업무는 동법 제10조 제2항에 따라 식품의약품안전처장에게 등록한 심의 기관 또는 단체(자율심의기구)가 수행하며, 이러한 자율심의기구가 구성되지 않을 경우 대통령령으로 정하는 바에 따라 식품의약품안전처장으로부터 심의를 받아야 한다(제10조 제1항). 특히 건강기능식품광고의 심의는 기능성 표시 · 광고 내용에 대한 심의를 주요 업무로 하고 있으며 '한국건강기능식품협회'에서 담당하고 있다.

그 외 업종별 광고심의 체계를 간략하게 살펴보면, **화장품광고** 및 **주류광고**는 각각 **대한화장품협회** 및 **한국주류산업협회**에서 사전에 자율적으로 심의를 진행하고 있다.

표 7-3 국내 매체별 광고 심의주체 및 심의기관 예시

<table>
<tr><th>매체</th><th colspan="2">방송</th><th>인쇄</th><th>인터넷</th></tr>
<tr><td>광고 유형</td><td>지상파 방송광고</td><td>케이블TV 방송광고</td><td>신문, 잡지, 광고</td><td>인터넷광고</td></tr>
<tr><td rowspan="2">심의 주체 및 심의 시기</td><td colspan="2">민간, 사전자율심의
(심의기관:
하단 참조)</td><td rowspan="2">민간, 사후 자율심의</td><td rowspan="2">(민간, 사전 · 사후 자율심의)
- 인터넷 매체사, 광고대행사, 미디어렙사, 광고주 등 유관기관으로부터 신청을 받아 시행하는 사전심의
- 기구의 모니터링 시스템을 통해 인지한 문제성 광고 사후심의
- 비고: 한국인터넷진흥원 산하 '온라인광고 분쟁조정위원회'에서 온라인광고 분쟁에 대한 신청사건을 조정함
(민간, 사전 · 사후 자율심의)
- 인터넷 매체사, 광고대행사, 미디어렙사, 광고주 등 유관기관으로부터 신청을 받아 시행하는 사전심의
- 기구의 모니터링 시스템을 통해 인지한 문제성 광고 사후심의
- 비고: 한국인터넷진흥원 산하 '온라인광고 분쟁조정위원회'에서 온라인광고 분쟁에 대한 신청사건을 조정함</td></tr>
<tr><td colspan="2">정부, 사후타율심의
[심의기관(공통):
방송통신심의위원회]</td></tr>
<tr><td>심의 기관</td><td>한국 방송협회</td><td>한국케이블 TV방송협회</td><td>한국광고자율 심의기구 외 자율심의기관</td><td>한국온라인광고협회, 한국인터넷자율정책기구 외 자율심의기관</td></tr>
<tr><td>심의 근거 법률 및 심의 규정</td><td colspan="2">「방송법」 제32조 및 제33조에 근거한 「방송심의에 관한 규정」, 동규정 제4조 제3항에 근거한 「방송광고심의에 관한 규정」</td><td>한국광고자율 심의기구의 광고자율 심의규정</td><td>인터넷광고에만 적용되는 독립된 법적 체계는 없으며 많은 업종별 관리법에서 산발적으로 이루어지고 있음</td></tr>
</table>

※ 비고
1. '자율심의'의 경우, 심의기관들이 지정되어 있는 것은 아니다.
2. 앞에서 논의한 바와 같이 국내의 모든 광고(매체, 업종 유형에 관계없이)는 기본적으로 「표시 · 광고의 공정화에 관한 법률」을 준수해야 한다. 따라서 사후에 동법을 준수하지 않은 것이 발견되면 제재를 받는다.
3. '사후자율심의'란 말 그대로 사후에 자율적으로 규제되고 있다는 의미로서 사후에 부당성이 발견되면 「표시 · 광고의 공정화에 관한 법률」에 근거하여 제재를 받게 된다.

출처: 조재영(2019a), pp. 310-311에서 재구성.

표 7-4 국내 업종별 광고 심의주체 및 심의기관 예시

업종	의료			의료기기	의약품 · 의약외품		식품
	일반 의료	치과	한의원	의료기기	의약품	의약외품	식품 (건강기능식품 포함)
심의 주체 및 심의 시기	민간, 사전자율심의			정부, 사전심의	정부, 사전심의	민간, 사전자율심의/ 식약처, 사후관리	민간, 사전자율심의
심의 기관	대한 의사 협회	대한 치과 의사 협회	대한 한의사 협회	(위탁)한국 의료기기 산업협회	(위탁) 한국제약 바이오 협회	식약처	한국식품산업협회, 한국건강기능식품협회
심의 관련 주요 법	「의료법」 제56조(의료광고의 금지), 제57조(의료광고의 심의)			「의료기기법」 제24조, 제25조	「약사법」 제68조, 제68조의2	「표시 · 광고법」 외 광고 관련 법령	「식품 표시 · 광고법」 제10조

※ 비고
1. 민간에 의한 사전자율심의 체제를 지니지만 사전심의를 받지 않을 경우 형사 처벌되며 「의료법」상 광고 관련 규정을 모두 준수해야 한다.
2. 민간에 의한 사전자율심의 체제를 지니지만 사전심의를 받지 않을 경우 형사 처벌되며 「식품 표시 · 광고법」상 광고 관련 규정을 모두 준수해야 한다.
3. 국내의 모든 광고(매체, 업종 유형에 관계없이)는 기본적으로 「표시 · 광고법」을 준수해야 한다.

출처: 조재영(2019a), pp. 312-313에서 재구성.

금융광고는 **금융투자광고**와 **보험광고**로 구분되는데, 전자는 **금융투자협회**에서 심의하고, 후자는 **생명보험협회** 및 **손해보험협회**에서 심의한다. 이들 금융광고는 형식은 사전자율심의이지만 관련법을 엄격히 준수해야 하는 의무적인 자율심의 체제를 갖추고 있다. 영화광고에 대한 심의는 광고의 진실성 여부를 판단하는 것이 아니라 해당 **영화광고**에 청소년에게 유해한 부분이 있는지를 사전에 확인하기 위하여 실행하는 것으로서 **영상물등급위원회**에서 심의한다(조재영, 2016a).

지금까지 살펴본 매체별 · 업종별 심의 체계의 예를 요약하면 각각 〈표 7-3〉과 〈표 7-4〉와 같다. 이와 같이 광고심의 체계는 복잡한 양상을 나타내고 있다. 각기 다른 심의기관들이 독립적으로 심의를 실시하고 있기 때문에 광고를 생산하는 주체 측 입장에서는 하나의 광고 콘텐츠에 대해 일일이 다른 심의기관을 통과해야 한다는 점에서 시간적 · 물질적 자원 낭비 등의 문제를 초래할 수 있다.

2) 광고심의의 폐쇄성

이와 같이 국내 광고심의 체계가 외형적으로 매체별 · 업종별에 따라 각기 다양하여 복잡한 양상(문철수, 2011)을 나타내고 있는 것과 함께 내면적인 폐쇄성도 문제로 지적할 수 있다. 여기서 '폐쇄성'이란 의미는 심의기관 내 광고심의와 관련된 전 과정, 즉 광고심의위원들의 선정 기준, 선정 방법 및 심의 활동 상황(규정 적용) 등이 대체로 공개되지 않고 있다는 뜻이다. 즉, 심의위원 선정을 비롯한 심의과정이 공개되고 있지 않아서 심의가 얼마나 성실하고 공정하게 그리고 투명하게 진행되고 있는지 의문이 드는 것이다. 또한 각 광고심의의 근거가 되는 법률 및 관련 규정들이 얼마나 공정하고 일관성 있게 합리적으로 적용되고 있는지도 문제이다. 각 매체별 · 업종별 심의규정의 내용을 보면 공통적으로 금지하는 표현도 있고 그렇지 않은 것도 있는바, 이들에 대한 해석이 얼마나 일관성 있게 이루어지고 있는지, 일관성을 위해 각 심의기관 간에 얼마만큼의 상호 소통을 하고 있는지도 의문이다.

해당 심의기관의 인터넷 홈페이지에는 형식적인 심의 절차 등에 대해서만 간략하게 소개되어 있을 뿐, 회원사 광고주들만 '회원가입'이 되어 접속할 수 있는 경우가 대부분이고 광고심의규정이 어떻게 적용되어 어떠한 결과를 나타내고 있는지 보고하는 바가 거의 없다. 광고주 또는 광고 상품명은 공개하지 않더라도 어떠한 규정이 어떻게 적용되었는지, 또한 그로 인해 어떠한 판정이 내려졌는지를 공개한다면 차후에 이에 대한 연구가 실행될 수 있고 이러한 연구결과들은 광고심의 제도의 개선을 위해 매우 중요한 자료로 활용될 수 있을 것이다.

이러한 폐쇄성의 원인은 광고심의가 자율적으로 심의를 신청한 회원들만을 대상으로 이루어지는 경우가 많아서 관계자에게만 정보를 제공할 뿐, 굳이 공공연하게 공개할 필요는 없다는 의식이 존재하기 때문으로 판단된다. 그러나 이와 같은 태도는 광고행위의 주체를 광고주에게만 한정하고 소비자는 외면하는 얄팍한 관념에서 비롯되는 것이라고 할 것이다. 이러한 태도는 오히려 심의에 대한 광고주의 무책임감 내지 심의의 공정성에 의문을 갖게 함으로써 성숙한 자율심의 체제 건립에 있어서는 부정적인 요소로 작용할 여지가 크다.

이와 같은 광고심의의 폐쇄성은 광고 유형들에 대한 규제 정책에도 부정적인 결과를 가져다줄 것이다. 최근 미디어 기술의 발전으로 신유형 광고들이 등장하고 있는 바, 쌍방향 데이터 방송, 인터넷 방송, IPTV, DMB, VOD 등 방송과 통신이 융합하면서 미디어 간 경계를 넘나드는 다양한 서비스가 등장하고 방송, 통신, 영상물 등 전통적인 매체 간의 구분이 모호해지고 있는 환경 속에서 광고의 유형은 하루가 다르게 변화를 거듭하고 있다. 기존 광고심의 제도의 장단점에 대한 연구는 이러한 신유형 광고심의 제도의 토대가 될 수 있는 것이어서 심의로 인한 문제 발생 시 신속한 대응이 필요함에도 불구하고 이를 따라가기가 매우 어려운 형편이다(조재영, 2012).

3) 각기 다른 광고심의기관에 의한 심의규정 적용의 일관성 및 형평성 문제

앞에서 잠시 언급한 바와 같이 심의과정 및 그 결과가 공개되지 않기 때문에 광고심의규정이 얼마나 일관성 있고 형평성 있게 적용되고 있는가에 대한 의구심이 발생할 수 있다. 어떠한 내용이 수정, 삭제 및 부적합 판정을 받았는지 등과 관련된 심의 결과들을 통해서 실제 광고심의규정들이 어떻게 해석되고 적용되는지를 알 수 있는 것이며 나아가 개선 방향을 찾을 수 있는 것이다. 그런데 이러한 것들이 공개되지 않기 때문에 심의의 신뢰성에 대해 의구심을 갖게 되며 이들 심의기관 간에 광고심의규정 내지 체계와 관련된 상호 커뮤니케이션을 하는 경우도 거의 없기 때문에

규정 적용의 일관성 및 형평성에 대한 의문은 커진다.

특히 현재의 매체별 광고심의규정의 근거는 기존의 4대 매체를 중심으로 이루어져 있다고 해도 과언이 아닌데 최근과 같이 다양한 매체광고 환경 속에서 매체의 고유 특성상 나타날 수 있는 부당광고를 어떻게 판단할 수 있는지 의문이 든다. 즉, 매체별로 다른 심의기관에서 심의를 함에도 불구하고 심의규정은 기존의 4대 매체를 근간으로 동일하게 이루어졌기 때문에 해석 방법에 따라 상이한 결과를 가져올 수 있는데 이에 대해 어떻게 대처할 수 있는지 의문이다. 이러한 문제점과 동시에, 매체 특성에 따라 다소 상이한 규정조항이 있는 경우 동일한 내용의 광고 콘텐츠를 상이한 미디어를 통해 집행해야 하는 광고주의 입장에서는 매체에 따라 다르게 제작해야 한다는 결론이 도출된다. 이것은 결국 광고주, 광고회사 및 매체사 등에 혼란을 야기하여 심의를 부담스럽게 인식시킬 뿐만 아니라 심의를 위한 심의일 뿐이라는 의식을 낳게 하여 심의에 대한 책임감을 감소시키고 나아가 광고 크리에이티브 활동에도 부정적 영향을 미칠 수 있을 것이다(조재영, 2012).

4) 광고심의에 대한 경시사상 증가

광고심의 제도의 폐쇄성 및 불공정성은 제도 자체에 대한 불신감으로 발전하여 광고심의행위를 경시하는 인식을 낳을 수 있다. 광고심의의 당위성은 소비자 및 선의의 경쟁자를 보호하여 시장의 건전한 질서를 보호하고 발전시키고자 함에서 찾을 수 있는바, 심의과정이 폐쇄적이고 불공정하다면 당위적 목적을 실질적으로 달성하기보다는 형식에 치우쳐서 심의 제도 자체를 경시하게 될 것이다. 따라서 심의를 회피하고 불만을 증가시키며 이로 인해 불법적 표현의 광고들이 증가하게 될 것이라 사료된다. 특히 '자율심의'의 경우에는 위반 시 법적 구속력이 없기 때문에 법률적인 공조가 없는 이상 사실상 있으나 마나 한 제도라 해도 과언이 아니다.

이와 같이 외형적으로 드러나는 문제 외에 더 우려되는 것은 법에 근거하여 사전심의를 받도록 규정되어 있음에도 불구하고 모든 사업자가 의무적으로 심의를 받고 있는 것이 아니라 심의를 신청한 경우에만 심의를 받고 있다는 것이다. 앞의 〈표 7-3〉과 〈표 7-4〉에서 알 수 있듯이 법에 의한 의무적 사전심의, 사전자율심의, 사후자율심의, 법에 의한 사후심의 등 여러 가지 심의 체계가 있는데, 그 어떤 심의 체계이든 심의를 신청한 경우에만 심의를 받고 있다. 물론 심의를 받아야 한다는 의무규정을 위반하면 처벌받는다. 이처럼 심의를 받아야 한다는 것을 그렇게 중요하게 생각하지 않는 이유는 여러 가지로 생각해 볼 필요가 있다. 그중에는 앞에서 제시한 문제들, 즉 각기 다른 심의기관의 존재, 현실적으로 부적합하다고 판단되는 심의규정의 내용 및 적용 등에도 그 원인이 있을 것으로 판단된다. 또한 심의를 통과하였다 할지라도 그 결과가 항상 법적 구속력을 지니는 것은 아니어서, 만일 광고로 인해 후차적인 문제가 발생한다면 그 책임은 다시 광고주에게 지워질 수 있기 때문에 사전심의를 그리 중요하게 생각하지 않을 수도 있다(조재영, 2012).

5) 광고자율심의에서 법적 책임의 문제

국내의 광고는 그 어떤 광고든지 광고 매체나 업종에 관계없이 부당한 광고에 대해서는 기본적으로 「**표시 · 광고의 공정화에 관한 법률**」(이하 「표시 · 광고법」)에 의해 규제되고 있다. 따라서 그 어떤 광고든지 광고심의에 의해 통과가 되었어도 사후 부당성이 인정되면 「표시 · 광고법」 및 관련 법률에 의거하여 합당한 처벌을 받게 된다. 예를 들어, 자율심의 체제하에서는 심의결과로서 '적합' 판정을 받았다 할지라도 그 결과에 대해 반드시 법적 효력이 발생하는 것은 아니다. 그런데 해당 광고가 사후에 「표시 · 광고법」 등 관련법을 위반한 사실이 발견되어 부당한 광고로 판정된다면 당초 사전에 심의한 주체자와 광고주 중에서 법적 책임자는 누구인가, 즉 자율심의기관과 광고주 중에서 엄밀하게 누가 얼마나 법적 책임을 부담해야 하는가의 문제가 발생할 수 있다. 예를 들어 방송광고의 경우, 과거에 정부주도의 방송광고 사전심의에 대한 위헌 결정 이전의 심의 체제하에서는 방송사가 법적 사전심의기관(심의 위탁기관, 즉 구 **한국광고자율심의기구**)의 심의 여부만 확인하면 광고 내용에 대한 책임은 지지 않아도 되었다. 그러나 현재 **한국방송협회**의 자율심의 체제하에서는 방송사가 광고 내용에 대한 법적 책임을 갖는다. 「방송법」의 규제 대상이 오로지 방송사뿐이라는 이유로 광고주는 문제성 광고에 대한 책임을 피하고 있는 실정이다(여도관, 2011). 그러나 이와 같은 논리는 비합리적이어서 심도 있게 논의할 필요가 있다. 「표시 · 광고법」에 의해 부당광고를 판단하여 의결할 경우에도 광고를 집행한 사업자 또는 사업자단체(광고주)에게 그 책임을 지우고 있다(「표시 · 광고법」 제3조 제1항 및 제17조 제1호)는 사실을 주목해야 한다.

방송광고 외에 타 매체광고나 업종별 광고의 경우 관련법에 근거하여 사전심의를 받도록 되어 있음에도 불구하고 대부분 심의를 신청한 경우에 한해서만 심의를 하고 있는데, 그 이유 중 한 가지는 앞에서 지적했듯이 광고의 부당성에 대한 책임은 결국 광고주에게 있어 심의가 법적 구속력을 담보하지 않은 상황에서 굳이 심의를 받을 필요가 있을까 하는 의식이 퍼져 있기 때문이라 판단된다. 그러나 법에서 사전에 심의받을 것을 규정하고 있는 이상 이렇게 심의를 받지 않고 광고를 게재하는 경우는 모두 불법광고에 해당한다. 예를 들어, 의료광고는 「의료법」에 근거하여 사전자율심의 대상이지만 여기서 '자율'이란 심의를 받지 않아도 된다는 의미가 아니며 정부주도가 아닌 민간에 의한 자율심의가 이루어진다는 의미이다. 즉, 심의를 받지 않으면 처벌되는 것을 말하여 이러한 심의미필광고는 불법 의료광고에 해당된다. 심의를 필한 광고들은 심의번호를 광고에 게재해야 하지만 인터넷광고의 특성상 이를 생략하는 경우가 많아 심의필광고와 미필광고의 식별이 어려운 것이 인터넷 신문에 불법 의료광고가 많은 이유라고 하겠다.

이와 같이 현재의 광고심의 체계하에서 광고심의 결과에 대한 권리 또는 책임 소재 및 부당광고에 대한 법적 책임 소재 등과 관련된 문제는 보다 신중하게 논의하여 명쾌하게 정리하고 실행할 필요가 있다.

4. 광고심의 제도의 개선 방안과 제언

1) 광고심의 체제의 자율화, 정부 개입의 최소화

급변하는 광고매체 환경의 변화에 신속하게 대응하기 위해서는 광고심의 체제의 민간주도의 자율화가 바람직하다. 민간에 의한 자율심의 체제를 통해서 소비자의 알 권리를 보다 빠르게, 충분하게 충족시켜 시장의 건전한 활성화를 도모해야 할 것이다. 이와 같은 민간에 의한 자율심의 제도는 시간 및 인적 자원의 낭비를 감소시킬 수 있을 뿐만 아니라 불필요한 형식적 절차를 철폐하여 표현의 자유권에 대한 의식을 높일 수 있다(조재영, 2019b).

이러한 의미에서 최근에 시행된 의료광고심의에 대한 민간주도의 사전자율심의 체제는 긍정적으로 받아들여진다. 다만, 시행된 지 얼마 되지 않아서 현재 심의 업무에 과부하가 발생하고 있는 것은 사실이지만 미래를 위해서는 나아가야 할 방향이라고 판단된다. 그리고 이러한 변화로 인해 아직도 정부에 의한 사전심의가 시행되고 있는 몇 가지 업종(예: 의약품, 의료기기 등)의 광고에 대해서도 민간에 의한 사전 자율심의 체제로 변모할 것을 기대해 본다.

이와 같은 자율화가 지속적으로 잘 실행되어 성공적인 제도로 확립되기 위해서는 심의과정이 철저하게 이루어져야 할 것이다. 앞에서 언급했던 문제점들, 즉 각 심의위원회의 공개(심의위원 선정과정, 심의 절차 등) 및 심의과정의 공개가 필요하며 심의규정이 얼마나 공정하게 적용되었는지 그 결과를 공개하는 것도 매우 중요한 사안이라고 하겠다. 그리고 비록 자율심의이지만 관련된 법률규정은 반드시 준수하는 엄정한 심의가 이루어져야 할 것이다. 민간에 의한 자율심의 체제라고 해서 정부기관으로부터 완전히 분리되고 독립된 것은 아니며 관련 해당 법률의 소관 부처는 정부이기 때문에 법령의 개선 및 광고심의 정책 등은 정부가 주도하게 된다는 사실을 주지할 필요가 있다. 따라서 진정한 자율심의 체제를 이루기 위해서는 정부의 개입이 필요 없을 정도로 보다 철저하게 운영되어야 한다. 자율심의 체제가 잘 운영되지 못하거나 부패할 경우 기존 심의 체제보다 더 강화될 수도 있기 때문이다.

2) 법률 간 유사한 광고심의규정의 통합적 관리

급변하는 사회 변화로 인해 사업자, 소비자, 매체 등 광고 환경이 더욱 다변화되고 있다. 제품 간의 경쟁은 더욱 치열해져서 이로 인한 부당광고 사례도 증가하고 있다. 이러한 상황에서 보다 신속한 심의 업무를 달성하여 시장의 건전한 질서를 확립하기 위해서는 자율화의 방향으로 나아가는 것이 바람직하다. 그러나 심의규정 내용은 보다 개선될 필요가 있다. 자율화의 체제 내에서 심의과정 및 심의 방법이 공정하면서 합리적인 방향으로 개선되는 것은 바람직하다고 할 것이지만, 그럼에도 불구하고 부당한 광고가 증가한다면 업무의 정확성 및 효율성을 높이기 위해 불필요한 심의규정은 과감하게 철폐하고 명확하지 않은 규정은 보다 구체적으로 제시할 필요가 있다(심성욱, 2009; 윤성옥, 2009; 이승선, 2008, 2011a, 2011b; 조재영, 2013).

이와 같이 **광고심의규정의 개선**과 관련된 문제로서 심의의 효율성과 정확성을 높이기 위하여 특별히 제안하고자 하는 것은 여러 법률에서 공통적으로 규제하고 있는 광고금지표현들에 대한 통합적 관리의 필요성이다. 예를 들어, 최근 기술의 발달로 인해 '기능성' 제품들이 빈번하게 출시되면서 보통의 주의력을 가진 소비자가 업종 간의 구분을 정확하게 잘 인식하지 못하는 점을 악용하여 '기능성'과 관련된 거짓 · 과장, 기만 등의 부당한 광고가 증가하기도 한다. 그중에서 식품, 건강기능식품, 의약품(또는 의약외품) 광고 등을 살펴보면, 일반 식품이 마치 건강기능식품인 것처럼 또는 건강기능식품이 의약품인 것처럼 광고되는 경우가 많다. 즉, 식품 및 건강기능식품 광고에서 질병의 예방이나 치료에 효능이 있는 것처럼 의약품으로 인식할 우려가 있는 광고를 하는 것이다. 이러한 광고들에서는 질병의 명칭(감기, 고혈압, 당뇨 등)을 언급하거나 '치료효과' '치료효능' 등의 표현을 사용한다. 또한 화장품, 기능성 화장품, 의약품(또는 의약외품) 광고의 경우에도 일반 화장품이 기능성 화장품 또는 의약품인 것처럼, 기능성 화장품이 의약품인 것처럼 광고되기도 한다. 예를 들어, '기미를 치료해 준다' '세포를 활성화시킨다' 등의 표현을 사용한다. 이러한 표현들은 모두 금지 대상이다. 이러한 업종별 유사한 금지표현규정의 예시는 〈표 7-5〉와 같다. 이렇게 업종별로 유사한 금지 표현이 있다는 사실과 함께 광고와 관련된 각 개별 법률에도 공통된 금지표현규정이 있다는 점을 살펴볼 필요가 있다. 그 예시는 〈표 7-6〉과 같다.

표 7-5 업종별 유사한 광고금지표현규정의 예시(의료기기, 의약품, 식품, 화장품)

업종별 유사한 광고금지표현규정	관련 규제 법률
• 의사, 치과의사, 한의사, 수의사 또는 그 밖의 자가 의료기기의 성능이나 효능 및 효과를 보증한 것으로 오해할 염려가 있는 기사를 사용한 광고 • 의사, 치과의사, 한의사, 약사, 한약사, 대학 교수 또는 그 밖의 자가 의료기기를 지정 · 공인 · 추천 · 지도 또는 사용하고 있다는 내용 등의 광고(다만 국가, 지방자치단체, 그 밖에 공공단체가 국민 보건의 목적으로 지정하여 사용하고 있는 내용의 광고의 경우에는 그렇지 않다) • 사용자의 감사장 또는 체험담을 이용하거나 구입 · 주문이 쇄도한다거나 그 밖에 이와 유사한 표현을 사용한 광고	「의료기기법 시행규칙」 제45조 제1항 관련 [별표7]
• 의사, 치과의사, 한의사, 약사 또는 그 밖의 자가 특정 의약품 등을 지정 · 공인 · 추천 · 지도 또는 사용하고 있다는 내용 등의 광고를 하지 말 것. 다만, 국민보건을 위하여 국가 · 지방자치단체 또는 공공단체가 특정 의약품 등을 지정하여 사용하고 있는 사실을 광고하는 경우는 제외 ⇒ 약품, 의약외품 공통 적용 • 현상품 · 사은품 등 경품류를 제공하는 방법으로 광고하지 말 것 • 사용자의 감사장(感謝狀) 또는 체험담을 이용하거나 구입 · 주문이 쇄도한다거나 그 밖에 이와 유사한 표현을 사용한 광고를 하지 말 것 ⇒ 약품에만 적용	「약사법」에 근거한 「의약품 등의 안전에 관한 규칙」의 [별표7] 참조, 의약품, 의약외품에 공통 적용
• 각종 감사장 또는 체험기 등을 이용하거나 '한방(韓方)' '특수제법' '주문쇄도' '단체추천' 또는 이와 유사한 표현으로 소비자를 현혹하는 표시 · 광고 • 의사, 치과의사, 한의사, 수의사, 약사, 한약사, 대학교수 또는 그 밖의 사람이 제품의 기능성을 보증하거나, 제품을 지정 · 공인 · 추천 · 지도 또는 사용하고 있다는 내용의 표시 · 광고. 다만, 의사 등이 해당 제품의 연구 · 개발에 직접 참여한 사실만을 나타내는 표시 · 광고는 제외	「식품 표시 · 광고법」에 근거한 「식품 표시 · 광고법 시행령」 제3조 제1항 관련 [별표1] '부당한 표시 · 광고의 내용'

• 의사, 치과의사, 한의사, 약사, 의료기관, 연구기관 또는 그 밖의 자가 이를 지정 · 공인 · 추천 · 지도 · 연구개발 또는 사용하고 있다는 내용이나 이를 암시하는 등의 표시 · 광고 금지(단, 법령에 부합되는 인체 적용 시험 결과가 관련 학회 발표 등을 통하여 공인된 경우 문헌의 본래 뜻을 정확히 전달할 경우에는 가능)	「화장품법」 제13조 제2항에 따른 「화장품법 시행규칙」 제22조 [별표5] '화장품 표시 · 광고의 범위 및 준수사항'

출처: 조재영(2019b)에서 재구성.

표 7-6 「표시 · 광고법」 및 개별 법률에 나타난 비교 표시 · 광고 관련 규정

비교 표시 · 광고 관련 규정	법률
• 법 제3조 제1항 제3호 및 법 시행령 제3조 제3항 - 부당하게 비교하는 표시 · 광고는 비교 대상 및 기준을 분명하게 밝히지 아니하거나 객관적인 근거 없이 자기 또는 자기의 상품이나 용역(이하 "상품 등"이라 한다)을 다른 사업자 또는 사업자단체(이하 "사업자 등"이라 한다)나 다른 사업자 등의 상품 등과 비교하여 우량 또는 유리하다고 표시 · 광고하는 것으로 한다.	「표시 · 광고법」
• 법 제32조 및 제33조, 「방송심의에 관한 규정」 제4조 제3항에 따른 「방송광고 심의에 관한 규정」 제16조(비교광고의 기준) ① 방송광고는 경쟁관계에 있는 상품 · 용역 또는 기업을 부당한 방법으로 비교하여서는 아니 된다. ② 방송광고는 비교나 실물제시에 있어 특성, 성분, 규격 등 비교의 기준을 명확히 밝혀야 한다. ③ 방송에서의 비교광고는 비교대상 및 비교기준이 명확하여야 하며, 비교내용 및 비교방법이 적정하여야 한다. ④ 방송광고는 당해 기업, 상품, 서비스의 우위 또는 특성을 강조함으로써 그 밖의 상품이나 서비스, 또는 기업 전체까지도 우수하다는 표현을 하여서는 아니 된다. ⑤ 방송광고는 우위 또는 특성을 비교 주장함에 있어 비록 그 내용이 사실이라 할지라도 상대방을 비방 또는 중상하는 것이어서는 아니 된다.	「방송법」
• 법 제57조, 법 시행령 제23조, 제24조, 「의료광고심의기준」 - 법 시행령 제23조 제1항 제3호: 특정 의료기관 · 의료인의 기능 또는 진료 방법이 다른 의료기관이나 의료인의 것과 비교하여 우수하거나 효과가 있다는 내용으로 광고하는 것 - 「의료광고심의기준」 제7조 1. 의료 직역 간 비교광고는 원천적으로 금지한다(의학 · 한의학 상호 비교) 2. 특정 직역의 시술 방법 등의 부작용을 부각시키면서 자신의 직역의 시술 방법 등이 우수하다고 표현해서는 아니 된다.	「의료법」

3. 의료기관 간 비급여 진료비용을 비교하거나 자신의 의료기관의 비급여 진료비용에 대해서는 적시할 수 없다. 4. 광고주인 의료인·의료기관이 행하는 여러 시술 방법 중 특정한 시술 방법을 다른 시술 방법과 비교하는 것은 허용한다(단, 각 시술의 장단점 모두 표기, 특정 시술의 장점만을 부각한 비교는 불허). 다만, 타 의료기관·의료인의 명칭을 언급하는 등 특정 의료인, 의료기관의 것과 비교하는 내용은 허용되지 않는다. 5. ⇒ (비고: 비방광고규정임) 6. "수술 없이"의 표현과 같이 '약물 없이' 등 '○○ 없이'의 표현은 시·수술 방법에 대한 비교적 표현으로 허용되지 않는다.	
• 법 제68조 제6항, 법 시행령에서 총리령으로 정하도록 위임한 사항과 그 시행에 필요한 사항을 규정한 「의약품 등의 안전에 관한 규칙」 제78조 제3항에 의한 [별표 7] '의약품 등을 광고하는 경우에 준수하여야 할 사항' - 제2호(의약품) 다목: 효능이나 성능을 광고할 때에는 사용 전후의 비교 등으로 그 사용결과를 표시 또는 암시하거나 적응증상을 위협적인 표현으로 표시 또는 암시하는 광고를 하지 말 것	「약사법」
• 법 제8조 제1항에 따른 부당한 표시 또는 광고의 구체적인 내용 기준인 [별표1]의 제6호 및 제7호 6. 다른 업체나 다른 업체의 제품을 비방하는 표시 또는 광고: 비교하는 표현을 사용하여 다른 업체의 제품을 간접적으로 비방하거나 다른 업체의 제품보다 우수한 것으로 인식될 수 있는 표시·광고 7. 객관적인 근거 없이 자기 또는 자기의 식품 등을 다른 영업자나 다른 영업자의 식품 등과 부당하게 비교하는 다음 각 목의 표시 또는 광고 가. 비교표시·광고의 경우 그 비교대상 및 비교기준이 명확하지 않거나 비교내용 및 비교방법이 적정하지 않은 내용의 표시·광고 나. 제품의 제조 방법·품질·영양가·원재료·성분 또는 효과와 직접적인 관련이 적은 내용이나 사용하지 않은 성분을 강조함으로써 다른 업소의 제품을 간접적으로 다르게 인식하게 하는 내용의 표시·광고	「식품 등의 표시·광고에 관한 법률」

출처: 조재영(2015)에서 재구성.

이와 같이 각 업종별 또는 매체별 등 개별 법률에 산재해 있는 공통된 금지표현 규정들에 대해서는 심의 업무의 효율성, 정확성 및 공정성을 높이기 위해서 통합적으로 관리하는 것이 바람직하다고 판단된다.

3) 민간주도의 통합적 광고자율심의기구 정립

광고심의 체제가 그 어떤 매체와 업종을 불문하고 자율적 심의 체제로 나아가면서 동시에 공통된 규정들은 통합하여 보다 명확하고 공정하게 관리하기 위해서 고려해 볼 필요가 있는 것은 **통합적 광고자율심의기구**의 건립이다. 앞에서 살펴본 바와 같이 현재 국내의 광고심의 체제는 매체별 · 업종별로 복잡한 양상을 보이고 있으며 이와 관련된 많은 문제점이 있다. 이러한 문제점을 해결하고 자율심의 체제를 보다 효율적이면서 합리적으로 달성하기 위해서는 통합적 심의기구가 필요하다고 하겠다.

광고의 자율 규제가 발달한 미국, 영국, 프랑스 및 일본 등 외국의 광고자율규제 체계를 살펴보면 〈표 7-7〉을 통해 알 수 있듯이 거의 공통적으로 자율심의에 대한 정책 및 심의 업무를 통합적으로 관리하는 기구가 있다(조재영, 2012). 이들 국가의 광고규제 체계의 공통점은 광고규제는 기본적으로 자율규제기구에 위임을 하되 전문성을 갖출 것을 요구하며 자율심의에 따른 법적 부작용 등에 대해서는 정부나 법원이 방송사는 물론 광고주에 대해서도 강력한 조치를 취하고 있다는 점이다. 소위 광고 선진국이라 일컬어지는 이러한 나라들의 광고규제 체계가 통합적 자율규제 중심이면서도 책임감 있고 합리적으로 운영되고 있는 모습은 현재 우리의 통일성 없고 복잡한 심의 체계에 대해 시사하는 바가 크다. 따라서 급변하는 광고 환경에 대응하면서 공정한 시장질서를 확립하고 나아가 광고산업을 발전시키기 위해서는 민간주도의 통합적 광고자율심의기구를 건립하는 것이 필요하다고 하겠다.

표 7-7 외국의 광고 자율규제 체계 특성 요약

국가	특성
미국	• 정부 개입 최소화 원칙 • BBB National Programs, Inc.(정책 및 절차)가 통합적으로 자율규제 프로그램 관리 • 최근 과거의 CBBB가 BBB National Programs, Inc.로 변경되면서 ASRC(Advertising Self-Regulatory Council, 구 NARC)가 2019년 6월 1일에 BBB National Programs, Inc.에 통합되었음 • NARC(National Advertising Review Council): 자발적인 자율규제를 통해 진실과 정확성을 향상시키는 임무(광고업에 대한 정부의 개입 최소화, 광고주 간 분쟁 해결, 광고에 대한 소비자의 신뢰도 증진)가 있음. 전국의 광고주에게 진실과 정확성에 대한 가이드 제공. NAD, NARB, CARU, ERSP를 위한 정책 마련 ⇒ 이 모든 업무를 BBB National Programs, Inc.에서 담당
영국	• Ofcom은 광고규제의 임무를 ASA에 대부분 위임 • Ofcom(Office of Communications, 커뮤니케이션청): 영국의 방송, 통신 및 우편 산업 부문을 대상으로 정부 승인 규제 및 경쟁 관리 담당. 텔레비전, 라디오, 통신 및 우편 부문에 걸쳐 광범위한 권한을 가짐. 경쟁을 진흥하고 유해하고 위협적인 내용들로부터 공중을 보호함으로써 소비자와 시민의 이해를 대변할 법적 의무를 가짐. 주요 업무는 면허 부여, 조사, 규약과 정책, 불만, 경쟁 그리고 무선 주파수의 오용으로부터의 보호 등임 • ASA(Advertising Standards Authority)는 대부분의 비방송 및 방송매체의 광고심의를 담당하는 자율기구. 방송광고에 한하여 Ofcom과 ASA는 파트너십 관계로 자율규제 내 공동규제 시스템, 비방송광고에 한해서 자율규제 시스템을 시행함 • Ofcom은 방송사 면허권을 토대로 한 광고규제에 대한 최종적 권한만을 가지며, ASA가 거의 모든 광고 관련 문제와 소비자 불만 사항을 총괄적으로 다룸 • ASA는 정부와 업계 양측 어디에도 영향을 받지 않는 독립기구, 사후심의에 비중을 둠
프랑스	• CSA(시청각최고위원회)와 BVP(광고 자율심의 기구)의 공동규제 시스템 • CSA[프랑스어: Conseil supérieur de l'audiovisuel(CSA), 영어: Superior Council of Audiovisual(Content)]는 1969년에 창설된 프랑스의 기관으로 라디오, 텔레비전과 같은 다양한 전자매체의 규제 업무 담당 • BVP(Bureau de Vrification de la Publicit, Advertising Verification Bureau): 자율규제 시행. 광고계 직업윤리 감시기능(광고 관련 전체 직종에 적용되는 의무규칙 제정), 억제가 아닌 예방활동(광고 메시지 제작과정에 필요한 자문 제공, 광고가 방송되기 전에 심의규정에 적합한지 의견 제공), 건강한 광고활동 촉진 • BVP는 업계의 요구에 의해 설립되어 업계의 영향권 내에 있음. 자발적 자정에 비중을 둔 예방 활동
일본	• JARO(민간광고 자율규제기구)를 중심으로 심의와 규제를 자율적으로 시행

출처: 정기현, 염성원, 오경수(2007); 조재영(2012)에서 재인용 또는 재구성.

4) 통합적 자율심의기구 내 어린이 · 청소년 보호를 위한 전문 광고심의 분과 정립

민간주도의 통합적 광고자율심의기구 내에는 **어린이 · 청소년 보호를 위한 전문 광고심의 분과**를 독립적으로 마련할 필요가 있다. 이 장의 앞부분에서 광고심의의 대상은 두 가지로 분류할 수 있다고 논의한 바에 따르면, 그 한 가지는 광고 주장 내용의 진실성과 관련되며 다른 한 가지는 그 주장 내용을 표현하는 기법의 윤리성(도덕성)과 관련된다. 후자의 광고의 윤리성 판단에 의한 심의가 중요한 이유는 무엇보다도 어린이 · 청소년에 대한 유해성 여부 때문이라고 해도 과언이 아니다.

이에 대한 규제 방법으로서 현재 「방송광고심의에 관한 규정」에서는 어린이 · 청소년을 보호하기 위해 별도의 조항(제23조)을 두고 심의하고 있으며, '한국광고자율심의기구'의 「광고자율심의규정」에도 어린이 · 청소년 보호 조항(제23조)이 있다. 이와 함께 현재 여성가족부 산하 청소년보호위원회에서는 「청소년 보호법」에 근거하여 청소년 유해매체물을 심의한 후 고시하고 있으며 위반 시 처벌하고 있다. '청소년 유해매체물'이란 「**청소년 보호법**」에 근거한 「**청소년 유해매체물 심의기준**」에 의해 여성가족부 산하의 청소년보호위원회가 청소년에게 유해한 것으로 결정하거나 확인하여 여성가족부 장관이 고시한 매체물 또는 각 심의기관(자율기관 포함)이 청소년에게 유해한 것으로 심의하거나 확인하여 **여성가족부** 장관이 고시한 매체물을 의미한다(제2조 제3호; 조재영, 2014, 2017). 그러나 이것은 영화, 게임, 방송물, 음악, 공연, 광고 등 모든 매체물을 대상으로 한 규제로서 광고의 어린이 · 청소년 유해성 표현에 대한 규제와는 다소 거리가 있다.

그런데 최근과 같이 유튜브(YouTube)를 비롯한 소셜미디어에 의한 폐해가 이들 문제의 핵심으로 부각되고 있는 시대에 이러한 방법으로 규제한다는 것은 역부족이라고 하겠다. 특히 누구나 콘텐츠를 제작 및 유통할 수 있는 1인 방송이 가능한 현 시점에서 유튜버(YouTuber)들이 광고 수익을 얻기 위해 어린이 · 청소년에게 유해한 콘텐츠를 무분별하게 유포하거나 어린이 · 청소년 대상 콘텐츠에 성인용품 관련 광고가 삽입되는 등의 문제가 발생하고 있다는 점을 감안하면 이에 대한 체계적 규제 체계가 매우 시급하다고 하겠다(홍남희, 2018).

이와 같이 나날이 개인화되고 있는 미디어행위를 법률이 완벽하게 관리하는 데에는 한계가 있다고 본다. 뉴미디어가 미치는 사회의 긍정적 · 부정적 영향을 고려하여 보다 체계적이고 신속하게 문제에 대처하기 위해서는 이에 대한 전문 심의 분과를 구축하여 법률에 의한 규제와 함께 자율정화 시스템도 함께 운영할 필요가 있다고 사료된다.

5) 통합광고법 제정

민간주도의 통합적 광고자율심의기구가 보다 효율적으로 운영되기 위해서는 광고와 관련된 모든 규정을 하나로 통합하여 운영할 수 있도록 하는 것이 바람직하며 이를 위해 **통합광고법**의 제정이 필요하다고 본다.

앞에서 논의한 바와 같이 현재는 여러 업종 및 매체를 관리하는 법률 내에 광고에 대한 규정(광고심의 절차, 광고금지표현, 벌칙 등)이 포함되어 있어서 사실상 광고 관련법 규정이 각 법률마다 산재해 있다. 물론 「표시 · 광고법」이 광고의 일반법으로서의 지위를 가지면서 모든 광고를 통합적으로 관리하고 있으나 동법은 부당한 표시 · 광고 행위, 즉 거짓 · 과장, 기만, 부당비교 및 비방광고에 대해서만 규제하는 법률이다. 즉, 모든 광고의 '진실성'과 관련된 판단의 근거법으로서 진실성 여부 외의 심의 대상 차원에 대해서는 적용되지 못하는 한계가 있다. 따라서 서두에서 논의한 바 있는 광고심의 대상의 두 가지 차원을 아우르는 통합광고법의 제정이 필요하다 할 것이다. 이와 관련하여 최근 모든 식품의 표시 · 광고를 통합적으로 관리하기 위해 「식품 등의 표시 · 광고에 관한 법률」이 제정되어 업종과 광고를 따로 분리함으로써 광고 관리가 보다 용이해진 것은 통합광고법 제정의 필요성에도 시사하는 바가 크다고 할 것이다. 동법에는 광고의 진실성 판단 외에도 "사행심을 조장하거나 음란한 표현을 사용하여 공중도덕이나 사회윤리를 현저하게 침해하는 표시 또는 광고"

(제8조 제1항 제8호)를 금지한다는 규정을 둠으로써 윤리성 판단에 해당되는 조항도 포함되어 있음에 주목할 필요가 있다.

통합광고법이 제정되면 이처럼 해당 업종 및 매체를 관리하는 법률 내에 해당 업종 및 매체를 관리하는 규정과 그에 대한 광고규정까지 함께 포함되어 있는 것을 분리하여 광고를 독립적으로 관리함으로써 보다 전문적인 관리를 기대할 수 있을 것이다. 각 업종별로 공통된 광고금지표현규정을 보다 용이하게 통합하여 관리할 수 있을 것이며, 온라인 맞춤형 광고를 비롯한 신유형 광고에 의한 부작용에 대해서 보다 신속하고 능동적으로 대처할 수 있고 관련법의 개정도 훨씬 용이할 것이다. 그리고 무엇보다도 유튜브를 중심으로 한 1인 방송 콘텐츠 광고에 의한 사회적 문제, SNS를 통해 만연한 청소년 유해매체물로서의 불법광고 등도 보다 효율적으로 관리할 수 있을 것이다.

통합광고법을 제정한다는 것은 결코 쉬운 일은 아닐 것이다. 현재와 같이 매체별 · 업종별로 규제하는 법률이 다르고 심의 체계도 다를 뿐만 아니라 심의기구도 각기 다르다는 점을 고려하면 이것을 하나의 법률로서 체계화하는 과정에는 크나큰 진통이 수반될 것이라 본다. 예를 들어, 각 업종별 광고금지표현 위반 시 벌칙의 내용이 상이한 것을 어떻게 관리할 것인가에 대한 논의가 필요하다. 「표시 · 광고법」에 의하면 '부당한 표시 · 광고 행위'(제3조 제1항) 위반 시 2년 이하의 징역 또는 1억 5,000만 원 이하의 벌금에 처해지는데, 「화장품법」에 의한 화장품광고의 경우에는 부당한 표시 · 광고 행위 금지규정 위반 시 1년 이하의 징역 또는 1천만 원 이하의 벌금에 처해진다. 그리고 각 업종별로 광고심의기관이 다른바, 동일한 통합광고법으로 심의 시 심의의 주체 문제가 부각된다. 또한 광고 주체자를 제한하고 있는 의료광고(의료인만 광고 가능) 및 금융투자광고(금융투자업자만 광고 가능) 등의 경우에는 특별 관리가 필요할 것이다. 이 외에도 많은 문제가 내재되어 있어서 어려움이 따를 것은 분명하다.

그러나 나날이 변화하는 미디어 환경에서 광고로 인한 폐해도 다양해지고 빨라지고 있는 세태를 보다 효율적이며 신속하게 정화하기 위해서 그리고 미래의 건전한 광고산업의 발전을 위해서는 이러한 진통을 감수하고서라도 제정을 위해 점진적으로 노력할 필요는 있다. 또한 제도가 정착되는 데는 시간이 소요될 것으로 예상되기 때문에 유예 기간이 필요할 것이며 기존의 법제도 운영을 병행하면서 충분한 계도 기간을 가져야 할 것이다.

6) 문화 콘텐츠로서의 광고에 대한 인식 전환

광고심의 제도의 개선을 위해서는 '광고'에 대한 인식을 전환하는 것도 한 가지 방법이다. 특히 광고 생산 주체자들의 인식이 바뀔 필요가 있다. 광고 생산자들은 오늘날의 광고는 더 이상 과거의 광고가 아니라는 사실을 누구보다 잘 알 것이다. 소비자를 설득하여 태도 변화를 꾀함으로써 자사 제품을 구매하게 하던 옛날 방식에 소비자가 더 이상 끌려다니지 않는다는 사실을 말이다. 그럼에도 불구하고 소비자를 이끌기 위해 경쟁을 하면서 부당한 광고행위를 하고 비도덕적인 표현을 한다. 그러나 미디어의 증가, 플랫폼의 증가로 광고 혼잡도는 나날이 커지고 있고 이와 동시에 광고 회피도도 증가하고 있는 가운데 이와 같은 부당한 광고, 비도덕적 광고들은 광고에 대한 불신감만 가중시킬 뿐이다.

오늘날의 소비자에게 있어서 광고는 소비를 위한 이벤트이고 즐거운 체험을 할 수 있는 일종의 플랫폼이며 **문화 콘텐츠**이다. 영화, 게임, 애니메이션과 같은 문화적 콘텐츠의 한 유형인 것이다. 소비자를 설득하기보다 소비자가 스스로 참여하도록 유도하는 문화 콘텐츠로서의 광고들이 더욱 효과적이며 성공한다. 소비자가 스스로 다가오는 광고들이야말로 재미있고 즐거우며 또한 진실하다. 광고를 심의하고 규제를 하기에 앞서 소비자가 어떠한 광고에 끌리는지 생각해 볼 필요가 있는 것이다. 성공한 광고 캠페인의 사례들이 주는 교훈이 있지 않은가. ■

제8장

광고규제의 이론 및 현황과 과제

조병량(한양대학교 광고홍보학부 명예교수)

1. 광고규제의 이론적 배경
2. 한국 광고규제의 현황
3. 광고규제의 문제점과 과제

◈◇◈

광고규제를 논하기 위해서는 크게 두 가지 측면에서 그 배경을 고찰하는 것이 전제조건이 된다. 첫째는 광고의 자유와 관련된 것이고, 둘째는 광고의 규제적 측면이다. 광고의 자유론적 입장은 광고를 하나의 창조적 활동인 동시에 표현행위로 보는 관점으로부터 출발한다. 반면에 광고의 규제론은 광고가 지닌 시장 지배력과 사회경제적 영향력에 비추어 광고 자체의 사회적 책임을 기대할 수 없다는 가정에서 출발한다. 이 장에서는 광고규제와 관련된 이론적 배경과 국내외 판례 등을 살펴보고, 한국의 광고규제 현황을 전반적으로 고찰하고자 한다.

1. 광고규제의 이론적 배경

1) 광고의 자유론과 규제론

(1) 광고의 자유론

광고는 경제행위와 표현행위라는 이중적 성격을 지니고 있으며 이 중 표현행위로서의 광고의 자유가 보장되어야 한다는 것이 이 입장의 기본 개념이다. 실제로 광고는 다양한 매체를 통하여 수용자에게 특정 메시지를 전달하는 커뮤니케이션 활동이며, 동시에 고도의 창조적 노력이 수반되는 창작 활동에 속한다. 따라서 이는 순수한 경제 활동인 광고 영업행위와는 구별되어야 한다는 것이다. 특히 광고는 신문이나 방송 등 언론매체의 가장 중요한 수입원이라는 점에서 이에 대한 지나친 규제나 간

섭은 언론에 대한 통제의 수단으로 이용될 수 있고, 그것은 결과적으로 언론 자체의 존립에 영향을 끼칠 수 있기 때문에 언론의 자유에 대한 억압이라고 볼 수도 있다.

따라서 광고는 그것이 허위나 사기, 기만 등 '명백한 위법행위'를 범하지 않는 한 그 자유가 보장되어야 하며, 규제는 신중하게 이루어져야 한다는 것이 바로 광고의 자유론이다.

(2) 광고의 규제론

광고는 본질적으로 상업 활동에 속하며, **공익**(public interest)보다는 **사익**(private interest) 추구의 도구라는 점에서 일반 창작 활동이나 표현행위와는 근본적인 차이가 있고, 따라서 적절한 수준의 통제가 불가피하다는 입장이다. 광고 규제론의 대부분이 이러한 가정에 그 논리적 근거를 두고 있다.

2) 표현의 자유와 광고

광고에 대한 법적 보호 또는 규제 역시 통일된 규칙은 없으나, 궁극적으로는 그 나라의 기본법인 헌법이 광고에 대하여 어떠한 지위를 부여하느냐에 따라 보호 또는 규제의 정도가 달라질 수 있다. 국가 기본법인 헌법과의 관계에 따라 광고와 각종 법규의 관계가 규정되고, 관련되는 개별법에서의 광고의 표현에 따라 자유의 한계와 규제의 기준이 정립될 수 있기 때문이다. 따라서 광고의 자유와 규제 그리고 이와 관련된 **표현의 자유**를 논하기 위해서는 우선 그 나라의 헌법을 살펴보는 일이 무엇보다도 중요하다.

광고와 같은 상업적 메시지의 전달에도 헌법상 표현의 자유를 인정할 것인가? 헌법상 표현의 자유가 광고에 인정된다면 어느 정도까지 헌법 안에서 보호되어야 하는가? 이와 관련하여 과거에는 광고가 헌법적 보호를 받는 표현의 자유 영역에 속한 것으로 판단하기보다는 상거래에 근거하는 경제적 행위로 오랫동안 파악해 왔다. 그 중에서도 **의견광고**나 **공익광고**와 같은 **비영리적 광고**는 **언론법**(communication act)에서 다루는 한편, 순수 상업광고는 **상거래법**(trade act)에 속하는 것으로 보아 왔다. 그러나 근대로 접어들면서부터는 광고가 경제적 목적 이외의 여러 다른 역할을 수행하고 있다는 증거와 주장이 증가해 왔으며, 그 결과 최근에는 광고를 표현의 자유에 속하는 것으로 보는 경향이 점차 일반화되고 있다.

먼저 광고와 헌법의 표현의 자유 간의 관계를 미국의 판례를 중심으로 살펴보고, 이어서 한국의 사례를 정리하고자 한다.

(1) 미국의 광고와 표현의 자유

미국의 경우 가장 좋은 사상을 발견하는 지름길은 사상을 자유롭게 표현하는 것이라는 믿음이 광범하게 형성되어 왔다. 1971년 12월 15일 제정된 **미국 「수정헌법」 제1조**(The First Amendment)에서는 “미국 의회는 표현의 자유, 언론의 자유(Freedom of Speech, Freedom of the Press)를 억제하는 법률을 제정할 수 없다.”라고 규정하고 있어 표현의 자유를 절대적 권리로 보장하고 있다.

그러나 광고가 헌법적 권리의 보호 대상이 되기까지는 적지 않은 시간과 우여곡절을 겪었다. 광고는 그 속성상 언론 활동인 동시에 경제 활동이라는 두 가지 특성을 갖고 있기 때문이다. 그래서 초기에 미국 법원은 광고를 「수정헌법」 제1조의 보호 범위 밖에 두었고, 그에 따라 광고에 대한 규제는 실질적으로 제한을 받지 않았다. 이는 광고가 사적 이익을 위해 존재하는 것이며 공적 이익에 기여하는 바가 없다는 데 있었다. 그래서 광고는 상당 기간 동안 상업적 언론(commercial speech)이며, 상업적 정보(commercial information)로서 순수 상업광고는 표현의 자유와 관련된 언론법보다 상행위를 다루는 상거래법의 영역에 속하는 것으로 간주되어 왔다. 이는 미국에서 표현의 가치를 높은 가치의 표현(high value speech)과 낮은 가치의 표현(low value speech)으로 구분하고, 상업적 광고는 낮은 가치의 표현이기 때문에 보호 정도가 낮아 위헌성 심사기준이 완화된다(한국광고법학회, 2019, p. 51)는 판례로도 나타나고 있다.

미국 연방대법원에서 광고와 표현의 자유를 어떻게 발전시켜 왔는가를 다음 몇 가지 판례를 중심으로 살펴보고자 한다.

① 발렌타인(Valentine) 대 크리스텐슨(Chrestensen) 사건(1942)

1940년대 미국 연방대법원의 판례는 광고의 역기능을 강조하여, 광고는 표현의 자유에 해당하지 않는다는 입장을 취하였다. 당시 연방대법원은 전단지 한 면의 광고 부분 배포를 금지한 뉴욕주법은 위헌이 아니라고 판단하였다. 여기서 연방대법원은 “순수한 영리적인 광고행위는 경제적 자유에 해당하는 것으로서 「수정헌법」 제1조의 보호에서 제외”되는 것이 명백하다고 판시하였다. 이른바 발렌타인 법리이다. 이 사건 이후 미국 법원은 오랫동안 영리/비영리의 이분법 원칙을 적용시켜 왔다.

② 뉴욕타임스(New York Times) 대 설리번(Sullivan) 사건(1964)

이러한 이분법 원칙은 1964년의 뉴욕타임스 대 설리번 사건에도 적용되어 연방대법원은 정치적 의사를 표현하는 의견광고(비영리적)는 「수정헌법」 제1조의 영역 내에 있다고 판시하였다. 즉, 뉴욕타임스가 명예를 훼손하고자 하는 **‘현실적인 악의’**를 가지고 그 광고를 게재하였다는 사실이 입증되지 않는 한 이 신문이 명예훼손을 하였다고 인정할 수 없다면서 언론사의 언론의 자유를 확인해 준 판례였다. 광고 중에서 의견광고를 표현의 자유 보호 대상으로 인정한 사건이다.

③ 비글로(Bigelow) 대 버지니아 연방(Commonwealth of Virginia) 사건(1975)

그런데 1970년대에 이르러 미국 연방대법원은 영리/비영리성을 기준으로 광고를 이분법적으로 판단하던 전통을 변화시켰다. 광고에도 정보제공으로서의 긍정적 기능이 있고 사회적으로 보호할 가치가 있다는 점에 주목한 것이다. 연방대법원은 이 사건에서 광고는 단순한 영리적 목적 이상의 정보를 제공하는 것이며, 따라서 상업광고의 영리성만으로 광고를 규제하는 것은 위헌이라는 점을 밝혔다. 연방대법원은 이 광고가 단순한 상업적 광고정보 외에 독자, 특히 여성의 사생활권을 보호하는 정보를 제공한다는 점에서 공공의 이익에 기여한다고 인정했고, 상업광고라 하더라도 그것이 공공의 이익에 기여하는 경우 「수정헌법」 제1조의 보호를 받을 가치가 있다고 판시해 1942년의 판례를 번복하였다. 이는 광고도 부분적으로 「수정헌법」 제1조의 보호를 받는다는 판례로서, 광고가 제공하는 정보가 다른 정보제공행위에 비해 덜 중요하다는 기존의 관점을 바꾼 것이다.

④ 버지니아주 약사국(Virginia State Board of Pharmacy) 대 버지니아 소비자위원회 (Virginia Citizen's Consumer Council) 사건(1976)

이러한 연방대법원의 태도는 버지니아주 약사국 대 버지니아 소비자위원회 사건에서도 연이어 나타났다. 연방대법원은 "광고할 권리가 있다면 동시에 광고를 받을 권리도 있다."라면서 순수 상업광고라고 하더라도 소비자의 **'알 권리'**에 해당한다면 「수정헌법」 제1조의 보호를 받는다고 판시하였다. 그러면서 광고를 평가할 때 첫째, 그 광고가 자체로서 위험하지 않는가, 둘째, 소비자들이 정보를 충분히 얻는 것이 최선의 이익이 되는가, 셋째, 이 경우 정보제공 채널을 봉쇄하는 것보다 개방하는 것이 더 나은 방법인가를 기준으로 규제의 정당성을 판단해야 한다는 원칙을 제시하였다.

⑤ 센트럴 허드슨 가스회사(Central Hudson Gas & Electric Co) 대 뉴욕주 공익위원회 (New York Public Service Commission) 사건(1980)

이후 광고도 「수정헌법」 제1조 표현의 자유에 의해 보호받는다는 논리가 점차 확대되어 가다가, 1980년 센트럴 허드슨 가스회사 대 뉴욕주 공익위원회 사건에서 어떤 경우에 광고를 규제할 수 있는가에 대한 획기적인 기준을 마련하게 된다.

이 사건에서 연방대법원은 표현의 자유와 관련하여 광고를 규제하는 데 있어 네 가지 기준을 제시하면서 센트럴 허드슨 가스회사의 주장을 받아들였다. 즉, 상업광고에 대한 규제가 위헌인지 여부는 다음 네 가지 기준에 의해 판단해야 한다는 것이었다. 첫째, 광고의 표현이 소비자를 오도하고 있거나 불법적인 활동과 관련이 있는지 여부(합법적 광고인가), 둘째, 정부가 규제를 통해 얻을 수 있는 정부의 이익이 중요한 것인지 여부(규제가 실질적인 사회적 이익을 제공하는가), 셋째, 그러한 정부의 규제가 곧바로 그러한 이익을 증진시키는지 여부(직접적인 이익증진효과가 있는가), 넷째, 정부의 제한 조치가 해당 이익을 보호하는 데 필요 이상으로 과도한 것은 아닌지 여부('최소규제의 원칙'에 해당하는가)이다. 이 네 가지 기준 중 어느 한 가지라도 충족시키지 못할 경우 정부의 광고규제는 정당화될 수 없다는 것이다. 이 사건에서 연방대법원은 뉴욕주 공익위원회의 광고규제 조치가 마지막 기준, 즉 필요 이상의 과도한 것이었다고 판정하고 **최소규제의 원칙**(the least restrictive alternative)에 저촉된 것으로 보아 센트럴 허드슨 가스회사의 손을 들어 주었다.

이러한 연방대법원의 판결은 광고라 하더라도 이를 함부로 규제해서는 안 되며 이러한 규제를 통해 달성할 수 있는 구체적인 사회적 이익, 즉 공익이 존재하는가에 대한 고려가 선행되어야 한다는 것을 의미한다. 물론 그럼에도 불구하고 미국 연방대법원은 다른 표현행위에 비해 상업광고는 보호의 정도가 약하며, 진실한 상업광고의 경우에도 정부가 실질적인 이익이 있음을 입증할 경우 규제될 수 있다고 보고 있다. 또 허위의 상업광고나 불법상품과 관련된 광고는 당연히 「수정헌법」 제1조의 보호에서 배제되며, 표현으로서의 광고에 대해서는 단순한 '합리적인 적합성' 원칙의 적용뿐만 아니라 정부의 이익과 비교형량을 통해서 규제가 이루어져야 한다는 입장이다.

한편, 미국의 언론 역시 1960년대부터 광고의 자유를 강조해 왔는데, 그중 하나가 1961년 『뉴욕타임스』의 다음과 같은 사설이다(The New York Times, 1961. 12. 28.).

'광고의 자유(The Freedom of Advertising)'

"미합중국 전미 평의회로부터 보내온 별지의 투서가 본지의 광고 방침에 관하여 중요한 의문을 제기하고 있다. …… (중략) …… 이는 본지가 전혀 찬동할 수 없는 정치적 선전을 포함하는 광고의 경우 이를 받아들여야 하는지 여부의 문제이다. 원칙론적으로 말하면 그 답은 어렵지 않다. 미국 「수정헌법」 제1조의 목적에 비추어, 광고 지면은 아무리 찬성할 수 없다고 해도 모든 견해에 대해 개방되어야 하는 것이라고 본지는 믿고 있다. …… (중략) …… 「수정헌법」 제1조가 보장하는 것은 단순히 출판하는 측의 출판하는 권리만 보장하는 것이 아니다. 일반 대중의 알 권리의 보장이 보다 더 중요한 것이다. 우리는 이것이야말로 자유로운 신문의 진정한 의미라고 생각한다. …… (중략) …… 우리의 방침은 아돌프 S. 옥스(Adolph S. Ochs, 1858~1935)가 63년 전에 말했던 것처럼 편견 없이, 두려움이나 좋고 나쁨에 휩쓸리지 않고, 어떠한 정당이나 섹터나 이해관계를 고려하지 않고 뉴스를 제공하는 것이다. 본지의 정치적 광고에 관한 방침은 특정 견해 — 그것이 우리의 견해와 아무리 다를지라도 — 를 전하고 싶다고 하는 사람들에 대해 문호를 개방하는 것이다. 본지는 이러한 방침이 신문의 자유와 책임의 본질을 이루는 것이라고 생각한다."

(2) 우리나라의 광고와 표현의 자유

우리나라 「헌법」(1987. 10. 29. 개정)은 제21조에서 다음과 같이 표현의 자유를 보장하고 있다.

「헌법」 제21조 ① 모든 국민은 언론 · 출판의 자유와 집회, 결사의 자유를 가진다.
② 언론 · 출판에 대한 허가나 검열과 집회, 결사에 대한 허가는 인정되지 아니한다.
③ 통신 · 방송의 시설기준과 신문의 기능을 보장하기 위하여 필요한 사항은 법률로 정한다.
④ 언론 · 출판은 타인의 명예나 권리 또는 공중도덕이나 사회윤리를 침해하여서는 아니된다. 언론 · 출판이 타인의 명예나 권리를 침해한 때에는 피해자는 이에 대한 피해의 배상을 청구할 수 있다.

이와 같이 우리나라 헌법은 언론 · 출판 · 집회 · 결사 등의 자유를 기본권으로 보장하고 있으며, 그 허가제를 인정하지 않고 있다. 다만, 권리의 제한과 관련해서는 「헌법」 제37조에 다음과 같이 규정되어 있다.

「헌법」 제37조 "국민의 자유와 권리는 국가안전보장 · 질서유지 또는 공공복리를 위하여 필요한 경우에 한하여 법률로써 제한할 수 있으며, 제한하는 경우에도 자유와 권리의 본질적인 내용을 침해할 수 없다."

그러면 광고는 우리 「헌법」이 규정하고 있는 표현의 자유와 어떠한 관계가 있으며, 「헌법」으로부터 어떠한 지위를 부여받고 있는가? 광고가 표현의 자유의 보호 대상인지에 대해서는 두 가지 입장이 있다. 첫째, **동등보호론**의 입장으로서 상업적 광고 표현을 다른 표현과 구별할 이유가 없다는 것이고, 둘째, **차등보호론**으로 광고가 본질적으로 경제적 활동의 일환일 뿐 헌법상 표현의 자유의 보호 범위에 속하지 않는다는 입장이다(한국광고법학회, 2019, p. 125 재인용).

이와 관련하여 우리나라 헌법재판소는 1998년 "광고물도 사상 · 지식 · 정보 등을 불특정 다수에게 전파하는 것으로서 언론 · 출판의 자유에 의한 보호를 받는 대상"이라고 판시하였다(헌재 1998. 2. 27. 96헌바2, 판례집 10-1, 118, 124; 한국광고법학회, 2019, p. 49 재인용).

광고와 표현의 자유에 대한 우리나라 헌법재판소의 결정을 요약하면 다음과 같다.

첫째, 광고는 「헌법」 제21조 표현의 자유의 보호 대상이다. 이는 광고를 할 자유는 물론 광고로부터 정보를 받을 자유(소비자의 알 권리)라는 점에서 헌법적 보호 대상이라는 것이다.

둘째, 광고는 「헌법」 제21조 표현의 자유 보호 대상이지만, 동시에 「헌법」 제37조에 의한 제한도 받는다. 다만, 이 경우에도 정부에 의한 **사전제한**(**사전검열**)은 안 된다.

셋째, 「헌법」 제37조 제2항에 의한 제한을 하는 경우에도 기본권을 제한하는 입법은 비례의 원칙에 따라 입법 목적의 정당성과 그 목적 달성을 위한 방법의 적정성, **피해의 최소성** 그리고 그 입법에 의해 보호하려는 공공의 필요와 제한되는 기본권 사이의 균형성(법익의 균형성)을 모두 갖추어야 한다(헌재 1990. 9. 3. 89헌가95, 판례집 2, 245, 260; 1993. 12. 23. 93헌가2, 판례집 5-2, 578, 601).

그런데 상업광고는 표현의 자유의 보호 영역에 속하지만 사상이나 지식에 관한 정치적 · 시민적 표현행위와는 차이가 있고, 한편 직업 수행의 자유의 보호 영역에 속하지만 인격 발현과 개성 신장에 미치는 효과가 중대한 것은 아니라고 보고 있다. 그러므로 상업광고규제에 관한 비례의 원칙 심사에 있어서 '피해의 최소성' 원칙은 같은 목적을 달성하기 위하여 달리 덜 제약적인 수단이 없을 것인지 혹은 입법 목적을 달성하기 위하여 필요한 최소한의 제한인지를 심사하기보다는 '입법 목적을 달성하기 위하여 필요한 범위 내의 것인지'를 심사하는 정도로 완화되는 것이 상당하다는 입장이다. 즉, 일반적인 언론 · 출판의 자유보다는 제한의 수준이나 범위를 약간 다르게 해석하고 있는 것이 최근의 경향이다. 이와 관련된 헌법재판소의 몇 가지 결정을 정리하면 다음과 같다.

① 2000헌마764(2002. 12. 18.)-「옥외광고물등관리법」 제3조 제1항 제6호 등 위헌확인

헌재는 이 결정에서 광고의 역할과 그에 대한 헌법상의 보호에 관해 다음과 같이 설명하고 있다.

"광고는 현대 자본주의 사회의 필수불가결한 제도인 동시에 기업의 마케팅 활동의 필수 요소인 기업언론으로서의 존재 의의를 가지고 있다. 광고는 상품의 품질, 특징, 가격 등의 정보를 제공함으로써 소비자의 소비 선택을 위한 판단과 의사결정에 보조적인 역할을 수행함과 동시에 구매의사결정에 설득적으로 작용함으로써 구매 욕구를 자극시킨다. 또한 광고는 여러 형태의 표현 방식을 동원하여 상품에 대한 사회적 가치를 부여하고 이러한 과정에서 새로운 생활양식과 가치관을 제시함으로써 새로운 문화를 형성하기도 한다. 그러나 한편으로 광고가 소비자에게 미치는 직간접적인 영향력이 큰 만큼 그 사회적 역기능도 적지 않다. 예컨대, 허위 · 기만 · 과장광고로 인하여 소비자를 오도하거나 시장에서의 공정경쟁을 저해하기도 하고 또는 이윤 추구의 목적하에 그릇된 행동양식을 사회적 가치로 정형화시킴으로써 기존의 문화를 왜곡된 방향으로 변질시킬 수도 있다. ……(중략)…… 광고가 단순히 상업적인 상품이나 서비스에 관한 사실을 알리는 경우에도 그 내용이 공익을 포함하는 때에는 「헌법」 제21조 표현의 자유에 의하여 보호된다. 「헌법」 제21조 제1항에서 현대 자유민주주의의 존립과 발전에 필수불가결한 기본권으로 언론 · 출판의 자유를 강력하게 보장하고 있는바, 광고물도 사상 · 지식 · 정보 등을 불특정 다수에게 전파하는 것으로서 언론 · 출판의 자유에 의한 보호를 받는 대상이 됨은 물론이다(헌

재 1998. 2. 27. 96헌바2, 판례집 10-1, 118, 124). 뿐만 아니라 국민의 알 권리는 국민 누구나가 일반적으로 접근할 수 있는 모든 정보원(情報原)으로부터 정보를 수집할 수 있는 권리로서 정보수집의 수단에는 제한이 없는 권리인바, 알 권리의 정보원으로서 광고를 배제시킬 합리적인 이유가 없음을 고려할 때 광고는 이러한 관점에서도 표현의 자유에 속한다고 할 것이다."

광고에 대한 이러한 관점은 이후 다양한 위헌결정에서 하나의 기본 논리로 적용되고 있다.

② 99헌마143(2000. 3. 30.) -「식품 등의 표시기준」위헌확인

이 사건은 식품이나 식품의 용기 · 포장(이하 "식품 등"이라 한다)에 "음주전후" 또는 "숙취해소"라는 표시를 금지하는 규정에 대한 위헌심판으로, 식품제조업자 등이 그 식품의 효능에 관하여 표시 · 광고하는 것은 영업 활동의 중요한 한 부분을 이루므로 이 사건의 규정이 식품제조업자 등의 **직업행사의 자유(영업의 자유)**를 제한하는 것은 위헌이라는 것이다. 뿐만 아니라 "음주전후" 또는 "숙취해소"라는 표시는 식품판매를 위한 상업적 광고 표현에 해당하는 것으로, 상업적 광고 표현 또한 표현의 자유의 보호를 받는 대상이라는 것이다(헌재 1998. 2. 27. 96헌바2, 판례집 10-1, 118, 124).

③ 2003헌가3(2005. 10. 27.) -「의료법」제69조 등 위헌제청

이 사건은 "특정의료기관이나 특정의료인의 기능 · 진료방법"에 관한 광고를 금지하는「의료법」제46조 제3항 및 그 위반 시 300만 원 이하의 벌금에 처하도록 하는 동법 제69조가 표현의 자유 내지 직업수행의 자유를 침해하는지 여부를 다룬 위헌심판결정이다.

헌재는 이 사건 심리에서 "의료광고가 객관적인 사실에 기인한 것으로서 소비자에게 해당 의료인의 의료 기술이나 진료 방법을 과장함이 없이 알려 주는 것"이라면 이는 의료행위에 관한 중요한 정보에 관한 것으로서 소비자의 합리적 선택에 도움을

주고 의료인들 간에 공정한 경쟁을 촉진하므로 오히려 공익을 증진시킬 수 있다고 판시하였다. 그러므로 이 사건 조항이 의료인의 기술과 진료 방법에 대한 광고를 금지하고 이에 대하여 벌금형에 처하도록 한 것은 입법 목적을 달성하기 위하여 필요한 범위를 넘어선 것이므로 '피해의 최소성' 원칙에 위반되며, 의료인에게 자신의 기술과 진료 방법에 관한 광고와 선전을 할 기회를 박탈함으로써 표현의 자유를 제한하고, 소비자의 의료 정보에 대한 알 권리를 제약하게 된다는 것이다.

④ 2005헌마506(2008. 6. 26.) -「방송법」 제32조 제2항 등 위헌확인

이 사건은 방송광고 **사전심의**가 **사전검열**에 해당하는지 여부에 관한 심판으로 방송광고 사전심의를 규정한 「방송법」 제32조의 위헌을 결정한 사례이다.

"「방송법」 제32조는 텔레비전 방송광고를 하고자 하는 자는 방송국에 이에 대한 청약을 하기 전에 먼저 **방송위원회**로부터 사전심의를 받도록 하고 있다. **방송통신위원회**(2008년 이후 방송통신심의위원회)는 2000년부터 이 업무를 민간기관인 **한국광고자율심의기구**에 위탁해서 운영해 왔다. 한국광고자율심의기구는 민간이 주도하여 설립한 기구이기는 하나, 그 구성에 행정권이 개입하고 있고, 행정법상 공무수탁사인으로서 그 위탁받은 업무에 관하여 국가의 지휘 · 감독을 받고 있으며, ……(중략) …… 그렇다면 한국광고자율심의기구가 행하는 텔레비전 방송광고 사전심의는 행정기관에 의한 사전검열로서 「헌법」 제21조 표현의 자유에서 금지하는 사전검열에 해당한다."라는 것이 판결 요지이다.

광고에 대한 사전심의를 행정부의 사전검열로 보고 위헌결정을 한 사례는 이후에도 계속 나타나고 있다. 2015년 12월 23일 **의료광고 사전심의**를 의무화한 「의료법」 규정에 대한 위헌결정(2015헌바75) 역시 각 의사협회가 수행하는 의료광고 사전심의가 행정권으로부터 자율권이 보장되지 않는 사전검열에 해당하여 위헌이라는 결정을 하게 된 것이다. 이후 개정된 「의료법」은 자율심의기구에서 광고를 심의하도록 내용을 변경하고 이를 위반하는 광고에 대한 처벌규정도 삭제하였다. 또 2018년 6월 28일의 **건강기능식품광고** 사전심의 위헌결정(2016헌가8)에서도 헌법재판소는 헌

법상 표현의 자유 보호 대상인 건강기능식품의 상업광고를 식약처장으로부터 위탁 받은 **한국건강기능식품협회**가 사전심의를 하는 것은 행정권으로부터 독립성과 자율성이 보장되지 않는 단체에서 사전에 심의하는 사전검열이라고 판단하여 위헌결정을 하였다.

이상에서 살펴본 바와 같이, 광고에 대한 헌법상 표현의 자유로서의 보호는 점점 확대되어 왔고, 오늘날에는 광고도 표현의 자유 보호 범위 안에 있는 것이 당연한 것으로 인정되고 있다. 특히 현대사회에서의 언론의 자유가 단순히 보도하거나 표현할 자유에서 수용자의 알 권리, 접근권 등으로 확대되면서 광고 역시 소비자의 알 권리를 보장하는 정보원의 자격을 획득했고, 그에 따라 광고 역시 헌법상 표현의 자유에 속하는 것으로 인정받게 되었다.

3) 광고규제의 목적과 유형

(1) 광고규제의 목적

규제란 공공 이익을 촉진하기 위해 국가가 사적 활동을 제한하는 것을 말한다. 규제는 국가가 어떤 행위를 완전히 금지하는 것과 완전히 방임하는 것 사이에 위치하는 개념이며, 현실적으로 대부분의 규제는 완전 금지와 완전 방임 사이의 어느 지점에서 직간접적으로 이루어지는 것이 일반적인 현상이다.

오늘날 사회 안에서 광고가 차지하고 있는 영역은 대단히 광범위하다. 광고가 수행하는 정보제공과 설득의 역할은 현대사회에 들어오면서 기업의 기술력과 상품의 질적 수준에서 차별성이 사라지면서 실제 정보제공의 기능보다는 설득적인 기능이 강조되었는데, 바로 이 설득적 기능의 강조가 광고의 여러 가지 역기능으로 나타나고 있다. 또한 광고에 대한 환경의 변화와 광고매체, 광고 기법 등이 발전함에 따라 광고에 대한 여러 문제를 윤리적 혹은 도덕적인 규율에만 맡겨 놓을 수 없는 상황이 되었다. 광고규제의 필요성은 다음의 몇 가지 측면에서 살펴볼 수 있다. 첫째, 기업간 공정한 경쟁을 유지하기 위해, 둘째, 소비자를 보호하기 위해, 셋째, 생활문화와 환경 등 사회 전반의 건전한 발전을 위해서이다.

(2) 광고규제의 유형

광고규제의 유형은 규제의 주체, 즉 누가 광고를 규제하느냐에 따라 크게 **정부규제**, **자율규제**, **사회적 통제** 등으로 구분할 수 있다. 정부규제는 정부가 법률, 시행령, 시행규칙, 세칙 및 규정 등을 이용해 강제적 힘으로 광고를 규제하는 것을 말한다.

자율규제는 광고심의기구, 광고단체, 광고주, 광고회사, 매체사 등 광고 분야 자체에 의해 이루어지는 규제를 말한다. 사회적 통제는 시민단체, 소비자단체 등 사회운동 차원에서 이루어지는 규제이며, 대체로 문제광고의 모니터링과 고발, 불만접수 등의 광고감시 활동을 하게 된다.

한편, 광고규제의 유형은 또한 규제 대상에 따라 **형식규제**와 **내용규제**, **영업규제**로, 규제 시점에 따라 **사전규제**와 **사후규제**로 구분할 수 있다.

① 타율규제/자율규제

광고에 대한 정부규제(government regulation)는 **허위(거짓)·과장광고**, **기만광고**, **불법광고** 등으로 인해 발생할 수 있는 피해로부터 소비자와 경쟁업자를 보호하기 위하여 정부기관 등 공적 기구에 의해 광고업계 외부로부터 규제를 받는 일종의 타율적·강제적 규제라고 할 수 있다. 이는 잘못된 표시, 광고는 소비생활을 어지럽히고 안전과 보건을 위협하며, 미풍양속을 저해하고 사회 불신을 조장하며, 기업의 공정한 경쟁을 저해하는가 하면, 경우에 따라서는 도덕적으로 신뢰할 만하지 못하다는 이유에 기인한다. 이 경우 정부는 관련 법률을 제정하고, 법 준수 여부를 감시하며, 법을 준수하지 않을 경우 처벌을 강제함으로써 법을 집행하는 역할을 담당한다.

자율규제(self-regulation)는 행정부 또는 시장의 힘(market force)에 의한 통제가 아닌 관련 업계 자체에 의한 통제를 가리키는 것으로 업계 스스로가 완전히 책임지는 규제 형태를 말한다. 자율규제의 제재력은 법적 구속력을 갖는 것이 아니라 과실(過失)을 범한 광고주들에 의해 자유롭게 수용 또는 거부된다는 점에서 대단히 자발적인 통제 방식이라고 하겠다.

사회적 통제(social control)는 **소비자규제** 또는 **사회적 규제**라고도 하며, 자율규제가 제대로 이루어지지 않고 법적 규제도 미흡할 경우에 광고 수용자인 소비자 개인이나 소비자보호단체, 각종 시민단체 등에서 소비자의 권리행사 차원에서 직접 광고규제에 참여하는 것이다.

② 형식규제/내용규제

광고에 대한 규제 방식은 규제 대상에 따라 '형식규제'와 '내용규제'로 나눌 수 있다. '형식규제'는 광고의 형식을 통제하는 규제 방식으로, 방송광고와 옥외광고에 특히 이러한 형식규제가 많다.

'내용규제'는 광고의 형식보다는 광고 내용 자체를 다루는 것이다. 방송광고의 경우 「방송법」 제32조에서는 그 내용에 있어서 공정성과 공공성을 담보할 것을 요구하고 있다. 이에 **방송통신심의위원회**는 **「방송광고 심의에 관한 규정」**을 제정 · 운영하고 있으며, 이 규정 자체가 방송광고의 내용을 규제하는 기준이 되고 있다.

③ 사전규제/사후규제

또한 규제 시점에 따라 '사전규제'와 '사후규제'로 구분할 수 있다. '사전규제'는 광고가 집행되기 전에 그 형식이나 내용을 규제(심의)하는 것으로서, 과거 우리나라의 방송광고 사전심의(자율규제)나 현재의 일부 업종별 단체의 사전심의가 이에 해당된다. 반면, '사후규제'는 일단 광고가 집행된 뒤 그 광고의 부당성이나 법규위반 등을 심의하는 것으로서 대표적으로 정부규제가 이에 해당한다. 현재 우리나라의 방송광고는 업계 자율에 의한 사전규제(**방송협회** 등)와 방송통신심의위원회라는 공적 기관에 의한 사후규제를 동시에 받고 있다.

2. 한국 광고규제의 현황

1) 정부규제 현황

광고의 정부규제는 "광고행위는 자기규율이나 자율규제만으로는 신뢰하기 어렵고, 다수의 소비자와 심지어 경쟁자들까지도 부당한 광고행위에 맞설 의지와 수단이 부족하다."라는 관점에서 비롯된 것으로, 법적인 처벌을 비롯한 정부의 다양한 규제행위를 통해 광고를 제한하는 것을 말한다. 광고에 대한 이러한 정부규제의 필요성이 제기된 이유는 우선 광고로 인한 피해가 빈번히 발생한다는 점, 독과점 기업이 광고를 이용하여 시장지배를 달성하여 공정한 경쟁을 저해시키고 시장질서를 왜곡시킨다는 점, 광고 정보의 급증으로 오히려 소비자의 선택 능력을 떨어뜨릴 우려가 있다는 점, 새로운 매체가 등장하고 국경을 넘나드는 광고가 범람하여 다른 나라에 사회문화적으로 부정적인 영향을 미칠 우려가 있다는 점 등이다.

이와 같은 법적 정부규제가 갖는 주요 장점으로는 무엇보다도 그것이 강제력을 갖는다는 점이다. 정부규제를 담당하는 주요 기관으로는 **공정거래위원회**, 방송통신심의위원회, 행정자치부, 보건복지부, 식품의약품안전청, 정보통신윤리위원회, 영상물등급위원회, 한국소비자원 등이 대표적이며, 이 외에도 거의 모든 정부기관이 부분적으로 이를 담당하고 있다.

(1) 규제법규의 종류

정부규제는 다시 '일반법규'에 의한 규제와 '개별법규'에 의한 규제로 구분할 수 있다. 일반법규에 의한 규제란 광고에 대한 규제법규가 모든 사업자, 물품 및 용역에 전반적 · 공통적으로 적용되는 경우의 규제를 말한다. 이에 해당하는 법률로는 「**표시 · 광고의 공정화에 관한 법률**」「**소비자기본법**」「부정경쟁방지 및 영업비밀보호에 관한 법률」「방송법」 등을 들 수 있다.

개별법규에 의한 규제는 표시 · 광고에 대한 규제법규가 특정 사업자, 물품 및 용역에만 한정적으로 적용되는 경우를 말한다. 이에 해당하는 법률로는 「식품위생법」「약사법」「직업안정법」「의약품관련법」「금융관련법」 등 개별 업종별, 또는 개별 매체별 법규에 의한 규제를 들 수 있다.

(2) 정부규제법규의 유형 분류

광고 관련법규란 직접적으로 광고 활동이나 광고규제를 목적으로 제정된 법규는 물론이고 다른 목적으로 제정된 수많은 법조문 가운데 광고와 관련된 조항이 삽입된 법규(법률, 시행령, 규칙, 고시, 지침 등)를 총체적으로 말한다. 우리나라의 광고 관련법규는 산업화가 본격화되고 각 분야에서 소비자보호 및 공정경쟁이 강조되기 시작한 1970～1980년대에 집중적으로 제정된 것이 특징이다. 광고규제를 위해 입법이 가장 먼저 이루어지고 가장 발달된 법체계를 갖고 있는 미국의 경우는 **연방거래위원회**(Federal Trade Commission: FTC)가 1914년에 제정하고 1938년에 개정한 연방법인 「연방거래위원회법(FTC Act)」으로 광고를 규제하고 있다.

우리나라는 「표시 · 광고법」「옥외광고물법」「방송광고 심의규정」「철도광고 업무규정」 등 광고 활동과 직접적으로 관련되어 있는 법규도 있으나 나머지 법규들은 광고 관련 조항이 있더라도 몇 개의 조항만이 있는 경우가 대부분이다. 그러다 보니 우리나라 광고 관련법규에 대한 분석이나 분류 체계는 아직 분명하게 정리되어 있는 것이 없다. 이는 법률의 여러 가지 분류 방식이 있지만, 어떤 분류 방식이 광고 관련법규의 분류에 가장 적합한지 본격적으로 연구된 바가 없기 때문이다. 또한 해마다 수많은 종류의 법령 제정과 개폐가 이루어지고 있고 또 광고 관련 규정들이 제정되고 있다는 점, 방대한 법령집에서 광고 관련 조항을 빼놓지 않고 찾아 분석하는 작업이 쉽지 않다는 점도 또 다른 이유가 되고 있다.

그동안 국내 관련 기관이나 연구자들에 의해 분류된 우리나라의 광고 관련법규들을 살펴보면 다음과 같다.

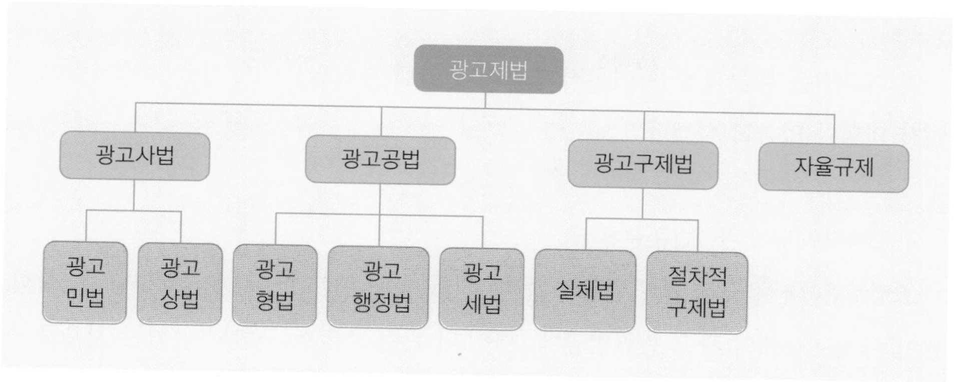

[그림 8-1] 광고 관련법의 공/사법 분류 체계

출처: 이정일(1990).

① 이정일의 공/사법 분류

광고 관련법을 공/사법 체계로 분류한 사례는 변호사 이정일의 석사논문(1990)에서 찾아볼 수 있다. 이정일은 논문에서 광고제법을 크게 **광고사법, 광고공법, 광고구제법**, 자율규제로 분류하고 이 중 광고 사법과 공법을 중심으로 우리나라 광고 관련법의 특징을 분석하고 있다.

논문에 나타난 분류 체계를 요약하면 [그림 8-1]과 같다.

② 문화체육관광부의 광고 관련법규 분류

광고 관련법규는 문화체육관광부(당시 공보처 광고진흥국)가 수집한 자료에서 최초로 정리되었으며, 이에 따르면 한국의 법령 중에 광고 활동과 직간접적으로 관계를 가지고 있는 광고 관련법규는 법령 78종, 시행령 46종, 부령 34종, 기타 34종(자율강령 등) 등 192종이나 되는 것으로 나타났다.

③ 한국광고단체연합회의 광고 관련법규 분류

한국광고단체연합회가 발간한 『광고관련법규자료집』에는 우리나라의 광고 관련 법규가 총 183종(법률 81종, 시행령 46종, 시행규칙 및 세칙, 규정 56종)으로 집계되어 있다.

이 자료집은 학술적 또는 이론적 연구서가 아닌 자료집으로서 이용의 편의라는 점에서 의의가 있다고 하겠다.

④ 조병량의 광고 관련법규 분류

조병량은 「한국 광고관련법규의 현황과 특성에 관한 연구」(한국광고단체연합회, 1991)에서 182개의 광고 관련법규에 998개의 관련 조항이 포함되어 있는 것으로 조사하였고, 이를 의무조항 720개(의무 · 권장 내용 163개, 근거 · 기준 내용 557개), 금지조항 278개(금지 · 제한 내용 145개, 범죄 · 처벌 내용 133개)로 분류하였다.

당시 조병량은 광고 관련법을 대한민국 정부의 편제에 따른 법전의 편별 분류표를 기준으로 분류하였다. 다만, 기본법 6법만은 편별 분류표 순서와 달리 별도로 분류하여 다루었다. 그리고 각각의 법규 내용을 다시 의무조항과 금지조항으로 나누어 그 특성을 고찰하고 있다. 이를 요약하면 [그림 8-2]와 같다.

그림에 제시된 법전 편별 광고 관련법규 중 광고와 직간접적으로 관련된 조항을 내용별로 세분하면 [그림 8-3]과 같다.

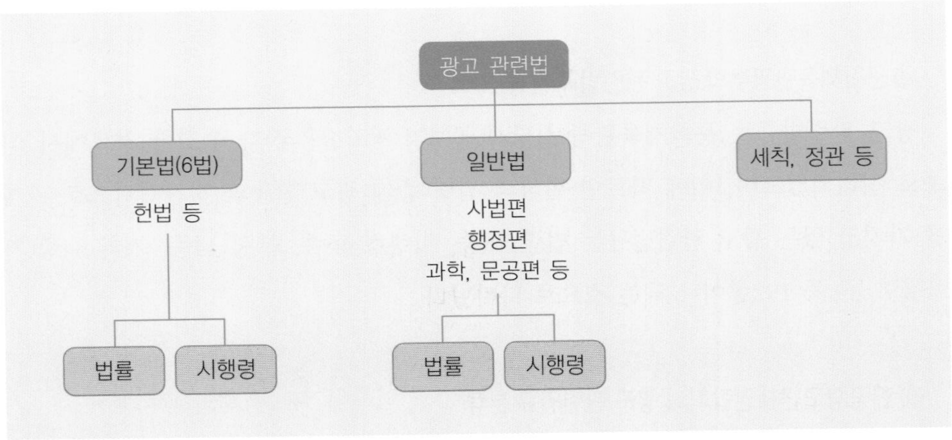

[그림 8-2] 광고 관련법 편별 분류

출처: 조병량(1991, 1994).

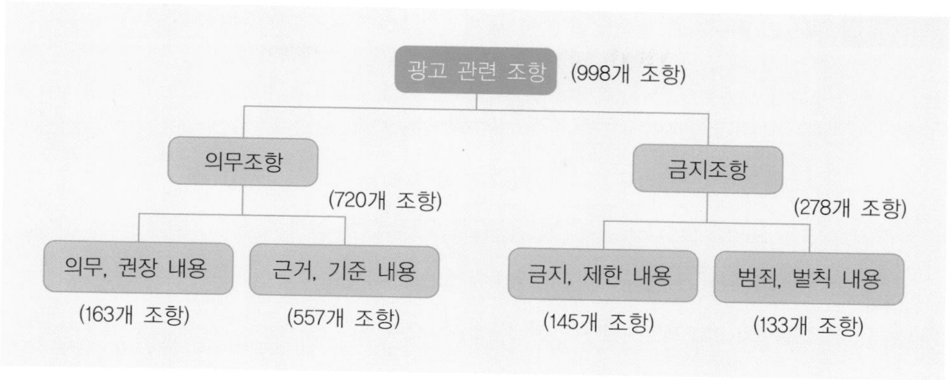

[그림 8-3] 광고 관련법 조항의 내용별 분류

출처: 조병량(1991, 1994).

⑤ KDI의 광고 관련법규 분류

한국개발연구원(KDI)의 보고서는 표시 · 광고 법령 체계를 기본법, 공정거래 및 소비자 보호, 무역 및 통상, 지적재산권, 산업표준 및 계량, 기업 활동, 산업 부문별 관련 법령, 광고매체 및 광고업 관련 법령으로 구분하고 있다. 그리고 산업 및 부문별 관련 법령은 다시 각 부문별로 식품 · 의약품, 보건 · 위생 · 복지, 농축수산업, 전기 · 통신 · 교통, 문화 · 예술 · 오락 · 교육, 금융 · 보험, 근로 · 산업안전, 환경, 에너지, 건설, 직업면허 및 자격 등으로 구분하고 있다. 광고매체 및 광고업 관련 법령도 방송, 옥외광고, 기타 광고매체 등으로 다시 구분하고 있으며, 총 130여 개 법령(법률, 시행령, 시행규칙, 규정 등)이 망라되어 있다. 이승선은 이상의 광고 관련법규 분류결과를 각 연구자 또는 기관별로 〈표 8-1〉과 같이 정리하여 요약해 놓고 있다.

표 8-1 광고법 연구자들의 광고법 분류 체계

<table>
<tr><th>연구자</th><th colspan="4">광고 관련법규의 분류</th></tr>
<tr><td rowspan="7">한국
광고
협의회
(1989)</td><td>정치광고 관련법규</td><td colspan="3">「국민투표법」 등 10개</td></tr>
<tr><td>광고매체 관련법규</td><td colspan="3">「공연법」 등 35개</td></tr>
<tr><td>상거래 관련법규</td><td colspan="3">「공산품품질관리법」 등 29개</td></tr>
<tr><td>보건위생 관련법규</td><td colspan="3">「공중위생법」 등 22개</td></tr>
<tr><td>광고물설치 · 배포제한 관련법규</td><td colspan="3">「건축법」 등 22개</td></tr>
<tr><td>기타광고 관련법규</td><td colspan="3">「경범죄처벌법」 등 13개</td></tr>
<tr><td>광고자율규제강령</td><td colspan="3">「한국광고협의회 광고윤리강령」 등 16개</td></tr>
<tr><td rowspan="8">이정일
(1990)</td><td>광고사법</td><td colspan="3">광고민법, 광고상법</td></tr>
<tr><td rowspan="5">광고공법</td><td rowspan="5">광고
행정법</td><td rowspan="4">광고
단속법</td><td>방송광고관계법규
(「방송법」 「한국방송광고공사법」)</td></tr>
<tr><td>상거래관계법규(「소비자보호법」
「독점규제 및 공정거래법」 등 기타)</td></tr>
<tr><td>보건위생관계법규
(「식품위생법」 「의료법」 「약사법」 등
기타)</td></tr>
<tr><td>기타광고관계법규(「광고물 등 관리법」
「영화법」 「도로법」 등 기타)</td></tr>
<tr><td colspan="2">광고세법</td></tr>
<tr><td>광고구제법</td><td colspan="3">민사적 구제, 형사적 구제, 행정적 구제 등</td></tr>
<tr><td>자율규제</td><td colspan="3"></td></tr>
<tr><td rowspan="3">팽원순
(1988)</td><td>경제법</td><td colspan="3">① 「부정경쟁방지법」
② 물가안정 및 공정거래에 관한 법률(「독점금지법」 「경품표시법」)</td></tr>
<tr><td>사회법</td><td colspan="3">① 「약사법」, ② 「의료법」, ③ 「직업안정법」, ④ 「소비자보호법」 등</td></tr>
<tr><td>무체재산법</td><td colspan="3">① 「특허법」, ② 「의장법」, ③ 「상표법」, ④ 「저작권법」 등</td></tr>
</table>

오두범 (1990)	광고 일반에 관한 법	①「매체관계법」, ②「경쟁관계법」, ③「보건의료관련법」, ④「사회법」, ⑤「선거법」, ⑥ 기타 민 · 형법
	옥외광고 관련법	
	표시관계법	①「표시 일반에 관한 법」, ②「무형재산관계법」
손영곤 (1991)	방송매체 관련법규	①「방송법」, ②「한국방송공사법」, ③「유선방송관리법」, ④「음반 및 비디오물에 관한 법률」
	인쇄 및 기타매체 관련법규	①「정간법」, ②「출판사 및 인쇄소의 등록에 관한 법률」
	옥외광고 관련법규	①「옥외광고물관리법」, ②「건축법」, ③「도로법」
	보건위생 관련법규	①「약사법」, ②「의료법」, ③「식품위생법」, ④「향정신성의약품관리법」, ⑤「마약법」 등
	상거래 관련법규	①「부정경쟁방지법」, ②「독점규제 및 공정거래에 관한 법률」, ③「상법」, ④「상표법」, ⑤「의장법」, ⑥「실용신안법」, ⑦「저작권법」 등
	사회안전 관련법규	①「형법」, ②「경범죄처벌법」, ③「특정범죄가중처벌 등에 관한 법률」 등
	정치 관련법규	①「국민투표법」, ②「국회의원선거법」, ③「대통령선거법」, ④「정치자금에 관한 법률」
	기타 관련법규	①「국민체육진흥법」, ②「대전세계박람회지원법」 등
조병량 (1994)	기본법	①「헌법」 관련법규(「헌법」, 정당, 국회, 선거 등), ②「민법」 관련법규(「민법」, 등기, 공탁 등), ③「상법」 관련법규, ④「민사소송법」 관련법규, ⑤「형사법」 관련법규(「형법」, 보안처분, 형사소송 등)
	일반법	① 사법 관련법규, ② 행정 관련법규, ③ 지방 관련법규, ④ 치안 관련법규, ⑤ 재정 · 경제 일반 관련법규, ⑥ 금융보험 관련법규, ⑦ 국방 관련법규, ⑧ 문교 관련법규, ⑨ 과학문공 관련법규, ⑩ 농림수산 관련법규, ⑪ 상공 관련법규, ⑫ 동력자원 관련법규, ⑬ 건설 관련법규, ⑭ 보건사회 관련법규, ⑮ 교통 관련법규, ⑯ 해운 관련법규, ⑰ 체신 관련법규, ⑱기타
	광고 관련 규칙 세칙	

이구현 (2001)	상거래 관련 법률	① 일반(「상법」「관세법」 등) ② 공정거래(「독점규제 및 공정거래에 관한 법률」「부정경쟁방지법」 등) ③ 특허(「품질경영촉진법」「상표법」「의장법」「저작권법」「특허법」 등 기타)
	광고매체 관련 법률	① 방송 · 신문 · 잡지(「방송법」「정간법」 등) ② SP매체 · 기타(「건축법」「도로법」「옥외광고물관리법」 등)
	광고 업무 관련 법률	① 정치 · 정부 광고(「국민투표법」「공직선거 및 선거부정방지법」 등) ② 광고제작실무(「공연법」「영화진흥법」「음반 및 비디오물에 관한 법률」 등) ③ 기타(「소비자보호법」「외국간행물 수입배포에 관한 법률」 등)
	광고 행위 · 표현 관련 법률	① 일반(「식품위생법」「공중위생법」「약사법」 등) ② 심의규정(「방송심의에 관한 규정」「선거방송심의에 관한 특별 규정」「광고자율심의규정」 등) ③ 자율규제강령(「한국광고단체연합회 광고윤리강령」 등)

출처: 이승선(2006).

이들 광고 관련법규 중에서 특히 중요한 것들로는 「표시 · 광고법」(2018. 6. 12. 일부개정, 2018. 6. 13. 시행), 「방송법」(2000. 1. 12. 제정), 「소비자 기본법」「옥외광고물법」「정부광고법」 등이 있으며, 이 외에도 수많은 각종 법률과 규칙 등에 광고 관련 조항이 산재해 있어 정부규제의 법적 근거로 이용되고 있다.

2) 자율규제 현황

(1) 자율규제의 목적 및 효과

자율규제의 목적은 일반적으로 다음과 같은 **국제상공회의소**(ICC)의 기본 원칙을 토대로 하고 있다. 첫째, 모든 광고는 합법적이어야 하고(legal), 품위가 있어야 하며(decent), 정직해야 하고(honest), 진실해야 한다(truthful). 둘째, 모든 광고물은 사회적 책임감을 갖고 제작되어야 하고, 산업계에서 일반적으로 수용되는 공정경쟁의 원칙에 따라야 한다. 셋째, 어떤 광고도 공중의 신뢰를 손상해서는 안 된다. 이러한 원칙에 따라 광고의 자율규제는 두 가지 광범위한 목적을 달성하고자 한다. 첫째, 각종 잘못된 광고로부터 소비자를 보호하는 것이고, 둘째, 경쟁업자에 의한 불공정 행위로부터 광고주를 보호하는 것이다. 이러한 자율규제는 업계가 자신의 문제점과 개선점을 누구보다도 잘 알고 있기 때문에 정부의 법적 규제보다 능률적이고 효율적일 뿐만 아니라 처리의 신속성과 비용의 경제성을 기할 수 있고, 또한 정부규제가 시기에 맞지 않는 법규를 지속할 염려가 있는 데 반해 시대적 변화에 신속히 대처할 수 있는 등 여러 가지 장점을 갖고 있다. 반면에 공공의 이익과 기업 활동의 자유라는 기준에서 공공의 이익이 약화될 우려가 있고, 엄격한 처벌이 배제되기 때문에 비효율적일 수 있는 등의 단점도 있다.

(2) 자율규제의 종류

이러한 자율규제는 크게 **중앙자율규제기구**(central self-regulatory body)에 의한 규제와 각 산업별 또는 지역별 규제기구에 의해 부분적으로 이루어지는 규제로 나눌 수 있다.

① 중앙자율규제기구에 의한 규제

이는 해당 국가의 전 업종, 전 매체, 전 지역의 광고 모두를 대상으로 한다는 점에서 그 국가를 대표하는 자율규제라고 할 수 있으며 오늘날 대부분의 국가가 거의 모두 이러한 형태의 중앙자율규제기구를 두고 있다. 각 국가의 중앙자율규제기구가 광고를 심의하는 절차는 크게 **단심제**(one-tiered system)와 **복심제**(two-tiered system)의 두 가지 유형으로 구분된다. 일부 국가는 제도적으로는 복심제이지만, 실제 심의 절차에서는 사무국의 내부 검토를 포함하여 3심제로 운영하는 경우도 있다.

② 광고 관련 단체에 의한 개별자율규제

여기에는 광고주들에 의한 규제, 각 산업 분야 또는 전문 분야에 의한 자율규제(예: 주류업계, 담배업계, 식품업계 등), 광고 전문인들에 의한 자율규제, 광고단체(협회 또는 협의회 등)에 의한 자율규제, 광고출판물회사(Ad Age 등)에 의한 자율규제 등이 있다.

③ 매체사에 의한 자율규제

이는 각 매체사 또는 매체사 단체(신문협회, 방송협회 등)가 광고 게재 기준 또는 광고 수용 기준을 정해 스스로 광고 내용을 규제하는 것이며, 미국 방송사들의 광고 허용 기준 등이 대표적인 예에 속한다.

④ 기타 각국 자율규제기구의 연합규제기구 – 유럽광고기준연맹(EASA)

이 외에 여러 나라가 공동으로 자율규제 시스템을 구축해서 운영하는 경우가 있는데, 그 대표적인 예가 유럽 27개국이 참여하여 운영하고 있는 유럽광고기준연맹(Europe Advertising Standards Alliance: EASA)이다. 이 기구는 1991년 EU의 경쟁담당 커미셔너인 레온 브리탄(Leon Brittan) 경의 제안으로부터 아이디어가 나와, 1992년 5월에 정식 출범한 범유럽 공동자율규제단체이다. 광고의 자율규제는 국가 단위뿐만 아니라 전 유럽 단위에서 공동 작업과 활동이 필요하다는 합의가 이러한 범지역 단위의 공동 자율규제를 가능하게 하였다.

(3) 한국의 광고 자율규제

한국의 광고 자율규제는 중앙자율규제기구인 한국광고자율심의기구에 의한 규제와 각 매체별 · 업종별 자율규제로 이루어지고 있다.

중앙자율규제기구인 사단법인 한국광고자율심의기구는 광고인이 자율적 책임을 다함으로써 광고윤리를 확립하고 나아가 기업언론으로서 사회적 책임을 다하기 위해(기구 정관 제2조 목적) 1991년 3월 27일 광고주협회를 비롯한 8개 광고 관련 단체가 모여 설립하였다. 그 후 1993년 11월 10일 공보처로부터 사단법인 설립허가를 받아 1994년 6월부터 본격적인 심의 업무에 들어갔다. 광고자율심의기구는 설립 이후 2000년 8월 1일 방송위원회로부터 방송광고 사전심의 업무 위탁을 받기 전까지는 주로 인쇄매체광고에 대해서만 심의 업무를 수행해 왔다. 그 후 2000년부터 2008년 6월까지 법률에 의한 '방송광고 사전심의 업무'(방송위원회 업무위탁)와 기존의 자율적 '인쇄매체 사후심의 업무'를 동시에 수행해 왔고, 2008년 방송광고 사전심의가 사전검열로 위헌판결을 받은 이후에는 다시 기사형 신문광고 등 인쇄광고심의를 중심으로 심의 업무를 수행하고 있다.

매체별 자율규제로는 **한국신문윤리위원회**, **한국방송협회**와 **한국케이블TV방송협회**, **인터넷신문위원회**, **한국인터넷자율정책기구**, **한국인터넷광고재단** 등 매체 관련 단체들이 각 분야에서 광고를 자율적으로 규제하고 있다.

한편, 우리나라에서 광고의 자율규제를 담당하고 있는 또 하나의 축으로는 각 업종별 심의 제도가 있다. 이들 업종은 광고로 인한 소비자 피해, 국민의 건강과 생명, 재산 등에 미치는 영향 등에서 다른 업종에 비해 상대적으로 더 많은 주의가 요구되는 분야에 해당된다. 이들 업종의 광고규제는 자율규제 형식으로 운영되기는 하지만 실제로는 법률에 심의가 강제되어 있거나 법률에 의해 위탁 운영되는 등 강제성을 띠고 있는 것이 특징이다. 일종의 **강제적 자율규제**라고 할 수 있다. 대표적인 업종별 자율규제기구로는 한국제약협회, 한국식품공업협회, 한국건강기능식품협회, 대한화장품협회, 한국증권업협회, 생명보험협회, 자산운용협회 등이 있다. 이 중에서 건강기능식품협회 사전심의와 의료 관련 협회의 사전심의는 행정권에 의한 사전검열에 해당된다는 헌재의 위헌결정을 받은 바 있다.

3) 매체별 광고규제 현황

(1) 인쇄매체 광고규제 현황

신문, 잡지 등 인쇄매체광고에 대한 광고규제는 주로 「표시 · 광고법」 등 광고 일반에 대한 법규에 의해 이루어지고 있다. 매체별 특성에 따른 규제로는 「신문 등의 진흥에 관한 법률」(「**신문법**」) 제6조와 「잡지 등 정기간행물의 진흥에 관한 법률」(「**정기간행물법**」) 제6조에 규정된 "……편집인은 독자가 기사와 광고를 혼동하지 아니하도록 명확하게 구분하여 편집하여야 한다."라는 조항이 대표적인 규제 내용이다. 그 밖의 인쇄광고는 주로 신문윤리위원회와 한국광고자율심의기구 등에 의한 자율규제로 이루어지고 있다.

(2) 방송매체 광고규제 현황

방송은 전파의 공공성과 제한성, 방송이 가지고 있는 영향력 등으로 인해 다른 매체보다 강력한 규제를 받고 있는 것이 일반적 현상이다. 방송광고에 대한 규제는 형식규제와 영업규제, 내용규제로 구분된다.

① 방송광고의 형식규제

형식규제는 방송광고의 종류와 허용 범위, 시간, 횟수, 방법 등에 대한 규제이며, 우리나라 「방송법」에 규정된 방송광고의 종류는 방송프로그램광고, 중간광고, 토막광고, 자막광고, 시보광고, 가상광고, 간접광고 등이 있다. 「방송법 시행령」(대통령령 제23885호, 일부개정 2012. 6. 27.)은 방송광고의 시간과 횟수, 규격 등을 상세하게 규정해 놓았다. 「시행령」 제59조 2에서는 **가상광고**에 대한 시간과 규격을, 제59조 3에서는 **간접광고**의 내용 · 시간 · 규격 등을, 제60조에서는 **협찬고지**에 관한 규정을 각각 명시해 방송광고 전반에 대한 세부적인 기준을 정해 놓고 있다.

② 방송광고의 영업규제

한국방송광고공사는 1980년 12월 31일 「한국방송광고공사법」이 제정되면서 출범한 이후 법에 의한 독점 체제를 유지해 오다가 2008년 헌법불합치 결정으로 큰 변화를 맞게 되었다. 이후 2012년 2월 「방송광고판매대행 등에 관한 법률」(「**미디어렙법**」, 법률 제11373호)이 제정되었고, 그 시행령이 2012년 5월 22일 제정됨으로써 경쟁 미디어렙 시대가 열리게 되었다.

이 법에 따라 우리나라의 방송사업자는 "광고판매대행자가 위탁하는 방송광고 외에는 방송광고를 할 수 없게" 되어 있어, 방송광고 영업의 주체를 법으로 제한하고 있다(제5조). 제6조에는 광고판매대행자의 허가를 규정해 놓아, 방송광고 영업을 하려면 방송통신위원회의 허가를 받도록 하였다. 말하자면 우리나라의 방송광고 영업은 정부에 의해 허가를 받은 판매대행사(미디어렙)만이 할 수 있다. 현재 이 법에 의해 KBS, MBC(지역 MBC 포함), EBS 등은 **한국방송광고진흥공사**에서, SBS와 지역민방 9개 사, OBS 등은 **SBS M&C**에서 광고판매를 대행하고 있으며, JTBC, 채널A, 조선TV, MBN 등의 종편은 각각 개별적으로 미디어렙을 운영하고 있다.

③ 방송광고의 내용규제

현행 「방송법」에서는 방송광고에 대해 방송사의 자체 사전심의를 의무화하고 있고, 동시에 방송통신심의위원회로 하여금 사후심의를 하도록 하고 있다.

「방송광고 심의규정」에서는 한국의 방송광고를 규제하는 가장 기본적이고 포괄적인 기준을 정해 놓고 있으며 제1장 총칙, 제2장 일반 기준, 제3장 품목별 기준, 제4장 방송광고의 금지 및 제한 기준으로 구성되어 있다. 제4장 제43조에 규정된 '방송광고 금지'는 한국의 방송에서 광고 자체가 금지되고 있는 것들에 관한 내용으로 시대에 따라 약간씩 변화되기는 했으나 여전히 방송광고가 다른 매체광고보다 엄격한 규제를 받고 있음을 말해 주고 있다.

④ 한국의 방송광고 심의 제도 변화

한국에 방송광고가 본격적으로 등장한 것은 1960년대이다. 이 시기의 방송광고규제에 나타난 특징으로는 오늘날과 달리 자율규제 중심이었다는 점을 들 수 있다. 당시 「방송법 시행령」(1964. 2. 10. 대통령령 제1634호) 제1조에는 주간당 편성 기준을 정해 놓고 있으며, 여기에서 광고는 '약간'으로 규정하고 있어 광고시간의 양을 오늘날과는 달리 느슨하게 제한하고 있음을 알 수 있다. 따라서 광고 내용에 대한 정부규제는 아직 없었던 것으로 보인다.

반면에 「국영TV방송사업운영에 관한 임시조치법」(1962. 12. 3. 법률 제 1195호, 1963. 1. 1.부터 시행)과 「시행령」(1962. 12. 15. 각령 제 1082호) 제1조에는 유료 광고 방송을 할 수 없는 사항(방송금지)을 일곱 가지로 규정해 놓고, 제7조에는 광고물 내용의 '사전심사'를 의무화하는 조항을 규정해 놓았다. 다만, 방송 가부를 결정하는 심사는 방송국장이 하도록 하여 매체 자체에 의한 사전규제 제도를 제도화하였다. 당시 방송국장은 문화공보부 관리였으므로 행정기관에 의한 규제인 동시에 일종의 매체사 자율규제의 성격도 포함하고 있었던 것으로 보인다.

그 후 1970년대의 방송광고규제는 **방송윤리위원회**(방륜)의 사전규제로 대표된다. 방송윤리위원회는 「방송윤리규정」과 「텔레비전 방송광고 심의요강」(1976. 7. 1.부터 시행)을 통해 모든 방송광고를 사전에 심의해 소위 **'방륜심의'**라는 관문을 만들었다.

1980년대에 제정된 **「언론기본법」**은 제34조에 방송위원회 설치를 규정하고 제37조에 방송심의위원회 규정을 두어 방송을 규제할 수 있도록 하고 있다. 한편, 이 시기의 방송광고에 대한 사전심의는 「언론기본법」상의 방송위원회가 아닌 한국방송광고공사의 관할로 이관되었다.

「언론기본법」이 폐지되고 1987년에 제정된 「방송법」은 방송위원회의 위상과 기능을 크게 강화시키는 한편, 방송광고의 사전심의를 방송위원회로 이관시켜 본격적인 국가기관의 사전규제 제도로 바꾸어 놓았다.

2000년부터는 방송위원회가 민간기관인 한국광고자율심의기구에 위탁하여 심의하는 절충형을 택하게 된다. 이는 사회 전반의 자율화가 영향을 미친 것으로서 사전심의의 법적 근거는 유지하되 실제 심의 업무는 민간 자율에 맡기는 형식이었다.

민간기구로 위탁된 방송광고 사전심의는 2008년 6월까지 이어져 오다가 헌법재판소의 방송광고 사전심의 위헌결정으로 커다란 전환점을 맞게 된다.

지금까지 살펴본 각 시기별 방송광고규제의 변천과정을 요약하면 〈표 8-2〉와 같다.

표 8-2 **한국의 방송광고규제 제도 변천사**

연대	규제기관	근거법률	규제 형태	광고규제 기관 성격	비고
1960년대	방송윤리위원회	자율설립 (「방송법」)	사후심의	민간기구	자율규제 (강제적 자율)
	KBS	「국영TV 임시조치법」	사전심의	매체사	매체규제 (강제적 자율)
	민방협회	-	사전심의	매체사	매체규제 (자율규제)
1970년대	방송윤리위원회	「방송법」	사전심의	민간기구 (법적 근거 보유)	자율규제 (법적근거)
	민방협회	-	사전심의	매체사	매체규제
1980년대	방송심의위원회	「언론기본법」	사후심의	국가기구	법적 규제
	한국방송광고공사	「공사법」 공사정관	사전심의	특수법인	매체규제 (강제적 자율)
1987~ 2000. 7.	방송위원회 (광고심의)	「방송법」	사전심의	국가기구	법적 규제
2000. 8.~ 2008. 6.	한국광고자율 심의기구	「통합방송법」	사전심의	민간기구	법적 규제 (민간위탁)
2008. 7.~ 2008. 10.	각 방송사(임시)	-	사전심의	매체사	매체규제 (자율규제)
	방송통신심의위원회	「방송법」	사후심의	법정기관	법적 규제
2008. 11.~	방송협회(지상파) 케이블TV협회	-	사전심의	매체사	매체규제 (자율규제)
	방송통신심의위원회	「방송법」	사후심의	법정기관	법적 규제

출처: 조병량(2002), p. 85에서 재구성.

(3) 옥외매체 광고규제 현황

옥외광고는 공중의 안전과 도시 미관에 직접 영향을 미치는 광고의 특성상 정부의 강력한 법적 규제를 받고 있다. 옥외광고 관련법은 크게 세 가지 구조로 되어 있다. 먼저, 중앙정부 소관 법률인 「**옥외광고물 등의 관리와 옥외광고산업 진흥에 관한 법률**」(2016. 1. 6. 전문개정, 2017. 7. 26. 법률 제14839호)이 있고, 다음은 이를 시행하기 위한 「시행령」 그리고 각 「시 · 도 조례」로 구성되어 있다. 이들 법규에 따라 옥외광고는 설치 장소, 옥외광고물의 수량, 옥외광고물의 규격, 광고물의 내용 등에 관해 엄격한 규제를 받고 있다.

이 법에서 정한 옥외광고물들은 시 · 군 · 구의 장(시장 등)에게 허가 또는 신고를 해야 한다고 되어 있어 옥외광고물 설치를 허가 또는 신고 대상으로 규정하고 있다(법 제3조). 그리고 아름다운 경관과 미풍양속을 보존하고 공중에 대한 위해를 방지하며 건강하고 쾌적한 생활 환경을 조성하기 위하여 대통령령으로 정하는 지역 · 장소 또는 물건에는 광고물 등을 표시하거나 설치할 수 없도록 하고 있고(법 제4조), 행정당국이 광고물의 설치 지역과 설치 방법 등을 고시할 수 있도록 하고 있다(법 제4조의 2, 3). 또 법 제5조에서는 금지광고물의 형태와 내용을 규정하고 있어 다른 매체들에 비해 대단히 엄격한 규제가 이루어지고 있다고 할 수 있다. 또한 공중에 대한 위해 방지를 위하여 '안전점검'을 받아야 하고, 옥외광고업을 하고자 하는 사람은 일정한 교육을 받은 다음 시장 등에게 '등록'을 하도록 하고 있다(법 제11조). 법 제13조에는 허가취소조항이, 제14조에는 등록취소와 영업정지 조항이 각각 규정되어 있고, 이 법의 관련 조항을 위반한 경우는 징역형까지 받을 수 있는 처벌조항들이 마련되어 있다. 뿐만 아니라 옥외광고에는 해당 광고물에 허가 또는 신고 번호, 표시 기간, 제작자명 등을 표시하도록 하는 '광고물 실명제'가 있는 등 각종 규제가 법제화되어 있다.

(4) 온라인 광고규제 현황

매체의 특성상 온라인은 상호작용성, 정보의 무제한성, 시간과 공간의 무제약성,

효과측정의 용이성, 내용변경의 유연성과 같은 특징을 지니고 있기 때문에 최근 전통적인 매체에 비해 가장 강력한 광고매체로 떠오르고 있다. 특히 온라인광고는 정보통신 기술 및 인터넷 환경 변화에 따라 하루가 다르게 빠른 속도로 진화하고 있어 그 특징과 내용의 변화를 따라가기가 쉽지 않다. 매체로는 인터넷(유선)과 모바일(무선)로 구분되고, 광고 형태로는 **검색광고**(SA)와 **디스플레이광고**(DA)로 나누어 볼 수 있다. 온라인광고의 규제를 위해 주로 「정보통신망법」「청소년보호법」「방송통신심의위원회 정보통신심의규정」, 공정거래위원회의 「표시 · 광고법」과 「인터넷광고에 관한 심사지침」「저작권법」 등 다양한 법규가 적용되고 있다. 또 매체 특성상 「전자상거래 등에서의 소비자보호에 관한 법률」 중 표시 · 광고에 관한 규정, 「부정경쟁방지법」 중 표시 · 광고에 관한 규정, 「전기통신사업법」과 이에 근거한 정보통신윤리위원회의 심의규정 및 심의세칙 등에 의해서도 규제를 받고 있다(이성구, 2002). 이와 함께 관련 업계 단체와 자율규제기관들에 의한 자율규제가 동시에 이루어지고 있다. 현재 한국의 온라인광고 자율규제는 한국인터넷자율정책기구, 인터넷신문위원회, 한국인터넷광고재단, 네이버와 카카오 등이 담당하고 있다.

3. 광고규제의 문제점과 과제

이상으로 광고규제와 관련된 이론과 국내외 현황을 살펴보았다. 광고는 20세기 초중반 이후 자본주의의 핵심으로 그 역할과 영향력이 점점 확대되었으며, 그에 따른 역기능과 책임론 또한 비례하여 증가하였다. 이에 따라 세계 각국은 각종 법규와 행정력을 통해 불법 부당광고를 규제하고 있으며, 업계는 자율규제 제도를 통해 스스로의 문제를 해결하려는 노력을 강화해 왔다. 그 과정에서 광고는 「헌법」이 보장하고 있는 기본권인 표현의 자유의 보호 대상이 되는 등 그 존재 가치를 인정받게 되었으며, 오늘날은 특히 광고의 사회적 역할이 점점 중요하게 요구되고 있는 상황이 되었다. 이제 광고는 단순한 판매도구나 상업적 메시지라는 본래의 역할에서 한 걸음

더 나아가 인류와 사회의 문제를 해결하는 사회적 역할까지 수행하는 존재가 되고 있다. **광고의 사회적 역할**이 강조되고 있고 이와 함께 '**사회적 광고**'에 대한 기대가 점점 커지고 있는 것도 오늘날의 시대적 특징이라 할 수 있다. 이제 광고주는 '좋은 상품'과 '좋은 일자리' 창출에서 더 나아가 광고를 통해 인류와 사회를 위한 '좋은 메시지'를 창출함으로써 좀 더 적극적으로 기업의 사회적 책임과 역할을 수행해야 하는 시대가 되었다. 그럼에도 불구하고 광고에 대한 관점, 규제 법규와 정책 등은 여전히 과거에 머물러 있는 것이 현실이다. 이제 광고의 역할이 확대되고 사회적 가치가 높아짐에 따라 그동안 광고를 규제의 대상으로만 인식해 온 관점에도 변화가 필요하게 되었다.

이를 위해서는 광고규제와 관련된 분야에서 몇 가지 함께 고민하고 해결해야 할 과제가 있다. 먼저, 광고규제와 **광고진흥**이 균형을 이루도록 관점을 바꾸고, 각종 법규와 행정기관 간의 광고 관련 업무를 본격적으로 검토하여 법규나 부처 간 소관 업무의 혼선과 중복 등을 개선할 필요가 있다. 이와 동시에 그동안 논의만 되어 온 「**광고진흥법**」의 제정도 적극 검토해야 할 것이며, 광고 관련법의 체계적 분석과 광고규제에 관한 연구도 활성화될 필요가 있다.

또한 그동안 끊임없이 논의되어 온 매체 간 **비대칭규제**, 특히 지상파 방송에 대한 불합리한 규제를 적극적으로 개선하여 광고산업과 방송산업의 균형 있는 발전이 가능해지도록 해야 할 것이다. 그리고 무엇보다 광고의 자율규제 제도가 활성화되어 광고계가 스스로 자율 능력을 발휘하는 것이 시급하다. 현재 우리나라 광고계는 산업의 양적 규모나 질적 수준에 비해 자율규제가 제도적으로나 기능적으로 크게 뒤떨어져 있는 상황이다. 특히 광고산업 전체가 중심이 되어 중앙자율규제기구를 활성화하는 일이 대단히 중요하고 시급한 과제이다. 또한 광고산업 전반의 윤리의식과 사회적 책임의식을 제고하기 위한 제도 개선과 교육의 확대도 필요하다. 앞으로 광고는 기술발전과 매체 다양화에 따라 그 사회적 역할과 영향력이 더욱 확대될 것이기 때문이다.

제9장

북한의 광고 현황과 향후 과제

박원기(한국방송광고진흥공사 전문위원)

1. 북한의 일반 현황
2. 북한의 광고 현황
3. 남북 광고 교류를 위한 향후 과제

◈◇◈

그동안 북한 관련 뉴스나 탈북자들을 통해 북한의 현실을 부분적으로 접한 우리는 아직도 북한에 대해 모르는 것이 너무 많다. 더욱이 북한에서 광고의 실정은 어떨까 생각하는 것은 매우 낯설기만 하다. 이런 상황하에서 2018년 4월 27일 판문점에서 **남북 정상회담**이 열렸고, 2018년 6월 싱가포르, 2019년 2월 하노이에서 **북미 정상회담**이 열렸으며, 2019년 6월 30일에는 판문점에서 역사적인 **남북미 정상 회동**이 있었지만 아직 북핵 문제는 완전히 타결을 보지 못하고 있다. 그런데 추후 북핵 문제가 원만히 타결되고 **남북교류**가 시작될 경우 경제 교류가 시작될 것이고, 자연스럽게 광고산업 분야의 교류도 예상해 볼 수 있다. 따라서 이 장에서는 북한에서 광고 현황은 어떤지 그리고 남북교류 확대 시 광고산업의 과제는 무엇인지를 살펴보기로 한다.

1. 북한의 일반 현황

1) 정치 체제

북한은 당과 군 그리고 국가 위에 최고지도자인 수령이 군림하는 **수령 체제**이다. 수령은 제도화된 직위로서 권력의 정점에 자리 잡고 있다. 한 명의 절대 권력자가 **조선노동당**을 통해 국가기구와 군대, 근로단체 등을 통제하는 **북한의 정치 체제**는 북한이 레닌식 집단지도 체제가 아니라 스탈린식 개인 절대 권력에 의해 통치되고 있다는 것을 의미한다(정성장, 2011). 그러나 북한 정치규범의 특징은 사회주의 정치의 사명을 다하기 위해서는 수령의 유일적 영도를 받아야 하며, 수령의 영도에 대해 충실해야 한다는 것이 원칙이라는 점이다(조선백과사전편찬위원회, 2009).

북한은 수령, 대중, 당이 하나의 생명으로 결합되어 운명을 같이해야 한다고 설명한다. 그 생명을 유지시키는 핵심 요소가 수령에 대한 충실성이다. 이를 위해 **'혁명적 수령관' '사회정치 생명체론' '사회주의 대가정'** 등을 이론으로 발전시켜 왔으며 이는 모두 수령을 중심으로 연결되어 있다(정성임, 2006).

김일성은 1946년 2월 '북조선 정당 · 사회단체 5도행정국 및 각도 인민위원회 확대회의'를 개최하여 '북조선 임시인민위원회'를 조직하였다. 1947년 11월 개최된 북조선 인민회의 제3차 회의를 통해 '조선임시헌법제정위원회'가 조직되고, 1948년 9월 9일 최고인민회의 제1차 회의에서 「헌법」을 공포하며 김일성을 내각 수상으로 하는 **조선민주주의 인민공화국**이 수립되었다. 6 · 25 전쟁을 지나 1956년 8월 김일성을 당에서 축출하고자 시도한 연안파 윤공흠과 이후 소련파를 대대적으로 숙청한 이른바 '8월 종파사건' 이후 김일성의 권력기반은 공고화되었다. 북한의 통치이념은 마르크스-레닌주의와 스탈린주의를 바탕으로 통치하던 시기를 지나 스탈린 사망 이후 소련과의 갈등과 내부 권력투쟁을 거쳐 **'주체사상'**으로 변모한다. 주체사상은 김정일에 의해 **수령론, 혁명적 수령관** 등으로 해석되었다. 1970년 제5차 당대회에서 당의 **'유일적 지도사상'**으로 규정된 주체사상은 **'온 사회의 김일성주의화'**로 당의 최고 강령으로 등장한다. 1974년 2월에 개최된 당중앙위원회 제5기 제8차 전원회의에서 당중앙위원회 정치국 위원으로 김정일을 선출함으로써 김정일은 김일성의 유일한 후계자로 확정된다.

1994년 7월 김일성의 사망 후 1990년대 '고난의 행군'을 거치면서 유훈통치, 군사력 증강, 체제단속을 통해 구축된 김정일 체제는 기존의 국가주석제 및 중앙인민위원회가 폐지된 국방위원장을 중심으로 하는 군사중심 체제이다. 즉, 김일성 사망 이후 선군정치를 강조한 김정일 시대에 들어와 주체사상을 뿌리에 둔 선군사상이 사회주의 강성대국 건설을 위한 통치이념으로 제시되었으며, 2009년 「헌법」 개정과 2010년 당 규약 개정을 통해 **선군사상**이 통치이념으로 공식화되었다.

2010년 9월 제3차 당대표자회를 통해 신설된 당중앙군사위원회의 부위원장으로 임명되면서 공식적으로 등장한 김정은은 2011년 12월 김정일의 사망 이후 추도대회에서 '당과 군대와 인민의 최고영도자'로 추대되었다. 이어 2012년 신년공동사설에서 '김정은은 곧 김정일'이라는 유훈통치가 선언되며 2012년 4월 최고인민회의에서 3대 권력 세습을 완료하였다.

북한에는 국무위원회, 최고인민회의, 최고인민회의 상임위원회, 내각 등으로 구성된 국가기관이 있고, 이를 실제로 장악하고 있는 조선노동당은 당대회, 당중앙위원회, 당중앙군사위원회, 정치국, 정무국, 검열위원회 등으로 구성되어 있다.

북한사회는 생활 양태와 가치관, 주체사상의 교리와 상징 체계, 각종 집회와 모임, 행위규범과 윤리생활에 있어서 기독교인의 신앙생활 유형과 유사하다. 즉, '주체사상 10대 원칙'은 성경에 있는 10계명에, '생활총화'는 일요예배에, '당, 인민, 수령'은 삼위일체에 각각 비유된다. 이는 독실한 기독교 신자였던 김일성 주석 부모의 영향에 기인한다고 볼 수 있다. 이런 맥락에서 김병로(2000)는 주체사상을 **'수령교'**로 설명한 바 있다. 즉, 북한 사회 전체를 하나의 거대한 종교 집단으로 이해하면 북한 사회를 좀 더 쉽게 이해할 수도 있을 것이다.

2) 경제 현황[1]

(1) 경제 체제의 특징

북한의 「헌법」을 보면 경제에 대한 기본적인 개념을 이해할 수 있다. **「조선민주주의 인민공화국 사회주의 헌법」**에 따르면 경제는 '사회주의적 생산관계'와 '자립적 민족경제의 토대'에 의거한다고 명시하고 있다(북한 「헌법」 제19조). **북한의 경제 체제**는 기본적으로 **'사회주의적 소유 제도'**를 바탕으로 하는 **계획경제 체제**이다(북한 「헌법」 제34조). '사회주의적 소유 제도'란 '생산수단과 생산물이 전 사회적 또는 집단적으로 소유되

1 이하에서는 북한의 각종 자료를 인용하는 경우가 있는데, 남한과 표기법 · 띄어쓰기가 다른 경우가 많다. 이 부분을 남한식으로 수정하지 않고 북한의 원문 그대로 표기하였음을 밝혀 둔다.

는 제도'를 의미한다. 북한은 사회적 소유가 '국가 소유'와 '사회협동단체 소유'로 구분되고 있다. '국가 소유'는 전체 인민의 소유이다. 국가 소유권의 대상에는 제한이 없다. 철도, 항공운수, 체신기관과 중요 공장, 기업소, 항만, 은행은 국가만이 소유한다. 국가는 나라의 경제발전에서 주도적 역할을 하는 국가 소유를 우선적으로 보호하며 성장시킨다(북한「헌법」제21조).

그러나 북한에서는 1990년대 중반 이후 이른바 **'고난의 행군'** 시기에 혹독한 경제난으로 계획경제 시스템이 제대로 작동되지 않음으로 인해 자본주의적 특성이 점차 가미되고 있다. 북한은 1998년「**사회주의 헌법**」개정 이후 계획경제 기능의 마비 현상을 감안해 사회단체와 개인의 소유 범위를 부분적으로 확대해 왔다. '합법적 영리활동을 통해 얻은 수입'이나 소토지 경작물, 상설 종합시장에서 장사 활동을 통해 획득한 수입 등에 대해서 개인 소유를 허용하는 조치를 취해 왔다. 따라서 현재 북한의 사회주의 경제 체제는 외형적으로는 계획경제 시스템을 유지하고 있지만 현실적으로는 시장화 현상이 확산되면서 제도와 현실 간에 격차가 존재하고 있다.

이렇게 변화되는 과정에 두 가지 중요한 조치가 있었다. 2002년 7월 1일의 '사회주의경제관리 개선 조치'(7 · 1 경제조치)와 2013년 8월 15일의 '사회주의 기업책임관리제'가 그것이다. 전자의 경우에 실생활 물가의 현실화, 환율과 관세의 인상, 기업소의 독립채산제 확대, 잉여 농산물의 농민 분배 확대 등이 핵심이라면(정창현, 2008), 후자의 경우에는 기업소에서 경영의 자율성을 확대하고, 근로자들의 책임과 권한을 대폭 확대한 것이다. 그 당시에 북한이 이런 획기적인 조치를 취할 수밖에 없었던 것은 국가적인 재정 파탄과 전체 경제에서 비중이 급증한 사경제를 더 이상 방치할 수 없었기 때문이다.

(2) 산업 부문별 현황

북한의 경제 현황을 정확히 파악하는 것은 쉽지 않다. 경제 현황 분석은 한국은행의 추계 자료를 바탕으로 할 수밖에 없는데, 통일부(2017a)가 인용한 한국은행 자료에 따라 북한의 1990년대 이후 경제 성장률 추이를 살펴보면, 북한은 1990년 사회주의 경제권의 붕괴 이후 1990~1998년의 9년간 연평균 -3.8%의 성장률을 보임으로써 총 생산력 수준이 1980년대 말에 비해 절반 수준 이하로 하락하였다. 당시에 다수의 공장 · 기업소의 가동이 중단되고 일부 핵심 기간산업 및 군수공장만 겨우 가동되었던 것으로 알려져 있다. 북한 주민들이 '고난의 행군 시기'라고 부르는 이 시기에 북한의 산업은 군수산업만 제외하고 사실상 붕괴된 상황이었다. 다만, 1999년 이후 북한의 경제는 연속 마이너스 성장세에서 벗어나고는 있지만, 전반적 회복 추세는 보이지 못하고 있다. 즉, 1999~2005년의 7년간은 잠시 연평균 약 2.2%의 플러스 성장세를 나타냈지만, 2006~2010년의 4년간은 다시 연평균 -0.1%, 2011~2015년의 4년간은 연평균 0.6%의 성장률만 보이고 있다. 최근 김정은 정권이 시장활용 정책을 시행해 외관상으로는 다소 활성화된 모습을 보이고 있지만 거시경제 전반은 여전히 정체된 상태이다.

남한과 북한의 산업 부문별 수준을 연대의 개념으로 비교한 것은 [그림 9-1]과 같

[그림 9-1] 남한 대비 북한의 산업 부문별 수준 비교

출처: 홍순직(2018. 3. 14.).

다. [그림 9-1]에서 보면 조선, 자동차, 제지 등의 산업 기술은 우리나라의 1960년대 수준과 비슷하다. 석유화학, 타이어, 시멘트, 판유리, 식료품, 화학섬유, 방직, 군수 등의 산업은 우리나라의 1970년대와 비슷하다. 전기기기, 화학비료, 신발, 철강, 일반기계, 하드웨어, 자동화, 가전제품, 의류, 반도체 등의 산업은 우리나라의 1980년대와 비슷하다. 그러나 비철금속, 공작기계 등의 산업은 우리나라의 1990년대와 비슷하고, 소프트웨어 분야는 상당히 발전되어 있는 것으로 보인다.

3) 북한의 언론

북한의 언론[2]은 공산주의 이념이나 언론관에 기초하고 있다. 즉, 칼 마르크스(Karl Marx)와 프리드리히 엥겔스(Friedrich Engles)에 의해 창안된 프롤레타리아 독재 이론으로부터 파생된 것이다. 특히 니콜라이 레닌(Nikolai Lenin)은 대중에게 당의 정책을 설명하고 대중을 설득하기 위한 수단으로서 선전선동을 중요시하였는데, 공산주의 체제는 언론을 선전선동을 위한 수단으로 활용한다. 따라서 **공산주의 체제**는 뉴스를 일종의 '사회화 과정'으로 규정하고 공산당의 기본 방향이나 정책, 노선과의 관계에 따라 뉴스의 가치가 결정된다. 이러한 이유로 자유주의 언론이 중요시하는 시의성과 근접성, 인간적 흥미성 등은 뉴스의 가치를 결정하는 데 중요한 의미를 갖지 못한다(이주철, 2006). 북한 당국이 생각하는 언론의 주요 기능은 ① 보도적 기능, ② 사상교양자적 기능, ③ 조직 동원자적 기능, ④ 대외 선전 및 외교적 기능, ⑤ 언론전의 기능 등이라고 보고 있다(고유환, 이주철, 홍민, 2012).

북한에서 방송은 신문과 마찬가지로 당의 정책과 국내외 정세를 대내외에 선전 · 보도하며, 내각 소속 **조선중앙방송위원회**의 지도하에 운영되고 있다. 북한의 텔레비전 방송으로는 조선중앙텔레비죤을 비롯하여 교육문화텔레비죤(룡남산TV), 만수대텔레비죤 등이 있다. 북한의 대표 방송인 **조선중앙텔레비죤**은 '주체사상과 주체적 출

2 남한의 '언론'이라는 개념을 북한에서는 흔히 '출판보도물'로 지칭하지만 이 글에서는 편의상 '언론'이라 표기한다.

판보도사상을 유일한 지도적 지침으로 삼아 온 사회의 주체사상화와 주체사상의 전면적 승리 달성에 이바지하는 것'을 기본 사명으로 하고 있다. 현재 주요 프로그램은 김정은 선전 프로그램이며 영화방송 시간이 점차 늘고 있다. **교육문화텔레비죤**(룡남산TV)은 1997년 2월 16일 김정일의 55회 생일을 맞아 신설한 텔레비전 방송으로 평양 지역을 가시청권으로 한 대내 방송이다. 1983년 12월 개국한 **만수대텔레비죤**은 평양 시민과 외국인을 대상으로 토요일과 일요일 및 명절에 한해 예술 공연, 영화, 스포츠 등을 주로 방송하고 있어 평양 주민들이 가장 좋아하는 방송으로 인기를 끌고 있다.

북한은 2015년 2월 9일부터 기존의 표준화질(SD) 방송을 중단하고 고화질(HD) 방송으로 전환하였다. 2001년부터 태국의 통신위성 타이콤5를 통해 조선중앙TV와 조선중앙방송을 아시아 전역과 아프리카 등지로 송출하고 있다. 또한 최근 북한에서는 '소나무'라는 스마트TV를 광고하고 있다.

최근에는 오늘의 조국사가 발간하는 **『월간 금수강산』** 2019년 2월호에 북한의 스마트TV인 **'소나무' 광고**가 게재되었다. 이를 통해 북한의 TV 수신 환경을 짐작할 수 있다. 즉, 『금수강산』에서는 소나무가 손전화기(휴대 전화), 판형콤퓨터(태블릿 PC) 등에서 실행되는 모든 프로그램과 게임을 설치할 수 있으며 초고화질 화면을 제공한다고 설명하였다. 휴대 전화, 태블릿 PC 등의 프로그램이 소나무에서 작동한다는 것으로 볼 때 소나무는 안드로이드 운영체제(OS)에 기반한 스마트TV로 추정된다. 소나무에서 조선중앙텔레비전, 룡남산텔레비전, 만수대텔레비전 등의 방송을 제공하고 있는 것으로 확인되고 있다(NK경제, 2019. 1. 30.).

한편, 북한은 다양한 매체 가운데 신문을 비롯한 출판물에 중점을 두고 있다. '출판물은 당과 대중을 연결시키는 중요한 수단이며 당이 내세운 정치 · 경제 · 문화건설의 과업 실천을 위해 근로대중을 조직 동원하는 힘 있는 무기'라고 규정하고 있다.

북한의 신문은 모두 기관지로서 당과 내각, 각종 단체나 문화예술 선전 조직에서 발간하는 공식 매체이다. 노동당 내 선전선동부의 감시 · 감독을 받는 동시에 내각 출판총국의 행정지도를 받아 제작 · 발간된다. 북한의 주요 신문으로는 노동당 기관지인 『노동신문』과 내각 기지인 『민주조선』을 비롯해 김일성-김정일주의청년동맹 기관지인 『청년전위』의 3개 중앙지와 각 시 · 도 당위원회에서 발행하는 『평양신문』 『함북일보』 『자강일보』 『개성신문』 등 10여 개의 지방지가 있다. 이 밖에 조선인민군 기관지인 『조선인민군』과 해외홍보용 주간지인 『평양타임스(The Pyongyang Times)』, 내각의 각 성에서 발간하는 『철도신문』 『건설신문』 『교통신문』 등의 기관지, 공장 및 기업소 발행의 공공신문, 각 대학 발행의 대학신문 등이 있다.

2. 북한의 광고 현황

남한에서는 북한의 현재 광고 환경을 제대로 파악할 수 없는 것이 현실이다. 북한의 광고 환경에 대해서는 국내 극소수의 연구 문헌이나 책자에서 단편적으로 소개되는 정도이다. 연구 논문으로는 양영종(1988), 윤선길, 정기현과 지원배(2008), 김병희(2008), 송치만(2013) 등의 연구가 있을 뿐이다. 단행본으로는 2000년 김대중 정부 시기 남북관계가 활성화될 때 출판된 양영종(2001)의 『북한에 부는 광고바람: 개방시대의 사회주의체제의 광고』가 있다. 최근에는 김병희, 박원기와 김재철(2019)의 연구에서 광고의 최종 목적, 광고의 관점, 광고의 분류, 광고와 마케팅 믹스, 광고의 기능, 광고법 제정의 의미, 상품광고의 본질, 광고매체의 활용법, 광고 메시지 작성법, 광고물의 디자인 기능, 광고 선전 창작화의 본질적 기능의 11개 주제에 대해 북한은 어떻게 규정하고 있는가를 연구하여 제시하기도 하였다.

여기에서는 북한 전문 매체인 『데일리NK』 『연합뉴스』 등의 언론매체, 통일부의 북한자료센터, 북한대학원대학교, 유튜브 등에서의 북한 광고 관련 기사, 자료, 광고 표현물 등을 검색하여 필요한 자료로 정리하였다.

그런데 앞에서 살펴본 것처럼 북한은 1994년 김일성 주석의 사망 이후 김정일 위원장의 등장, 고난의 행군 시기 진입, 계획경제 체제의 붕괴, 장마당에서의 거래 비중 증대 시작, 2002년 7월 경제조치 단행, 2011년 김정일의 사망과 김정은 위원장의 등장, 2013년 8월 사회주의 기업책임관리제 도입 등으로 이어지면서 북한 경제에서 시장의 거래 비중이 매우 증가된 상황이다.

북한에서 계획경제가 아닌 시장에서 상품이 거래된다는 것은 최소한 자신들이 판매하는 상품에 대해 어떤 식으로든 알릴 필요가 있고, 따라서 그것이 매점 내 포스터이든 대중매체를 통한 광고이든 어떤 형태의 광고는 필요한 것이다.

따라서 여기에서는 북한에서 경제 체제의 변화 시기별로, 즉 계획경제에서 시장화가 진전되는 시기별로 광고가 어떻게 변화되고 있는지를 알아보기로 하였다. 2000년 이전까지, 2000년 이후부터 2010년까지, 2010년 이후부터 현재까지의 3단계로 나누어 각 시기별로 광고의 변화과정을 살펴보기 위해 앞에서 수집된 자료들을 시기별로 정리 및 분석하였다.

이렇게 3단계로 나누어 북한의 광고 현황을 정리한 이유는 다음과 같다. 즉, 북한에서 **최고지도자**의 존엄은 종교와도 같이 가히 절대적이다. 최고지도자의 교시나 어록은 통치 수단이 되며, 사회 모든 부분에 영향을 주게 된다. 세 지도자는 동일시되며, 심지어 사후에도 '**유훈통치**'라는 특이한 개념으로 그 영향력이 유지되고 있다. 그런데 1998년 김정일 위원장 체제의 출범, 2002년 '사회주의 경제관리 개선조치' 실행, 2010년 김정은 위원장 체제의 출범, 2013년 '사회주의 기업관리책임제'의 도입 등을 감안하면, 최근 북한에서는 10년을 주기로 정치적 및 경제적으로 많은 변화가 있었음을 알 수 있다. 따라서 필자는 비록 공산주의 국가라고는 하지만 경제와 밀접한 관련이 있는 광고 환경도 이러한 주기에 맞추어 2000년 이전, 2000년 이후부터 2010년까지, 2010년 이후부터 현재까지의 세 시기로 구분하여 살펴보는 것이 합리적이라고 판단하였고, 이 세 시기를 구분하여 각 시기별로 광고 환경을 분석하였다.

1) 2000년 이전

남북교류가 다소 활발하게 논의되었던 2000년대 초반 양영종(2001)의 조사에 의하면 신문의 경우 [그림 9-2]에서처럼 1990년대에 이미 『평양신문』에 광고가 있었음이 확인되었고, 그 당시 북한의 대외 영자지인 『Foreign Trade of DPRK』에서도 [그림 9-3]과 같은 상업광고를 확인할 수 있었다.[3]

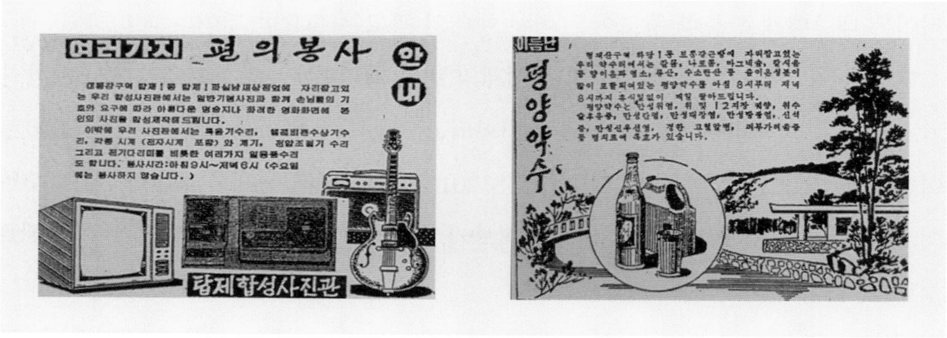

출처: 평양신문(1990. 5. 20.). 출처: 평양신문(1990. 6. 19.).

[그림 9-2] 『평양신문』 광고

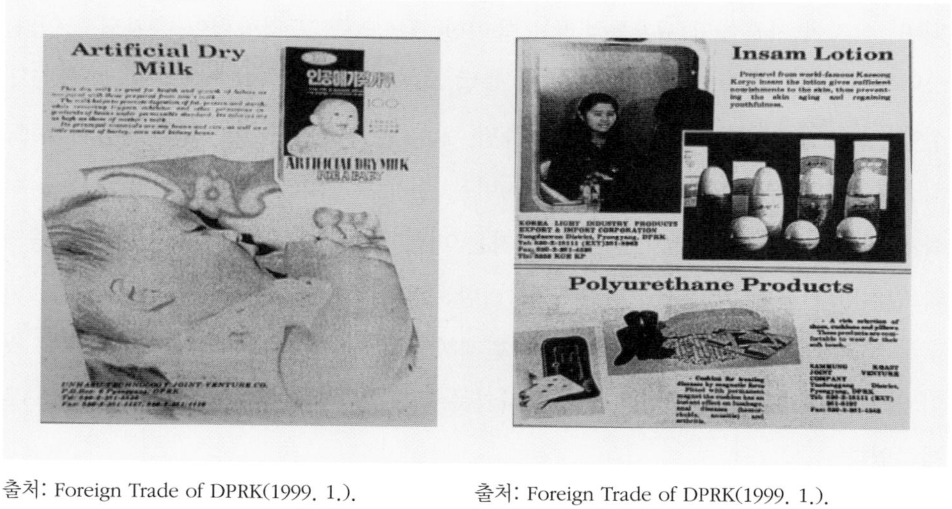

출처: Foreign Trade of DPRK(1999. 1.). 출처: Foreign Trade of DPRK(1999. 1.).

[그림 9-3] 『Foreign Trade of DPRK』의 광고

3 그러나 필자가 2018년에 확인한 바로는 그 당시 『평양신문』이나 『Foreign Trade of DPRK』에 광고가 지속적으로 게재되는 것을 확인할 수 없었다. 따라서 북한에서 신문광고는 아직도 매우 간헐적이며, 이는 매일 엄청난 분량의 광고가 게재되는 남한의 신문 모습과는 분명 다른 것이다.

그러나 2000년경 남북교류 확대 모색 시기에 옥외광고에 대해 국내에 있는 광인, 한아기획, 거손, 구룡상역, 고려종합기획, 오리콤 등의 업체에서 평양이나 나진 · 선봉지역 경제특구를 중심으로 진출을 모색하였으나, 실질적인 사업성과를 낳은 곳은 없었다.

한편, 탈북자가 1990년대 북한의 장마당 시장 모습을 소개한 다음의 내용을 살펴보면 고난의 행군 시절 장마당에서의 광고와 판촉의 변화를 짐작할 수 있다(국민통일방송, 2016. 8. 31.). 먼저, **장마당**에서의 상품 판매 경쟁을 위해 광고가 자연스럽게 등장하였다. 즉, 1990년대 말부터 상황이 달라지기 시작하였다. 장마당 상품이 급증하면서 고객을 유도해야 상품을 팔 수 있었다. 종이에 글을 써서 상품 앞에 놓았다. 같은 담배라도 '꺽꺽초' '양강도 대초' '독초' 등이었는데 ……(중략)…… 확실히 같은 담배라도 광고판이 새로울 때마다 담배는 잘 팔렸다. 그리고 상품을 파는 사람의 행색도 광고효과가 된다고 느꼈다. 즉, 재미나는 것은 광고가 단지 글자만이 아니라는 것이다. 젊은 여자들의 아름다움은 종이 글자보다 몇 배 효과적이었다. ……(중략)…… 음식 매대에 있는 여성들은 옷차림부터 세세하게 신경 썼던 걸로 기억한다. 의류 매대에는 마네킹과 패션 모델도 등장하였다. 즉, 의류 매대에서 특별히 광고 역할을 하는 것이 있다면 마네킹이라고 할 수 있다. 북한말로 **수지 모델**이라고 한다. 비닐수지로 사람 모양을 만들었다고 해서 수지 모델로 불렸다. ……(중략)…… 의류 매대에서 몸매가 좋은 젊은 여성을 모델로 초청하여 옷을 입혀 손님들에게 보여 주고 옷이 팔리면 판매자는 패션 모델로 광고해 준 여성에게 쌀 1kg 가격에 해당하는 돈을 주기도 하였다.

이상에서 살펴본 것처럼 2000년 이전에는 북한의 매체에서 광고는 거의 없었던 것으로 보이지만 장마당에서 광고나 판촉의 중요성을 점차 알아 가는 시기였던 것이다.

2) 2000년 이후부터 2010년까지

앞에서 살펴본 것처럼 2002년 북한에서 7 · 1 **경제조치**가 단행되면서 경제에 커다란 변화가 나타났다. 2000년 이후부터 2010년까지의 이 시기에 광고적인 측면에서 가장 주목할 만한 것은 2000년대 초반 평화자동차의 '휘파람' 옥외광고 등장, 2006년 **조선광고회사** 설립 및 운영, 2009년 **조선중앙TV**의 한시적 TV 광고 방영 등이다.

국내 통일그룹과 북한이 7:3의 지분으로 합작하여 1998년 남포시에 설립한 **평화자동차**의 **'휘파람'**이 2000년 초반에 평양 시내와 순안공항에 최초로 야립광고 간판을 설치하였다. 북한 현지에서 조립한 이 자동차에 대해 북한 당국은 이례적으로 상업광고까지 내보내며 주민들의 구매를 독려하였다. 그 당시 자유아시아방송(RFA)의 보도에 따르면 가격이 비싸고 실용성이 떨어진다는 이유 때문에 자동차 '휘파람'의 인기가 시들하다고 하였다(데일리 NK, 2011. 12. 3.). 하지만 탈북자들에 따르면 이 광고는 북한에서 최초의 상업적 광고라고 볼 수 있고 그 당시 평양 주민들 사이에서도 많은 화제가 되었다고 한다.

2000년대 중반에 들어서면서 북한의 언론매체에 부분적으로 광고가 다시 나타난다. 평양시 당위원회에서 발행하는 4면으로 된 『**평양신문**』이 그 예이다. 그간 『평양신문』을 제외한 북한의 대부분 신문에는 광고가 거의 없었다. 그러나 2005년 2월 26일

[그림 9-4] 북한의 평화자동차 광고

[그림 9-5] 평양에서 열린 국제상품박람회의 조선광고회사 부스

재일본 조선인총연합회(총련) 기관지 『**조선신보**』 인터넷판은 "정치, 경제 소식뿐만 아니라 다양한 생활 소식을 비중 있게 다루고 텔레비전 방영 순서와 여러 기업소, 상점, 상품을 소개하는 광고를 게재하는 등 독특한 지면 편집으로 시민들의 인기를 모으고 있다."라고 전하였다. 『조선신보』에 따르면 『평양신문』은 그 당시까지만 하더라도 광고 게재는 무료였지만 앞으로는 유료화할 계획인 것으로 알려졌다(한겨레신문, 2005. 2. 27.).

『조선신보』에 따르면 "2006년에는 북한에서 최초로 '**조선광고회사**'가 만들어지고, 제9차 평양 봄철 국제상품전람회에 주문 제작한 광고를 출품해 전람회에 참가한 기업과 행사장을 찾은 관람자에게 존재감을 과시하였다."라고 밝혔다. 조선광고회사는 상품과 무역 광고를 전문으로 하며 북한 내의 기관 · 기업소 · 단체를 대상으로 광고를 주문받아 제작 · 설치하는 업무를 수행할 뿐 아니라 국내에서 활동하는 외국 기업, 단체, 개인의 주문도 받는다고 하였다(데일리 NK, 2006. 5. 26.).

그 후 조선광고회사의 활동 상황은 2009년 재일본 조선인총연합회가 발행하는 『월간 조국』에서 다시 소개되고 있다. 즉, 북한에서 각종 상품 및 회사 광고를 전담하는 조선광고회사가 국제시장 개척에 적극 나설 계획이라고 『월간 조국』 2009년 7월호가 보도하였다. 이 잡지에 실린 「조선 무역의 오늘」이라는 특집 기사에서 이미

2006년 2월 설립된 이 회사가 북한의 "기관, 기업소, 회사들과 경쟁력 있는 상품들에 대한 광고 활동을 세계적 판도에서 대대적으로 진행하기 위한 본격적인 준비사업에 들어갔다."라고 전하였다(데일리 NK, 2009. 7. 1.).

이와 같은 시기에 북한은 대외 홍보용 웹 사이트인 '**조선인포뱅크**'를 통해 광고물 제작 서비스에 들어갔음을 밝히고 있다. 즉, 조선인포뱅크가 북한의 스타들이 등장하는 광고제작에 나서 북한의 유명인들이 등장하는 광고제작이 가능하다는 것이다. 이 사이트는 "조선인포뱅크의 기술 집단은 세계 여러 나라 정부, 사회단체, 기업으로부터 각종 광고를 주문받아 제작해 주고 있다."라고 밝혔다. 당시 삼성전자는 휴대 전화 '애니콜'의 광고 모델로 북한 만수대예술단 소속 유명 무용수인 조명애를 캐스팅해서 인기가수 이효리와 함께 광고에 등장시켜 소비자들의 눈길을 사로잡기도 하였다(데일리 NK, 2006. 3. 31.). 이와 관련된 내용은 2018년 8월 국내에서 개봉된 영화 〈공작〉에도 소개되었다.

북한은 월간 예술잡지인 『**조선예술**』 2008년 1호에서 "물질문화 생활수준이 끊임없이 높아지고 있는 오늘 우리의 현실은 상업미술, 특히 상품 광고도안을 더욱 높은 수준으로 발전시킬 것을 절실히 요구하고 있다."라며 **광고도안**의 중요성을 강조하였다. 이 잡지에서 상품 광고도안은 "상업기관, 기업소가 소비자들에게 상품을 소개하고 봉사(서비스) 조건을 알려 주는 상업봉사의 한 형식"이자 "상업미술의 한 형태"라고 설명한 후 "상품광고는 오늘날 상품 생산과 판매에서 무시할 수 없는 하나의 수단"이라고 지적하였다(데일리 NK, 2008. 3. 18.).

이즈음에 북한에서는 『**경제연구**』 2008년 3호의 「**현대 자본주의상업에서의 광고전략과 그 특징**」을 통해 자본주의 국가의 광고 종류까지도 소개하고 있다(한희옥, 2008). 즉, 자본주의 국가에서 확대되고 있는 광고의 대표적 형태로서의 쿠폰광고, 도전광고, 산업광고, 기업광고, 인상광고 등이 있다고 하였다. 하지만 자본주의 국가들의 광고에 대한 비판적인 의견을 함께 제시하고 있다. 즉, "오늘 자본주의 시장에서의 광고는 우선 소비자들을 기만하여 생산자들이 더 많은 이윤을 얻기 위한 수단으로 되고 있다. 독점은 생산된 상품을 빨리 실현되도록 하기 위하여 근로자들을 기만하는 거

[그림 9-6] 2009년 북한의 TV 광고

짓 광고 선전에 더욱 열을 올리고 있으며 이에 따라 광고비 지출은 날을 따라 더욱 늘어나고 있다."라는 것이다.

북한에서 2009년 7월부터 8월까지의 2개월간 TV에 광고가 방영된 것은 매우 주목할 만한 사실이다. 그 시기에 김정일 위원장이 'TV 방송 프로그램을 좀 더 재미있고 다양하게 구성해 보라'고 지시하면서 북한의 중앙방송위원회가 의욕적으로 자본주의식 상품광고를 방송에 내보냈던 것이다. 북한의 **조선중앙TV**는 2009년 7월 2일 대동강 맥주 광고를 방송한 것을 시작으로 개성고려인삼 광고, 머리핀 광고, 옥류관 메추리 요리 광고를 방송 프로그램 사이에 내보냈다.

대동강 맥주를 소개하는 TV 광고가 2009년 7월 2일 첫 전파를 탄 이후 개성고려인삼도 조선중앙TV를 통해 광고를 하였고, 북한의 대표적 음식점인 옥류관의 '메추리 요리'도 TV 광고 대열에 합류하였다. 이들 광고 가운데 가장 주목을 받은 광고물은 대동강 맥주 광고였다. 우리의 1960, 1970년대 상품광고를 연상케 하지만 "어, 시원하다!! 대동강 맥주"라는 광고 카피는 북한 주민들 사이에 유행어가 됐다(데일리 NK, 2009. 8. 31.). 그 당시 TV 광고를 통해 대동강 맥주의 판매가 급증하였다.

그때 '**자본주의의 꽃**'으로 일컫는 TV 상업광고를 북한이 내보냄으로써 당시 남한에서뿐 아니라 북한 내부 일각에서도 '개혁개방을 시작하는 것 아니냐'는 부풀린 해석이 제기되었다. 그러나 막상 TV에서 광고를 본 김정일 위원장이 '중국이 개혁개방을 시작할 때 처음으로 한 짓'이라고 강하게 질책하면서 상품광고 방송 실험은 8월

31일을 끝으로 2개월 만에 막을 내렸다(데일리 NK, 2009. 11. 8.).

TV 광고는 김정일 위원장의 지시로 갑자기 중단되었지만 이 시기에 지면을 통한 광고는 계속되고 있었다. 북한 주간지 『통일신보』 2008년 12월 13일자에 "6개월 후 2~3cm 성장을 보장합니다. 문의는 전화, 팩스와 이메일로……"라는 내용의 '키크기알'을 소개하면서 구매희망 독자들을 위해 전화번호와 팩스는 물론 이메일 주소를 알려 주는 광고성 기사를 게재하였다(데일리 NK, 2008. 12. 26.).

2008년 말에 새해를 앞두고 방문한 북한 평양 시내 곳곳의 상점 유리 창문에는 휴대 전화 가입을 홍보하는 '3세대 이동통신'이라는 글귀와 휴대 전화 사진이 담긴 포스터가 붙었다. 그해 12월 15일 이집트 통신회사인 오라스콤 텔레콤이 북한에서 개통한 휴대 전화 서비스인 '고려링크'의 가입자 확보를 위한 홍보물이다(데일리 NK, 2008. 12. 21.).

이 시기에 지면을 통해 소개된 '금인둥근알'이라는 간장약 광고도 주목을 받았다. 2009년 9월 1일 북한의 조선중앙통신은 광고성 기사에서 "산삼, 인삼을 주원료로 하고 있는 이 천연약제에는 금강알로엑스, 인진 등을 비롯한 10여 가지의 고려약재들이 들어 있다."라며 "이 약은 10여 년간의 임상 실험을 통하여 첫째가는 간 청결약으로 인정받고 있다."라고 주장하였다(데일리 NK, 2009. 9. 2.). 또한 이 시기에 북한은

[그림 9-7] 금인둥근알 광고물

이집트 통신회사인 오라스콤 텔레콤의 북한 내 휴대 전화 포스터 광고를 허용해 평양 등에서 전단지를 쉽게 목격할 수 있었다(연합뉴스, 2010. 11. 9.). 즉, 비록 이 시기에 북한에서 TV상업광고는 중단되었지만 신문 지면이나 다른 옥외광고 등은 활발히 진행되고 있었음을 알 수 있다.

북한에서 스포츠에 관한한 상징적인 장소인 김일성경기장에 남한 기업의 광고가 등장한 것도 이 시기이다. 2006 독일 월드컵 아시아 지역 최종예선인 북한 대 바레인전이 열린 평양 김일성경기장에 'SAMSUNG'(삼성), 'HYUNDAI'(현대)의 영문 광고판이 세워진 장면이 TV 생중계 중 카메라에 잡혔다. 김일성경기장은 평양의 중심지라고 할 수 있는 모란봉 구역에 위치하고 있다. 그 당시 북한의 경기장에서 광고판을 보는 것은 어렵지 않으나 남북합작 기업이 아닌 남한 기업의 광고판이 단독으로 등장한 것은 이례적이었다. 평양에서 남한 기업의 광고판을 보기는 어렵지만 북한 TV 방송이 외국의 스포츠 경기를 종종 편성하면서 외국 경기장에 세워진 남한 기업의 광고판이 북한 안방에 전달되기도 했었다. 2004년 6월에도 독일 월드컵 아시아 · 남미 등 지역예선 경기가 열리는 경기장에 설치된 현대그룹과 LG그룹, 기아자동차 등의 광고판이 조선중앙TV를 통해 여과 없이 북한 시청자들에게 전달되었다(데일리 NK, 2005. 3. 25.).

한편, 2000년부터 2009년까지 7년간 북한에서 다양한 사업 및 사회 활동을 하면서 북한의 이면을 들여다본 스위스 사업가 펠릭스 아브트(Felix Abt)는 자신의 책 『**평양 자본주의:** 스위스 사업가의 평양생활 7년(A Capitalist in North Korea)』에서 북한의 광고에 대해 다음과 같이 기술하고 있다(Abt, 2015). "서양 저널리스트들은 지금까지 북한에서 광고를 찾아볼 수 없다고 써 오고 있다. 예외적으로 북한 내에서 조립한 자동차와 **고려링크**(Koryo Link)가 빌보드에 광고되고 있다고 가끔 보도한다. ……(중략)…… 서양 저널리스트들이 기억해야 할 것은 사회주의 체제가 엄격하긴 하지만, 시장이 있는 곳에 광고가 있다. 광고산업에서 기회를 찾고 있는 북한은 이미 큰 도약을 했고, 이것은 시장의 심층적인 변화를 나타낸다." 특히 아브트는 2000년 중반 스위스 정부의 후원을 받아 평양에 최초로 MBA 과정인 '**비즈니스 스쿨**'을 설립하여 회계 및 제품관리, 마케팅, 공급유통 관리, 전략 등에 관한 교육을 실시하였고, 그러한 내용은 한글로 제작되어 북한 관청, 연구소, 대학 그리고 기업에 널리 보급되었다고 한다. 이러한 점을 감안하면 북한에서 2000년 중반 **'비즈니스 스쿨'**의 설립 시점 이후 기업의 경영 전략 및 관리, 마케팅, 광고 등의 개념이 형성된 것으로 추정된다. 그러나 아브트에 따르면 비즈니스 스쿨은 스위스의 대북 개발 중지 결정에 따라 2011년에 중단되었다고 한다.

3) 2010년 이후부터 현재까지

2010년대에 들어오면서 북한에서의 광고 움직임은 더욱 늘어나고 광고에 대한 인식도 달라지고 있음을 확인할 수 있다. 또한 북한 경제에서 수출에 대한 필요성이 증가하면서 북한의 대표적 논집인 **『경제연구』**나 **『김일성종합대학 학보』**에 수출을 늘리기 위한 광고의 중요성을 강조하고 있다.

2011년 『경제연구』(제4호)에서 리금철(2011)은 수출무역에서 광고가 중요하며, 그 이유로는 나라의 경제적 위력을 대외에 알린다는 점, 그 제품에 대한 시장 수요를 조성하고 늘려 간다는 점, 상품 수출을 효과적으로 할 수 있다는 점, 국제시장에서 자본가들과 광고경쟁에 대처할 수 있다는 점 등을 들고 있다. 그러나 이와 더불어 자본주의 국가에서 광고가 가지고 있는 각종 문제점을 비판하고 있다.

또한 리금철(2012)은 『경제연구』(제1호)에서 광고는 대외시장에서 상품에 대한 수요를 조성하여 수출을 늘리며 수출무역의 효과성을 높이는 데서 중요한 역할을 하고, 수출무역을 발전시키기 위해서는 질 좋은 수출품을 많이 생산하는 것과 함께 그에 대한 광고 선전을 적극적으로 해야 한다고 주장하였다. 이를 위해서는 광고의 내용을 잘 작성해야 하고, 광고 전략을 잘 세워야 하며, 대외시장의 환경과 조건을 고려하여 광고의 방법이나 수단을 합리적으로 선택해야 한다는 것이다.

특히 2012년 4월 김정은 체제가 출범하면서 이러한 현상이 뚜렷이 관찰된다. 단적인 예로 『김일성종합대학 학보』[4]에 수출품광고 이용 시 기본적으로 필요한 점을 제시하고 있다(최영욱, 2012). 이 논문에는 **'자본주의의 꽃'**으로 불리는 광고에 관해 그 법령을 제정해야 한다는 주장이 실렸다. 이 논문에서는 수출품의 광고 활용 시 주체적 입장을 철저히 견지하는 것, 진실성을 보장하는 것, 광고를 사람들의 주의를 끌고 그들을 감화시킬 수 있게 설계하고 제작하는 것, 국가의 통일적 지도와 통제를 실현하는 것의 네 가지를 제시하고 있다. 광고에 대해 국가의 통일적 지도와 통제를 실현하는 것은 사회주의 경제관리의 주요한 원칙의 하나임을 분명히 밝히고 있다. 광고 활동에 대한 국가적 지도와 통제를 원만히 실현하기 위해서는 우선 광고법을 정확히 제정해야 한다고까지 주장하고 있다. 광고법 제정에서 나서는 중요한 문제는 모든 광고 활동이 철저히 사회주의 사회의 본성적 요구에 맞게 진행되도록 해야 한다는 것이다.

『김일성종합대학 학보』가 이처럼 광고법 제정과 관련 기구의 설립까지 주장한 것은 김정은 정권의 광고에 대한 관심을 반영하고 있다는 분석도 있지만(서울신문, 2012. 11. 19.), 사회주의 국가에서 광고를 활성화시키겠다는 것과 더불어 광고가 자본주의의 부정적인 측면을 조장하는 것이기 때문에, 북한에서는 광고를 국가의 통제와 관리하에 두어야 한다고 본 것이다. 광고에 대한 북한 당국의 이러한 시각은 향후 광고 분야의 남북교류 확대 시 반드시 고려되어야 할 점이다.

2015년 6월 북한은 2018년 러시아 월드컵 예선전에 북한 기업의 광고판을 대거 내걸어 이목을 끌었다. **조선중앙TV**는 2015년 6월 평양 김일성경기장에서 열린 북한과 우즈베키스탄의 러시아 월드컵 아시아 지역 2차 예선 경기를 방송하였다. 경기장에는 개성 고려인삼, 평양 건재공장 등 북한 기업의 광고판들이 대거 등장하였다. 특히 개성 고려인삼과 조선금강그룹은 후원 자금을 많이 낸 듯 한두 개 건너 하나씩 광고판을 내걸었다. 이처럼 북한이 국제 스포츠대회장에 자국 기업 홍보판들을 한꺼

4 『김일성종합대학 학보』는 북한의 경제 정책의 담론을 선제적으로 주도하는 중요한 역할을 하고 있다. 『김일성종합대학 학보』는 과거에는 역사와 법학 분야의 글을 많이 다뤘지만, 최근에는 경제관리 개선의 중요성이 높아지면서 세계 경제가 흘러가는 방향을 설명하고 북한이 이에 어떻게 대응할 것인지에 대해 학술적으로 접근하는 내용의 글이 자주 발표되고 있다.

[그림 9-8] 조선중앙TV의 김일성경기장 중계 화면

번에 많이 내걸어 TV를 통해 전 세계에 방영되도록 한 것은 상당히 이례적이라는 평가이다(연합뉴스, 2015. 6. 21.).

한편, 2016년 4월에는 북한에 평양 지하철 비디오 패널 광고가 새롭게 등장하였다. 평양 지하철 내부 비디오 패널에는 심장약이나 아동용품 광고가 주기적으로 나오며, 이 광고는 월 단위로 판매되는 것으로 추측된다. 싱가포르 대북 교류단체인 조선인스체인지는 **조선중앙TV**와 **만수대TV**의 프로그램 중간에도 상품광고가 종종 나간다고 소개하였다.

2017년 6월 러시아 대사관에서 「광고 - 발전의 엔진(Advertising—Engine of Progress)」이라는 글을 페이스북에 소개하면서, 북한에서는 다양한 상품광고가 발전하고 있는 중이라고 설명하였다. 해당 게시글은 평양 거리를 거닐어 보면 도시에 광고가 전혀 없다고 생각할 수 있다며 북한 주민들의 삶에 더 깊이 빠져들게 되면 눈앞에 보이지 않는 것들을 발견하게 된다고 전하고 있다. 이어 1980년대 『Foreign Trade』 저널에 실린 광고는 외국 소비자를 대상으로 한 것이어서 다양성이 부족했다며 지금은 현대의 추세에 맞춰 현지 상품 및 서비스 광고가 북한 주민의 일상생활에 점점 더 침투해 가고 있다고 말하였다. 러시아 대사관이 소개한 북한 상품광고들

[그림 9-9] 북한의 거리 광고

로는 화장품, 전통 한방약, 전자제품, 식료품, 의류 및 신발류 등이 있다. 광고 브로셔는 신문과 잡지에 게재되고 상점 및 약국 선반에 비치되어 있다며 스크롤링 텍스트가 있는 디지털 디스플레이는 고객을 더욱더 끌어들이고 있다고 전하였다. 러시아 대사관은 이러한 광고들은 수많은 판매점과 대형 쇼핑몰, 거리의 카페와 레스토랑 간판 옆에 설치된다며 거리에서 두유, 식품, 대동강 맥주가 붙은 차량들도 만날 수 있다고 말하였다(서울평양뉴스, 2017. 6. 22.).

북한의 광고 표현을 이해하기 위해서는 '직관물'이라는 개념의 이해도 필요하다. 북한에서는 [그림 9-10]의 예에서처럼 포스터나 입간판과 같이 눈으로 바로 볼 수 있는 것을 **'직관물'**(直觀物)이라고 부르며, 이는 우리말로는 전시물에 해당한다(전영선, 2004).

북한에서 직관물에 의미를 부여하기 시작한 것은 1971년 6월 14일 김일성 주석이

[그림 9-10] '직관물'의 개념이 반영된 북한 포스터의 예

조선중앙방송위원회 위원장과의 대담 중에 "우리 선전은 솔직하고 명확해야 하며, 진실을 있는 그대로 알려 주어야 합니다."라고 말했던 이후라고 알려져 있다. 북한에서는 있는 그대로 보여 주는 것이 효과적이라는 점에서 **'직관교육'**을 강조한다(김병희, 2008). 이러한 입장의 근본적인 배경이 되는 것은 **'사회주의 리얼리즘'**이다. 즉, 앞의 북한 일반 현황의 사회문화적 특성 부분에서 살펴보았지만, 북한은 사회주의 정권을 위한 예술로서 1930년대 스탈린 시대 소련에서 유행했던 '사회주의 리얼리즘'에 뿌리를 두고 있다. 북한에서는 남한과 달리 전위예술을 찾아볼 수 없다. 추상적인 표현은 사회주의 사실주의와 양립할 수 없기 때문이다(Abt, 2015).

3. 남북 광고 교류를 위한 향후 과제

현 정부의 한반도 정책은 향후 **남북교류**의 방향을 이해하는 데 도움이 된다. 현 정부의 한반도 정책 비전은 **'평화 공존과 공동 번영'**이다. 3대 목표는 ① 북핵 문제 해결을 통한 항구적 평화정착, ② 지속 가능한 남북관계 발전, ③ 한반도 신경제공동체 구현이다. 4대 전략은 ① 단계적 포괄적 접근, ② 남북관계 북핵 문제 병행 전진, ③ 제도화를 통한 지속 가능성 확보, ④ 호혜적 협력을 통한 평화적 통일기반 조성이다. 이를 위한 5대 원칙은 ① 우리 주도의 한반도 문제 해결, ② 강한 안보를 통한 평화 유지, ③ 상호 존중에 기초한 남북관계 발전, ④ 국민과의 소통과 합의 중시, ⑤ 국제사회와의 협력을 통한 정책 추진이다(통일부, 2017b).

이러한 정책 배경하에서 현 정부가 제시하고 있는 **한반도 '신경제지도'** 구상에서는 ① 환서해권, ② 환동해권, ③ 접경(DMZ) 지역의 3대 권역별로 계획을 제시하고 있다. 서해안의 산업 · 물류 · 교통 벨트에서는 개성공단 확대 개발, 평양, 남포, 신의주 경제특구 · 산업단지 개발, 경의선 철도 · 도로 연결 및 현대화, 남 · 북 · 중 육상운송로 연결, 남포항 및 해주항 현대화, 화력발전소 신규 건설 및 송배전망 현대화 등을 계획하고 있다. 동해권의 에너지 · 자원 벨트에서는 남 · 북 · 러 가스관 건설, 수력발전소 현대화 및 화력발전소 신규 건설, 단천 자원 특구 개발, 경원선, 동해선 철도 · 도로 연결 및 현대화, 원산, 흥남, 청진, 나진 · 선봉 등 주요 항만 현대화, 남 · 북 · 중 · 러 육상운송로 연결, 원산 · 금강산 · 칠보산 등 동해안 관광지구 개발, 원산 · 함흥 · 청진 · 나진-선봉 등의 주요 도시 경제특구 · 산업단지 개발 등으로 이루어져 있다. DMZ의 환경 · 관광 벨트에서는 공유하천 공동관리, 접경 생물권 보전 지역 지정, 세계생태평화공원 및 문화교류센터 등을 계획하고 있다(이규창 외, 2017).

현 정부의 한반도 '신경제지도' 구상은 2019년 3 · 1절 경축사에서 **'신한반도 체제'**로 변화되어 제시되었다. 즉, "새로운 100년은 과거와 질적으로 다른 100년이 될 것이다. 신한반도 체제는 우리가 주도하는 100년의 질서이다. 국민과 함께, 남북이 함께, 새로운 평화협력의 질서를 만들어 내자는 것이다." 신한반도 체제는 **'평화공동체'**와 **'경제공동체'**라는 두 가지 핵심적 개념으로 구성되어 있다. 이러한 목표를 실행하기 위해 한반도 차원에서는 **'비핵 평화프로세스'**가 달성되고 '신경제지도'가 완성되어야 한다는 것이다. 아시아 지역 차원에서는 한반도가 **'동북아 평화플랫폼'**으로 자리매김하고 **'신북방 정책'**과 **'신남방 정책'**이 전개되어야 한다는 것이다(김준형, 2019).

이러한 **남북경협**으로 인한 효과를 살펴보면 다음과 같다. 산업연구원의 분석결과(신동천, 이석기, 2014)에서는 북한 경제에 10억 달러의 총 투자가 이루어지면 총 산출은 95억 달러 늘어나고, 46억 달러의 부가가치가 추가로 생성되며, 가계 소득은 약 29억 달러 증가하는 것으로 나타났다. 해당 산업에 10억 달러 규모의 자본이 투자될 때 북한 경제 전체에 미치는 효과를 분석하여 어느 산업에 투자하는 것이 가장 큰 부가가치 증가를 가져오는가를 분석한 결과를 살펴보면, 북한의 상업유통 부문에 해당하는 도소매 · 음식 · 숙박에 대한 투자가 가장 높은 GDP 상승을 가져오는 것으로 나타났고, 다음으로 중화학공업, 석탄, 석유 및 경공업이 높은 순위를 차지하는 것으로 나타났다.

그러나 남북경협이 실질적으로 재개되려면, 먼저 2016년의 금융제재 및 2017년의 물자제재가 크게 완화 또는 해제되어야 한다. 이를 위해서는 국제사회의 주요 이해당사국과 북한 간 핵 협상이 개시되어야 할 뿐 아니라 협상이 타결되어 비핵화 프로세스에 관한 중요한 합의가 도출되어야 할 것으로 보인다. 광고산업의 교류를 위한 각종 정책을 검토할 때에도 대북제재 상황이 가장 큰 변수이기 때문에 대북제재 해제 이전과 이후로 구분하여 접근하는 것이 현실적이다.

필자는 향후 **남북교류** 확대 시 남북한 광고산업 교류 모델을 [그림 9-11]과 같이 제시하고자 한다.

[그림 9-11]에서 알 수 있는 것처럼 대북제재 해제 이전에 남북한의 광고산업 교류 항목은 ① 대북 접촉 네트워크 구축, ② 매체 및 광고 관련 기초 조사, ③ 공익광고 공동 제작 및 방영, ④ 스포츠 관련 공동 이벤트 개최, ⑤ 공동 학술연구/세미나 제안, ⑥ 광고/마케팅 교육 교류 제안 등일 것이다. 이러한 교류를 거쳐 대북제재가 해제되었을 때는 ① 광고물 제작사업, ② 광고주 광고 대행사업, ③ 매체사 광고판매 대행사업, ④ 광고/마케팅 교육, ⑤ 광고거래 인프라(IT) 구축, ⑥ KOBACO 및 협회의 평양 지사 설립 등을 추진할 수 있을 것이다.

[그림 9-11]의 좌측과 같이 대북제재 해제 이전에 남북한 광고산업 교류와 관련한 내용을 정리하면 다음과 같다.

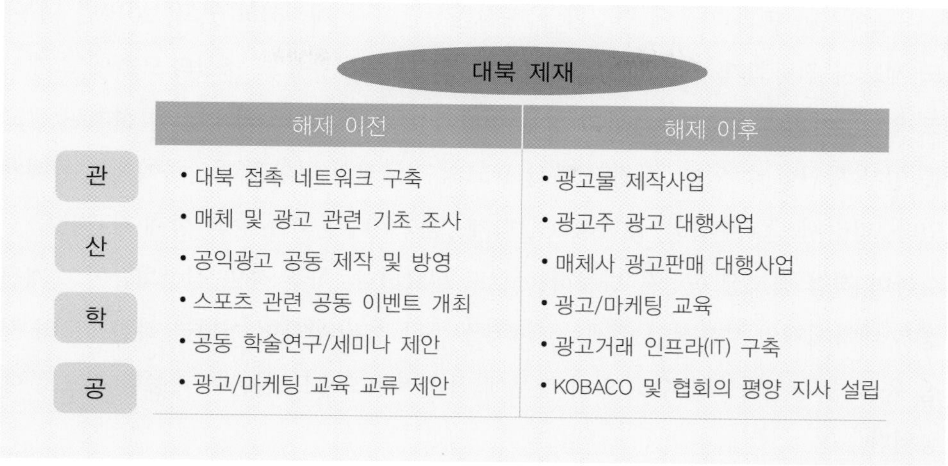

[그림 9-11] 남북한 광고산업 교류 모델

출처: 박원기, 윤보영, 이태준(2018).

먼저, 2019년 7월 기준 인도적 문제 관련 예외 사항 이외에 북한과의 금융 거래나 물자 이동이 거의 차단된 상태이다. 이러한 상황에서 남북한의 광고산업 교류를 위해서는 우선 대북 접촉 네트워크의 구축이 무엇보다 중요하다. 이를 위해서는 KOBACO와 같은 공공 부문에서 방통위나 문화부, 통일부 등을 통해 북한의 민화협이나 민경련과 업무 네크워크를 구축하는 것이 중요하다. 경제적인 사업과 관련하여 민경련을 접촉해야 하며, 비경제적인 또는 사회문화적인 교류사업과 관련해서는 민화협을 접촉해야 할 것으로 보인다. 그런데 대북제재가 유지되는 상황에서는 경제적인 사업 교류가 불가능하기 때문에 민화협 쪽으로 접촉해야 할 것으로 보인다. 또한 2018년 9월 개성공단에 문을 연 **남북 공동연락사무소**를 통해 광고산업의 교류를 알아보는 작업도 필요할 것이다.

또한 광고산업의 남북교류를 위해 대북제재 해제 이전에 일단 북한의 매체 및 광고 관련 기초 조사를 KOBACO나 학계가 실시하는 것이 필요하다. 이와 관련하여 방통위에서는 2019년 북한의 언론 환경에 대해 대규모 조사를 진행하고 있다. 이 조사에서 광고 부문을 포함하여 진행하는 것도 하나의 방안이 될 수 있을 것이다.

북한에서는 봄과 가을에 연 2회 '국제상품전람회'를 개최하고 있고, 2019년 6월에도 제22차 전람회가 평양에서 개최되었다. 그 내용은 유튜브 '조선의 오늘'에 소개되고 있다. 이 영상을 보면 북한의 상품 현황과 부스나 행사장의 펜스에 설치된 광고를 일부 확인할 수 있다. 하지만 북한 광고의 전체적인 현황을 파악하기에는 한계가 있다. 따라서 광고주협회, KOBACO, 학계, 방통위나 문화부 등과 함께 참관단을 구성하여 직접 전시장 현장을 방문하는 것도 필요하다. 향후 북미 정상회담이 재개될 경우 대북제재의 부분적인 해제로 제3국을 통한 경유 방북이 아니라 북한으로의 직접 육로 방북이 가능할 수도 있기 때문에 적은 비용으로도 참관이 가능할 것으로 예상된다.

대북제재 해제 이전에 남북한의 동질성 회복과 남북교류의 분위기 확산을 위해 가장 적합한 사업은 남북한이 공동으로 공익광고 캠페인을 전개하는 것이다. 다만 정치적이거나 남북한을 비교하는 예민한 주제는 지양되어야 할 것이다. 남북한이 공동으로 공익광고물을 제작하여 남한과 북한에 빌보드나 방송 형태로 공익광고물을 노출 또는 방영하는 방법이 있다. 예를 들면, 북한의 대동강변이나 남한의 광화문에 남북한 공동 공익광고물이 걸릴 경우 사회적인 관심도는 매우 높을 것으로 예상된다. 이러한 사업을 통해서 북한의 광고나 콘텐츠 제작 환경도 파악할 수 있을 것이다. 이 부분에서 그동안 공익광고를 제작 및 방영해 온 KOBACO의 업무 노하우나 역할이 중요할 것으로 보인다.

2020년 도쿄올림픽이나 2022년 중국 항저우 아시안게임, 2022년 카타르 월드컵 등 대형 스포츠 경기 때 이를 이용한 스포츠 이벤트를 남북한이 공동으로 개최한다면 광고나 마케팅을 통한 남북한 교류 활성화를 기대할 수 있을 것이다.

북한의 광고나 마케팅 현황을 충분히 파악할 수 없기는 하지만, 앞에서 살펴본 것처럼 2010년 이후 북한에서 광고에 대한 관심이나 필요성이 증가하고 있고 북한의 각종 논문집이나 출판물에서도 이를 강조하고 있는 상황이다. 이러한 점을 고려하여 북한과의 광고나 마케팅 관련 공동 학술연구나 세미나를 개최하는 것도 필요하다. 이를 통해 북한의 광고나 마케팅 현황이나 수준을 파악할 수 있고, 향후 광고산업의 남북교류 확대를 위한 기초 자료로 활용할 수 있을 것이다. 학술연구나 세미나를 바탕으로 장기적으로는 북한에 광고나 마케팅에 대한 교육 교류도 진행할 수 있을 것이다. 이 과정에서 학계와 함께 많은 업무 노하우를 가지고 있는 **KOBACO 광고교육원**이나 광고연구소의 적극적인 참여가 필요하다.

향후 3차 북미 정상회담이 열려 북미 간 관계가 확대되면서 북핵 문제가 원만히 해결되고 대북제재가 해제될 경우 남북한 경제 교류가 자연스럽게 확대될 것이고, 앞서 제시한 [그림 9-11]의 우측과 같은 본격적인 광고산업 교류도 예상된다.

이 단계에서는 2018년에 국내에서 개봉된 영화 〈공작〉에서처럼 광고물 제작사업이 실제로 진행될 수 있을 것이다. 북한의 명승지나 북한 유명인의 남한 광고물 출연도 예상된다. 이 과정에서 광고의 제작 관련 각종 기법이나 장비가 자연스럽게 북한에 전달될 것으로 예상된다.

대북제재가 완전 해제되고 남북한의 경제 교류가 본격화될 경우 남한의 각종 생활용품이나 북한의 상품들이 서로 교차 판매될 것이다. 이 경우 북한에서 광고 대행업이나 미디어렙 업무도 시작될 것이다. 이런 비즈니스를 촉진하기 위해서는 북한에서 광고거래 관련 각종 인프라(IT) 구축이 필요할 것으로 보이며, 각종 조사나 교육의 필요성도 더욱 증가할 것이다. 이를 효율적으로 추진하기 위해서는 KOBACO나 남한 광고업계의 북한 지사나 사무소 개설이 필요할 것이다.

지금까지 **대북제재** 해제 이전과 이후로 구분하여 광고산업의 **대북교류**를 위한 각종 과제를 제시하고 설명하였다. 이러한 과제들을 체계적이고 실질적으로 수행하기 위해서는 남한에서 관 · 산 · 학 · 공이 모두 참여하는 TF를 구성하고 각자의 R&R을 설정하며 대북제재의 변화 상황에 맞추어 관련 업무를 진행하는 노력이 필요하다. ■

제10장

광고시장 개방과 다국적 광고회사

김봉철(조선대학교 신문방송학과 교수)

1. 국내 광고시장 개방의 배경
2. 광고시장 개방에 따른 광고시장의 지각 변동
3. 다국적 광고회사의 해외 진출 전략

◈◇◈

1984년부터 본격적으로 논의되기 시작한 국내 광고시장 개방은 1991년 1월에 완전 개방이 이루어지면서 다국적 광고회사의 국내 진출이 본격화되기 시작하였다. 국내 광고시장의 개방으로 인한 다국적 광고회사의 국내 진출은 국내 광고시장의 지형 변화도 가속화시켰다. 물론 시장 개방 초기에는 국내 광고시장의 구조적 특성 및 문화적 차이 등으로 인해 다국적 광고회사들이 국내에서 뿌리를 내리는 데 상당한 어려움을 겪었다. 그러나 시간이 지남에 따라 다국적 광고회사들은 차츰 국내 시장에 적응해 가며 국내 광고시장을 글로벌화시켰다. 이 장에서는 한국 광고시장의 개방과정과 다국적 광고회사들의 국내 진출이 국내 광고시장 구조 변화에 어떤 영향을 미쳤는지를 살펴보고자 한다. 이 장을 읽고 나면 광고시장 개방이 국내 광고산업에 미친 영향 등을 쉽게 이해할 수 있을 것이다.

1. 국내 광고시장 개방의 배경

1) 미국의 광고시장 개방 압력

한국에서 근대적 광고가 시작된 것은 1886년이다. 그해 2월 22일자 『한성주보』 제4호에 게재된 독일 무역상인 '세창양행' 광고가 바로 우리나라 최초의 근대적 광고이다. 그러나 구한말, 일제강점기, 해방과 6 · 25 전쟁 등을 거치는 동안 우리나라 광고는 하나의 산업으로 성장하지 못하였다. 한국에서 광고가 하나의 산업으로 자리

매김하게 된 것은 경제가 발달하기 시작한 1960년대부터라고 할 수 있다. 1960년대부터 한국의 광고는 경제성장과 광고매체의 발달 등으로 급속히 성장하기 시작하였다. 당시 광고는 산업 분류상 서비스 업종에 속해 있었고, 정부는 국내 서비스 산업의 보호와 육성을 위해 광고업에 대한 외국인 투자를 금지해 왔다. 그 결과, 한국의 광고는 정부의 보호막 속에서 외국 회사들과의 경쟁 없이 성장할 수 있었다.

한국 광고시장 개방 문제가 본격적으로 대두되기 시작한 것은 1984년이다. 1984년 12월 4일 리처드 워커(Richard L. Walker) 당시 주한 미국대사가 한미경제협의회와 한국무역협회가 공동 주최한 오찬에서 '편견 없는 관점에서 본 무역 분규(Trade Dispute in Perspective)'라는 제목의 연설을 하면서 광고시장 개방과 관련된 내용을 처음으로 언급하였다. 같은 해 12월 10일에는 주한 미국상공회의소에서 「한국 광고산업 진출에 대한 장애(Barriers to Entry in the Korean Advertising Industry)」라는 보고서를 발표하였다. 이 보고서의 내용은 미국 무역대표가 한국 광고시장 개방과 관련된 문제들을 분석하고 조사에 착수할 것을 건의하는 것이었다.

그러나 이것은 시작에 불과하였다. 1985년에 접어들면서 미국의 한국 광고시장 개방 요구는 더 강력해지고 공식화되었다. 1985년 2월에 개최된 한미통산장관회의에서 미국 측은 한국의 보험, 금융 등 서비스 분야의 시장 개방을 공식적으로 요구하였다. 같은 해 3월 우리나라 경제기획원 해외협력위원회 기획단장이 미국을 방문했을 때 미국은 광고시장의 추가 개방을 요구했고, 「외자도입법」상 광고업과 관련된 법적 규제조치의 완화도 요구하였다. 5월에는 미국에 본사를 둔 다국적 광고회사인 **레오버넷**(Leo Burnett)과 **제이월터톰슨**(J. Walter Thompson)이 한국에 지사 설립을 요구했으나 거절당했다. 6월 미국에서 개최된 GSP(일반특혜관세 제도) 공청회에서 제이월터톰슨은 한국의 광고업이 외국인 투자금지 업종에서 제외되어야 한다고 주장하였다. 9월에는 주한 미국상공회의소가 「**한국 광고시장 개방**(Opening the Korea Advertising Industry)」 요구서를 제출하였다. 10월에는 미국 무역대표부(USTR)가 미국의 대외 수출을 막고 있는 사례들을 담은 「무역추계보고서」를 작성해 미국 상원 재무위원회에 제출했는데, 이 보고서에서 한국 광고업도 포함시켰다.

朝鮮日報

広告·病院·법률사무소·観光등
美, 12개 서비스分野도 開放요구

駐韓 美商議선 政策批判자료까지 돌려

[그림 10-1] 미국의 광고시장 개방 압력 신문기사

출처: 조선일보(1985. 9. 17.).

1986년에 들어서면서 미국의 한국 광고시장 개방 요구가 더 구체화되었다. 개방 시기와 구체적인 개방 형태까지 제시하기에 이른 것이다. 1986년 5월에 서울에서 개최된 **한미 GSP 회의**에서 미국은 한국의 광고시장 개방 시기를 1987년 1월로 요구하였다. 개방 형태도 지사 설립은 물론 합작투자, 직접투자 등 모든 형태의 투자 허용을 요구하였다. 같은 해 8월 미국에서 개최된 GSP 회의에서는 한국이 광고시장을 개방하지 않으면 GSP의 수혜 폭을 줄이겠다고 압력을 가하였다. 11월에는 미국의 광고 전문지인 『애드 에이지(Ad Age)』가 사설을 통해 한국이 광고시장을 개방하지 않으면 미 「통상 관세법」 제301조에 의거해 제소당할 수도 있다고 거론하였다(Ad Age, 1986. 11. 17.). 1987년 4월에는 **한미상공장관회의**가 열렸는데, 이 회의에서 미국은 1988년 서울올림픽 이전에 한국의 광고시장 개방을 요구하였다. 이렇듯 미국은 1984년부터 1987년 상반기까지 줄기차게 한국에 광고시장 개방 압력을 가해 왔다.

이처럼 미국의 광고시장 개방 압력이 거세어지자 한국 정부는 미국과 몇 차례의 무역 실무협의를 거친 뒤 1987년 6월에 광고 대행업을 **외국인 투자금지업종**에서 제한 업종으로 변경하고, 같은 해 10월부터 50% 미만의 투자를 허용하기에 이른다. 그리고 1991년부터는 광고 대행업에 대한 외국인 투자를 100% 허용하기에 이른다.

표 10-1 미국의 광고시장 개방 압력 일지

시기	주요 내용
1984. 12.	한미경제협의회와 한국무역협회가 공동 주최한 오찬에서 리처드 워커 주한 미국 대사가 광고시장 개방과 관련된 내용을 언급
1984. 12.	주한 미국상공회의소가 「한국 광고산업 진출에 대한 장애」라는 보고서 발표
1985. 2.	한미통산장관회의에서 미국 측이 한국의 보험, 금융 등 서비스 분야의 시장 개방을 요구
1985. 3.	경제기획원 해외협력위원회 기획단장이 미국을 방문했을 때, 광고시장의 추가 개방 요구 및 「외자도입법」상 광고업과 관련된 법적 규제조치의 완화도 요구
1985. 5.	미국에 본사를 둔 다국적 광고회사인 레오버넷과 제이월터톰슨이 한국에 지사 설립을 요구했으나 거절당함
1985. 6.	제이월터톰슨이 미국에서 개최된 GSP 공청회에서 한국의 광고업이 외국인 투자금지 업종에서 제외되어야 한다고 주장
1985. 9.	주한 미국상공회의소가 「한국 광고시장 개방」이라는 요구서 제출
1985. 10.	미국 무역대표부(USTR)가 미국의 대외 수출을 막고 있는 사례들을 담은 「무역추계보고서」를 작성해 미국 상원 재무위원회에 제출, 이 보고서에서 한국 광고업도 포함됨
1986. 5.	서울에서 개최된 한미 GSP 회의에서 미국은 한국의 광고시장 개방 시기를 1987년 1월로 요구
1986. 8.	미국에서 개최된 GSP 회의에서는 한국이 광고시장을 개방하지 않으면 GSP의 수혜 폭을 줄이겠다고 압력을 가함
1986. 11.	미국의 광고전문지인 『애드 에이지』가 사설을 통해 한국이 광고시장을 개방하지 않으면 미 「통상 관세법」 제301조에 의거하여 제소당할 수도 있다고 거론
1987. 4.	한미상공장관회의에서 미국은 1988년 서울올림픽 이전에 한국의 광고시장 개방을 요구

2) 미국의 광고시장 개방 압력 배경

그렇다면 1980년대 중반을 기점으로 왜 미국은 한국의 광고시장 개방을 줄기차게 요구했을까? 그 배경에는 당시 국제무역질서의 변화, 한국의 대미교역 흑자, 한국 광고산업의 급격한 성장 등 여러 요인이 잠재되어 있었다.

첫째, 1980년대 당시 국제무역질서의 변화를 이해하기 위해서는 먼저 당시 미국의 경제 상황을 살펴볼 필요가 있다. 왜냐하면 국제무역질서는 세계 최강대국인 미국이 주도해 왔기 때문이다. 1970년대 중반 두 차례의 석유파동이 일어나면서 세계 경제는 한차례 동시 불황을 겪게 된다. 당시 세계 경제를 주도해 오던 미국은 이 불황의 여파로 인해 여러 가지 경제 정책을 폈음에도 불구하고 지속적인 인플레 등을 억제하지 못해 심각한 경제 위기에 직면하게 된다. 1981년 집권한 레이건 행정부는 이 위기를 극복하기 위해 **레이거노믹스**(Reogonomics) 경제 정책을 표방한다. 레이거노믹스는 대규모 감세와 규제 완화 등을 통해 민간 투자를 촉진하고 미국 경제의 재활성화를 목표로 한 것이다. 그러나 레이거노믹스라는 보수적인 경제 정책이 실패하면서 미국은 경제 위기를 극복하지 못하고 만성적인 무역적자에 시달리게 된다. 이에 미국은 이전의 자유무역주의를 폐기하고 보호무역주의로 경제 정책을 전환하게 된다. 아울러 외국에 시장을 개방하도록 요구하기 시작하였다.

1980년대 당시만 해도 세계무역질서는 1948년에 정식 발표된 '**관세 및 무역에 관한 일반 협정**(General Agreement on Tariffs and Trade: GATT)'이었다. GATT는 관세인하 및 무역장벽 철폐를 통한 무역자유화와 안정적인 자유무역 체제 구축을 위해 잠정적으로 채택된 것이지만, 1995년 WTO 체제가 출범하기 전까지 약 50년간 국제무역질서를 관장하였다. 그러나 GATT는 예외규정이 많아서 일률적으로 실행하는 것이 사실상 어려웠을 뿐만 아니라 각 가맹국은 각국의 국내법 범위 내에서 GATT의 의무를 수락하고 있었기 때문에 법적 구속력도 약하였다. 따라서 강대국들의 불공정 무역행위를 제대로 규제하지 못하였다. 이에 국제사회는 GATT 체제의 보완과 유지를 위해 1986년 다자간 무역협상인 '**우루과이 라운드 협상**'을 시작하였다. '우루과이

라운드 협상'에서 미국은 서비스 산업의 교역을 중심의제로 제안하였다. 미국이 '우루과이 라운드 협상'에서 서비스 산업의 교역을 중심의제로 채택한 것은 자꾸만 성장해 가는 미국의 서비스 산업을 육성하기 위해서였다. 1980년대 미국의 산업 구조는 제조업에서 점차 서비스 부문으로 옮겨 가고 있었는데, 당시 미국 인구의 약 70%가 서비스 산업에 종사하고 있었으며(조순, 1986), 미국 전체 무역액의 20% 이상이 서비스 영역이었다(김정기, 1985). 이에 따라 미국은 그동안 경제를 지탱해 준 제조업, 특히 공산품보다 서비스 분야의 무역 확대가 필요하게 되었다.

그러나 당시 우리나라를 비롯한 여러 나라에서는 서비스 분야의 교역을 제한하는 규정을 두고 있었다. 그 결과, 미국의 서비스 분야 무역 확대 정책은 다른 나라들의 서비스 분야 보호무역 정책에 의해 제약을 받을 수밖에 없었다. 광고업도 서비스 산업에 속하기 때문에 많은 나라에서 교역을 제한하고 있었다. 이에 미국은 서비스 분야의 교역을 확대하기 위해 '우루과이 라운드 협상'에서 서비스 산업을 중심의제로 제안하고, 다각적인 측면에서 다른 나라에 압력을 가하게 된 것이다. 특히 미국은 서비스 산업의 교역 확대를 위한 구체적인 실천 방법으로 「통상법」 제302조를 설정해 대미 수출국의 불공정 무역관행 조사 및 교역 상대국의 서비스 시장 개방 촉구를 가능케 하는 법적 근거를 마련하기도 하였다. 뿐만 아니라 쌍무주의와 호혜주의의 강화로 상대국의 서비스 시장 개방 정도에 따라 **일반특혜관세**(GSP)의 수혜 폭을 조절하기도 하였다.

둘째, 1980년대 당시 한국의 대미 교역 흑자도 광고시장 개방 압력의 한 요인으로 작용하였다. 한국과 미국이 공식적으로 통상관계를 갖게 된 것은 1882년 **조미수호통상조약**부터이다. 국제조약으로서의 요건을 충분히 갖춘 이 조약은 이후 조선이 일본에 국권을 빼앗기면서 그 실효성을 잃게 된다(이태환, 2018). 1945년 제2차 세계대전이 끝나고 미국과 소련이 한반도에 진주하면서 한국과 미국의 관계가 재정립되었고, 이후 현재까지 미국은 정치적 · 군사적 · 경제적으로 매우 중요한 국가가 되었다. 그러나 미국의 입장에서 볼 때는 1950년대만 하더라도 한국은 원조 대상국이었다. 한국은 6 · 25 전쟁을 거치면서 대부분의 생산시설이 잿더미가 되어 미국의 원조 없이는 먹고 살기도 어려운 시기를 보내야 하였다. 1962년 제1차 경제개발 5개년 계획이 수립되어 본격적인 경제발전이 이루어지기 전까지 한국은 미국의 원조에 절대적으로 의존하지 않을 수 없었다. 1950년대 중반부터 1960년대 초반까지 한국 국민총생산의 약 10%, 재정 총수입의 약 40%를 미국의 원조가 차지하였다(조윤제, 2001).

1962년부터 우리나라는 수출주도의 경제성장 정책을 펴게 되는데, 이때부터 1980년대까지 미국은 한국의 수출시장으로서 그 비중이 막강하였다. 1971년 우리나라 총수출액 중 절반 가까운 49.8%가 대미 수출이었다(이태환, 2018). 1980년대에 들어서면서 한국은 드디어 대미교역 흑자국이 된다. 1982년부터 한국은 미국과의 교역에서 흑자를 내기 시작하여 1985년에는 43억 달러, 1986년에는 74억 달러의 흑자를 기록하였다. 1989년에는 대미 수출 206억 달러, 수입 159억 달러로 47억 달러의 무역흑자를 내면서 미국의 7대 교역 상대국으로 성장하였다. 6 · 25 전쟁 직후부터 1960년대까지 미국의 원조자금에 의존하던 한국 경제는 1980년대에 들어서면서부터 미국의 원조 대상국에서 대등한 경쟁국으로 거듭나게 된 것이다. 그 결과, 미국 기업들이 한국 기업들과 경쟁해야 하는 상황이 되었고, 결국은 통상 마찰이 증대할 수밖에 없었다. 이러한 통상 마찰은 미국으로 하여금 서비스 시장 개방을 강력히 요구하게 만들었고, 그 일환으로 광고시장 개방 압력도 가해진 것이다.

셋째, 1980년대 한국 광고시장의 급속한 성장도 광고시장 개방 압력의 한 요인으로 작용하였다. 우리나라 광고의 역사는 1백 년이 훨씬 넘었지만, 광고가 하나의 산업으로 자리매김한 것은 1970년대부터라 할 수 있다(김봉철, 2002). 경제개발 계획이 성공적으로 이루어진 1960년대 말부터 1970년대 초에 우리나라의 광고산업이 본격적으로 태동하기 시작하였다. 그러나 광고산업이 양적으로 급격하게 성장하기 시작한 것은 1980년대부터이다. 1968년 92억, 1970년 127억, 1974년 430억 규모였던 우리나라의 광고시장은 1980년에는 2,750억 규모로 GDP 대비 0.75%를 차지하였다. 5년 후인 1985년에는 7,393억 원으로 약 2.7배 성장했으며, GDP 대비 0.88%를 차지하였다(신인섭, 서범석, 1998). 1989년에는 1조 5,646억 원으로 GDP 대비 1%를 넘어서며 광고 선진국 대열에 합류하였다.

표 10-2 연도별 총 광고비 및 GDP 대비 점유율(1974~1991년)

연도	총 광고비(백만 원)	전년대비 성장률(%)	GDP 대비 점유율(%)
1974	43,000	86.1	0.57
1975	65,000	51.2	0.64
1976	93,000	43.8	0.67
1977	120,000	28.7	0.68
1978	169,941	41.3	0.71
1979	218,554	28.6	0.71
1980	275,254	25.9	0.75
1981	318,359	15.7	0.70
1982	432,621	35.9	0.82
1983	565,314	30.7	0.91
1984	683,354	20.9	0.96
1985	739,312	8.2	0.88
1986	818,539	10.7	0.83
1987	972,352	18.8	0.84
1988	1,278,523	31.5	0.93
1989	1,564,635	31.5	1.01
1990	2,000,133	22.4	1.07
1991	2,395,461	27.8	1.06

출처: 신인섭, 서범석(1998).

당시 **국제광고협회**(IAA)가 집계하여 발표한 자료에 의하면, 한국은 조사 대상 46개국 중 총 광고비 규모가 15위(1985년 기준), GDP 대비 광고비 규모도 15위(1984년 기준)인 것으로 나타났다. 이는 당시 아시아에서 일본 다음으로 큰 시장 규모이다. 실제로 1985년 주한 미국상공회의소가 한국 광고시장 개방을 요구했던 정책 건의서에는 "한국의 광고시장은 아시아에서 2위로 거래 규모 측면에서 매우 발전되어 있다." 라고 지적하고 있다. 더 중요한 것은 당시 한국의 광고시장은 연평균 성장률이 매우 높아 그만큼 성장 잠재력이 높았다는 것이다. 실제로 1970년에서 1988년 사이에 한국의 GNP가 42.45배 성장한 반면 광고비는 100.67배나 증가하였다. 이 같은 한국 광고시장의 급격한 성장은 필연적으로 다국적 광고회사들의 높은 관심을 끌게 되었고, 그 결과 한국의 광고시장에 진출하기 위해 시장 개방을 강력하게 요구하는 동인

이 되었다.

한편, 광고시장의 성장과 함께 1980년대 초반과 중반에 걸쳐 그룹계열 광고회사의 창립이 줄을 이었다. 물론 1967년에 최초의 현대적 광고대행사 모습을 갖춘 '합동통신사 광고기획실'과 1969년 동아일보와 두산그룹이 공동 투자해 만든 '만보사'가 있다. 그러나 이 두 회사는 나중에 합병해 현재의 오리콤이 되었다. 1973년에 제일기획(삼성), 1974년에 연합광고(후에 MBC애드컴으로 사명 변경) 등이 설립되었다. 1981년에는 코래드(해태그룹), 1982년에는 대홍기획(롯데그룹), 동방기획(태평양화학그룹), 1983년에는 삼희기획(한국화약그룹), 금강기획(현대그룹) 등이 설립되었다. 그 결과, 한국의 광고시장은 광고주가 만든 **계열 광고회사**(인하우스 에이전시, in-house agency)가 지배하게 되었다. 국내 계열 광고회사들은 모기업을 등에 업고 급성장을 하게 된다. 한국의 광고회사들이 모기업을 등에 업고 급성장을 하게 되자 다국적 광고회사들은 한국의 광고시장 진출에 대해 더 적극적인 요구를 하게 된 것이다.

3) 미국의 광고시장 개방 요구에 대한 한국 광고업계의 대응

그럼 미국의 줄기찬 광고시장 개방 요구에 대해 우리나라는 어떻게 대응했을까? 초기에 광고업계는 광고시장 개방을 강력하게 반대하였다. **한국광고협의회**는 미국의 광고시장 개방 압력 초기인 1985년 10월에 **「한국 광고시장 개방에 관한 건의서」**를 제출해 광고시장 개방을 1990년 이후로 연기해 줄 것을 요청하였다. 이 건의서는 크게 세 가지 항목으로 나누어져 있다.

첫째, 한국 광고산업의 정책적인 보호 및 육성 필요성에 대한 내용을 담고 있다. 산업적 · 문화적 측면에서 한국 광고산업이 맡은 중요한 역할과 우리나라 광고산업의 구조적 취약성 그리고 광고산업에 대한 정부의 재인식 필요성 등을 강조하고 있다.

둘째, 광고시장 개방의 불합리성과 그 이유를 8개 항목으로 나누어 열거하고 있다. 간추린 내용은 다음과 같다.

① 현재 국내의 광고산업은 독점적인 미디어렙과 광고매체 운영의 비합리성 등으로 인해 광고시장이 개방된다면 외국의 다국적 광고회사들과 심한 마찰을 빚을 것이다.

② 국내 광고산업은 이제 막 성장 단계에 있기 때문에 광고시장을 개방하게 되면 국내 광고산업들은 큰 타격을 받을 것이다.

③ 광고시장 개방은 광고업계에만 타격을 주는 것이 아니라 다른 연관 산업에까지 심한 타격을 입히게 될 것이다.

④ 광고는 문화를 창조하고 변화 · 유지시키는 역할을 하는 문화적 상품이기 때문에 광고시장을 개방한다는 것은 문화종속을 가속화시키는 계기가 될 것이다.

⑤ 광고는 언론의 주 수입원으로 언론사의 경영에 직접적인 영향을 미친다. 따라서 외국의 다국적 광고회사의 국내 진출은 국내 언론에도 큰 영향을 미치게 될 것이다.

⑥ 광고산업은 그다지 많은 자본을 필요로 하지 않는다. 따라서 외국의 다국적 광고회사들은 적은 투자로 많은 과실 송금을 하게 될 것이다.

⑦ 우리나라의 수출광고는 주로 해외의 현지 광고회사들을 많이 이용하기 때문에 시장 개방과 수출광고 개발은 별 관련성이 없다.

⑧ 현재 국내의 광고회사들은 외국의 광고회사들과 업무제휴 형태로 선진 노하우를 배우고 있다. 따라서 광고시장 개방으로 인한 노하우의 전수는 국내 환경이나 문화적 이질감 등으로 인해 큰 기대를 할 것이 없다.

셋째, 외국에서의 광고시장 개방 현황을 제시하고 있는데, 주로 아시아에서 다국적 광고회사들의 활동 내용과 유럽에서 다국적 광고회사의 규제 움직임 등을 다루고 있다.

1987년 5월에는 한국광고업협회가 「**한국 광고시장 개방 현안에 관한 건의서**」를 작성해 정부 및 국회 등 여러 부처에 제출하였다. 이 건의서에서는 광고시장이 개방되면 ① 국내 여건과의 심한 마찰, ② 국내 광고산업에 타격, ③ 국내 다른 산업에까지 여파, ④ 문화와 매스컴에 큰 영향, ⑤ 오히려 가중될 외채 부담, ⑥ 별로 기대할 것 없는 노하우의 여섯 가지 문제점을 지적하였다. 또 광고시장 개방은 1990년대 초까지 지연되어야 하며, 개방을 하더라도 단계적으로 추진되어야 한다고 건의하였다. 이밖에 당시 광고회사의 사보나 광고 관련 전문지들에 발표된 글들도 대부분이 광고시장 개방 문제에 대해 아직은 시기상조라며 부정적인 입장을 보였다.

처음에는 정부도 광고계의 입장을 대변하였다. 1985년 미국의 다국적 광고회사인 **레오버넷**과 **제이월터톰슨**이 한국에 지사 설립을 요구했으나 정부가 기각한 것이 대표적인 사례이다. 그러나 정부로서는 계속해서 광고계의 입장만을 대변할 수 없었다. 미국의 개방 압력이 너무 거셌기 때문이다. 미국과 몇 차례의 무역 실무협의를 거친 정부는 1987년 6월에 광고 대행업을 **외국인 투자금지 업종**에서 제한 업종으로 변경하고, 같은 해 10월부터 50% 미만의 투자를 허용하기에 이른다. 그리고 1991년에는 외국인 투자를 100% 허용하게 된다.

2. 광고시장 개방에 따른 광고시장의 지각 변동

1) 광고시장 개방과정

1984년 이후 광고시장 개방에 대해 여러 가지 논란이 있었으나, 정부는 미국과의 몇 차례 서비스 시장 개방에 관한 협상을 거치면서 1987년 6월 29일 관보 10674호를 통해 재무부 고시 제87-9호로 광고 대행업을 **투자금지 업종**(negative item)에서 제외하고 투자제한 업종으로 변경하였다. 광고 대행업을 투자금지 업종에서 제외하였다는 말은 곧 광고시장 개방을 제한적으로나마 허용하였다는 뜻이다. 그 결과, 1987년 10월 1일부터 외국인이 광고업에 50% 미만으로 합작 투자하는 것을 허용하였다. 제한적이나마 외국의 자본이 국내 광고시장에 들어올 수 있는 길을 열어 준 셈이다. 그러나 이러한 제한적 허용은 그리 오래가지 못하였다. 50% 미만을 허용한 지 불과

1년 뒤인 1988년 10월 **한미무역실무회의**에서는 1990년 1월부터 외국인 투자를 99% 미만까지 허용키로 합의하고, 1991년부터는 외국인이 한국에 지사 혹은 자회사를 설립할 수 있도록 합의하였다. 그 결과 50% 미만 투자만 허용되던 것이 1990년 1월부터는 외국인 투자 비율을 99%까지 허용하기에 이른다. 그리고 같은 해 12월에는 광고 대행업을 투자제한 업종에서 투자자유 업종으로 변경하였고, 1991년 1월부터는 광고 대행업에 외국인 투자가 100% 허용되었다. 이로써 광고 대행업에 대한 완전 개방이 이루어지게 된다.

그러나 미국은 한국의 광고시장 개방을 광고 대행업에 국한하지 않았다. 광고산업은 광고 대행업뿐만 아니라 광고제작업과 광고매체업 등이 포함된다. 광고 대행업의 시장 개방이 100% 허용되자 이제 미국은 광고제작업과 광고매체업의 시장 개방도 요구하게 된 것이다. 그 결과, 1993년에는 외국 광고물의 국내 방송이 허용되었으며, 같은 해 7월에는 유통업 및 옥외광고업, 1995년에는 광고물 작성업과 광고영화제작업까지 개방하기에 이르렀다. 이로써 우리나라는 1991년 광고 대행업의 완전 개방에 이어 1995년에는 광고제작업까지 모든 광고시장이 완전 개방되기에 이르렀다.

표 10-3 미국의 광고시장 개방 압력 일지

시기	주요 내용
1987. 6.	관보를 통해 광고 대행업을 투자금지 업종에서 투자제한 업종으로 변경
1987. 10.	한미무역실무회의에서 광고 대행업에 대한 외국인 투자를 1987년 10월부터 50% 미만으로 허용키로 합의
1988. 10.	한미무역실무회의에서 광고 대행업에 대한 외국인 투자를 1990년 1월부터 99% 미만까지 허용키로 합의
1991. 1.	광고 대행업에 대한 외국인 투자 100% 허용
1993. 7.	'옥외광고업'과 '달리 분류되지 않은 광고업'에 대한 외국인 투자 100% 허용
1994. 1.	'사진 촬영업'에 대한 외국인 투자 100% 허용
1995. 1.	'광고물 작성업'과 '광고영화제작업'에 대한 외국인 투자 100% 허용

2) 광고시장 개방 1기(1987~1997)

1987년 광고 대행업이 외국인 투자금지 업종에 포함되어 있을 당시에도 미국의 다국적 광고회사들이 한국 시장에 전혀 진출할 수 없었던 것은 아니다. 이 시기에도 다국적 광고회사들은 자본투자 없이 국내 광고회사들과의 업무제휴 형태로 한국 광고시장에 참여해 왔다. 가령, 해태그룹 계열사였던 코래드는 광고시장 개방 이전부터 다국적 광고회사인 오길비앤매더(Ogilvy & Mather)와 업무제휴를 맺어 왔다. 광고시장 개방 이전부터 미국의 다국적 광고회사들은 업무제휴 형태로 한국의 광고시장을 탐색해 왔던 것이다. 광고시장이 개방되기 전에 미국의 다국적 광고회사인 레오버넷과 제이월터톰슨 등이 업무제휴가 아닌 자본투자를 통한 지사 설립을 요청했으나 한국 정부로부터 거절당하였다.

그러나 1987년 6월에 광고 대행업이 네거티브 리스트에서 해제되자 다국적 광고회사의 국내 진출이 가시화되었다. 국내 광고대행사들은 시장 개방을 기정사실화하고 다국적 광고회사와의 합작회사 설립을 추진하기 시작하였다. 그 첫 번째 결실은 1988년 4월에 금강기획(90%)과 BSBW(10%)가 합작회사 설립에 합의하면서 나타났다. 이어 같은 해 7월에는 거손(70%)과 FCB(30%), 코래드(70%)와 오길비앤매더(30%)가 합작회사 설립에 합의하였다. 뿐만 아니라 오리콤은 HDM과, 제일기획은 보젤(BJK&E)과 합작을 합의하였다.

이 같은 합의에 의해 1988년 11월에 오리콤(51%)은 HDM(49%)과 합작하여 HDM코리아라는 별도 법인의 광고대행사를 설립하게 된다. HDM코리아는 1990년 12월에 덴츠영앤루비컴코리아(Dentsu, Young & Rubicom Korea)로 사명을 변경한다. 1989년 1월에는 금강기획(90%)과 BSBW(10%)가 지분양도 형태의 합작광고대행사를 설립했으며, 코래드(70%)와 오길비앤매더(30%)도 합작광고대행사를 설립하였다. 1989년 10월에는 옥외광고회사이던 익산(51%)이 메이츠(49%)와 합작하여 자회사인 익산메이츠를 설립했으며, 12월에는 제일기획(70%)이 보젤(30%)과 합작하여 제일보젤이라는 광고대행사를 설립하였다.

1990년대에 들어서서는 국내 광고대행사와 외국 다국적 광고회사의 합작이 아닌 국내의 개인과 외국 다국적 광고회사의 합작 사례도 나타났다. 가령, 1990년 3월에는 국내의 개인(크리월드애드의 전 대주주)이 49%, 미국의 맥켄에릭슨(McCann-Erickson)이 51%를 투자하여 맥켄에릭슨코리아라는 광고대행사를 설립하였다. 또한 8월에는 국내의 개인(비즈니스월드서비스의 전 대주주)이 7%, 미국의 제이월터톰슨이 93%를 투자하여 제이월터톰슨코리아라는 별도의 광고대행사를 설립하였다. 1991년부터 외국인 투자가 100% 가능해지자 1993년 6월에 미국의 제이월터톰슨이 100% 지분을 소유하게 된다. 1991년 6월에는 대홍기획(51%)이 미국의 DDB니드햄(49%)과 합작해 DDB니드햄디아케이코리아를 설립했고, 같은 해 9월에는 선연(60%)이 미국의 레오버넷(40%)과 합작하여 레오버넷선연을 설립하였다. 1990년대 초 다국적 광고회사의 국내 진출 현황은 〈표 10-4〉와 같다.

그러나 초기 미국의 다국적 광고회사들의 한국 진출은 그다지 성공적이지 못하였다. 시장 개방 초기 다국적 광고회사들의 국내 광고시장 지배력은 우려했던 것보다 약하였다. 광고 대행업이 100% 완전 개방된 1991년도 다국적 광고회사의 국내 시장 지배력은 1.8%였고, 1994년에는 3.4%, 1996년에는 3.3%에 불과하였다(이수범 외, 2010). 그 결과 국내에 진출한 다국적 광고회사들이 철수하는 일도 벌어졌다. 1993년 2월에 미국의 인터퍼블릭그룹이 100% 투자해 만든 린타스코리아(Lintas Korea)는 국내 광고시장에 적응하지 못하고 설립 3년 만에 휴업을 결정했으며, 이후 완전 철수함으로써 다국적 광고회사로서 국내 정착에 실패한 첫 번째 사례로 기록되고 있다. 1993년 8월에는 금강기획과 합작했던 BSBW가 합작관계를 청산하였다.

우려와는 달리 개방 초기 다국적 광고회사들의 국내 광고시장 지배가 부진했던 이유는 한국 광고산업의 구조적 특징에 있다고 하겠다. 먼저, 한국 광고산업의 구조적 특성으로는 **인하우스 에이전시** 중심으로 이루어졌다는 점이다. 인하우스 에이전시란 광고주가 광고대행사를 소유하는 형태로, 가령 삼성이 제일기획을 소유하고 있는 것을 의미한다. 그래서 인하우스 에이전시를 계열광고회사라고도 한다. 외국의 경우는 대부분이 광고주와 광고회사가 분리되어 있다. 세계 광고시장 점유

표 10-4 다국적 광고회사의 국내 진출 현황

시기	합작 형태	합작회사명	비고
1988. 11.	(한) 오리콤(51%) (미) HDM(49%)	HDM코리아	1990년 12월에 덴츠영앤루비컴코리아로 사명 변경
1989. 1.	(한) 금강기획(90%) (미) BSBW(10%)	금강기획	
1989. 1.	(한) 코래드(70%) (미) 오길비앤매더(30%)	코래드	
1989. 10.	(한) 익산(51%) (미) 메이츠(49%)	익산메이츠	
1989. 12.	(한) 제일기획(70%) (미) 보젤(30%)	제일보젤	2000년 하쿠호도제일로 사명 변경
1990. 3.	(한) 개인(49%) (미) 맥켄에릭슨(51%)	맥켄에릭슨코리아	
1990. 8.	(한) 개인(7%) (미) 제이월터톰슨(93%)	제이월터톰슨코리아	1993년 6월에 미국의 제이월터톰슨이 100% 주식 소유
1991. 6.	(한) 대홍기획(51%) (미) DDB니드햄(49%)	DDB니드햄디아케이코리아	
1991. 9.	(한) 선연(60%) (미) 레오버넷(40%)	레오버넷선연	1993년 5월에 지분이 50:50으로 변경
1993. 2.	(미) 인터퍼블릭그룹(100%)	린타스코리아	

출처: 이수범 외(2010)를 참고하여 필자가 재구성함.

율 10위권 안에 들어 있는 미국의 WPP나 영국의 옴니콤(Omnicom)은 광고주와 독립되어 있는 광고대행사이다. 그러나 IMF 이전까지만 해도 우리나라는 대부분 인하우스 에이전시, 즉 계열 광고회사들이 광고시장을 지배해 왔다. 미국이 광고시장 개방을 처음 요구하던 1984년 국내 10대 광고회사 중 서울에이전시를 제외한 9개가 대기업이 지배한 인하우스 에이전시였다. 인하우스 에이전시 체제에서 다국적 광고회사들이 가장 어려움을 느꼈던 것은 광고주 확보이다. 광고주들은 자신들의

표 10-5 1984년 한국의 10대 광고회사

순위	회사명(계열그룹)
1	제일기획(삼성)
2	오리콤(두산)
3	엘지애드(럭키금성)
4	대홍기획(롯데)
5	한국연합광고(MBC)
6	코래드(해태)
7	동방기획(태평양화학)
8	서울에이전시(-)
9	금강기획(현대)
10	삼희기획(한국화약)

출처: 신인섭, 서범석(1998).

계열 광고회사에만 광고 대행을 맡기기 때문에 새로운 광고주를 확보한다는 것이 매우 어려울 수밖에 없었다. 광고시장 개방 초기에 다국적 광고회사들이 국내 광고시장에 진입했지만, 국내 대기업의 광고주들을 확보하지 못한 것도 이 때문이다. 또한 다국적 광고회사들이 다른 나라에 진출할 때와는 달리 한국에서는 100% 투자를 하지 않고 인하우스 에이전시에 일정 비율의 지분만 투자한 합작 형태로 진출한 것도 단독으로는 한국 대기업의 광고들을 수주하기 어렵다는 판단 때문이었을 것이다.

3) 광고시장 개방 2기(1998~현재)

1997년은 악몽과도 같은 한 해였다. IMF(국제통화기금)가 터진 해이기 때문이다. IMF 외환위기는 1997년 11월 22일 한국 정부가 IMF에 구제금융을 신청하면서 발생하였다. IMF는 우리 사회 전반에 큰 충격과 타격을 주었지만, 특히 광고산업에 미친 영향이 지대하다. IMF는 광고산업의 기반이라 할 수 있는 광고주-기업의 경영을 어렵게 하여 광고 부족 사태를 일으켰고, 그 결과 1980년대 이후 매년 평균 20% 이상씩 성장세를 보이던 국내 광고시장이 1997년 사상 처음으로 마이너스 성장을 기록하였다. 1997년 한국의 총 광고비는 약 5조 3,700억 원으로 전년대비 -4.2%p 감소했으며, 1998년 총 광고비는 3조 4,800억 원으로 전년대비 -35.2%p 감소하였다(한국광고업협회, 1999). 그 여파로 광고회사들이 문을 닫거나 규모를 축소하는 등의 구조조정을 단행하였다.

한국광고단체연합회가 매년 2월 1일을 기준으로 조사 · 발표하는 광고회사 인력현황을 보면 광고회사의 구조조정 정도가 확연히 드러난다. IMF 이전인 1997년 2월 1일 기준 국내 10대 광고회사의 총 종사자 수는 4,405명이었다. 그러나 IMF 이후 약 2개월이 지난 1998년 2월 1일에는 1천여 명이 줄어든 3,461명이 종사하고 있는 것으로 나타났다. 공식 통계가 발표된 1998년 2월 이후부터 6월 말까지 약 5개월 동안 상위 10대 광고회사는 퇴직이나 휴직, 무급 휴가 등을 통해 4백여 명의 인력을 추가로 축소하여 1998년 6월 기준으로 총 3,058명만이 상근으로 근무하고 있는 것으로 나타나고 있다. 따라서 IMF로 인한 광고회사의 인력 감소 총수는 1,400여 명으로 약 31.7%의 감소율을 보였다(노병성, 1999).

그렇다면 IMF가 국내 광고시장을 어떻게 변화시키고, 다국적 광고회사들에는 어떤 영향을 미쳤는가? 앞에서 설명했듯이 광고시장 개방 후부터 IMF 이전까지 다국적 광고회사의 국내 시장 점유율은 예상보다 미진하였다. 급기야 한국의 광고시장을 포기하고 철수하는 다국적 광고회사마저 생겨났다. 그러나 IMF가 터지자 상황은 반전되었다. 광고대행사를 소유한 기업들이 IMF로 자금 유동성 위기에 휘말리면서 광고대행사를 **다국적 광고회사**에 매각하기 시작하였다. 구체적으로 살펴보면, 1997년 미국계 다국적 광고회사인 옴니콤이 SK그룹 계열 광고대행사이던 태광멀티애드(TMA)의 주식을 100% 인수해 TBWA코리아를 설립하였다. TBWA코리아는 연간 2천억 원에 달하는 SK그룹의 광고를 대행하게 되었으며, 기존 TBWA의 광고주이던 애플컴퓨터, 캐논, 미쉐린, 닛산 등의 광고도 지속적으로 대행함으로써 대형 광고대행사로 성장하였다. 해태그룹의 광고대행사이던 코래드도 IMF로 인해 모기업인 해태그룹이 어려움을 겪게 되자 1998년 스위스의 다국적 투자자문회사인 코론(Coron)사에 지분을 넘겼다.

1999년에도 다국적 광고회사들의 국내 광고시장 진출은 활발하게 이루어졌다. 프랑스의 퍼블리시스는 당시 국내 10위권 내에 포함되어 있던 독립광고대행사 웰콤과 합작해 퍼블시시티웰콤을 설립하였다. 1991년에 선연과 합작해 레오버넷선연이라는 합작회사를 만든 레오버넷도 1999년 선연과의 합작관계를 청산하고, 한국 광고시장에 100% 단독 진출하였다. 코래드와 합작관계에 있던 오길비앤매더도 합작관계를 청산하고 100% 투자해 **한국오길비앤매더**를 설립하였다. 1990년에 한국의 한 개인과 합작해 국내 광고시장에 진출한 맥켄애릭슨도 개인 투자자의 지분을 정리하고 100% 직접 투자한 광고회사로 전환하였다.

영국의 코디언트그룹(CCG)은 1999년 현대그룹 광고대행사인 금강기획의 주식 80%을 인수하였다. 런던에 본사를 두고 있는 코디언트그룹은 세계적인 네트워크를 가진 다국적 광고회사 베이츠월드이드의 모그룹이며, 전 세계 70여 개 국가에서 광고와 관련된 서비스를 제공하는 커뮤니케이션 전문 그룹이다. 코디언트는 2003년에 영국 런던에 본사를 둔 세계적 커뮤니케이션 그룹인 WPP에 매각되었으며, 이로써 금강기획도 WPP그룹으로 편입된다. 2002년 LG그룹 광고대행사인 LG애드 지분을 인수해 최대주주가 되었던 WPP는 금강기획과 JWT애드번처까지 흡수함으로써 당시 국내 10대 광고대행사 중 3개나 보유하게 되었다. 2000년에는 일본에서 덴츠 다음으로 규모가 큰 하쿠호도 제일기획과 함께 하쿠호도제일을 설립하였다.

이처럼 다국적 광고대행사들은 1997년 이후 재벌 소유의 광고대행사를 인수 · 합병하거나 자금력이 부족한 **독립 광고대행사**들을 인수 · 합병함으로써 광고시장 점유율을 높였다(이수범 외, 2010). 그 결과, **다국적 광고대행사**들은 IMF 직전인 1996년 3.3%의 시장 점유율에서 2006년에는 34.3%까지 시장 점유율을 확장하였다(이수범 외, 2010). 2003년 취급액 기준으로 10대 광고대행사 중에서 6개가 외국계 광고대행사였다. 국내 광고시장에 진출한 외국계 자본은 크게 영국 중심의 유럽계, 미국계,

일본계로 나눌 수 있다. 그중 영국계인 WPP그룹과 미국계인 옴니콤그룹의 진출이 가장 활발하였다.

그러나 2000년대 중반에 접어들면서 다국적 광고회사의 국내 진출이 다소 주춤해진다. 왜냐하면 현대와 SK 그리고 LG그룹이 인하우스 에이전시 시스템을 부활시켰기 때문이다. 2004년 LG그룹은 HS애드를 설립해 LG전자 등의 광고물량을 지원하였다. 현대자동차와 기아자동차 그룹은 2005년 이노션을, SK그룹은 2008년 SK M&C라는 광고대행사를 설립하였다. 2000년대 중반 광고산업의 특징 중 하나는 다국적 광고회사들이 BTL 시장을 적극 공략하였다는 점이다. BTL은 TV나 신문 등 대중매체 이외의 광고매체를 이용한 광고 활동을 말한다. 2006년에는 한국오길비앤매더의 내부 디비전(division) 형태로 오길비옥션(Ogilvy Action)을 설립했고, 리앤디디비(Lee & DDB)가 랩콜린스(Rapp Collins)라는 사업본부를 신설하였다. 이는 광고시장이 ATL에서 BTL로 옮겨 가자 노하우와 경험이 많은 다국적 광고회사들이 발 빠르게 대처하고 있음을 보여 준다.

한편, 국내의 계열 광고회사(인하우스 에이전시)들은 일감 몰아주기 규제를 피하고 해외 광고시장의 광고주를 영입하기 위해 외국의 광고회사들과 M&A를 통한 해외 진출을 적극 추진하고 있다. 그 대표적인 예가 이노션 월드와이드이다. 이노션 월드와이드는 비계열사 물량 증대와 매출 성장을 위해 2015년에 미국 호라이즌 미디어와의 합작법인인 캔버스 월드와이드(Canvas Worldwide)를 미국에 설립했고, 2018년 1월에는 미국의 광고회사인 데이비드&골리앗(David & Goliath)을 793억 원에 인수하기도 하였다(파이낸셜뉴스, 2019. 5. 13.). 데이비드&골리앗은 1999년에 설립된 독립 광고대행사로 미국 LA에 소재하고 있다. 이노션 월드와이드는 캔버스 월드와이드 설립으로 미국 미디어시장 사업에 본격 진출한 데 이어 데이비드&골리앗까지 인수해 미국에서 크리에이티브와 미디어, 데이터 기반 서비스를 아우르는 통합형 체제를 구축하게 되었다(이투데이, 2017. 12. 14.).

한편, 2017년 10대 광고회사별 취급액을 살펴보면 제일기획(5조 3,677억 원)이 가장 높은 것으로 나타났으며, 이노션 월드와이드(3조 9,426억 원), HS애드(1조

표 10-6 1999~2014년 한국의 10대 광고대행사

순위	1999년	2009년	2014년
1	제일기획 (삼성)	제일기획 (삼성)	제일기획 (삼성)
2	LG애드 (LG)	이노션 (현대자동차)	이노션 (현대자동차)
3	금강기획 (영국 WPP)	HS애드 (LG)	HS애드 (LG)
4	대홍기획 (롯데)	대홍기획 (롯데)	대홍기획 (롯데)
5	코래드 (외국 자본)	SK M&C (SK)	SK 플래닛 (SK)
6	오리콤 (두산)	TBWA코리아 (미국 옴니콤)	TBWA코리아 (미국 옴니콤)
7	TBWA코리아 (미국 옴니콤)	웰콤 (프랑스 퍼블리시스)	그룹엠코리아 (영국 WPP)
8	휘닉스컴 (텐츠+중앙일보)	한컴 (한화)	오리콤 (두산)
9	웰콤 (독립)	오리콤 (두산)	한컴 (한화)
10	애드벤처월드와이드 (독립)	맥켄에릭스&유니버설맥켄코리아 (미국 인터퍼블릭)	레오버넷 (프랑스 퍼블리시스)

출처: 각 연도별 『광고연감』을 참고하여 필자가 재구성함.

4,518억 원), 대홍기획(9,530억 원), 에스엠 씨앤씨(SM C&C, 구 SK플래닛, 4,923억 원), TBWA 코리아(2,862억 원), 그룹엠코리아(2,378억 원), 레오버넷(2,144억 원), 맥켄에릭슨&유니버설맥켄코리아(1,809억 원), 퓨처스트림네트웍스(1,742억 원)가 그 뒤를 이었다.

표 10-7 2017년 한국의 10대 광고회사

순위	회사명	취급액(억 원)
1	제일기획	5조 3,677
2	이노션 월드와이드(현대자동차)	3조 9,426
3	HS애드	1조 4,518
4	대홍기획	9,530
5	에스엠씨앤씨	4,923
6	TBWA 코리아	2,862
7	그룹엠코리아	2,378
8	레오버넷(미국)	2,144
9	맥켄에릭슨&유니버설맥켄코리아	1,809
10	퓨처스드림네트워크	1,742

출처: 한국광고총연합회(2018).

4) 광고시장 개방이 국내 광고산업에 미친 영향

광고시장 개방 이전까지만 해도 국내 광고대행사들은 대기업에 종속되어 있는 계열 광고대행사(인하우스 에이전시) 체제였다. 이는 외국에서는 볼 수 없는 독특한 구조라고 할 수 있다. 따라서 계열 광고대행사들은 큰 경쟁 없이 지속적인 성장을 할 수 있었다. 그러나 광고시장 개방과 1997년의 IMF는 우리나라 광고시장의 지형을 크게 바꾸어 놓았다. 외국의 다국적 광고회사들은 국내 광고시장의 특수한 상황에 맞게 조직을 구성하면서 시장 환경에 최대한 적응할 수 있는 다양한 전략을 구사해 왔다(강미선, 1999). 이와 동시에 외국의 다국적 광고회사들은 국내 광고 환경을 통제하거나 변화시켜 가면서 시장 구조를 바꾸어 놓았다(김봉철, 2003).

첫째, 계열 광고대행사 중심의 왜곡된 광고시장 구조의 변화이다. 광고시장 개방 이전까지만 해도 우리나라 광고시장은 대기업의 **계열 광고대행사** 중심이었다. 실제로

1990년대 광고시장이 개방되기 전까지만 해도 국내 10대 광고대행사 중 1~2개만 제외하고는 모두 대기업에 속해 있는 계열 광고대행사, 즉 **인하우스 에이전시** 체제였다. 그러나 외국의 다국적 광고대행사들이 시장을 지배하기 시작한 IMF 이후 계열 광고회사 중심의 시장 구조는 해체되었다. IMF로 인해 대기업들이 광고대행사를 팔거나 지분을 양도하면서 계열 광고대행사 중심의 광고 대행 체제가 붕괴된 것이다. 물론 2000년대 중반 이후 다시 대기업들이 자사 계열 광고대행사를 설립하는 경향이 나타나기는 했지만 광고시장 개방 이전과 같이 계열 광고회사가 시장을 거의 독점하는 양태는 벗어났다.

둘째, **경쟁 프레젠테이션**의 활성화이다. 시장 개방 이전까지만 해도 대기업 광고주들은 대부분 자사의 계열 광고대행사에 광고 대행을 맡기는 관행이 일반적이었다. 예를 들어, 삼성그룹의 광고는 제일기획이 독점하고, 두산그룹의 광고는 오리콤이 독점하는 체제였다. 그러나 시장 개방 이후 계열 광고주들도 비계열 광고대행사에 광고를 맡기는 일이 벌어지게 되었다. 계열 광고회사와 동등하게 경쟁 프레젠테이션을 통해 능력 있는 대행사를 선정하는 관행이 나타나게 된 것이다. 실제로 SK에너지의 광고는 금강오길비가 수주했으며, SK텔레콤의 LTE 광고 경쟁 프레젠테이션 결과 TBWA 업체가 최종 선정됐다. SK이노베이션도 SK플래닛이라는 **계열 광고대행사** 대신 경쟁 프레젠테이션을 통해 TBWA를 선택하였다. 삼성화재 역시 자녀보험 광고를 TBWA에 맡겼다. 물론 이는 시장 개방의 효과라기보다는 **공정거래위원회**에서 대기업 '일감 몰아주기'를 강력 단속한 결과이기는 하지만 어쨌든 시장 개방 이후 나타난 현상이라 할 수 있을 것이다.

3. 다국적 광고회사의 해외 진출 전략

우리나라의 광고시장이 개방되자 다국적 광고회사들이 앞다투어 한국 시장에 진출하였다. 실제로 다국적 광고회사들은 한국 시장에 진출하기 위해 미국 정부와 한국 정부에 압력을 가하기도 하였다. 그러므로 **다국적 광고회사**들은 어떻게 형성되었으며, 해외 진출 유형은 어떠한지 등에 대해 살펴볼 필요가 있다.

1) 다국적 광고회사의 형성과정

미국은 광고를 현재와 같이 거대 산업으로 발전시키는 데 주도적 역할을 한 나라로 오래전부터 다국적 광고회사를 통해 세계 광고시장에 진출하였다. 다국적 광고회사의 해외 진출은 광고주가 다국적화됨에 따라 이들의 마케팅 활동을 돕기 위한 수단으로 이루어져 왔다. 제2차 세계대전 이후 미국을 중심으로 한 다국적 기업들은 꾸준히 자신들의 사업 영역을 세계로 확장시켰고, 이들 기업을 광고주로 갖고 있던 광고회사들도 광고주의 세계 진출을 돕기 위해 해외에 지점 등을 설치하였다. 다국적 광고회사들이 해외 시장에 진출하게 된 동기로는 ① 광고주에 대한 서비스, ② 새로운 시장의 개척, ③ 해외에 진출한 현지 광고주에 대한 타 광고회사의 접근 봉쇄 등을 들 수 있다(조병량, 한상필, 김병희, 2001). 1980년대 중반 이후 미국의 **다국적 광고회사**들이 우리나라 **광고시장 개방**을 강력하게 요구한 것은 광고주에 대한 서비스, 즉 다국적 광고주의 마케팅 활동을 돕기 위한 것이라기보다는 새로운 시장의 개척을 통해 국내 광고시장에서 수익을 창출하기 위한 목적이 더 크다고 할 것이다.

미국의 다국적 광고회사들의 해외 진출은 19세기 후반부터 이미 시작되었다. 제이월터톰슨은 1889년에 런던에 해외 사무실을 개설해 해외 진출의 문을 열었다. 이후 20세기에 접어들면서 뉴욕 메디슨가를 근거지로 한 많은 광고회사가 미국 상품의 해외 진출과 함께 세계 각국으로 진출하였다. 1920년대에는 맥켄에릭슨이, 1930년대에는 레오버넷 등이 미국 광고주의 해외 진출을 돕기 위해 동반 진출하였다. 이처럼 초기 미국의 다국적 광고회사들의 해외 진출은 **광고주와의 동반 확장**(joint expansion)을 통해 이루어져 왔다.

그러나 미국의 다국적 광고회사들이 해외 진출을 본격화하기 시작한 것은 1960년대부터이다. 1915년까지만 해도 미국의 다국적 광고회사의 해외 사무소는 4개에 불과했고, 1927년에는 미국의 4개 광고회사가 21개의 해외 사무소를 갖고 있었다(Turnbull & Doherty-Wilson, 1990). 미국의 15개 다국적 광고회사가 1915년부터 1959년까지 40년 동안 해외 지사를 신설한 것이 50개였지만, 1960년부터 1971년 사이 12년 동안 설치한 해외 지사의 수는 무려 210개에 달한다(Weinstein, 1973). 이러한 경향은 이후에도 계속되어 1981년에는 50개 **다국적 광고회사**가 400여 개의 해외 지사를 운영하고 있었으며, 1990년대에는 상위 25개의 다국적 광고회사가 1,500개 이상의 해외 사무실을 운영하고 있었다(조병량, 1991). 중요한 것은 초기 유럽 중심의 해외 시장 진출에서 이제는 라틴 아메리카, 아시아, 아프리카 등지로 시장을 확대해 나갔다는 것이다.

2) 다국적 광고회사의 해외 진출 유형

미국의 다국적 회사의 해외 진출 형태는 크게 다음과 같이 네 가지로 요약된다.

첫째, **업무제휴** 형태이다. 업무제휴 형태는 자본투자가 필요 없기 때문에 시장 개방과는 상관없이 해외에 진출할 수 있다. 일정한 조건하에 광고 업무 관련 노하우 공유, 광고주 개발, 직원 연수 및 교육 등이 상호교류 형태로 이루어진다. 우리나라의 경우도 광고시장이 개방되기 전에 많은 광고회사가 외국의 다국적 광고회사들과 업무제휴를 맺어 노하우 공유와 직원 연수 및 교육 등의 프로그램을 공유한 적이 있다. 이는 다국적 광고회사가 본격적으로 해외에 진출하려는 전 단계로 볼 수 있다.

둘째, **지분참여** 형태이다. 진출하고자 하는 국가의 자국 광고회사에 자본을 투입하여 일정 비율의 지분을 갖는 방법이다. 이 방법은 주주의 위치를 확보함으로써 다국적 광고주의 광고 수행에 막강한 영향력을 행사할 수 있다. 해외 시장에 대한 정보가 부족하여 합작회사나 독립적인 회사를 설립하기 어려울 경우에 이 방법을 많이 활용한다.

셋째, **합작회사** 설립 형태이다. 다국적 광고회사가 진출하고자 하는 국가의 광고회사와 합작으로 새로운 광고회사를 만드는 방법이다. 이 방법은 다국적 광고회사에 대한 저항을 줄일 수 있으며, 시장 적응에 유리하다는 장점이 있다. 합작회사 형태로 진출할 경우 투자 비율은 회사마다 다르고, 다국적 광고회사가 다수의 지분을 갖고 경영권을 확보하는 방법이 있으며 소주주로 경영에 참여하는 경우도 있다. 투자 비율에 따라 이윤배분 및 경영권 등이 결정된다.

넷째, 독립적인 회사 설립 형태이다. 진출하고자 하는 국가의 광고회사와 어떤 관계도 맺지 않고 독자적으로 지사 형태의 광고회사를 설립하는 방식이다. 충분한 다국적 광고주를 확보하고 있으며, 진출하고자 하는 시장에 대한 정보와 사전계획이 철저히 준비된 경우에 이 방법을 통해 진출하는 경우가 많다. 독립적인 회사를 설립해 진출할 경우 모든 경영 통제가 용이하며, 진출하고자 하는 국가의 주주들과의 마찰도 피할 수 있다는 장점이 있다. 그러나 독립적으로 다른 나라의 시장에 진출한다는 것은 그만큼 시장 적응의 위험부담도 크다고 하겠다.

참고문헌

제1장 광고산업의 구조와 특성

김병희(2019). 광고제작산업을 창조산업으로 도약시킬 12가지 기반. 최민욱, 김병희, 송기인, 이희복, 정상수, 이수범, 김찬석, 오세성 공저, 광고홍보 산업의 현재와 미래(pp. 49-94). 서울: 한경사.

김봉현, 김태용, 박현수, 신강균(2011). 광고학개론. 서울: 한경사.

과학기술정보통신부, 한국방송광고진흥공사(2018). 2018 방송통신광고비 조사.

공정거래위원회, 한국공정거래조정원(2013). 광고업 시장분석.

문화체육관광부(2018). 2018 광고산업통계조사.

심성욱, 전종우, 고한준(2018). 광고학 개론(제3판). 서울: 서울경제경영출판사.

안광호, 이유재, 유창조(2014). 광고관리(제3판). 경기: 학현사.

오세성(2005). 광고산업 주요통계조사 및 DB화 연구. 서울: 한국방송광고공사.

오세성(2009). 광고산업 통계조사에 따른 가치사슬 단계별 광고산업의 조망. 한국광고학회 2009년 춘계광고학술심포지엄 자료집, 132-197.

오세성(2012). 광고산업 주요통계조사 및 DB화 연구(7차년도). 서울: 한국방송광고공사.

이상규(2008). 지식기반서비스산업의 개념과 현황 그리고 육성방안. 한국경제연구, 22, 205-239.

이수범(2010). 한국 광고시장 개방의 배경과 특성. 이수범, 심성욱, 김병희, 이희복, 이종민, 한상필, 안광호 공저, 시장개방 20년과 한국의 광고산업(pp. 11-42). 서울: 한경사.

이수범, 변상규, 박남기(2009). 광고산업 활성화를 통한 산업적 효과 극대화 방안 연구. 서울: 한국방송광고공사.

이희복(2014). 광고론. 서울: 한경사.

재정경제부(2006). 전략적 서비스산업의 중장기 발전방안.
제일기획(2019). 2018 광고연감. 서울: 제일기획.
통계청(2017). 제10차 한국표준산업분류. 통계분류포털: https://kssc.kostat.go.kr
한국방송광고공사(2002). 개방과 경쟁시대 광고산업의 국제화 방안 연구.
한국은행 홈페이지 bo.or.kr

Bolen, W. H. (1983). *Advertising*. New York: John Wiley & Sons.
Porter, M. E. (1985). Technology and competitive advantage. *Journal of Business Strategy, 5*(3), 60-78.
Zenith Optimedia. (2017). Advertising expenditure forecasts september 2017. URL: http://www.zenithmedia.com/wp-content/uploads/2017/09/Adspend-forecasts-September-2017-executive-summary.pdf.

제2장 한국 근현대 광고와 미국과 일본의 영향

동아일보(1928. 2. 23.). 新포드自動車의 披露.
동아일보(1928. 3. 31.). 新シボレー號.
동아일보(1950. 4. 1.). 韓國通信社 광고.
매일신보(1914. 11. 8.). 朝鮮煙草株式會社 담배 광고.
신동아(1976. 1.). 개항 100년 연표 자료집. 서울: 동아출판사.
신인섭(1980). 韓國廣告發達史. 서울: 一潮閣.
신인섭(1994). 광고대행사. 서울: 웅진출판사.
신인섭(2015). 조선일보와 광고. 경기: 나남.
신인섭(2018). IAA Korea Chapter 50년 발자취: 국제광고협회 한국본부.
신인섭, 서범석(2001). 눈으로 보는 한국 광고사. 서울: 나남출판사.
신인섭, 서범석(2011). 한국광고사. 경기: 나남.
오리콤(1987). 오리콤 이십년. 서울: 오리콤.
이만열(1994). 한국사 연표. 서울: 역민사.
제일기획(2018). 2018 광고연감. 서울: 제일기획.
조선일보(1932. 2. 20.). 광고에 대한 일반상식 해설 제1회 기사.
조선일보(1937. 5. 13.). 朝鮮最初의 試驗 廣告講座./東京大阪의 權威招聘 廣告學講座開催.
조선일보(1937. 5. 18.). 第一講座 '經濟上 · 文化上 廣告의 使命!'.

조선일보(1946. 2. 17.). 朝鮮電報通信社 광고.
조선일보(1995. 9. 17.). 広告·病院·법률사무소·観光 등 美, 12개 서비스分野도 開放요구.
통계청(1995). 통계로 본 한국의 발자취.
통계청(2005, 2015, 2018). 한국통계연감.
합동통신사 광고기획실(1978. 1.). 합동광고. 서울: 합동통신사 광고기획실.
홍현오(1972). 한국약업사. 서울: 한독약품공업주식회사.

Advertising Age (1984. 8. 6.).
Advertising Age (1985. 4. 22.).
Manbosa Advertising 1971. Seoul: Manbosa Advertising Ltd.
Month in Korea (1968. 7.).
New York Times Magazine (1957. 8. 11.).
RG 332. United States Army Forces in Korea. XXIV Corps. G2. Historical Section. Records Regarding USAMGIK. U.S.-U.S.S.R. Relations in Korea, and Korean Political Affairs, 1945-46. Box 42. 3 of 4. 국사편찬위원회.
日本電報通信社(1911). 朝鮮紳士名鑑. 京城: 日本電報通信社.
內川 芳美 편(1975). 日本廣告發達史(上). 東京: 電通.
內川 芳美 편(1980). 日本廣告發達史(下). 東京: 電通.
郭明姬(1997). 現代韓国の看板デザインの特徴とその形成過程について(현대 한국의 간판 디자인의 특성과 그 형성에 대하여). *Archives of Design Research, 1997*, 35-40.

제3장 연표로 보는 영상제작의 역사

경주대 산학협력단(2007). 한국영상광고의 역사(주관 윤석태, 집필 신인섭, 이강우, 김홍탁, 김대환, 편집 김학현). VHS Tape.
김병희(2004). 광고감독 윤석태 연구. 호서문화논총, 18, 1-39.
김병희(2010). 신인섭: 르네상스 광고인의 불꽃같은 한평생. 서울: 새로운사람들.
김병희(2011). 한국 텔레비전 방송광고 50년의 흐름과 특성. 김병희, 김영희, 마동훈, 백미숙, 원용진, 윤상길, 최이숙, 한진만 공저, 한국 텔레비전 방송 50년(pp. 313-369). 서울: 커뮤니케이션북스.
문시형(1982). 눈으로 본 TV 30년. 서울: 한국정보문화연구원.
방우회 편(1976). 텔레비전 20년. 서울: 방우회.

부수언(2004). 기억과 대화: 한국 모던디자인과 부수언. 서울: 한국디자인산업연구센터.
신인섭(1990). 우리나라 방송광고의 흐름. 서울: 방송위원회.
신인섭(2002). 한국 화장의 문화사. 서울: 김영사.
신인섭, 김대환(2008). 연표로 보는 한국광고 130년. 경북: 경주대학교 한국광고영상박물관.
신인섭, 김병희(2007). 한국 근대광고 걸작선 100: 1876-1945. 서울: 커뮤니케이션북스.
신인섭, 서범석(2011). 한국광고사. 서울: 나남.
윤석태(1978). FILMS - 윤석태작품집.
윤석태(1987). 한국의 CM제작 현황. Commercial Photo, 5월호(286), 142-145.
윤석태(1988). 한국CF제작사협의회 안내. 서울: 한국광고영상제작사협회.
윤석태(1997). 세종문화 창립20주년 기념작품집: 1978-1997. VHS Tape.
윤석태(2001). 윤석태 TV - CF 작품집 Q-30. 서울: 도서출판 호미.
윤석태(2005). 영상커머셜제작. 서울: 한국방송광고공사.
정진갑(1986). VTR 활용과 프로덕션 현황. 광고정보, 8월호, 17.
최창호, 홍강성(1999). 라운규와 수난기 영화. 평양: 평양출판사.
한국CF제작사협회(1974). 협회보, 1 - 4호.

제4장 광고와 미디어렙의 변천

국회 홈페이지 http://www.assembly.go.kr
방송광고판매대행 등에 관한 법률안(2005. 10. 27.). 손봉숙 의원 대표발의안.
방송광고판매대행 등에 관한 법률안(2005. 11. 2.). 정병국 의원 대표발의안.
방송광고판매대행 등에 관한 법률안(2009. 9. 25.). 김창수 의원 대표발의안.
방송광고판매대행 등에 관한 법률안(2009. 11. 3.). 진성호 의원 대표발의안.
방송광고판매대행 등에 관한 법률안(2009. 12 14.). 전병헌 의원 대표발의안.
방송법 일부개정법률안(2009. 5. 15.). 한선교 의원 대표발의안.
방송법 일부개정법률안(2009. 12. 4.). 이용경 의원 대표발의안.
방송법 일부개정법률안(2009. 12. 15.). 이정현 의원 대표발의안.
송민희, 백주연(2005). 크로스 미디어 광고 전략에서 매체 사용과 광고 컨텐츠에 관한 연구. 커뮤니케이션 디자인학연구, 19, 3-13.
오세성(2004). 국내 광고시장에 크로스 미디어렙의 효과적 도입 방안에 대한 연구. 한국방송광고공사 연구보고서.
이경렬(2011). 교차광고의 효과에 관한 탐색적 및 실증적 연구. 한국방송광고공사 연구보고서.

전영범(2011). 한국 미디어렙 제도 논의에 내재된 갈등양상. 한국방송학보, 25(4), 249-294.
프레시안(2006. 10. 23.). 문광위, 방송광고공사 민영화 놓고 輿野 논란.
한국방송광고진흥공사 홈페이지 http://www.kobaco.go.kr
헌법재판소 홈페이지 http://www.ccourt.go.kr

제5장 정부광고의 변천

김병희(2017a). 정부광고로 보는 일상 생활사. 서울: 살림.
김병희(2017b). 정부광고의 국민 계몽 캠페인. 서울: 살림.
신인섭(2015). 한국광고의 역사. 서울: 커뮤니케이션북스.
제일기획(2014, 2015, 2016, 2017, 2018). 광고연감. 서울: 제일기획.
최일도, 이효복, 최지혜(2018). 다매체 환경의 광고대행 수수료 체계. 한국언론진흥재단 연구보고서, 2018-13.
한국광고총연합회(2019). 광고계동향, 3 · 4월호.
한국언론진흥재단(2019). 국회 보고 자료.
한국법령정보원 홈페이지 http://www.lawinfo.or.kr/
KOBACO(2014, 2015, 2016, 2017, 2018). 광고산업통계.

제6장 광고 관련 단체의 기능

더피알뉴스(2018. 5. 30.). 구글 · 페이스북이 광고제작에도 관여하는 이유.
공정거래위원회(2013). 광고업 시장 분석.
방송통신위원회(2016). 국내외 광고시장 변동 상황 분석 및 중장기 전망 연구.
찾기 쉬운 생활법령정보 홈페이지 http://easylaw.go.kr/CSP/Main.laf
한국광고협회(2013). 광고정보센터 전문 리포트-한국광고 100년. https://www.adic.or.kr/lit/report/show.do?ukey=60774&oid=@392023%7C13%7C1

제7장 광고심의 제도의 현재와 미래

대법원(2003. 2. 28.). 선고 2002두6170 판결.

대법원(2003. 6. 27.). 선고 2002두6965 판결.

대법원(2005. 2. 18.). 선고 2003두8203 판결.

두성규(1994). 부당광고의 판단 기준과 구성요건에 관한 고찰. 광고연구, 24, 143-173.

문철수(2011). 광고심의 간담회 개최: 광고심의 시스템을 종합적으로 관리할 수 있는 민간주도의 통합광고자율심의협의체가 필요. 광고계동향, 7, 14-17.

미국 BBB National Programs, Inc. 홈페이지 https://asrcreviews.org/

박해식(2000). 부당표시 · 광고에 대한 규제: 표시 · 광고의 공정화에 관한 법률을 중심으로. 재판자료: 경제법의 제문제, 87, 629-759.

방송통신심의위원회(2011). 인터넷신문 불법 의료광고 중점조사 실시. 보도자료, 7. 14.

손수진(1996). 부당광고의 규제에 관한 연구. 광고연구, 32, 255-297.

손수진(1999). 표시 · 광고의 공정화에 관한 법률상의 광고실증제에 관한 연구. 한양법학, 10, 287-306.

심성욱(2009). 방송광고 심의제도 개선방안에 관한 연구. 선진화 정책시리즈, 2009(8), 233-271.

여도관(2011). 2011 방송광고 자율심의 방향. 방송문화, 3, 46-49.

영국 Ofcom 홈페이지 https://www.ofcom.org.uk/

윤성옥(2009). 방송통신심의위원회 심의규정개정: 방송심의규정의 문제점과 개정방향. 방송문화, 339, 22-25.

이승선(2008). 방송광고 심의제도의 앞으로의 방향: 심의 주체, 범위, 기준 등에 관한 논의를 중심으로. 쟁점과 토론, 한국광고홍보학회 2008년 11월 특별세미나 발표문.

이승선(2011a). 방송광고 규제체계의 개선방안. 법연, 14(2), 14-19.

이승선(2011b). 방송환경의 변화에 따른 방송광고 규제 합리화 방안. 언론과 법, 10(2), 147-179.

일본 JARO 홈페이지 https://www.jaro.or.jp/

정기현, 염성원, 오경수(2007). 광고인의 윤리의식과 방송광고 심의제도 개선방안 연구. 서울: 한국방송광고공사 광고진흥국.

조재영(2007). 부당한 비교표시 · 광고의 심결사례에 나타난 법리적 특성에 관한 연구. 한국언론정보학보, 39, 428-472.

조재영(2012). 국내 광고 심의 체계에 대한 고찰: 광고 매체별, 광고 업종별 심의 체계의 문제점과 개선 방향. 한국광고홍보학보, 14(2), 61-99.

조재영(2013). 명확성의 원칙에서 바라본 "방송광고심의에 관한 규정"-사후심의 결과에 대한 질적 내용 분석. 한국광고홍보학보, 15(1), 351-386.

조재영(2014). 청소년 보호를 위한 광고 규제: 문제점과 개선 방안. 한국산학기술학회논문지,

15(2), 672-677.
조재영(2015). 부당한 비교표시 · 광고 규제에 대한 탐색적 연구: 의미와 적용. 2015 한국광고홍보학회 가을철 정기학술대회 발표 논문집.
조재영(2016a). 광고 심의 체계. 서울: 커뮤니케이션북스.
조재영(2016b). 광고 심의 기준. 서울: 커뮤니케이션북스.
조재영(2017). 청소년 유해매체물 규제 제도에 대한 비판적 고찰: 유해매체물 심의 기준을 중심으로. 미디어와 공연예술연구, 12(2), 143-167.
조재영(2018a). '개인 정보'의 법적 개념 논의: 온라인 맞춤형 광고 연구를 위한 함의. 한국광고홍보학회 가을철 학술대회 발제집.
조재영(2018b). 의료광고 사전 자율 심의 제도를 규정한 개정 의료법 제57조 등의 적절성에 관한 논의. 한국광고홍보학회 가을철 특별 세션 발제집.
조재영(2019a). 광고 법제 · 윤리 교육의 중요성과 바람직한 교수법. 한국광고학회 미래기획총서, 2, 295-339.
조재영(2019b). 광고메시지 규제 및 법규상 변화와 향후 쟁점. 한국광고학회 특별세미나: 체인지 시대의 광고 방향과 연구 과제, 33-45.
프랑스 CSA 홈페이지 https://www.csa.fr/
프랑스 ARPP 홈페이지 https://www.arpp.org/
홍남희(2018). 스마트 미디어 시대 침투성(pervasiveness) 개념의 확장 가능성에 대한 검토: 영국 ASA의 인터넷 개인방송 광고 규제 사례를 중심으로. 한국방송학보, 32(5), 99-131.

제8장 광고규제의 이론 및 현황과 과제

대법원 종합법률정보 홈페이지 http://glaw.scourt.go.kr/
이구현(2002). 한국광고법. 서울: 경인문화사.
이성구(2002). 인터넷상, 허위, 과장광고의 규제실태와 개선방안. 한국법제연구원 워크숍 2002-⑦ 디지털경제의 기반구축을 위한 법제지원사업 '인터넷광고와 법'.
이승선(2006). 광고법제 연구의 현황과 특성. 한국광고홍보학보, 7(5), 176-209.
이정일(1990). 우리나라 광고시장 개방에 대한 법적 고찰. 서울대학교 대학원 석사학위논문.
조병량(1991). 한국 광고관련법규의 현황과 특성에 관한 연구. 서울: 한국광고단체연합회.
조병량(1994). 한국 방송광고규제의 법제론적 성격에 관한 연구. 광고연구, 23, 149-185.
조병량(2002). 한국방송광고 심의 규정의 성격과 내용의 변화에 관한 연구. 광고학연구, 13(2), 75-91.

조병량(2012). 광고의 윤리와 법과 규제. 서울: 나남출판사.
한국개발연구원(1997). 표시 · 광고 등의 공정화에 관한 법률 제정에 관한 연구.
한국광고단체연합회(1990). 광고자율심의기구 설립 기초조사연구보고서.
한국광고단체연합회(2000). 광고관련법규자료집. 서울: 한국광고단체연합회.
한국광고법학회(2019). 광고판례백선. 경기: 정독.
한국전산원(2004). 이용자보호를 위한 인터넷광고 법제도 개선방안 기초연구.

EASA. (2007). *Advertising Self-Regulation in Europe, Blue Book 5.*
Miracle, G. E., & Nevett, T. (1987). *Voluntary Regulation of Advertising: A Comparative Analysis of the United Kingdom and the United States.* MA: Lexington Book.
The New York Times (1961. 12. 28.).

제9장 북한의 광고 현황과 향후 과제

고유환, 이주철, 홍민(2012). 북한 언론 현황과 가능에 관한 연구. 한국언론진흥재단 연구보고서, 2012-08.
국민통일방송(2016. 8. 31.). 북한의 장마당.
김병로(2000). 북한사회의 종교성: 주체사상과 기독교의 종교양식 비교. 서울: 통일연구원.
김병희(2008). 북한 광고환경에 관한 탐색적 분석. 커뮤니케이션이론, 4(1), 150-174.
김병희, 박원기, 김재철(2019). 북한의 광고환경과 광고에 관련된 제반 개념의 분석. 광고학연구, 30(2), 159-192.
김준형(2019). 신한반도체제 어떻게 구현하나?. 연합뉴스 주관 제5회 한반도평화 심포지엄(롯데호텔, 2019. 6. 27.).
데일리 NK(2005. 3. 25.). 평양에 남한기업 광고판 등장.
데일리 NK(2006. 3. 31.). 北스타 등장 광고제작 손쉬워진다.
데일리 NK(2006. 5. 26.). 北에도 광고회사…외국기업 주문도 받아.
데일리 NK(2008. 3. 18.). 北 "상품 광고도안 발전시켜야".
데일리 NK(2008. 12. 21.). 평양 상점들에 휴대폰 가입 광고물.
데일리 NK(2008. 12. 26.). 北신문, 키크기알 광고성 기사.
데일리 NK(2009. 7. 1.). 北광고회사 "올해 국제시장 적극 개척".
데일리 NK(2009. 8. 31.). 북한도 TV 상업광고 시대 열려.
데일리 NK(2009. 9. 2.). 北매체, 간치료제 광고성 기사.

데일리 NK(2009. 11. 8.). 北TV 상품광고, 김정일 지시로 급제동.

데일리 NK(2011. 12. 3.). 광고판까지 설치한 휘파람 자동차 인기 없어.

리금철(2011). 수출무역에서 광고의 역할. 경제연구, 제4호(누계 제153호).

리금철(2012). 수출품의 광고리용에서 나서는 몇 가지 문제. 경제연구, 제1호(누계 제154호).

박원기, 윤보영, 이태준(2018). 남북교류 확대 대비 광고산업 활성화 방안 연구. KOBACO 연구보고서.

서울신문(2012. 11. 19.). 김정은 '광고로 이익창출' 눈떴나.

서울평양뉴스(2017. 6. 22.). 北 '상품 광고' 크게 발전…'디지털 디스플레이'까지 등장.

송치만(2013). 북한상업광고의 이데올로기 해체를 위한 기호학적 분석: 대동강맥주 광고를 중심으로. 통일인문학논총, 56, 189-218.

신동천, 이석기(2014). 북한 산업구조와 대북 투자의 효과분석: 산업연관분석을 중심으로. 산업연구원 연구자료, 2014-14.

양영종(1998). 한반도 통일에 대비한 광고산업 발전모델연구. 광고연구, 40, 147-177.

양영종(2001). 북한에 부는 광고바람: 개방시대의 사회주의체제의 광고. 서울: 형설출판사.

연합뉴스(2010. 11. 9.). 오라스콤 "북한 내 휴대 전화 가입자 급증".

연합뉴스(2015. 6. 21.). 북한, 월드컵에 대량 기업광고…"전례 없던 일".

윤선길, 정기현, 지원배(2008). 북한이탈주민의 광고인식에 대한 실증적 연구. 한국광고홍보학보, 10(1), 195-228.

이규창, 김상기, 김석진, 김수경, 김현집, 이우태, 전병곤, 정성윤, 조한범, 한동호(2017). 평화와 번영의 한반도: 정책목표와 추진방향. KINU 정책연구시리즈, 17-05.

이주철(2006). 북한의 방송과 TV드라마. 북한연구학회 편저, 북한의 방송언론과 예술. 경기: 경인문화사.

전영선(2004). 북한의 문학과 예술. 서울: 도서출판 역락.

정성임(2006). 사회문화 규범. 세종연구소 북한연구센터 저, 북한의 사회문화(pp. 38-46). 경기: 한울아카데미.

정성장(2011). 현대 북한의 정치: 역사・이념・권력체계. 경기: 한울.

정창현(2008). 변화하는 북한, 변화하지 않는 북한. 서울: 도서출판 선인.

조선백과사전편찬위원회 편(2009). 광명백과사전 3: 정치, 법. 평양: 백과사전출판사.

최영욱(2012). 수출품 광고의 이용에서 나서는 기본요구. 김일성종합대학 학보(철학경제학), 58(3).

통일부(2017a). 2017 북한 이해.

통일부(2017b). 문재인의 한반도정책.

평양신문(1990. 5. 20.). 탑제합성사진관 광고.

평양신문(1990. 6. 19.). 평양약수 광고.
한겨레신문(2005. 2. 27.). 북한신문에 상업광고 등장.
한희옥(2008). 현대자본주의상업에서의 광고전략과 그 특징. **경제연구**, 3, 48-49.
홍순직(2018. 3. 14.). 중소기업과 新경제지도 구상 연계 필요성 및 법·제도 개선방안. 중소기업중앙회 토론회.

Abt, F. (2015). **평양 자본주의: 스위스 사업가의 평양생활 7년** (*A Capitalism in North Korea*). (임상순, 권원순 공역). 서울: 한국외국어대학교출판부. (원저는 2012년에 출판).
Foreign Trade of DPRK (1999. 1.). 인공애기젖가루/Insam Lotion/Polyurethane Products 광고.
NK경제(2019. 1. 30.). [사진] 북한 잡지 스마트TV '소나무' 광고.

제10장 광고시장 개방과 다국적 광고회사

강미선(1999). 광고시장의 글로벌화에 따른 다국적 광고회사의 시장 전략: 자원의존이론과 전략적 선택 개념을 중심으로. **언론과 사회**, 25, 174-209.
김봉철(2002). 한국 광고산업의 성장에 대한 요인별 기여도 분석: 85-90-95년도 접속불변산업연관표를 이용하여. **광고학연구**, 13(3), 123-140.
김봉철(2003). 한국 광고산업의 구조적 특성에 관한 연구: 타 산업과의 상호 연관관계 분석을 중심으로. **언론과학연구**, 3(2), 77-118.
김정기(1985). **한국광고시장의 대외 개방에 관한 연구**. 서울: 한국방송광고공사.
노병성(1999). IMF 이후 한국 광고산업의 환경변화에 관한 연구. **한국광고학보**, 1, 47-48.
신인섭, 서범석(1998). **한국광고사**. 서울: 나남.
이수범, 심성욱, 김병희, 이희복, 이종민, 한상필, 안광호(2010). **시장 개방 20년과 한국의 광고산업**. 서울: 한경사.
이태환(2018). 한·미 경제협력 체제의 오늘과 내일. **신아세아**, 25(4), 53-74.
이투데이(2017. 12. 14.). 이노션, 美광고사 '데이비드&골리앗' 인수… 우량 네트워크·광고주 확보.
조병량(1991). 광고시장 개방의 현황과 전망. **언론문화연구**, 9, 41-74.
조병량, 한상필, 김병희(2001). **광고시장 개방백서**. 서울: 한국광고업협회.
조선일보(1985. 9. 17.). 広告·病院·법률사무소·觀光 등 美, 12개 서비스分野도 開放요구.
조순(1986). 대외개방, 자주적 견지를. **신동아**, 317(2), 188-195.
조윤제(2001). 대외여건과 한국의 경제발전: 1950~70년대 외자의 역할을 중심으로. **경제분석**,

7(1), 1-25.

파이낸셜뉴스(2019. 5. 13.). '일감 몰아주기' 족쇄 푼 이노션, 추가 M&A 본격 나서나.

한국광고업협회(1999). 한국광고산업발달사. 서울: 한국광고업협회.

한국광고총연합회(2018). 광고계동향, 2월호.

한상필, 윤석기(2006). 자유무역협정(FTA)이 광고산업에 미치는 영향과 대응방안 연구. 서울: 한국방송광고공사.

Ad Age (1986. 11. 17.).

Turnbull, P. W., & Doherty-Wilson, L. (1990). The internationalisation of the advertising industry. *European Journal of Marketing*, *24*(1), 7-15.

Weinstein, A. K. (1973). *The Overseas Investment Decisions of US Multinational Advertising Agencies*. Unpublished Doctoral Dissertation, Columbia University.

찾아보기

인명

내용

❖ 저자 소개

김봉철(Kim, Bong Chul)

현재 조선대학교 신문방송학과 교수이다. 언론학 박사로 한국광고PR실학회 제7대 회장, 한국광고학회 부회장, 한국PR학회 부회장, 한국광고학회『광고학연구』편집위원장 등을 역임하였다. 언론중재위원회 위원, 방송광고균형발전위원회 위원 등으로도 활동하였다. 「Practitioners' celebrity endorser selection criteria in South Korea: An empirical analysis using the Analytic Hierarchy Process」(2017)를 비롯한 다수의 논문을 발표하였다.

이수범(Lee, Soo Bum)

현재 인천대학교 신문방송학과 교수이다. 언론학 박사로 한국광고홍보학회 회장을 역임하였고, 방송통신위원회 방송광고균형발전위원회 위원 등 여러 정부기관의 광고 PR 정책을 자문하고 있다.『문화예술 PR전략』(서울경제경영, 2016) 등의 저서를 출간하였으며,『Communication Research』『Journal of Media Economics』『Asian Journal of Communication』『Science Communication』등의 저널에 150여 편의 논문을 발표하였다.

신인섭(Shin, In Seob)

전 중앙대학교 신문방송대학원 초빙교수이다. 평양교원대학 국문과를 졸업하였다. 희성산업(현 HS애드) 이사, 나라기획 회장 등을 역임하였다. 서강대학교, 중앙대학교, 이화여자대학교, 한림대학교 등에서 광고 관련 강의를 하였다. 서울카피라이터스클럽 창립회장이고, 국제광고협회(IAA) 한국지부 원년회원이다. 한국이 주최한 최초의 두 국제광고행사인 제14차 아시아광고대회(1984)와 제35차 IAA 세계광고대회(1996)의 사무총장을 맡았다.『한국광고사』(3판, 공저, 나남, 2011)와『한국광고발달사』(일조각, 1986)를 비롯하여 중국, 일본, 미국 광고사를 저술하였으며, 우리나라 광고에 관한 유일한 영문 책인『Advertising in Korea』(공저, 커뮤니케이션북스, 2013)를 출간하였다. 이 외에도 20여 권의 저서와 역서를 출간하였고, 많은 논문을 발표하였다.

윤석태(Yoon, Suk Tai)

영상제작사 세종문화의 대표를 역임하고 경주대학교 광고홍보학과 석좌교수를 거쳐 현역에서 은퇴하였다. 31년 동안 TV 광고 658편을 연출하였으며 편집 편수로는 2,014편에 이른다. 한국 광고계의 1세대 광고감독으로서 한국 광고영상의 현대화에 기여하고 한국의 광고 표현을 국제적인 수준으로 발전시킨 감독으로 평가받고 있다. 『윤석태 TV-CF 작품집 Q-30』(호미, 2001)을 비롯한 수권의 저서를 출간하였다.

전영범(Jun, Young Bum)

현재 한국방송광고진흥공사(KOBACO) 대외협력팀장으로 재직 중이다. 언론학 박사로 한국광고홍보학회 이사, 한국소통학회 이사를 역임하였다. KOBACO 비서실장, 정책협력팀장 등으로 일하며 미디어 생태계의 발전을 위해 국회, 방송통신위원회에 다각도로 제언한 바 있다. 『스토리액팅』(이담북스, 2019), 『스무 가지 시선에 비친 스크린과 세상』(비엘프레스, 2011), 『매체환경 변화와 지상파 방송의 활로: 지상파 3사의 사업다각화를 중심으로』(한국학술정보, 2007) 등 몇 권의 저서를 출간하였고, 몇 편의 논문을 발표하였다.

최지혜(Choi, Jee Hye)

광고학 박사로 현재 문화체육관광부 산하 준정부기관이자 정부광고 수탁기관인 한국언론진흥재단에서 정부광고 제도 및 정책 담당 연구위원으로 재직 중이다. 「정책브랜드 자산 구성요소 및 평가모형에 관한 연구」(2019), 「미디어 수용자의 매체소비 예측에 따른 정부광고 효율화 방안에 관한 연구」(2017)를 비롯한 다수의 논문을 발표하였고, 「정부광고 거래방식 및 수수료 체계」(2019), 「정부광고법 제도의 정책적 함의」(2019) 등의 연구보고서를 출간하였다.

김상준(Kim, Sang Jun)

광고학 박사로 한국광고총연합회 사무총장을 거쳐 현재는 사단법인 한국광고연구소 소장으로 재직 중이며, 한국광고홍보협동조합 이사장도 겸임하고 있다. 중소벤처기업부와 농림축산식품부 등의 중소기업 및 소상공인 그리고 농업인들을 대상으로 마케팅/광고/홍보 분야 컨설팅도 수행 중이다. 고용노동부의 중장년취업아카데미, 서울시의 디지털사이니지 전문가 양성과정 등의 교육과정을 운영하였고, 『스몰비즈니스 헤드스타트: 4차 산업혁명 시대의 마케팅 성공 전략』(공저, 뜻밖의 발견, 2018)이라는 저서를 출간하였다.

조재영(Cho, Jae Yung)
현재 청운대학교 광고홍보학과 교수이다. 광고홍보학 박사로 한양대학교(서울캠퍼스) 신문학과 문학사 및 동 대학원 석사, 미국 미시간 주립대학교(MSU) 광고학 석사, 한양대학교(서울캠퍼스) 신문방송학과 박사학위(광고홍보 전공)를 취득하였으며 청운대학교 재직 중에 한국방송통신대학교 법학사를 취득하였다. 현재 한국광고학회 및 한국광고홍보학회 이사, 국제차세대융합기술학회 부회장으로 활동하고 있으며 국제차세대융합기술학회 및 한국산학기술학회에서 Best Paper Award를 세 차례 수상하였다. 주요 관심 연구 분야는 광고 관련 규제, 문화 콘텐츠 저작권 등이며, 『음악산업과 저작권』(커뮤니케이션북스, 2016), 『기만적인 표시 · 광고』(커뮤니케이션북스, 2015), 『광고 심의 기준』(커뮤니케이션북스, 2015), 『광고 심의 체계』(커뮤니케이션북스, 2014) 등의 저서를 출간하였고, 다수의 논문을 발표하였다.

조병량(Cho, Byung Lyang)
한양대학교 언론정보대학장과 언론정보대학원장을 거쳐 현재 광고홍보학부 명예교수로 있다. 제7대 한국광고학회 회장, 한국광고자율심의기구 회장, 공정거래위원회 표시광고심사자문위원장, 방송통신위원회 방송광고균형발전위원장, 방송통신심의위원회 광고특별위원장 등을 역임하였다. 『광고의 윤리와 법과 규제: 광고를 보는 거시적 관점』(나남, 2012) 등의 저서를 출간하였고, 다수의 광고규제 관련 논문을 발표하였다. 2001년에는 녹조근정훈장을, 2014년에는 홍조근정훈장을 수훈하였다.

박원기(Park, Won Kee)
한국방송광고진흥공사(KOBACO) 광고연구소 책임연구위원으로 근무하다가 현재는 KOBACO 공익사업국 전문위원으로 근무하고 있다. 경영학 박사로 주요 연구 분야는 광고산업, 방송광고 정책, 광고매체 등이다. 『광고매체론: 조사, 계획 그리고 구매 중심』(2판, 공저, 커뮤니케이션북스, 2010), 『광고효과와 매체계획: 계량적 관점』(2판, 공저, 커뮤니케이션북스, 2010) 등 여러 권의 저서와 역서를 출간하였으며, 광고와 관련된 다수의 논문을 발표하였다. 최근의 관심 연구 분야는 공익광고 제도 개선과 북한 광고 등이다.

광고지성총서 02

한국의 광고산업과 광고제도
The Advertising Industry and Systems of Korea

2020년 1월 10일 1판 1쇄 인쇄
2020년 1월 20일 1판 1쇄 발행

지은이 • 김봉철 · 이수범 · 신인섭 · 윤석태 · 전영범
최지혜 · 김상준 · 조재영 · 조병량 · 박원기
펴낸이 • 김진환
펴낸곳 • (주) 학지사
04031 서울특별시 마포구 양화로 15길 20 마인드월드빌딩
대표전화 • 02)330-5114 팩스 • 02)324-2345
등록번호 • 제313-2006-000265호

홈페이지 • http://www.hakjisa.co.kr
페이스북 • https://www.facebook.com/hakjisa

ISBN 978-89-997-2002-4 93320

정가 20,000원

저자와의 협약으로 인지는 생략합니다.
파본은 구입처에서 교환해 드립니다.

이 도서의 국립중앙도서관 출판시도서목록(CIP)은 서지정보유통지원시스템 홈페이지(http://seoji.nl.go.kr)와 국가자료공동목록시스템(http://www.nl.go.kr/kolisnet)에서 이용하실 수 있습니다.
(CIP 제어번호: CIP2019045489)